法哲学与法社会学论丛
Archives for Legal Philosophy and Sociology of Law
Archiv für Rechtsphilosophie und Rechtssoziologie

图书在版编目(CIP)数据

法哲学与法社会学论丛·二○○七年第一期(总第十一期)/郑永流主编.
—北京:北京大学出版社,2007.8
ISBN 978 – 7 – 301 – 12680 – 6

Ⅰ.法… Ⅱ.郑… Ⅲ.①法哲学 – 文集 ②社会法学 – 文集
Ⅳ.D90 – 53

中国版本图书馆 CIP 数据核字(2007)第 133390 号

书　　　名:法哲学与法社会学论丛·二○○七年第一期(总第十一期)
著作责任者:郑永流　主编
责 任 编 辑:白丽丽
标 准 书 号:ISBN 978 – 7 – 301 – 12680 – 6/D·1852
出 版 发 行:北京大学出版社
地　　　址:北京市海淀区成府路 205 号　100871
网　　　址:http://www.pup.cn
电　　　话:邮购部 62752015　发行部 62750672　编辑部 62752027
　　　　　　出版部 62754962
电 子 邮 箱:law@pup.pku.edu.cn
印　刷　者:北京宏伟双华印刷有限公司
经　销　者:新华书店
　　　　　　730 毫米×980 毫米　16 开本　21.5 印张　379 千字
　　　　　　2007 年 8 月第 1 版　2007 年 8 月第 1 次印刷
定　　　价:32.00 元

未经许可,不得以任何方式复制或抄袭本书之部分或全部内容。
版权所有,侵权必究
举报电话:010 – 62752024　电子邮箱:fd@pup.pku.edu.cn

目 录

主题研讨:法律与社会科学

艾佳慧　诉讼率变迁中的社会行动者
　　　　——兼论诉讼费的下调 …………………………………… 3

冉井富　律师地区分布的非均衡性
　　　　——一个描述和解释 …………………………………… 51

尤陈俊　困境及其超越:当代中国法学研究中的法律人类学 ……… 94

陈柏峰　法律民族志与当代中国法律社会学的使命 ……………… 113

〔日〕铃木贤　中国法的思考方式
　　　　——渐层的法律文化 …………………………………… 137

彭艳崇　单位法及其特征
　　　　——以 B 高校为个案的法社会学分析 ………………… 150

法哲学研究

〔德〕罗伯特·阿列克西　为拉德布鲁赫公式辩护 ……………… 183

〔德〕乌尔弗里德·诺伊曼　法效力的问题 ……………………… 209

王　旭　中国行政法学研究立场分析
　　　　——兼论法教义学立场之确立 ………………………… 222

蓟门学园

"蓟门学园"第五辑引言 …………………………………………… 241

田士永　法律行为违背善良风俗中意思要素的分析
　　　　——从泸州遗赠案开始 …………………………………… 243

朱庆育　法律适用中的概念使用与法律论证
　　　　——以泸州遗赠案为分析对象 …………………………… 255

泸州遗赠案讨论记录 ……………………………………………… 278

著名学者

〔德〕米夏埃尔·马廷内克　奥托·冯·吉尔克(1841年—1921年)
　　　　——一位伟大的德国法学家的生平和著作 ……………… 305

本辑作者名录 …………………………………………………… 336
引证体例 ………………………………………………………… 338

CONTENTS

Symposium on Law and Social Sciences
Ai Jiahui
 Social Actors in the Evolution of Litigation Rates ················ 3
Ran Jingfu
 An Non-equilibrium Area Distribution of Lawyers in China
  —A Description and Explanation ················ 51
You Chenjun
 Dilemma and Its Overcoming: An Review on Chinese Legal
  Anthropology ················ 94
Chen Baifeng
 Legal Ethnography and the Mission of Sociology of Law in China ········ 113
Suzuki Ken
 The Thinking Style of Chinese Law ················ 137
Peng Yanchong
 Unit Rules and Its Characteristics: A Legal Sociological Study of
  University B ················ 150

Studies of Legal Philosophy
Robert Alexy
 A Defence of Radbruch's Formula ················ 183
Ulfrid Neumann
 The Question of Legal Effect ················ 209

Wang Xu
 On the Approaches to Chinese Administrative Law Study: With Emphasis on the Justification of Doctrinal Legal Study 222

Jimen Academy
 Introduction of Jimen Academy 241

Tian Shiyong
 An Analysis of the Will Factor of Legal Action Violating Good Moral Principles: Beginning with the Luzhou Bequest Case 243

Zhu Qingyu
 The Use of Legal Concept and Legal Argument in Law Application: A Study of the Luzhou Bequest Case 255
 Comments and Reviews on the Luzhou Bequest Case 278

Lecture
Michael Martinek
 Otto von Gierke—The Life and Works of a Great German Jurist 305

List of the Authors 336
Citation Rules 338

Section 1

主题研讨：法律与社会科学

诉讼率变迁中的社会行动者

——兼论诉讼费的下调[1][2]

艾佳慧

> 知识的作用在于能帮助人们作出正确决策。
>
> ——Jacob Marshak[3]

---

[1] 郁光华、刘思达、何远琼等师友就本文初稿提出了一些建设性的批评意见,在此谨表谢忱! 本文得以形成还要感谢张维迎教授和国家环保总局。正是有了张维迎教授"杰出青年基金"的资助,有了国家环保总局环境文化促进会发起和资助的 2007 年社会实践冬令营活动,才有了本文的相关数据。另外,也要感谢两次调研活动中给与我们帮助和支持的法院和所有的调研伙伴。但文责自负。

[2] 这里的"社会行动者"借用了布迪厄的概念,布迪厄反对用那种唯经济主义的观点理解行动者,认为行动者的选择受制于一定的历史结构、制度结构。"行动者之所以是行动着的,有效力的,也只是因为他们并没有被化约为通常那种根据个体理念而理解的个人;同时,这些行动者作为社会化了的有机体,被赋予了一整套性情倾向。这些性情倾向既包括了介入、进行游戏的习性,也包含了介入和进行游戏的能力。"因此,在我看来,中国民事诉讼率变迁的力量并不是随便一个当事人或法官,而是包括了在中国社会变迁和司法制度制约之下进行理性选择的所有社会行动者,他们的具体利益和约束以及由此生发的动力机制决定了博弈的格局和结果,也决定了民事诉讼率变迁的走向。上述观点参见 Pierre Bourdieu, *La noblesse d'Etat. Grands corps et Grandes ecoles*. Paris: Editions de Minuit, 59。转引自〔法〕布迪厄、〔美〕华康德:《实践与反思——反思社会学导引》,李猛、李康译,邓正来校,中央编译出版社 1998 年版,第 20 页;〔法〕布迪厄:《法律的力量——迈向司法场域的社会学》,载《北大法律评论》第 2 卷第 2 辑,法律出版社 2000 年版,第 539 页。

[3] Marshak, J. (1953), "Economic Measurements For Policy and Prediction", in *Studies in Economic Methods*, edited by W. H. Hood and T. C. Koopmans. Wiley and Sons: New York. 转引自〔英〕克莱夫·W.J.格兰杰:《经济学中的经验建模——设定与评价》,洪福海译,赵坚毅校,中国人民大学出版社 2005 年版,第 42 页。

> 他希望得到花朵,而不要根和茎,因此他的希望落空了。
>
> ——尼采[4]

一、问题的界定

与"鸡犬之声相闻"、"低头不见抬头见"的传统小农社会相比,现代社会中人们的交往半径、交往密度以及紧随其后的纠纷规模和纠纷的复杂性不知道增长了多少倍;与之相适应,能够规模化、专业化地提供纠纷解决的法院不仅在社会秩序的维护更在"规则之治"上,其重要性日益为人们所了解。作为一种隐含了国家正当性和政权合法性的"公共善品"(public goods),法院为公众提供的司法服务质量如何、人们对法院的使用频度的高低在很大程度上体现了法治的程度和可信度。[5]

该如何考核法院的司法服务质量,又该如何衡量民众对法院的使用频度?首先,在其他条件不变的情况下,"上诉率"、"再审率"和"上访率"在一定程度上可以帮助我们从一个侧面了解法院的绩效,但由于本文论题所限,对此不予详述。而测量使用频度,一个最基本的指标就是"诉讼率"(litigation rate)了。所谓诉讼率,"是指在一定时期内一定人口中所平均拥有的案件数量"[6]。但由于法院受理的案件既有刑事、又有行政和民商事案件,因此首先需要界定本文所要研究的"诉讼率"是哪些案件的"诉讼率"。鉴于当事人在刑事案件中的被动性,行政案件在中国的特殊性,本文只考虑和研究当事人对纠纷解决方式有一定选择权的民商事诉讼率,或者民事诉讼率(civil litigation rate)。[7]

---

[4] [德]弗里德里希·尼采:《历史的用途与滥用》,陈涛、周辉荣译,刘北成校,上海世纪出版社2005年版,第92页。

[5] "尽管评估司法体系的真实效率是个难题,但反映人们对司法体系运行表现感知的指标体系还是建立起来了",其中一个重要的指标就是司法机会(access to justice),"是用来衡量当事人是否可以真正借助于法院来解决纠纷的指标",类似于这里所称的"法院使用频度"。关于衡量司法体系效率的指标体系和指数,参见[美]鲁门·伊斯拉姆:《司法改革:路向何方?》,徐菁译,载吴敬琏主编:《比较》第17辑,中信出版社2005年版,第141—142页。

[6] 冉井富:《当代中国民事诉讼率变迁研究——一个比较法社会学的视角》,中国人民大学出版社2005年版,第3页。需要提请读者注意的是,虽然诉讼率作为一个相对比率有其准确之处,但由于地区人口数据不容易获得,下文在很多地方是把诉讼量的变化等同于诉讼率变化的,虽然这样处理有不准确之嫌疑。

[7] 但由于行政诉讼是否提出在很大程度上也需要当事人或潜在当事人的选择和决策,行政诉讼率的变迁也可以一定程度地反映人们对法院的信心和态度。如果能找到具体的实证数据,我会在以后加以补充。

如果民事诉讼率可以作为衡量指标,那么在一个长时段内,一国或一地区民事诉讼率如何变迁、为什么会变迁就不仅是一个值得认真研究的现象,更是一个非常重要的法社会学问题。实际上,自16世纪以来,伴随着资本主义的兴起、现代市场经济的出现以及不断发展的现代化进程,西方各国的民事诉讼率均发生了剧烈的变迁,对此现象的研究也有了诸多出色的成果和理论,比如以涂尔干和韦伯的思想为基础的功能理论,受帕森斯的结构—功能主义影响巨深的现代化理论,考虑到了文化、关系和制度因素的文化理论、关系理论以及制度和环境理论等等。[8] 而在中国,虽然二十多年来的经济改革、社会转型以及相伴而至的诉讼热潮和司法改革已经逐步将法院从一个不为人知的角落推向了现代社会生活的中心,但人们对法院的使用却并没有呈直线上升状态。随着大量社会纠纷进出法院,中国的民事诉讼率也随之增减。该如何解释中国民事诉讼率的变迁?西方的那些理论能成功解释中国的现象和问题吗?

国内已有的研究分别给出了两个角度。一是现代化理论的宏大视角,认为中国现代化的发展和社会失范现象的增加导致了民事诉讼率的上升[9];另一种研究集中关注最近几年法院经济收案量的下降,以一种法院和当事人的微观视角指出法院自身的运作不良恐怕是这一下降的主要原因。[10] 客观说来,这两个研究视角各有长处,现代化理论展示了社会变迁和诉讼率变化的普遍性,"法院运作不良"论则聚焦中国问题的"地方性"和特殊语境。但就探究当代中国民事诉讼率变迁背后复杂的因果关系和动力机制而言,两者同样存在理论盲点和片面性,虽然后者不拘泥于西方既有理论的中国问题探究更值得我们称道。其实,对于这样一种长期的趋势和现象,不管是宏大的现代化视角(换一个角度,其实就是对法院的司法需求方面),还是微观的法院视角(这实际上就是法院司法产品的供给方面),都不足以解释中国二十多年来的民事诉讼率(或民事诉讼量)之变迁。要想准确全面地了解中国民事诉讼率变迁背后的动力机制,我们需要同时"从民事诉讼当事人和法院两个角度理解中国民众的诉讼热情(或者非热情)、中国法院的制度应对,以及这种制度和人之间的长期博弈"[11],换句话说,就是要集中关注诉讼率变

---

[8] 对这些理论的详细介绍,参见冉井富:《当代中国民事诉讼率变迁研究——一个比较法社会学的视角》,中国人民大学出版社2005年版,特别是第二章"解释理论"。

[9] 冉井富:《当代中国民事诉讼率变迁研究——一个比较法社会学的视角》,中国人民大学出版社2005年版,特别是304—309页。

[10] See, Xin He, "The Recent Decline in Economic Caseloads in Chinese Courts: Exploration of a Surprising Puzzle", *The China Quarterly*, 2006;贺欣:《运作不良的基层法院?》,载苏力主编:《法律与社会科学》第1卷,法律出版社2006年版。

[11] 艾佳慧:《民事诉讼率变迁的背后》,载徐昕主编:《司法》第2辑,法律出版社2007年版。

迁中的行动者,考察诉讼率变迁背后的司法产品供求结构及其变化。

由于"只是因为存在着行动者,才有了行动,有了历史,有了各种结构的维续和转换"[12],本文立足诉讼率变迁中的社会行动者(既包括诉讼当事人和潜在当事人、律师,也包括法院中的法官,甚至法律人才市场中的法官后备军),力图从法官遴选市场、律师服务市场以及纠纷解决的隐形市场出发,探究隐含在中国法院管理中的法官市场与正式司法产品供求市场(以及与之相伴的纠纷解决竞争市场)之间的双重供求关系如何互动,又如何决定着当代中国民商事诉讼率的变迁。我的基本观点是,结合司法产品的需求弹性和收入弹性特点,中国民商事诉讼率的变化很大程度上是由诉讼当事人对国家公权力提供之司法产品的需求引发的,虽然降低价格能在短期内激发人们的诉讼热情,但从长期来看,这个需求却主要受法院生产的司法产品质量高低的影响,而在中国,司法产品质量的高低又直接受制于法官素质以及相应的审判质量。因此,要实现中国共产党"司法为民"的主张,单单降低诉讼费可能是没有太多效果的(说不定还会有反效果),重点在于严格的法官遴选(不管是在内部还是外部)以及与之相适应的有效事后管理。

本文包括六个部分。首先是问题的界定和文献梳理;第二部分是相关数据以及简单的说明;第三部分具体讨论既有理论对诉讼率变迁的解释及其不足,从而得以提出一种诉讼率变迁的理性行动者理论以及隐含其中的双重供求结构;第四部分立足于国家提供之正式司法产品的需求弹性和收入弹性,对法官市场和纠纷解决竞争市场之间的双重供求关系展开具体细致的分析,并据此对中国民事诉讼率变迁的未来趋势做一个粗浅的预测和判断;第五部分结合马上就要正式实施的《诉讼费用交纳办法》,运用前面的理论分析了降低诉讼费可能会导致的诸多后果;最后部分是一个简短的小结。

二、数据以及相关说明

由于"经验主义的证明问题是'怎样抓取事实'而不是为事实所淹没;怎样使思想和事实紧密联系在一块而不是使思想脱离事实。问题乃是首先要证明什么,然后才是如何证明"[13]。所以本文的首要任务就是从尽量充分的数据中

---

[12] Pierre Bourdieu, La *noblesse d'Etat. Grands corps et Grandes ecoles*. Paris: Editions de Minuit, 59. 转引自〔法〕布迪厄、〔美〕华康德:《实践与反思——反思社会学导引》,李猛、李康译,邓正来校,中央编译出版社1998年版,第20页。

[13] 〔美〕C. 赖特·米尔斯:《社会学的想象力》,陈强、张永强译,生活·读书·新知三联书店2005年版,第134页。

寻找需要解释和证明的一般现象,解决"是什么"的问题,之后才好展开对"为什么"的追究和分析。本文运用的数据有四类。前两类是全国性的二手数据,分别是1978—2002年的全国民商事案件诉讼率和1983—2001年的全国一审经济案件数量,均来源于官方的数据统计。但一来由于全国性的数据不一定能关照和反映到具体地区和城市的情况,二来官方统计数据的可信度一直都受人怀疑,因此后两类数据就是实地调研得来的第一手资料,分别是1992—2001年间G中院的一审经济案件数量和1991—2005年Y基层法院的民商事收案数量。我的观点是,如果不同地域、不同层级的法院案件数量的变迁与全国性的数据变迁趋势具有大体的一致性,我们基本上就可以判断在一个足够长的时间段内中国民商事诉讼量变迁的大致规律,俾便后文的理论分析。

下面是四类数据的变迁图。

图1　1978—2002年中国民商事诉讼率变迁图

注:图中横轴表示时间,"1"表示1978,以此类推,"25"就表示2002年;图中纵轴表示民事诉讼率,单位是件/10万人,每年的民事诉讼率是当年的"民事收案总量"与当年年平均人口之比。[14]

如果不考虑人口,只考虑1978—2002年间的民商事收案量的变化,趋势会

---

[14] 这里的"民事案件收案"数据来源于国家统计局编:《中国统计年鉴·2003》,"人民法院审理一审案件情况",中国统计出版社2003年版,第834页;"年平均人口"是当年年底总人口数和前一年年底人口数的平均数,历年年底人口数来自《中国统计年鉴·2001》和《中国统计年鉴·2003》。图1和图2的数据和说明均转引自冉井富:《当代中国民事诉讼率变迁研究——一个比较法社会学的视角》,中国人民大学出版社2005年版,第5—6页。

不会有所变化呢？下面就是一个全国性的民商事收案量和一审经济案件数量变迁图。

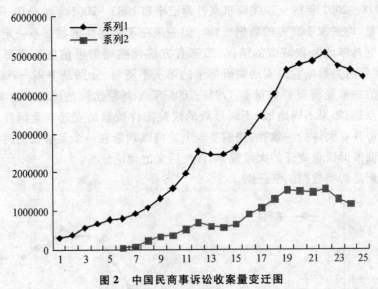

图 2 中国民商事诉讼收案量变迁图

注：图中横轴表示时间，"1"指 1978 年，以此类推，"25"指 2002 年，纵轴表示案件数量，单位是"件"。系列 1 是 1978—2002 年中国民商事收案总量的变迁曲线，系列 2 是 1983—2001 年全国一审经济案件的变迁曲线。[15]

综合图 1 和图 2，我们发现，不管是民事诉讼率还是民事诉讼量，不管是民商事诉讼总量还是一审经济案件数量，中国民众二十多年来对法院的使用频度趋势呈现出了惊人的一致性，也即从 1978 年以来开始逐步增长，不过 1992 年和 1999 年是两个明显的"拐点"：1992 年之后诉讼率和案件数量均呈快速增长势头，但到了 1999 年，三条曲线均开始逐年下降。这是全国的情形，地方的情况又如何呢？

接下来是两个地区性法院的民商事案件变迁图。两个样本法院中的 G 中院位于经济发达、交通便利的珠三角地区，其所在的城市不仅是该省的省会，更

---

[15] 图中的民商事收案总量的数据，转引自冉井富：《当代中国民事诉讼率变迁研究——一个比较法社会学的视角》，中国人民大学出版社 2005 年版，第 5—6 页；一审经济案件量的数据，转引自贺欣：《运作不良的基层法院？》，载苏力主编：《法律与社会科学》第 1 卷，法律出版社 2006 年版，第 38 页。由于一审经济收案量只占整个民商事收案总量的一小部分，将两个图合并为一个图的直接效果就是一审经济案件量的变化幅度不如单独做图时大（特别是 1991—1997 年间的快速上升幅度没有体现出来），但基本趋势也能反映出来。图中数据最后均来源于《中国统计年鉴》。

是中国经济改革以来发展最快、变化最大的城市之一;而Y基层法院所在县城位于四省(山东、江苏、河南、安徽)交界之处,是一个典型的农业县(前几年刚摘下"贫困县"的帽子),旁边是该省最大的淡水湖——微山湖,举世闻名的京杭大运河(元代改道后)即从湖西岸经过。之所以选择这两个法院,一是想了解不同经济发达程度地区的民商事诉讼量的变迁有何不同,二是想看看不同层级的法院收案量的长期变化趋势是否有差异。

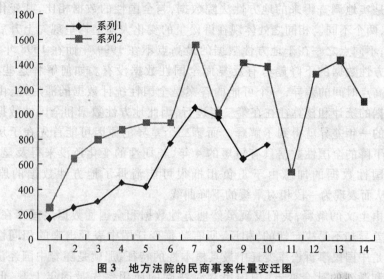

图3 地方法院的民商事案件量变迁图

注:图中横轴表示时间,"1"指1992年,以此类推,"14"指2005年,纵轴表示案件数量,单位是"件"。系列1是G中院1992—2001年一审经济案件数量变迁曲线,系列2是Y基层法院1992—2005年全部民商事收案数量变迁曲线。[16]

上图系列1的数据来自于该法院档案室的卷宗,其真实性应该毋庸置疑,系列2的数据虽然不免有夸大、不真实的成分,但我想当地法院不会有积极性

---

[16] G中院的数据来自于2004年暑假的法院调研。需要提请读者注意的是,这些数据只是间接数据,但由于我们对每年的经济诉讼卷宗采取按照卷宗编号进行分群抽样的办法,即如果该年总共有500个案件,就每50个卷宗抽取5件,如果该年有1000件,就每100个卷宗抽取5件,按照每年抽取50件的规模共抽取了500个样本。这样根据样本案件中的编号,每年编号最大的就视同该年的案件量,从而得到了该法院1992—2001年间的一审经济案件数量。虽然不是很精确,但足以显示10年间的一审经济案件量的变迁。Y基层法院的数据来自于2007年2月对该法院的调研,由于调研中的权力资源投入不够,因而不能进入档案室收集最原始也最真实的案件数量。图中数据是从该法院调研室主任提供的法院工作报告中获得的,虽然不能排除某些数据的夸大成分,但作为一个长期的趋势展示,这些数据也还能基本胜任。关于调研中的权力资源,参见苏力:《法律社会学调查中的权力资源》,载苏力:《送法下乡——中国基层司法制度研究》,中国政法大学出版社2000年版,特别是第431—432页。

对其受理案件的长期趋势做手脚,因此也大体可以反映当地民众使用正式的第三方解决机制(即法院)解决纠纷的数量变迁。比较系列1和系列2,我们也可以发现一个规律,即自1992年起,不管是基层人民法院的民商事案件量,还是中级法院的一审经济案件量,均呈逐年上升趋势,其中尤以1996—1998年间上升得最为迅速,但自1998年起,两个法院均开始呈现下降趋势,虽然其间也有反复。

这是实地调查得来的地方性法院数据,与全国性的数据相比,其变化有一个相同,两个不同。相同之处体现在诉讼量的变化大体上均呈现先上升后下降的趋势;不同点之一在于地方性数据的最高点不在1999年而在1998年,之二在于地方性数据的下降趋势有反复而全国性数据没有。如何解释这些不同?对于最高点时间的差异,一个可能的答案是全国性统计数据的滞后性,由于全国性数据的统计和核算往往在第二年进行,因此地方性数据和全国性数据之间系统性的一年差异就得到了解释。而第二个差异的原因可能首先在于从最高点开始下降的全国性数据只有短短的4年,长期性的变化还没来得及显现;其次是全国性数据的加总由于正负相抵很可能消弭了地方性数据的剧烈波动[17],从而表现为一段相对平缓的下降曲线。

经由上文的解释,我们发现虽然地方性数据和全国性数据之间存在差异,但这些差异却不是决定性的,相反,所有数据变迁图中表现出来的相同性和一致性才是中国民事诉讼率变迁中最具根本性的特征,那就是随着中国经济体制的改革和激烈的社会变迁,中国民众对法院的使用率先是逐年上升,但到了1998年却开始缓慢地逐年下降。从民事诉讼率的相对低下(与西方各国相比)[18]以及诉讼率先升后降的时间间隔之短来看,这是一个极具中国特色的现象和问题。

三、诉讼率为什么如此变迁?

前文已提到,国外对于16世纪以来的民事诉讼率变迁以及各国差异的研

---

[17] 需要指出的是,图3中Y基层法院民商事案件量1998年以后的剧烈上下波动可能还有另外一个原因,那就是当出现集团诉讼的案件时,在"以数据求政绩"的今天,法院有把它拆分成很多案件的激励;如果没有这样的集团案件,当年的案件数量肯定就会少很多了。

[18] 据冉井富的研究,中国的民事诉讼率与西方各国相比是很低的,即使到了2002年,每1000人口中提起诉讼的比率只有3.45件,差不多只是澳大利亚和美国的1/20,瑞典、法国、比利时的1/10,只是与日本和西班牙持平。参见冉井富:《当代中国民事诉讼率变迁研究——一个比较法社会学的视角》,中国人民大学出版社2005年版,第245页。

究已然形成了诸多富有解释力的理论和成果。根据冉井富的介绍,已有的研究包括认定经济发展、社会转型必然导致社会失范现象和纠纷增加,诉讼率也会随之增长的现代化理论[19];从文化差异角度解释诉讼率差异的文化理论[20];从关系角度解释人们对诉讼方式的选择和逃避的关系理论[21];以及从非讼方式的设置、律师收费制度、经济运行稳定性和信用担保等制度展开分析的制度和环境理论[22]。毫无疑问,对西方社会的历史变迁以及生发于其中的民事诉讼率变迁和差异,以上诸多理论分别从不同角度进行了相当有效的解释和分析,在某种程度上,西方学者基于他们的学术训练和社会经验(或者他们的"地方性知识")为整个人类的知识传统增添了足以启示后人的知识增量。但面对极富中国特色的诉讼率变迁现象,这些理论却不能帮助我们找到正确的因果关系机制,更不要指望据此能够洞悉中国司法制度的"命门"以及提供解决中国问题的方法了。

首先,那种运用经济发展、社会结构变化和现代化程度解释民事诉讼率变

---

[19] 这里的现代化理论包括了以韦伯和涂尔干为代表的功能理论。相关的重要文献包括:〔德〕马克斯·韦伯:《经济与社会》(下卷),林荣远译,商务印书馆1997年版;〔法〕埃米尔·涂尔干:《社会分工论》,渠东译,生活·读书·新知三联书店2000年版;〔法〕埃米尔·涂尔干:《自杀论》,冯韵文译,商务印书馆2001年版;F. Van Loon & E. Langerwerf, "Socioeconomic Development and the Evolution of Litigation Rates of Civil Courts in Belgium, 1835—1980", *Law & Society Review*, Volume 24, Number 2 (1990), pp. 283—295; Christian Wollschlager, "Civil Litigation and Modernization: The Work of the Municipal Courts of Bremen, Germany, In Five Centuries, 1549—1984", *Law & Society review*, Volume24, Number 2 (1990), pp. 261—282; Jose Toharia, "Economic Development and Litigation: the Case of Spain, In Grossman. Joel B. and Austin Sarat, Litigation in the Federal Courts: A Comparative Perspective", *Law & Society Review* 9, pp. 323—325;陈聪富:《法院诉讼与社会发展》,载《"国家科学委员会"研究汇刊:人文及社会科学》第10卷第4期。以上文献均转引自冉井富:《当代中国民事诉讼率变迁研究——一个比较法社会学的视角》,中国人民大学出版社2005年版。

[20] 相关文献包括〔日〕川岛武宜:《现代化与法》,申政武等译,中国政法大学出版社1994年版;Walter Olson, *The Litigation Explosion: What Happened When American Unleashed the Lawsuit*, Published by the Penguin Group, pp. 15—50; Sally Engel Merry, *Getting Justice and Getting Even: Legal Consciousness among Working-Class Americans*, Chicago: University of Chicago Press, 1990; Marc Galanter, "Real World Torts: An Antidote to Anecdote", 55 *Md. L. Rev.* 1093。

[21] 相关文献参见〔美〕唐·布莱克:《法律的运作行为》,唐越、苏力译,中国政法大学出版社1994年版;Stewart Macaulay, "Non-Contractual Relations in Business: A Preliminary Study", 28 *American Society Review*, 1963; J. Joseph Burns, "Civil Courts and the Development of Commercial Relations: The Case of North Sumatra", 15 *Law & Society Review*, pp. 347—368 (1098—1981)。

[22] See, Erhard Blankenburg, "The Infrastructure for Avoiding Civil Litigation: Comparing Culture of Legal Behavior in the Netherlands and West Germany", 28 *Law & Society Review*, 789; Marc Galanter, "Cases Congregations and Their Careers", *Law & Society Review*, Volume 24, Number 2 (1990), pp. 371—395; Robert A. Kagan, "The Routinization of Debt Collection: An Essay on Social Change and Conflict in the Courts", 18 *Law & Society Review*, 1984.

迁,特别是当代中国民事诉讼率变迁的现代化理论(或者现代化框架)存在重大缺陷。我在另一篇文章里已经指出,除了明显的西方中心主义和线性历史观,这一现代化的宏大理论和解释框架,不仅忽视了诉讼过程中的行动者,还忽视和遮蔽了除法律之外的其他纠纷解决办法,其狭窄的视野和相对静态的方法解释不了中国民事诉讼率变迁背后长期、动态的复杂过程和博弈。[23] 用社会学家米尔斯稍带嘲讽的话说就是,"就实践而言,由于宏大理论表现出来的形式的、含糊的蒙昧主义,以及抽象经验主义所表现的形式的、空洞的精巧,使得人们确信,对于人类和社会,我们还知之甚少"[24]。

其次,用诉讼文化的变化来解释民事诉讼率的变迁以及用文化差异解释各国诉讼率差异的文化理论其实相当浅薄。民众"好讼"还是"厌讼"很大程度上受制于不同国家、不同时代的诉讼制度安排和结构,而根本不是民事诉讼率变化和差异的原因。在很大程度上,"好讼"也好,"厌讼"也罢,实际上只是布迪厄所称的一种"惯习",一种结构形塑机制(structuring mechanism)。它们是"通过体现于身体而实现的集体的个人化,或者是经由社会化而获致的生物性个人的'集体化'",一种"乔姆斯基的'深层结构'",只不过这一深层结构并不是某种人类学意义上的不变因素,而是在历史中建构的、植根于制度的并因而是一种作为社会性变量而存在的生成性母体";"惯习是创造性的,能体现想象力,但又受制于结构,这些结构则是产生惯习的社会结构在身体层面上的积淀"[25]。因此,所谓的诉讼文化只不过是不同的制度结构建构或决定的,它根本不可能成为民事诉讼率变迁中的决定者。

再次,从人们之间存在不同的关系距离,企业之间存在大量关系型契约现象出发的关系理论对民事诉讼率的变迁虽然有一定的解释力,但不管是马考利的文章,还是布莱克的理论,其实都不是专门为解释民事诉讼率的变迁而准备的[26],因此,就民事诉讼率变迁的主题而言,该理论不具有一般性。而且,即使就它原有的主题,该理论也存在局限,比如它就无法解释第三世界国家比较普

---

[23] 对现代化框架更多的批判,参见艾佳慧:《民事诉讼率变迁的背后》,载徐昕主编:《司法》第2辑,法律出版社2007年版。

[24] [美]C.赖特·米尔斯:《社会学的想象力》,陈强、张永强译,生活·读书·新知三联书店2005年版,第79页。

[25] [法]布迪厄、[美]华康德:《实践与反思——反思社会学导引》,李猛、李康译,邓正来校,中央编译出版社1998年版,第19页。

[26] 马考利的论文旨在论证正式的合同形式在关系"交织紧密"的企业之间很少使用,从而间接表达了后来被吉尔莫概括为"合同的死亡"的命题。布莱克的《法律的运作行为》只是一本有些机械的实证主义法学的总结性著作,试图以公式的和量化的形式总结和归纳一些法和社会关系的规律性命题。

遍的被动性"关系型契约"——由于"缺乏运作良好的法院，企业就只能借助于'关系型经济'，也就是说，企业只能与那些过去已经建立良好关系的当事人签约。在一个快速变化的经济环境中，这些掣肘将会迫使企业放弃高风险、同时隐含高收益的投资机会。而且，关系型经济还在一定程度上束缚了企业，使他们不得不维系无利可图的交易"[27]。

最后，以替代性纠纷解决机制、法律的合理化、体系的稳定性和律师收费制度为代表的各种制度和环境理论在很大程度上从各个角度解释了西方各国在现代化过程中的民事诉讼率变迁。但由于中国的情况与西方各国的情形有很大差异，盲目运用上述西方理论解释中国诉讼率变迁问题必然会问题重重。鉴于中国独特的国情，不管前述种种制度和环境理论对西方现象和西方问题解释得多完美，这些理论也不能当然成为解释中国问题的不二法门。

面对真实存在的独特中国现象，当来自西方的种种理论和假说无法承担有效解释之重担时，中国学者应该怎么办？答案只有一个，要想解释中国的问题并在此领域有所作为和有所突破，"就不仅需要借鉴已有的理论成果，更要在中国经验、中国数据的基础上推导和研究引发民事诉讼率变迁的复杂动因，挖掘背后潜藏的规律和道理，并尽量找到专属于中国的特有因果关系并将之抽象化、理论化和一般化"[28]。这是中国学者能不能对既有的知识传统贡献知识增量的最重要也最关键的部分，也是社会科学研究的核心和重点。

贺欣的研究在此方向上迈出了可贵的第一步。针对中国经济案件总量下降这一现象，"贺文首先指出已有的三种解说：纠纷解决的结构变化[29]、经济发展[30]以及社会变迁[31]，在论证了这些理论不足以解释经济高速增长但经济案件却逐年下降这一中国问题之后，贺尝试着提出了中国法院运转不良这一可能

---

[27] 〔美〕鲁门·伊斯拉姆：《司法改革：路向何方?》，徐菁译，载吴敬琏主编：《比较》第17辑，中信出版社2005年版，第137—138页。

[28] 艾佳慧：《民事诉讼率变迁的背后》，载徐昕主编：《司法》第2辑，法律出版社2007年版。

[29] See, John Haley, *Authority without Power: Law and the Japanese Paradox*, New York, Oxford University Press, 1991; Erhard Blankerburg, "The Infrastrcture for Avoiding Civil Litigation: Comparing Cultures of Legal Behavior in the Netherlands and West Germany", in 28 *Law & Society Review*, pp. 789—807.

[30] 参见冉井富：《社会经济发展对诉讼率变迁的影响》，载郭星华、陆益龙等著：《法律与社会》，中国人民大学出版社2004年版，第239—245页。

[31] See, Wayne M. Mclntosh(1980—1981), "150 Years of Litigation and Dispute Settlement: A Court Tale", 15 *Law & Society Review*, p. 823; Stephen Daniels(1985), "Continuity and Change in Patterns of Case Handling: A Case Study of Two Rural Counties", 19 *Law & Society Review*, pp. 381—420; Lawrence M. Friedman (1990), "Opening the Capsule: A Progress Report on Studies of Courts over Time", 24 *Law & Society Review*: p. 229.

的解说。在和该问题相关的另一篇文章中,贺欣进一步提出了衡量司法质量的'司法消费者'标准,认为从司法产品生产者和司法产品消费者的角度可以衡量法院是否运转不良,希望借此验证自己解释经济诉讼率下降的理论。[32] 虽然该解说除了不够细致以外(比如就没有区分个人和企业组织这些有可能完全不同的司法产品消费者),自身可能还存在另外一些问题[33],而且贺文针对的也只是经济案件诉讼率的下降,但这一力图从司法产品的供求角度,力图从民事诉讼得以产生的微观和深层原因解释中国现象和中国问题的尝试和努力却是值得我们称道的。"[34]

通过对相关文献和理论的梳理,我们发现除了来自西方的众多理论很难解释清楚中国的问题之外,这些立基于不同假设和前提的理论甚至还有混杂和相互不兼容之特点。能不能有一种既能包容和解释中国经验又能有效整合这些理论的统一框架呢?

这是一个似乎很困难的学术任务。但仔细考察已有的理论和假说,我发现:(1)部分除了贺欣的"法院运作不良"论,几乎所有的理论,特别是包容了经济发展和社会变迁假说的现代化理论,大多都是一种俯瞰式的宏大视野,从而缺失了民事诉讼率变迁中的理性行动者这一至关重要的微观视角。虽然关系理论和律师收费制度也关注和考察了不同的环境和制度对潜在诉讼当事人是否选择诉讼策略的影响,但西方的生活经验和社会经验却不经意地遮蔽了这些学者的视野,使得他们有道理地忽视了法官、甚至法官后备军的理性选择对民事诉讼率变迁的影响[35],也因此他们的理性行动者视角注定不完整。(2)已有的理论,要么从纠纷解决的供给出发解释民事诉讼率变迁,比如"纠纷解决的结

---

[32] 参见贺欣:《运作不良的基层法院?》,载苏力主编:《法律与社会科学》第1卷,法律出版社2006年版,特别是第34—37页。

[33] 刘思达就对此观点提出了批评,认为中国法院经济案件数量在20世纪90年代中期后由上升转为下降不能直接归结为法院运转不良,因为没有任何数据可以说明这些问题在90年代中期以后比以前更为严重。参见王赢、侯猛(整理):《法律现象的实证调查:方法和规范——"法律的社会科学研究"小型研讨会综述》,载《中国社会科学》2007年第2期。而在我看来,由于该解释没有区分经济纠纷案件中的当事人,很有可能忽视了其中占很大比例的国有银行诉国有企业的特殊问题,即自1996年起为了解决呆坏账问题集中诉讼导致诉讼率急剧增长,而到了1999年,很有可能这一诉讼风潮已经告一段落,表现在数据上就是诉讼率开始下降了。

[34] 这段话是我在《民事诉讼率变迁的背后》一文中对贺欣观点的梳理和评价,由于找不到更好的表达,在此直接援用。参见艾佳慧:《民事诉讼率变迁的背后》,载徐昕主编:《司法》第2辑,法律出版社2007年版。

[35] 用这一点批评关系理论的学者其实不太有道理,因为他们的理论本来就不是用来解释民事诉讼率变迁的,当然也就没有义务按照我的观点建构理性行动者的范围。

构变化"说和"法院运作不良"说;要么从纠纷解决的社会需求出发解释民事诉讼率变迁,无论是直接的,比如现代化理论和律师收费制度,还是间接的,比如文化理论、法律合理化和体系稳定性理论。但要解释中国民事诉讼率的变迁,我们既需要从纠纷解决的社会需求出发,也要从纠纷解决的正式、非正式的供给角度出发。因为对于国家提供的公共产品——司法服务——而言,单独从供给或者单独从需求切入都是不全面因而是不准确的,我们需要一种相对全面的对司法产品的供求结构分析。

因此,既有理论的固有缺陷以及中国问题的独特性逼迫我们必须要另走新路,以一种"社会学的想象力"(米尔斯语)洞察纠纷当事人与法院制度之间长期、复杂的动态博弈,以一种更开阔的视野和更务实的态度正视与西方有所不同的当代中国民事诉讼率变迁背后诸多相互纠缠、相互冲突的利益和力量。借用冯象先生的语式来说,就是要超越西方资本主义司法制度给与我们的想象和"终点",冲破法治关键词的限定而反诸自身,质问中国现象得以产生的人性、信息和制度条件。[36] 这就是以司法场域和准司法场域[37]中的理性行动者为微观基础的司法产品双重供求机制。

这一理论脱胎于经济学的供求理论,也受益于波斯纳法官就"案件负担的增长模型"所作的精辟分析[38],但又有所突破和扩展。一方面,如果将法院产出的司法产品视为一种衍生需求产品,其初级产品市场是劳动力市场(也即法官选任制度和法院内部、外部劳动力市场),其次级产品市场是正式司法产品市场(当然要受到其他纠纷解决制度和隐形纠纷解决市场的制约),我在一篇文章中指出的双重供求关系在这里仍然成立。对于法院,其"面临的这一双重(或双层)供求关系之间是有联系,甚至是互动的,或者更明确地说,初级产品市场的均衡会直接影响次级产品市场的供求(虽然,次级产品市场还面临着其他现实的或潜在竞争对手的竞争),而另一方面,次级产品市场的状况在某种程度上也会反过来进一步影响初级产品市场的供给"[39]。这一双重供求的均衡会最终影响到民事诉讼率的变化;另一方面,诉讼率除了受制于价格(在法院,是诉讼

---

[36] 参见冯象:《木腿正义》(增订版),北京大学出版社 2007 年版,第 30 页。
[37] "司法场域"是布迪厄提出的概念,在布迪厄看来,"司法场域"是司法权威由以产生并得以行使的社会空间。参见〔法〕布迪厄:《法律的力量——迈向司法场域的社会学》,载《北大法律评论》第 2 卷第 2 辑,法律出版社 2000 年版,第 499 页。
[38] 参见〔美〕理查德·A.波斯纳:《案件负担为何出现了如此的增长》,载〔美〕理查德·A.波斯纳:《联邦法院——挑战与改革》,邓海平译,中国政法大学出版社 2002 年版,特别是第 95—99 页。
[39] 参见艾佳慧:《在"边缘"处感受挑战——〈读书〉法学类文章研究》,载《北京大学研究生学志》2006 年第 4 期。

费、受理诉讼的法定金额、诉讼迟延以及胜诉几率等等;在其他纠纷解决机制,是仲裁费、调解费用及时间成本、支付的私人收债费用等等),从长期来看,各种纠纷解决机制的具体制度安排及其变化会影响到人们的诉讼选择,而人们的选择又会反过来制约制度的成效以及其进一步的改变,这就是前文指出过的人与制度之间的长期的动态博弈。该博弈过程的现实存在提醒了我们,研究民事诉讼率的变迁,甚至研究法院制度、司法制度都不能不考虑受制于制度的人们的反应,没有一个制度是悬空在天上、不需要人的配合或者不配合而起作用的,科斯的天才洞见在这里仍然有效:不仅权利之间有相互性,制度与制度(借助人的中介)、制度与人之间同样是相互、互动的。[40]

与那些仅仅关注司法需求的西方理论,甚至与贺欣的"法院运作不良"论相比,这一理论模型的优点是明显的:第一,与西方学者忽视法院制度,特别是法官制度对民事诉讼率变迁的影响不同,本文理论强调和论证了法官选拔和法官管理制度通过正式司法产品的质量这一变量如何影响着民众对法院的信心和使用频度,又如何间接影响着中国民事诉讼率的走向和高低。在某种程度上,在司法产品质量大体上能得到保证这一西方语境下,西方的诸多理论其实只是本文理论的不同特例而已。第二,不同于单纯强调司法需求或者单独强调司法供给的诸多理论,由于深知不可能存在"没有需求的供给"和"没有供给的需求",本文理论综合了供求两方面,分别从正式司法产品"市场"的供求关系以及法官"市场"的供求关系两个层面出发考察了民事诉讼率得以变迁的深层动因。第三,以往的理论均持一种比较静态的研究方法,这样的研究有其价值,但由于不关心人与人、人与制度之间复杂、长期的动态博弈而显得有点单调。本文理论则不仅从立体的,更从长期和历史的动态博弈视角出发研究了民事诉讼率的变迁,是对之前研究的一种推进。因此,有理由认为这一建基在理性行动者模型之上的"供求框架",由于考虑了潜在的纠纷解决市场以及制度与诉讼当事人之间的动态博弈,似乎更能有效解释转型中国的民事诉讼率变迁。在一定程度上,完全可以不客气地说,"供求框架"既包容了西方已有的众多理论,又是对它们的更好替代。

---

[40] 科斯在"社会成本问题"一文中指出了"权利的相互性"问题,并在此基础上提出了后来被斯蒂格勒称为"科斯定理"的伟大理论。参见〔美〕罗纳德·哈里·科斯:《社会成本问题》,载《企业、市场与法律》,盛洪、陈郁译,上海三联书店1990年版。

四、诉讼率变迁的供求结构分析

作为国家政治制度一部分的司法制度(在中国,其实仅指法院或审判制度),其最重要的两大功能就是"纠纷解决"和"规则之治"了。[41] 规则制定是否合理以及能否公正、有效地解决纠纷,在很大程度上决定了法院提供的司法产品质量是否上乘以及人们是否愿意使用法院。由于纠纷的多样性和纠纷解决机制的多元性[42],民众的很多纠纷并不一定需要国家出面干预和解决,也因此,正式的法院解纷机制必然面临或多或少、或强或弱的制度竞争。对于当代中国外显出来的越来越多、越来越复杂的民商事纠纷而言,正式诉讼的竞争对手(经济学称之为"替代品")不仅有声誉机制、关系型契约、私力救济这样一些依靠第二方解决的社会规范和商业规范,更有调解委员会、仲裁协会、保险公司等第三方解决的解纷机制。民众是否愿意将自己的纠纷提交法院解决直接受制于法院提供的正式司法产品是否比其他的非正式解纷方式更方便、更便宜以及是否更公正有效。

因此,民事诉讼率变迁背后一个最重要的因素就是民众是否愿意以及提交多少纠纷给正式的解纷机制,或者向法院提起多少诉讼。我们在此可以做一个推断,即如果一个时段内(比如一年)一个国家或社会外显的民商事纠纷总量既定,那么诉诸国家正式机构的纠纷数量越多,诉诸其他竞争性纠纷解决机制的纠纷数量就会越少,反之就会越多。用市场营销学的术语来说,纠纷总量在各种解纷机制中的实际分布其实就是各解纷机制实际所占的市场份额,要想扩大市场份额,就需要提高产品质量和服务质量。[43]

写到这里,很多人可能会很不以为然,"哪跟哪啊,经济学的市场理论怎么能用来分析诉讼制度和司法制度呢,你的'经济学帝国主义'也太出格了吧"。

---

[41] 当然,对于当代中国而言,现代司法制度还担当了建立统一的现代民族国家的政治功能,苏力在《为什么送法下乡?》一文中有过详尽和精彩的分析。参见苏力:《为什么送法下乡?》,载苏力:《送法下乡——中国基层司法制度研究》,中国政法大学出版社 2000 年版。

[42] 在人类社会中,小到一个人生闷气,大到两国之间的交战,纠纷的种类不仅繁多而且无所不在。也因此,对应着不同类型的纠纷,纠纷解决机制不仅包括道德、宗教、习惯等内化纠纷的第一方解决方式(这样的纠纷一般并不外显出来,我们称之为内化的纠纷,而其他的纠纷我们通通称之为外显的纠纷),互惠、协商、私力救济、合同约定等依靠双方解决的第二方解决方式,也包括调解、仲裁、保险、诉讼等依靠第三方力量的介入而获得解决的第三方解决方式。与其他非正式的解纷方式相比,法院提供的正式制度最大的优势就是专业化带来的规模效应以及有强大的国家强制力作后盾。

[43] 一些朋友批评本文忽视了对非正式解纷机制的分析,但这里的论述其实已经很清楚地将各种非正式解纷机制的存在视为正式司法制度的背景和替代机制了。由于主题所限,我不可能再就各种非正式解纷制度进行更深入和具体的分析,那可能需要更大的篇幅。

我必须对这样的批评提前作一回应。首先,人们都是在既定的制约条件下选择和决策的(这个制约既有资源的制约,也有制度和环境的制约),只要有可选择的种种方案,就必然意味着有效供给的存在;而人们只要认真作了选择,就必然存在一种潜在的需求。从这个意义上看,哪里有理性选择,哪里就有供求和市场。看看我们的周遭,从日常生活用品的选择,学校的选择,工作的选择,配偶的选择,纠纷解决方式的选择,甚至宗教信仰的选择,哪一个选择的背后没有市场、没有供求,虽然很多市场和供求都不是那么一目了然和显性的(当然也很可能是人们不愿意承认)。其次,如果不把诉讼制度神秘化,法院就是一个提供公共产品的非营利组织,而"人们决定提起诉讼时,就'购买'了司法服务。诉讼成本会进入他们的决定之中,替代性争议解决方案的可用性(availability)及成本亦是如此。就这些方面而言,购买司法服务和购买其他服务是一样的"[44]。因此,虽然不像一般市场那样完全依靠价格传递资源配置有效与否的信号,但面对当事人或者潜在当事人的理性选择以及真实的制度竞争,运用理性选择理论和市场理论解释纠纷解决隐形市场和法官市场中的供求,进而解释中国民事诉讼变迁背后的动力机制就是有道理并且有解释力的。

(一)司法产品的需求弹性和收入弹性

要了解民众对法院提供之司法服务(或者司法产品)的需求如何变化,我们首先需要了解该司法产品的需求弹性和价格弹性。先来看需求弹性。只要存在市场,供求规律就必然要起作用(隐形的纠纷解决市场当然也不例外),也即市场上的供给和需求,决定了商品的均衡供求量和均衡价格,而价格反过来也会影响着商品的供给和需求,在这种决定与被决定、影响与被影响的关系中,最重要的就是商品价格对市场需求量的影响,而需求弹性 Ed 就是衡量市场需求价格敏感度的指标。所谓需求弹性,是指在一定时期内一种商品需求量的相对变动对于该商品的价格相对变动的反应程度,即 Ed = 需求量变动率/价格变动率。[45] 理论上存在三类不同需求弹性的商品,第一类商品的需求弹性大于1,我们称之为需求弹性充足,即价格微小变动带来需求量比较大的变动,典型的有各种奢侈品等非生活必需品;第二类商品的需求弹性小于1,我们称之为需求

---

[44] 〔美〕理查德·A.波斯纳:《案件负担为何出现了如此的增长》,载〔美〕理查德·A.波斯纳:《联邦法院——挑战与改革》,邓海平译,中国政法大学出版社2002年版,第95页。

[45] 对需求价格弹性的更多介绍,参见〔美〕哈尔·R.范里安:《微观经济学:现代观点》,费方域等译,上海三联书店、上海人民出版社1994年版,第333—336页。只不过该书用 ε 表示需求价格弹性。

弹性缺乏,即很大的价格变动带来比较小的需求量变动,典型的如大米、饮用水等生活必需品;第三类商品的需求弹性等于1,又称需求弹性单一,即价格变动带来需求量同等的变动。但现实中没有需求弹性单一的商品,只存在需求弹性充足和需求弹性缺乏的商品(范里安称之为有弹性和没有弹性)。

具体到法院提供的司法服务产品,特别是在中国,可能并不能一概而论。就一般的个人和非国有企业而言,只要法院收取的诉讼费占了其所有诉讼成本的一大部分,在服务质量不变的前提下,法院产品的需求弹性就是充足的,即降低诉讼费必然带来诉讼数量的很大增长。但对那些国有企业和国有银行而言,不管服务质量的好坏,也不管其诉讼费如何调整,他们对法院的使用频率可能并不会有太大的变化[46],在这个层面上,法院提供的司法产品需求弹性缺乏。这是从短期来看,但如果用一种动态和长期的视角来观照诉讼产品的需求弹性,我们推断,如果法院提供的司法服务质量低劣,即使短期内该产品的需求弹性充足,长期内其需求弹性也会变得缺乏。这就像高档名牌时装一旦降价,消费者会蜂拥而至,但一旦发现该产品名不符实、质量低劣,在长期内,即使该厂商再次大幅度降价,人们也会望而却步,不会再购买。对于需求弹性充足的商品,重要的不是降价,而是保证商品的质量和信誉。

再来看收入弹性,这是一个衡量市场需求收入敏感度的指标,指在一定时期内一种商品需求量的相对变动对于消费者的收入相对变动的反映程度,即收入弹性等于需求量变动率与收入变动率之比。一般而言,收入弹性有两种,一种是收入弹性大于0的正常商品,也即消费者收入的增加会带来该商品需求量的增长,某商品收入弹性的数值越大,说明该商品越受消费者欢迎,市场潜力也越大;另一种是收入弹性小于0的劣质商品,消费者收入的增加不仅不会带来该商品需求量的增加,反而会带来需求量的下降。具体到法院提供的司法产品,司法消费者的收入变动与他们对法院的使用频率之间是什么关系?这也要区分两种情况,在其他条件(既指法院司法产品的价格,也指其他纠纷解决方式的种类和价格)都不变的情况下,潜在诉讼当事人的收入增长会带来对正式纠

---

[46] 这样判断首先是因为诉讼费的高低不太可能成为国有企业是否诉诸法院的一个影响因素,因为诉讼费再高也是国家出钱,其代理人没有任何实际损失;其次,对于很多中国的国有金融企业,打官司并不是真的为了减少损失,追回贷款,在中国金融管理制度的背景下,他们诉诸法院只是为了赢得一纸判决书和执行文书以便核销呆、坏账罢了。"因此债务人是否有财产可供执行、执行的回收率有多少、法院的执行能力有多强、诉讼与执行成本和费用有多高等依据常理必须考虑的因素,在非市场化诉讼/执行的行为决策中被忽略了。"参见唐应茂、盛柳刚:《民商事执行程序中的"双高现象"》,载苏力主编:《法律与社会科学》第1卷,法律出版社2006年版,第1—29页。

纷解决制度需求的增加。[47] 在这种情况下,正式诉讼是一种正常商品,其收入弹性为正。但只要正式司法产品的价格和质量不变,而其他纠纷解决机制的价格下降而其可获得性和有效性却增加的话,潜在当事人的收入增加就不一定能导致对法院司法产品需求的增加了,说不定还会导致其需求量的下降,这时,正式司法产品的收入弹性为负,只是一种劣质商品。

综合正式司法产品的需求弹性和收入弹性,我们发现,从长期来看,影响潜在司法消费者对其需求的因素不仅有正式诉讼的价格、可获得性,更有该司法产品的质量和信誉,甚至还包括其他纠纷解决机制的存在。这些正式司法产品的强有力竞争者完全可以通过合理的价格、方便的可获得性、相对上乘的服务质量抢占正式国家制度的地盘,在很大程度上,正是这些因素之间的互补和替代导致了中国民事诉讼率的变迁。

(二)诉讼率变迁背后的法官市场和法官管理

了解了法院诉讼产品的需求弹性和收入弹性,我们再来分析一下前文指出过的双重供求机制,即法官市场(包括法官选任制度和法院内部、外部劳动力市场[48])的供求和正式司法产品市场之供求(当然要受到其他纠纷解决制度和隐形纠纷解决市场的制约),以及两个市场之间的相互影响。由于市场是由人、由人的行为构成的,以一种行为主义以及制度和环境制约下的理性行动者视角,我看到了这两个市场背后三个隐含的人与制度之间的博弈场域。其一是正式司法产品市场中潜在诉讼当事人的"告"还是"不告"。潜在当事人的诉讼策略直接受制于正式司法产品的质量和司法信誉,间接受制于其他非正式纠纷解决

---

[47] 伊斯拉姆指出,相关的进一步研究发现,在低收入国家里,民众使用法院系统的"司法机会"指标并没有随着收入的变动而出现波动,这可能是因为只有在收入水平达到一定标准后,司法部门的绩效才会受到收入因素的影响,也就是说只有达到一定收入标准后,正式司法产品才是一种正常商品;或者除了收入水平,还有其他因素对建立有效的司法体系发挥了关键的作用,这可能是说在收入很低的时候,民众很可能使用了其他一些更便宜的纠纷解决机制。参见〔美〕鲁门·伊斯拉姆:《司法改革:路向何方?》,徐菁译,载吴敬琏主编:《比较》第17辑,中信出版社2005年版,第141页。

[48] 这里的外部劳动力市场指存在于法院系统之外的法律人才市场,而内部劳动力市场是指通过法院系统内部的聘任和晋升获得人才的市场。法官选任制度的范围既涵盖了外部,也涵盖了内部法官市场。参见张维迎:《内部劳动力市场与人力资源管理》,载《产权、激励与公司治理》,经济科学出版社2005年7月版,特别是第286—287页。另参见,Doeringer, P. and M. Piore, *Internal Labor Markets and Manpower Analysis*, Lexington, MA: D. C. Heath; Malcomson, J. (1984) "Work Incentives, Hierarchy, and Internal Labor Markets", *Journal Political Economy*, 92: pp.486—507。

机制的价格和质量[49],与此同时,该策略的选择在宏观上直接导致了民事诉讼率的变迁。其二是当前法官在司法工作低特定性[50]和既定法院管理制度下"贪"还是"不贪"的策略选择,法官的选择直接影响着正式司法产品的质量和司法声誉。其三是法律人才市场中的法官后备军(包括毕业和即将毕业的法学院学生,也包括其他的法律专门人才)在既定的法官待遇、法官遴选制度和法院行政化管理条件下愿不愿意当法官,或者就是一个"当"还是"不当"的博弈选择问题。这个选择加上很多优秀法律人才当不当得了法官(在既有制度约束下)的问题表现在宏观上就是法官的素质问题,不仅直接影响着法官群体"贪"与"不贪"的选择,更间接影响着整个司法制度的权威和政权的合法性与正当性。

让我们倒着来,先考察"当"还是"不当"的法官市场。我在《中国的法官最大化些什么》一文中曾深入讨论过解决事前信息不对称问题的法官遴选制度的重要性[51],要确保把有自由裁量权的法官"如一而无私"地适用法律,除了有效的事后监督和管理,最重要的是能事前遴选出,至少也是经过严格的初步遴选再培养出一些拥有司法伦理观并"德才兼备"的法律人才。[52]但这只是问题的一方面,现实在于有没有这么多适格的候选人供法院挑选,这就涉及了法官市场的供给方面。由于中国政治经济文化发展不平衡的现实格局,也由于各地法官的工资收入受制于当地财政的掣肘,除了北京、上海、广州等发达的地区和城市,很多地方的法院实际上招徕不了足够,更不要说优秀的法学院毕业生,有人甚至称此现象为"法官荒"。[53]

---

[49] 之所以说是间接受制于其他非正式纠纷解决机制,原因在于虽然存在着制度竞争,但对于很多已然很严重的纠纷,调解、仲裁、保险制度其实没有太多办法,而私力救济却是国家明令禁止的。只有在正式司法制度提供的服务极差时,潜在当事人才会冒犯法的危险利用私力救济保障自己的权利和收入不受侵害。对私力救济的精彩分析,参见徐昕:《论私力救济》,中国政法大学出版社2006年版。

[50] 司法工作的低特定性和高事务性是福山的判断。参见〔美〕弗朗西斯·福山:《国家构建——21世纪的国家治理与世界秩序》,黄盛强、许铭原译,中国社会科学出版社2007年版,特别是第56—59页。

[51] 艾佳慧:《中国的法官最大化些什么?》,未刊稿。

[52] 用福山的话来说,就是"在代理人与委托人拥有共同的价值观的条件下,授予自由裁量权更为安全,即使没有制度化的监控和激励机制也很保险"。〔美〕弗朗西斯·福山:《国家构建——21世纪的国家治理与世界秩序》,黄盛强、许铭原译,中国社会科学出版社2007年版,第77页。

[53] 参见曹勇:《"法官荒"何解?》,载《南方周末》2005年9月15日;"法官荒"的一个现实例子,裴云云:《银川基层法庭大多无力组成合议庭》,http://nx.pepole.com.cn/GB/channe18/44/2006/4/25,最后访问于2007年3月24日。对此现象的一个间接描述,特别是由于法庭人手不够,法庭租户小李夫妇经常被法官叫去参加庭审的细节,参见丁卫:《秦镇人民法庭的日常运作》,载苏力主编:《法律与社会科学》第1卷,法律出版社2006年版,第241页。

作为一个生活在职业选择相对自由的社会中的个体,由于其"趋利避害"、追求效用最大化的本性,如果选择法官职业,那也必然是当法官给他带来的效用比潜在的其他职业大的缘故。根据波斯纳的相关研究以及他给出的一个人们接受法官职务之邀请的基本条件:

$$UJ(tj,ti,Ij,Rj,Pj) - UL(tL,IL) - C > 0 \text{[54]}$$

(其中,UJ是法官所获得的效用,tj表示法官每天用于审判的小时数,ti是他用于休闲的时间,I是金钱收入,Rj是声誉,Pj代表了除法官投票本身以外的其他法官效用的来源,包括众望、威望以及避免司法判决被撤销等等,UL是法官投入工作的时间,C是当法官所失去的机会成本)

我们分析一下在中国当法官可能获得的效用和成本。以一个一般法学院的普通应届毕业生为例,如果不当法官,他还有机会去公司、律所、银行或其他机构,因此,如果选择了法官,这些潜在职业的预期收入就是该毕业生当法官的机会成本,而且,越是名校毕业生,越是在大城市,这个机会成本就越高。而在当前社会,首先,一个普通中级法院的法官平均收入根据所在地区不同可能从1000元到5000元不等[55],这与去银行、律所和大公司的收入相比差距是巨大的[56];其次,由于近年来司法信誉的基本破产,法官和法院在民众心目中的名声很不好,当法官的声誉效用几乎等于零,甚至在某些地方和某些时候还有可能为负数[57],这也减少了当法官的预期效用;最后,法院内部严格的行政化管理,甚至还自动筛除了那些有能力但却喜欢自由、不愿受某些制度约束的法律人才,因此当中国法院的法官对他而言可能还有负效用。据此,用波斯纳的公式来衡量一下中国的法院和法官,情况就不容乐观。在小地方,虽然当法官的

---

[54] 〔美〕理查德·A.波斯纳:《法官最大化些什么?》,载〔美〕理查德·A.波斯纳:《超越法律》,苏力译,中国政法大学出版社2001年版,第161页。

[55] 我们2004年的法院暑期调研数据表明,不同地区的法官这一收入实际上相差很大。不太发达的地区法官月收入可能只有1000多一点,而在经济发达地区,一个中级法院法官平均月收入应该在4000元左右。相关详细的数据,参见艾佳慧:《中国的法官最大化些什么?》,未刊稿。

[56] 因此,这也能部分解释为什么我所在的北京大学2004届法律硕士班毕业一百八十余人,而进入法院当法官的只有两人(而且其中一人今年又回来报考了北京大学的博士),大部分人都去了大公司、银行、中央机关和律所,如今年薪10万左右的不在少数。

[57] 我的样本数据中高级法院、中级法院、基层法院的法官有80%左右认为法官和法院在社会中的地位很低,而且现在比以前还低就是一个证明法官声誉效用很低的间接证据。相关的数据和分析,也请参见艾佳慧:《中国的法官最大化些什么?》,未刊稿。

机会成本不大,但收入也不高,吸引不了相对优秀的法律人才[58];在发达地区,虽然法院收入较高,但对于法学院的优秀学生而言,从事法官职业的机会成本也随之增高,因此,虽然发达地区的法院能够吸纳很多法学院的毕业生,但它却又无法吸纳法学院能力出众的优秀毕业生。

  这是中国法官市场中的供给方面,也可以称之为一种面向法院的人才流动。不仅如此,值得关注的还有另一种流动(或者一种"反供给"),那就是我在《司法知识与法官流动》一文中指出的,由于市场经济高速发展提供的各种"外部机会"已经吸引了一些偏好风险、有更强市场竞争能力的法院法官,而各种纠纷大量涌入法院以后"潜存"的操作空间和腐败机会又剔除掉了那些不看重在法院发展之未来收益的"坏人"法官[59],因此,我推断,愿意留在法院的法官更多是一些风险规避,更看重法官职位和法院内部官位升迁的相对平庸的法官。而"雪上加霜"的是,近年来推行的统一司法考试制度本意是为了解决中国法院法官的低素质状况[60],但这一制度在实际中运行的结果却与制度设计者的初衷大相径庭,不仅通过了司法考试的人员不一定进入法院(而即使想进也不一定能进,公务员考试以及法院对候选人政治面貌的要求想必阻挡了很多人的法院之路),相反很多法院内部通过了司法考试的法官往往离开法院,或在当地或远赴发达地区做律师去了。可以预料,如果这种"反供给"或逆向流动的趋势不减缓或消除,中国法院,特别是经济相对落后地区的法院,其法官不仅在"质"上,即使在"量"上也堪忧。

  再来看法官的需求方面。二十多年来的经济改革、社会转型和变迁催生了巨量的各种纠纷,在传统的纠纷解决机制部分失效以及国家强大的法治意识形态宣传之下,大量的纠纷涌入法院,这一持续的过程直接导致了对法官的需求逐年上升。而且不止中国,就连美国联邦法院应对20世纪60年代以来诉讼负担的急速增长,其最基本的反应和举措也只是增加最高法院以下各级法院的法

---

[58]　甚至苏力的研究表明,有些偏远、落后的地方基本上连普通高校的本科生都吸引不了,更不要说法学院的毕业生了。参见苏力:《法官遴选制度的考察》,载苏力:《道路通向城市——转型中国的法治》,法律出版社2004年版,特别是第254—256页。

[59]　参见艾佳慧:《司法知识与法官流动——一个基于实证的分析》,载《法制与社会发展》2006年第4期。

[60]　按照制度设计者的想法,只有通过了司法考试的人才有进入法院的可能,而对现有法官的要求也是必须通过司法考试。对统一司法考试的相关讨论,参见贺卫方:《统一司法考试二题》,载《法律科学》2001年第5期;贺卫方、魏甫华:《改造权力——法律职业阶层在中国的兴起》,载《法制与社会发展》2002年第6期;徐鹤喃、郭立新:《统一司法考试研讨会综述》,载《环球法律评论》2002年第1期;张文显、卢学英:《法律职业共同体引论》,载《法制与社会发展》2002年第6期。

官以及从属人员的数量[61],没有应对经验的中国法院当然更不例外。[62] 据《中国法律年鉴》的相关统计,1982年全国法院的干警人数只有十来万,但到1987年这个数字就增长了35.8%,再经过几年的扩编,1991年底很快就到了19万左右。这个增长速度和法院规模在全世界都是惊人的。[63]

结合法官市场的供求两方面,我们发现在法官收入普遍不高的前提下(用经济学的术语来说,就是国家以低于市场均衡价格的"限制价格"规定了法官的合法收入),一方面,法律人才市场上能提供给法院的法官有效供给不够,另一方面,这二十多年来对法官的需求却又一直在增长,在全国和一般的层面上,这必然导致法官市场严重"供不应求"。但这一结论却和中国实际情况不符,或者说有一个矛盾,那就是如果说法官市场严重"供不应求",或者存在严重的短缺,为什么中国法院系统的法官实际上并不短缺,相反还绰绰有余呢?

答案就是除了正式的法律人才市场,中国各级法院实际上大量依靠转业军人、地方招干和招聘、上级调任,甚至从司机、打字员等法院后勤人员中任命法官的方式解决法官短缺的问题。[64] 这一解决方式有其现实性,但问题也比较大。虽然辅之以进入法院后的事后培训和学历教育,但如何治理这些掌握了难以监督的裁判权而又缺乏西方司法伦理传统的中国法官?其实还不止这些通过非正式法官市场进入法院的法官,由于缺乏一种基于声誉和严格选拔的法官遴选机制,对所有的中国法官,问题都是一样的。究其实质,"法官治理"本质上是一个"委托—代理"问题,代理人基于自己的利益最大化而总是会或多或少地背离委托人的意志和利益,因此"法治的核心是治人,法治的基本难题是如何对各种潜在颠覆法治的力量加以制约,这其中关键的关键是吏治问题"[65]。在法院就是治理法官的问题。但如何治理呢?

---

[61] 参见〔美〕理查德·A.波斯纳:《后果:联邦法院体系扩大了》,载〔美〕理查德·A.波斯纳:《联邦法院——挑战与变革》,邓海平译,中国政法大学出版社2002年版,第137页。虽然波斯纳并不太赞成这一做法。

[62] 何兵就指出中国法院应对诉讼负担增长的应对措施之一就是"增官",参见何兵:《现代社会的纠纷解决》,法律出版社2003年版。

[63] 我查了1986—2005年的《中国法律年鉴》,但只有1987年和1992年有全国法院审判人员人数的数据(法警、法医除外),分别为137066人和188171人。1982年的数据是推算得来的,在1997年的《最高人民法院工作报告》中,院长郑天翔指出自1982年到1987年,全国法院的总人数已经增长了35.8%,因此反过来推算1982年全国法院审判人员总数可能在10万左右。参见《中国法律年鉴》(1987、1992),法律出版社。

[64] 2004年法院调研得来的一个数据表明,样本法院中有60%的现任法官是通过转业、招干、招聘、调任和其他方式进入法院的。参见艾佳慧:《中国的法官最大化些什么?》,未刊稿。

[65] 凌斌:《法治的孝公难题》,未刊稿。

诺斯给出了一个有效但却相对简单的方案,那就是由于大多数经济和政治组织(当然包括法院)都是为了利用专业化(包括合法暴力的规模化使用)带来的收益而使社会财富最大化,因此这些组织"都必须:(1)用法规和章程来建立一组对行为的约束;(2)设计出一套程序,以便对违反法规、章程进行检查和遵循法规、章程;(3)辅之以一组道德伦理行为规范以减少实施费用"[66]。目的是降低交易成本,从而使委托人收益最大化。说它有效,那是因为对法院而言,这三条原则的真正有效实施基本上能对法官产生一定的制约;说它有点简单,是说这些原则没有区分事前的信息约束和事后的行为约束,对于法官管理而言还有点不够。但不管怎样,诺斯的原则为我们判断法官管理的有效性提供了一个粗略的标准。

先来看先秦时代著名的变革家商鞅君的解决办法。据凌斌的研究,除了"为法令置官吏"[67]与"为法令为禁室"[68],与后世的主事者一样,"商鞅希望法官能够严格按照主权立法者的原意传达和解释法律,这样法律就始终通过法官统一在主权立法者手中,法度的'如一'和'无私'也就顺理成章。为了确保这一点,商鞅建议,如果法官们忘记了哪条法律,或是被问及哪条法律而没有回答,就要处之以那条法律规定的罪名;如果他们私自增删了法律的内容,哪怕只是一个字,也都要处以不赦的死罪。[69]并且,每次问答都要'明告之',同时制作两份'券书','各为六尺之符,明书年月日时',给问者一份,留下一份,由法官加印密封起来"[70]。正如凌斌所总结的,"商鞅这里勾勒的是一个奉行客观评价机制和法官个人责任的司法制度",而"之所以不考虑任何主观意图而强调客观标准,主要是出于对司法腐败的高度警惕"[71]。用诺斯标准来衡量,商鞅的法官治理缺乏辅助的道德伦理行为规范,而且行为约束和程序都太刚性,虽然对于励精图治的变法者商鞅而言,设计这些刚性规则也是没有办法的办法,但这种严苛的治理适合于当代中国吗?也因此,虽然我非常认同凌斌的观点,当富勒说法治是"使人类行为服从规则治理的事业"[72]时,他其实关注的仅仅

---

[66] 〔美〕道格拉斯·C.诺斯:《经济史上的结构与变迁》,厉以平译,商务印书馆1992年版,第19页。

[67] 《商君书注译》,高亨注释,中华书局1974年版,第185页。以下关于《商君书注译》的注均转引自凌斌:《法治的两条道路》,载《中外法学》2007年第1期。

[68] 《商君书注译》,高亨注释,中华书局1974年版,第187页。

[69] 同上书,第185—186页。

[70] 更详细的讨论,参见凌斌:《法治的两条道路》,载《中外法学》2007年第1期,第7页。

[71] 凌斌:《法治的孝公难题》,未刊稿。

[72] Lon Fuller, *The Morality of Law*, rev. ed., Yale University Press, 1969, p.106.

是其中的"规则"二字,而并没有指出"事业"的发展过程和"服从"的权力背景"[73],但这个"事业"的发展过程和"服从"的权力背景仍然需要行动者的配合和参与。在当代中国,如果其他条件不变,先不说当代纠纷的复杂和多样由于比两千多年前的秦国不知高出多少倍而很可能使商鞅的"如一"理想很难实现,即使纠纷容易处理,如此严苛的严格责任和惩罚根本不可能满足人们当法官的"参与约束"[74],从而很可能造成没有人愿意当法官的局面,除非法令文本和实际运作完全不一致。

同样出于对司法腐败的高度警惕,当代中国的法官治理又是另外一套手段和办法,那就是无孔不入、无所不在的法院行政化管理体制和监督机制。[75] 但我之前的研究已表明,由于法官工作的低特定性,不注重严格的事前遴选、只关注事后的监督和行政化管理不仅对法官的道德风险问题(由于事后的信息不对称)无所助益,甚至还会鼓励法官积累和审判工作无关的官场知识,忽视真正重要的"实践理性"和司法知识。[76] 同样用诺斯标准来衡量,当代中国的法官治理一样缺失有效的道德伦理行为规范,根据地时期传承下来的意识形态控制松弛了,而有效的现代司法伦理规范至今还没有形成。由于缺少严格的事前遴选,更由于司法工作的难以监督性,遇到那些可这样判也可那样判的案件时,有些法官可能就不免悄悄地以"合法手段掩盖非法目的"了。布迪厄也说过,对于一些法官,"当他们需要操纵法律的时候,他们就是这样一些人:能够娴熟地使用最为公正的严格的形式法(*summun jus*)来服务于最不正义的目的(*summa in*-

---

[73] 凌斌:《法治的孝公难题》,未刊稿。

[74] "参与约束"和"激励相容约束"是企业理论的两个术语,是所有准雇员愿意进入雇佣合同的前提条件,从雇主的角度也可以转换为"给多少"和"如何给"的问题。对法律人才市场中的法官后备军们而言,"参与约束"指如果根据既有的制度和薪酬条件,法官从法院中得到的预期效用水平低于他在其他职业市场上的机会成本,他不会选择进入法院;而激励相容约束指的是由于"上有政策,下有对策"现象的普遍性,一个制度不可能强制法官去干什么,而只能诱导他们干什么。更细致的介绍与分析,参见张维迎:《"经理人激励"理论与实际》,载《产权、激励与公司治理》,经济科学出版社2005年版,特别是第244—246页。

[75] 针对中国法院的行政化管理,相关的研究包括,贺卫方:《中国司法管理制度的两个问题》,载《中国社会科学》1997年第6期;苏力:《法院的行政职能和审判管理》,载苏力:《送法下乡——中国基层司法制度研究》,中国政法大学出版社2000年版,第61—87页;张卫平:《论我国法院体制的非行政化》,载张卫平主编:《司法改革论评》,中国法制出版社2001年版,第98—119页;艾佳慧:《司法知识与法官流动——一个基于实证的研究》,载《法制与社会发展》2006年第4期。

[76] 参见艾佳慧:《司法知识与法官流动——一个基于实证的研究》,载《法制与社会发展》2006年第4期;艾佳慧:《中国的法官最大化些什么?》,未刊稿。

juria)"[77]。依此看来,在中国,法官治理的效果实际上相当有限。

因此,在法官供求关系失衡导致大量非专业化法官进入法院的背景下,在严格的法官遴选制度缺失而法官职业伦理又没有有效建立的情况下,面对一些有油水的"疑难案件",身处繁复程序之中、手握难以有效监督的司法裁量权而又追求自我利益最大化的中国法官会如何选择?答案不言而喻,当然就是"不拿白不拿"。对于中国老百姓而言,这就是人所共愤的司法腐败了。[78] 正如冯象先生所深刻洞察的,虽然中国历来倡导的"'情理法'并重的正义和古代的女神一样,是不戴蒙眼布的:没有任何程序可以挡住她的视线。而'原则性与灵活性'结合的司法方针,也如同诉诸神意、求问神谕的祭祀仪式,要求的是司法者的忠诚与正直,而非技术知识。但问题是:在程序俨然已如法治化身之际,到哪里去找'断手闭目'的法官?"[79]

以上讨论的都是外部法官市场的供求,即法院之外的法律人才市场供给与法院对法官的需求关系,由于中国内部劳动力市场(指通过法院系统内部的聘任和晋升获得人才的准市场)并没有有效地建立起来,也由于篇幅的关系,这里不予详述。[80]

至此,我已经初步展示了两个隐含在既有司法制度背后的人与制度的博弈场域。基于人性和信息的双重制约,在既有的法院管理制度和法官薪酬制度之下,很多法律人才市场的法官后备军们不太愿意从事收入不高、风险不小而且时刻受制于行政化管理的法官职业;而进入法院系统的法官,不管是法律专业毕业生还是其他途径进入的人选,在司法工作难以监督因而大量严格的法院管理和事后监督很难实际生效的前提下,容易在"贪"与"不贪"的思想斗争之后

---

[77] 〔法〕布迪厄:《法律的力量——迈向司法场域的社会学》,强世功译,载《北大法律评论》第2卷第2辑,法律出版社2000年版,第542页。对这种司法裁量权的特点,苏力在对元杂剧中展现的"胥吏弄权"等问题的研究中也多有分析,参见苏力:《制度角色与制度能力》,载苏力:《法律与文学——以中国传统戏剧戏剧为材料》,生活·读书·新知三联书店2006年版,特别是第171页以下。

[78] 对司法腐败的细致经济学分析,参见何远琼:《站在天平的两端——对司法腐败的博弈分析》,未刊稿。

[79] 冯象:《正义的蒙眼布》,载冯象:《政法笔记》,江苏人民出版社2004年版,第159页。

[80] 我在《中国的法官最大化些什么?》一文中曾经讨论过最高法院最近推行的法院内部人员分类管理的法官职业化试点改革,这其实就是一种法官的内部遴选机制,但由于中国法院内部强大的"官本位"逻辑和行政化管理体制,这一改革在实践中很有可能走样和变形,不仅挑不到优秀的职业法官,甚至还会强化目前既有的官场逻辑。参见艾佳慧:《中国的法官最大化些什么?》,未刊稿。关于法院人员分类改革,参见张志铭、李学尧:《论法院人员分类改革——以法官职业化为指向》,载《法律适用》2007年第1期;任鸣、蒋继业、卢云云:《法院队伍建设的必由之路:法官职业化——全国法院法官职业化建设院长论坛综述》,载《法律适用》2006年第12期。

选择"贪"。需要注意的是,这只是两个基于理论的推断。由于大量司法腐败合同的"自我实施性"和"自我保证性",第二个推论其实很难证实或证伪,不过我们并不能因此就轻易否定了这一基于中国实际和人性、信息制约的、有相当道理的推论。

(三)诉讼率变迁背后的正式司法产品市场

考察了法官市场,接下来就该考察正式司法产品市场了。[81] 需要指出,在很大程度上,这两个市场是相互影响和互动的,前面讨论法官需求时就暗含了这一点:中国民众对法院提供之正式司法产品的需求增长直接导致了对司法裁判者需求的增长;反过来,法官市场的供求均衡状况又影响着法院提供之司法产品的数量和质量,其质量不仅直接影响着民众对法院的信心,更间接影响民众对法院的使用频率是高还是低,从长期来看,该频率的高低变化其实就表现为民事诉讼率的变迁。借用诺斯的国家模型,根据法院的三个特点——(1)法院用一组服务——公正的纠纷解决和有效的规则之治——来实现社会秩序和获得收取诉讼费的正当性;(2)法院试图像一个有识别力的垄断者那样行动;(3)由于永远存在着能提供同一组服务的潜在竞争对手,法院是受诉讼当事人的机会成本所制约的[82]——我们也能清楚地看到对法院的需求(即民事诉讼率的变迁)受制于法院的有效供给和其他纠纷解决机制的竞争。

先看正式司法产品的供给方面。任何一个产品的供给都包括数量和质量两方面,法院的供给也不例外。作为一种由国家提供的公共善品,法院不仅要在规定审限之内及时解决民众提交的民商事纠纷,更要保证审判质量和必要的公正。如果一国法院提供的司法产品成本低廉、审理速度快而且能够保证公平,我们就认为该国司法体系是有效率的,其供给在质和量上都能满足民众的需求;反之,我们就认为该国司法体系没有效率或者低效,不能满足民众的需求。由于"个人行为也会受到司法体系的影响,如果他们认为司法体系是有效率的,那么他们就会遵守法律,并运用司法手段。如果人们认为司法体系是低效的,即产生的收益无法弥补支出,人们就不太会借助司法体系,司法体系也会

---

[81] 最早用经济学的供求模型分析司法服务市场的学者就是波斯纳法官了,参见〔美〕理查德·A.波斯纳:《法律的经济分析》(下),蒋兆康译,林毅夫校,中国大百科全书出版社1997年版,特别是第753—758页。更详细的经济学分析,请参见,Robert D. Cooter and Daniel L. Rubinfeld," Economic Analysis of Legal Disputes and their Resolution," 27 *Journal of Economic Literature* 1067 (1989)。

[82] 〔美〕道格拉斯·C.诺斯:《经济史上的结构与变迁》,厉以平译,商务印书馆1992年版,第24页。

远离大多数民众"[83],因此,判断中国法院系统是否高效,或者其供给质量能否满足民众需求是我们解释中国民事诉讼率变迁的重要原因之一。

接下来我们来考察中国司法体系是否高效。先看数量,由于不断增加法官数量,对于民商事案件1999年之前的增长,中国的法院系统基本上还能抵挡[84];至于诉讼成本,即使在新法(即《诉讼费用交纳办法》[85])实施之前,从文本上看,对于那些不需要律师代理的民事案件,当事人的成本负担其实也远说不上沉重。[86] 这样看来,至少从供给数量和诉讼成本上看,中国司法体系似乎比较高效,因为其不仅有足够的司法"生产"能力,而且当事人的诉讼负担也不大。

但实际情形恐怕没有这样乐观。首先,中国司法体系虽然有足够的司法"生产"能力,但它也会主动排除和推卸很多本该由它主持正义的案件,作为生产正义的国家机构,它的供给是有选择和不充分的。比如,随着中国现代化、城市化进程的蓬勃展开,对随之出现的大量农地征用案件和城市拆迁案件,各地、各级法院实际上基本不予受理。[87] 贺欣的研究进一步发现,对于那些发达地区的法院,其不仅不需要通过"开发案源"来增收,相反"实际上采取了限制纠纷进入的策略,特别是减少甚至是过滤疑难、难以执行、当事人容易上诉和投诉的纠纷的进入"[88]。虽然你可以用美国最高法院也有案件筛选权来反驳我,但那是美国,是只有9个大法官的美国最高法院;另外,虽然《民事诉讼法》规定了管辖和起诉条件,但中国法院系统普遍性的事前排除特定纠纷类型只是体现了中国司法供给的不充分性。其次,当事人实际支付的诉讼成本比法律文本上规定的不知道要高出多少倍。先不说不菲的律师费和那些数额不少的非法秘密开

---

[83] 〔美〕鲁门·伊斯拉姆:《司法改革:路向何方?》,徐菁译,载吴敬琏主编:《比较》第17辑,中信出版社2005年版,第141页。

[84] 而且不仅只是还能抵挡,中国很多地方的法院其实还有扩大"生产"的很大潜力,证据有两个。一是我的经验数据表明中国法官的工作负担并不大(每月平均审案才8件左右),二是20世纪90年代中后期,中国法院,特别是基层审判人员大多积极主动地开拓和开发案源(虽然审判质量肯定会因此受影响)。法官审案量数据,参见艾佳慧:《中国的法官最大化些什么?》,未刊稿。

[85] 指国务院制定的,于2006年12月8日通过,并于2007年4月1日正式实施的《诉讼费用交纳办法》。此办法的正式实施将使得1989年由最高人民法院制定的《人民法院收费办法》自动废止。

[86] 《民事诉讼法》允许当事人聘用律师之外的公民作为诉讼代理人(《民事诉讼法》第58条),而根据方流芳先生的估计,直到1996年,中国84%以上的民事案件也没有律师充当诉讼代理人。参见方流芳:《民事诉讼收费考》,载《中国社会科学》1999年第3期。

[87] 2004年夏天我们在很多基层法院调研时,很多法官都纷纷说到了这个问题。一方面,法官们很同情老百姓的处境;另一方面,受制于政策和法律不完善的他们又无能为力。

[88] 参见贺欣:《运转不良的基层法院?》,载苏力主编:《法律与社会科学》第1卷,法律出版社2006年版,第55页。

支,即便是正式法律文本故意留出来的收费裁量空间,如《人民法院诉讼收费办法》规定的"人民法院认为应当由当事人负担的其他诉讼费用"(第4条),"当事人应当交纳的其他诉讼费用的金额,由人民法院根据国家的有关法规和实际情况决定"(第11条),也给法院"乱收费"提供了合法依据。[89] 虽然1998年以后实行了法院收支两条线,但并不能有效遏制法院的收费冲动。

基于此,虽然中国司法体系在供给的量上基本上满足了二十多年来的司法需求,但该供给的不完整性和当事人诉讼成本的畸高性,却使得其远未达到高效的标准,换句话说,该体系实际上是有点低效的。

再来看司法供给的质量。一般而言,审判质量包括了审判速度和审判公正性,从正式法律规定看来,中国司法供给的质量看来也应该不错。首先,《民事诉讼法》直接规定了一审、二审的审限[90],实践中各地法院也把是否在审限内完成案件视作法官考评的重要指标之一,因此审理速度在正式制度上能够得到保障;其次,除了有严格、细致的法官行政化管理和各种监督保障法官审判的公正,在国家层面上也有《法官法》和《法官职业道德基本准则》这样全国性的法律对法官的言行进行约束,而且各地、各级法院内部也规定了非常详尽的法官行为规范和处罚条例。只要能够有效"规训"和监督法官,审判的公正性看来是可以企及的。

但问题同样出在"字面上的法"永远不敌"行动中的法"。从一般诉讼程序上看,与很多没有审限规定的西方国家相比,中国司法体系的审理速度确实不慢,但除了各种审限的延长,中国再审程序的现实存在和运作实际上使得很多进入该程序的案件终审息讼遥遥无期。一方面,由于再审程序不用花当事人的

---

[89] 王亚新的研究指出,在他所调研的基层法院,"民事经济案件除了诉讼费、申请费的征收外,往往还要收取'其他诉讼费'。据称一般根据案件的繁简程度以及是否有可能需要审判人员出差等因素,在受理案件时向当事人征收。财产案件的该项费用数额往往是按征收的诉讼费之一半或同额,非财产案件则视具体情况收取。"参见王亚新:《围绕审判的资源获取与分配》,载《北大法律评论》第2卷第1辑,法律出版社1999年版。

[90] 《中华人民共和国民事诉讼法》第135条:"人民法院适用普通程序审理的案件,应当在立案之日起6个月内审结。有特殊情况需要延长的,由本院院长批准,可以延长6个月;还需要延长的,报请上级人民法院批准";第146条:"人民法院适用简易程序审理案件,应当在立案之日起3个月内审结";第159条:"人民法院审理对判决的上诉案件,应当在二审立案之日起3个月内审结。……人民法院审理对裁定的上诉案件,应当在第二审立案之日起30日内作出终审裁定。"

钱,实践中很多应该上诉的案件很可能就直接走了再审[91];另一方面,由于"有错必究"的司法指导思想,再审程序的启动往往意味着长期拉锯战的开始,造成的实际结果是再审率的居高不下和再审的反复无常[92],一个案件拖上十来年毫不稀奇。在傅郁林看来,这种"反复无常的再审程序生产正义的收益为零,生产司法权威的收益为负值"[93],这样的审判速度还能算快吗?

至于司法的公正性能否通过复杂、严格的事后管理和监督来实现,根据前面分析的法官"贪"与"不贪"的理性选择,答案其实不言而喻,那就是"不能"。我在《中国的法官最大化些什么?》一文中有过更细致的分析,事后的信息不对称加上法官工作的低特定性和难以监督性,必然使得很多事后监管事倍功半,甚至事倍功败。[94] 中国司法体系的审判公正性在实践中可能很难保证。

写到这里,还不得不讨论一下现代司法体制的程序性特征。作为现代法治之基石的程序设计以及与之相伴的程序正义,自有其不可质疑的重要价值。[95] 但如果用制度经济学的制度观稍作分析,我们就可以发现程序正义并不仅仅是一个普世的理念,它的出现其实是越来越复杂的现代社会面对事实真相和实体正义不可得之困境后寻找的一个"缓兵之计"和"不得不然"。不仅如此,"程序正义"的有效实现不仅需要社会的现代转型以及一整套与社会转型相配套的制度,更需要一种能够接受程序正义结果的社会心理作支撑。很多人认为,只要规定了细密的程序,程序正义就能够最后实现,而且程序越细密复杂,程序就越能够实现个案的正义。但如果没有相应的有效监督法官的机制,没有其他有效的替代性纠纷解决机制,如果人们容易滥用司法而且政府的财政能力又严重不足的话,程序的复杂性或形式主义不仅无形地提高了纠纷解决成本、降低了司法效率,还可能使得制度更不透明,更容易引发法院和法官的腐败。因为"法密

---

[91] 再审不花钱的事实可能有助于我们认识中国民事一审上诉率的下降。苏力的研究表明1989—1997年间民事一审上诉率缓慢下降的主要原因是基层法官司法素质的提高,但民众用不花钱的再审甚至直接上访代替了费用高昂而且很可能没有作用的上诉可能更是一审上诉率下降的原因。参见苏力:《基层法院法官的司法素质》,载苏力:《送法下乡——中国基层司法制度研究》,中国政法大学出版社2000年版。

[92] 傅郁林的研究告诉我们,20世纪80年代末二审立案数占一审结案数的比率不到6%,而再审立案数占二审结案数的比例在19%左右,20世纪90年代末案件上诉率仍在6%左右,而再审率则上升到了25%左右。参见傅郁林:《诉讼费用的性质和诉讼成本的承担》,载《北大法律评论》第4卷第1辑,法律出版社2001年版,第272页。

[93] 傅郁林:《诉讼费用的性质和诉讼成本的承担》,载《北大法律评论》第4卷第1辑,法律出版社2001年版,第272页。

[94] 艾佳慧:《中国的法官最大化些什么?》,未刊稿。

[95] 参见陈瑞华:《看得见的正义》,法制出版社2000年版。

吏重"[96]，也"因为程序越是精巧繁复，贪官污吏越有可乘之机"[97]。一项由世界银行、哈佛大学和 Lex Mundi 发起的大型实证研究成果表明，不管是非洲、亚洲还是拉美国家，从衡量程序复杂程度的各项指标看，通过减少程序中的一些书面要求、简化证据提交的规则、简化并限制上诉程序等各种减少形式主义的改革，可以加快法院的裁决，并减少腐败。[98] 因此，在许多情况下，制度越简单越好[99]，特别在资源是稀缺的，而复杂的程序所导致的社会边际收益又微乎其微时更是如此。程序并不是万能的，程序的设计和多寡不依赖于程序正义喊得多么响亮，而要与政府的特点和能力相适应，与司法体系服务的或希望服务的当事人水平相适应，还依赖于法官治理的有效性、司法系统自身掌握的技术和资源的多少。程序正义并不是被抽离的一个法治理想，而是一整套有效的制度结构。

综上，不管是在司法供给的完整性，还是在审判速度、诉讼成本和审判公正性上，中国司法体系表现得都不太好。[100] 如果存在纠纷解决的隐性竞争机制，不能提供有效司法服务的正式司法体系必然面临其他质优价廉的替代品的有力竞争，其在纠纷解决市场中的份额也必然会缩水和减少。因为"如同宗教的实践，司法的实践也部分是通过司法场域与法律外行之需求的关系所决定的。司法场域是法律服务之供给的基础，这种服务之供给源于法律职业之间的竞争。对法律的需求总是受到这种供给的效果的制约"[101]。但根据中国民事诉讼率 1978 年以来先升后降的走势，如果情况果真如此的话，又该如何解释 1999 年之前民商事诉讼率的快速增长？

这就要考察中国民众对正式司法制度的需求了。由于"衡量中国正在建设和改革的法院运作是否良好以及能否为当事人提供'大致可以接受的公平'的

---

[96]　王夫之：《读通鉴论》（上册），中华书局 1975 年版，第 7 页。

[97]　冯象：《正义的蒙眼布》，载冯象：《政法笔记》，江苏人民出版社 2004 年版，第 157 页。

[98]　参见〔美〕鲁门·伊斯拉姆：《司法改革：路向何方？》，徐菁译，载吴敬琏主编：《比较》第 17 辑，中信出版社 2005 年版，第 148—154 页。

[99]　因为制度和规则越简单，人们遵守规则的成本也就越低。关于如何运用简单规则应对复杂世界，参见〔美〕理查德·A.爱泼斯坦：《简约法律的力量》，刘星译，中国政法大学出版社 2004 年版。

[100]　张维迎和柯容住两位先生的实证研究就指出一审经济纠纷判决书中"原告高胜诉率"和"被告高故意违约率"并存的主要原因就是中国法院的低效，虽然我不太赞同他们运用经济学中的"逆向选择"理论来论证这一观点，但中国法院系统某种程度上的低效却是现实存在的。参见张维迎、柯容住：《诉讼过程中的逆向选择及其解释——以契约纠纷的基层法院判决书为例的经验研究》，载《中国社会科学》2002 年第 2 期。

[101]　〔法〕布迪厄：《法律的力量——迈向司法场域的社会学》，强世功译，载《北大法律评论》第 2 卷第 2 辑，法律出版社 2000 年版，第 530 页。

最佳标准莫过于当事人本身"[102],我们完全可以由此切入来讨论中国改革开放以来的司法社会需求。不过这里似乎有一个方法论上的跳跃,那就是以个体的"司法消费者"为标准,怎么又一下跳到司法的社会需求上来了?前者是一种方法论个体主义,而讨论后者却需持一种方法论上的整体主义,两者似乎不太兼容。但我认为,在对具体问题的分析上,这两者虽有区别但也是可以互补和相融的,我们既需要一种个体主义基础之上的整体主义,也需要一种整体主义视野下的个体主义,换句话说,理性行动者的微观基础和社会变迁的宏观视野完全可以完美结合。[103]

首先我们区分一下当事人中的个人和企业。先来看个人。据冉井富的统计,1978年以来,合同纠纷率除外的民事诉讼率(包括婚姻家庭继承诉讼率、侵权和权属纠纷和其他民事纠纷诉讼率)平均差不多增长了5倍,但从1999年起开始缓慢下降。[104] 在我看来,理性最大化的个人之所以对正式司法制度的需求有持续、大幅度的增长,可能有如下原因。

首先也是最主要的原因就是现代化理论所强调的经济发展和社会变迁。毫无疑问,改革开放以来急剧的社会转型和经济转轨已经使得中国传统的"熟人社会"快速地向"陌生人社会"转化。因此,一方面,传统小农社会和单位社会的纠纷解决机制在这一现代化的背景下失去了它们既有的优势和土壤;另一方面,经济发展、社会转型期必然的交往频繁和纠纷增加又使得人们更加渴望和需求有效的纠纷解决机制(图1中1992年—1996年间民事诉讼率近乎垂直的增长就显示了这一点)。这两方面的合力必然导致法院这一由国家强制力作后盾的解纷机制跃上前台,展示其"定纷止争"的制度优势。也就是在这样的社会变迁大背景下,我们才能理解基于个人的大量纠纷涌入法院。

其次,当代中国法治意识形态的宣传功不可没。正如贺欣所言,"改革期间中国政府一直努力向民众宣传应当采用法院和正式的法律来解决纠纷。当对正式的法律和法院不知底细的潜在诉讼当事人遇到纠纷时,他们很可能为政府

---

[102] 贺欣:《运作不良的基层法院?》,载苏力主编:《法律与社会科学》第1卷,法律出版社2006年版,第34—35页。我把贺欣提出的这一标准叫做"司法消费者标准"。

[103] 谢林曾经运用博弈论和经济学的道理探讨过这一问题,虽然他讨论得并不深入。参见〔美〕托马斯·C.谢林:《微观动机和宏观行为》,谢静、邓子梁、李天有译,李天有校,中国人民大学出版社2005年版。

[104] 相关的数据,参见冉井富:《当代中国民事诉讼率变迁研究——一个比较法社会学的视角》,中国人民大学出版社2005年版,第152—153页。

的宣传和动员所打动而诉诸法院,从而导致法院案件数量的上升"[105]。铺天盖地的"普法宣传"和"送法下乡"可能都起到了增加法院诉讼的作用。[106] 还不止是政府,中国法学家们也充满热情地投入了这场法治初期的普法"狂欢"之中。不管是出入"今日说法"、"法制在线"等央视媒体,还是在报刊上撰文呼吁民众"为权利而斗争",满怀着法治的春天终于来临的激情,中国的法学家们无意间为正式的解纷机制做了很多效果卓著的免费广告。

再次,根据前文对司法产品需求弹性和收入弹性的分析,我们还可以找到民事诉讼率持续增长的另一种解释,那就是在全国的层面上,对于不太依靠律师的民事案件及其当事人,在诉讼费既定和其他纠纷解决机制很难获得的条件下,收入的持续增加可能也会在一定程度上导致民事诉讼率的上升。刨去通货膨胀率的影响,由于近30年,特别是1992年以来中国民众的平均收入水平一直呈上升趋势,这一解说可能有它一定的道理。

最后,其他各种有效的纠纷解决机制在社会转型初期还没有建立起来,或者虽然建立起来了但其提供的纠纷解决产品可能在"质"和"量"两方面都不能满足人们的需求,在解纷市场的竞争没有完全形成时,进入法院这一正式解纷机制的案件就会增多。[107]

要有效解释个体民事诉讼率1999年之前的持续上升,必须将上述四个原因视为一个共同起作用的原因束,其相互补充和相互加强的特性共同造就了中

---

[105] 贺欣:《运作不良的基层法院?》,载苏力主编:《法律与社会科学》第1卷,法律出版社2006年版,第32页。

[106] 对"普法性法治"和"法治的群众路线"的分析和反思,参见凌斌:《普法、法盲与法治》,载《法制与社会发展》2004年第2期;凌斌:《法治的两条道路》,载《中外法学》2007年第1期。对"送法下乡"的个案解读和细致分析,参见苏力:《为什么送法下乡?》,载苏力:《送法下乡——中国基层司法制度研究》,中国政法大学出版社2000年版;强世功:《"法律不入之地"的民事调解》,载强世功:《法制与治理——国家转型中的法律》,中国政法大学出版社2003年版。

[107] 这里可能还有一个原因,那就是由于"是否打官司的决定是一种经济学家们称为'不确定条件下'的决定",是否存在一套能够影响诉讼当事人预期胜诉概率从而增加和解率的审前准备程序和证据规则,也就相应成为了影响人们民事诉讼率的因素。因为有效的证据规则能增加人们的和解率,我们可以推论,实施了证据规则的时期其诉讼率应该比没有证据规则时期的诉讼率低。但由于中国的证据规则(即《关于民事诉讼证据的若干规定》)在2002年4月1日后才实施,该规则的有无对解释1978—2002年间的民事诉讼率变迁没有影响。关于诉讼规则对当事人是否和解的影响,参见[美]理查德·A.波斯纳:《决定和解还是诉讼:民事诉讼规则和普通法规则的进化》,载《法律的经济分析》,蒋兆康译,林毅夫校,中国大百科全书出版社1997年版,第723—730页;关于案件负担的增长模型,参见[美]理查德·A.波斯纳:《案件负担为何出现了如此的增长?》,载[美]理查德·A.波斯纳:《联邦法院——挑战与变革》,邓海平译,中国政法大学出版社2002年版;关于中国民事诉讼证据规则的效果,参见王亚新:《实践中的民事审判(二)——5个中级法院民事一审程序的运作》,载《北大法律评论》第6卷第1辑,法律出版社2005年版。

国民众逐年上涨的法院使用频度。但有如此强大的动因作支撑,为何1999年以后基于个人的民事诉讼率又都开始回落了呢?答案同样要回到前述四个动因。我的解释是,首先,社会转型在经历了一个急剧变化的初期后会进入一个相对平稳的时期,一方面,"社会失范"[108]现象的相对减少会导致社会纠纷总量的下降,另一方面,社会共同体的重新聚合和社会规范在新条件下的重新生长又使得即使有了纠纷也容易在社区内解决,因此,这两方面的合力可能使得进入法院的纠纷开始变少了。其次,如果法院的实际运作效率不高,法治意识形态宣传的广告效果是不可能在长期维持的。这就如同商品质量没有保证,大肆做广告的厂商到头来也只好搬起石头砸了自己的脚。[109] 最后,随着社会转型的逐渐平缓,由于其他纠纷解决机制不仅在数量上会增加,也会在解纷质量上提高,当事人也就不一定需要法院诉讼这一成本高昂而质量不佳的司法产品了。我在前面其实已经指出了,如果正式司法产品的质量有问题,同时"其他纠纷解决机制的价格下降而其可获得性和有效性却增加的话,潜在当事人的收入增加就不一定能导致对法院司法产品需求的增加了,说不定还会导致其需求量的下降,这时,正式司法产品的收入弹性为负,只是一种劣质商品"。

这是对基于个体的民事诉讼率为什么如此变迁的"复调"解释。再来看企业的合同诉讼率变迁。与基于个人的民事诉讼率相比,企业向法院提起的各类经济合同纠纷增长幅度惊人:1978年每10万人中只有0.3件经济合同纠纷提交法院,到了民事诉讼率变迁图中的最高点即1999年,合同诉讼率居然达到了225.9件/10万人,是1978年的753倍!即使到了合同诉讼率有所下降的2001年,也是1978年的619倍(185.6件/10万人)。[110] 如何解释这一惊人的增长以及随后的下降?对于非国有企业(包括所有民营企业、个体经济和其他),与前述其他民事诉讼率增长的原因分析大体一致,合同诉讼率快速增长的原因也同样包括经济发展、经济转型等四种,只不过由于中国市场经济体制的"无中生有"性和高速发展性,多元原因束中经济发展的比重占得很大而"社会失范"和法治意识形态宣传的比重较小罢了。需要指出,由于涉讼金额较大的经济合同

---

〔108〕 "社会失范"是涂尔干发明的一个社会学术语,相关内容参见〔法〕埃米尔·涂尔干:《社会分工论》,渠东译,生活·读书·新知三联书店2000年版。

〔109〕 贺欣就指出,如果民众"在使用法院之后发现法院无能、腐败、不公,那么当将来再次遇到纠纷时,他们必然对是否应当继续使用法院三思而行。同时他们也会将在法院不愉快的经历传播给周围的人,从而产生更广泛的群体效应。"参见贺欣:《运作不良的基层法院?》,载苏力主编:《法律与社会科学》第1卷,法律出版社2006年版,第32页。

〔110〕 相关的合同诉讼率数据,参见冉井富:《当代中国民事诉讼率变迁研究——一个比较法社会学的视角》,中国人民大学出版社2005年版,第152—153页。

纠纷中往往有律师的参与,由于中国20年来律师从业人数的快速增长和律师业的蓬勃发展,律师这一重要的司法服务中介对司法需求的积极推动可能也是合同诉讼率快速增长的又一个重要的原因。[111] 还有一个不得不指出的细节,那就是在《经济合同法》制定之前,很多合同纠纷其实是由工商行政管理部门处理的。《合同法》明确规定经济合同纠纷除了和解、调解、仲裁外,必须去法院诉讼,因而取消了工商行政部门的合同纠纷解决权。这可能也是1999年之前合同诉讼率持续上升的一个不是主要但又不得不提及的原因。

国有企业对司法的需求可能就大不一样了。其实不管是个人还是非国有企业,我们都可以运用追求自身利益最大化的理性人假设和成本—收益分析对他们是否使用法院的行为和决策进行分析和解释,但对于国有企业而言,这些假设和分析恐怕都不太适用。[112] 首先,由于诉讼费由委托人——国家——买单,国有企业不会因为诉讼费的高昂而放弃使用法院的机会。其次,由于国有企业不太在乎正式司法产品的质量,法院的低效肯定不是他们减少使用法院的原因。相反,即使私力救济这样的解决方式更便宜也更有效,国有企业也会断然决绝,讲求合法性和程序性是国企代理人不犯错的基本原则。[113] 最后,在中国,很多国有企业决定起诉既不是因为需要法院主持正义,也不是需要收回损失,而是主要因为:(1)连年亏损,实在是拖不下去了,只得进入法院走破产程序,大量破产案件的出现就是这类情形;(2)对于国有银行而言,上头政策有变化,不得不通过法院途径获得上级所需要的判决书和执行书以冲抵呆坏账的。20世纪90年代中后期突然大量出现的国有银行状告国有企业欠款不还的贷款

---

[111] 布迪厄也指出过,在律师的推动下,"一个循环强化的过程开始运作了,趋向实践维度之'司法化'的每一步都创造了新的'司法需求',由此,在那些拥有必要的特殊资格——的人们之间,新的司法利益在这些需求中发现了新的市场。"参见〔法〕布迪厄:《法律的力量——迈向司法场域的社会学》,强世功译,载《北大法律评论》第2卷第2辑,法律出版社2000年版,第525页。

[112] 国有企业的问题说到底还是委托—代理问题。虽然其他类型的企业程度不同地也会有此问题,但论代理问题的严重性,则非国有企业莫属。但国有企业的那些代理人们仍然是要追求其自身利益最大化的(虽然该利益和委托人—国家—的利益很可能背道而驰),从这个角度看,理性人假设和成本—收益分析其实是同样适用的。

[113] 一位法官告诉我,即使是为了减少无谓诉讼而建立的审前准备程序,国有企业也不愿意使用,因为他们的利益决定了他们必须要走完复杂的程序,不想简单化。

纠纷就是一个典型。[114] 国有企业的这些特点使得它根本不存在徐昕所总结的那些接近正式司法的障碍。[115]

因此，国有企业在既有的司法产品质量和诉讼环境中选择"告"还是"不告"的行动逻辑与其他理性行动者完全不同，要完整解释1978—2001年合同诉讼率为什么如此变迁就必须考虑大量有国有企业参与的，特别是国有银行诉国有企业这类贷款合同案数量变化的特殊性。具体而言，由于1996年中国人民银行总行发布了一个敦促各下级银行清理呆、坏账的通知，中国各地法院中的贷款案件便急剧增多[116]，由于借款案件量占了合同案件总量的三成还多，这就可以解释图3中G中院审理的经济纠纷量在1996—1998年间几呈垂直的上涨趋势。但一方面，随着近年来中国国有银行管理的日趋市场化，早期的盲目贷款现象已不太多见，因此以银行做原告的贷款纠纷必然少了许多；另一方面，经过如此运动式的清理银行呆、坏账之后，早期积累的不良贷款案件和纠纷几近消失。在全国的层面上，这两方面的合力必然使得1998年以后的贷款案件急剧下降，因此也间接导致经济案件总量，甚至民事诉讼率在1999年后的下滑。

我们看到，同样是合同诉讼率的上升和下降，基于国有企业和其他经济主体的理由却完全不同，这也是解释中国民事诉讼率变迁中需要特别注意但由于被国外理论牵着鼻子走而又特别容易被忽视的中国问题。

---

[114] 对此，方流芳先生给出了一个生动的个案，GD公司是一国有金融机构，于1997、1998年先后向法院提起20个请求被告偿还贷款的诉讼，据方先生得到的13个案件的一审讼费记录，GD公司共向法院支付了244.9万的案件受理费、诉讼保全费和执行费，但由于被告均是负债累累的国有企业，能真正被强制的财产少得可怜。为什么该公司愿意花费巨额金钱购买一纸不能实现的胜诉判决书？原因在于"GD公司起诉的主要动因与其说是实现债权，不如说是获得一种合法性证明，公司需要将法院判决和强制执行申请作为合法冲销坏账的证明，需要用法院判决证明自己的清白和勤勉，而不在意判决是否能够得到执行。"参见方流芳：《民事诉讼收费考》，载《中国社会科学》1999年第3期。其他对该现象的深入分析，请参见张维迎、柯荣住：《诉讼过程中的逆向选择及其解释——以契约纠纷的基层法院判决书为例的经验研究》，载《中国社会科学》2002年第2期；艾佳慧：《司法判决书中"双高"现象并存的一种社会学解释》，载《中外法学》2005年第6期；唐应茂、盛柳刚：《民商事执行程序中的"双高"现象》，载苏力主编：《法律与社会科学》第1卷，法律出版社2006年版。

[115] 徐昕总结的接近司法的障碍主要有：(1) 对某些可司法事项法院拒绝受理和裁判；(2) 由于司法不公和司法腐败，人们普遍对司法公正和司法独立持怀疑态度；(3) 司法的行政化；(4) 诉讼程序复杂、技术性强，不确定因素多；(5) 诉诸司法的成本高昂，过分迟延；(6) 当事人文化水平低下，诉讼知识欠缺，不知如何寻求法律救济；(7) 司法权威失落，如执行难，判决效力不确定，再审程序频繁启动，等等。参见徐昕：《为什么私力救济？》，载《论私力救济》，中国政法大学出版社2005年版，第161—162页。

[116] 因为清理呆、坏账最方便的办法便是诉至法院，获得一纸明知道不可能执行的胜诉判决书；2000年11月8日财政部出台的以执行文书抵消国有企业呆账的《金融资产管理公司资产处置管理办法》，又掀起了一波在法院申请执行的风潮。

(四）民事诉讼率变迁的供求结构分析

综合正式司法产品市场的供求分析，潜在诉讼当事人"告"还是"不告"（国有企业除外），甚至中国1978年以来民事诉讼率如此变迁背后的动力机制就很清楚了，基于各种民事纠纷解决机制之间的替代性，在一个长期的社会变迁过程中，如果变迁初期社会纠纷急剧增长而缺失其他有效的纠纷解决机制，再配合政府和法学家的法治意识形态宣传，大量纠纷必然涌向法院，民事诉讼率当然就呈现出快速增长的势头；但随着社会变迁的相对平缓和其他纠纷解决机制的复活和成长，在长时间内，如果正式司法体系提供的产品不仅质量低劣而且实际诉讼成本高昂，理性的纠纷当事人必然会选择其他一些相对更公正、更便宜同时也更方便的纠纷解决机制（虽然有时要承担违法的风险），这在宏观上必然就表现为民事诉讼率的下降。

这一根植于中国经验和中国现象的供求框架模型在某种程度上为我们展现了二十多年来中国社会、中国民众和中国司法制度之间长期、动态的博弈图景，由于其综合了理性行动者的微观视角和社会变迁的宏观视野，这一立体、历史和全面的理论框架不仅包容了既有的中西民事诉讼率变迁理论，也能对中国之外的法治欠发达国家（或者发展中国家）中的司法社会需求、司法效率以及两者之间的互动进行分析和解读。在某种程度上，对各国民事诉讼率的变迁，该理论是具有普遍解释力的。不仅如此，除了能有效解释中国特有的国有企业问题，鉴于刘思达对贺欣观点的批评——由于没有任何数据可以证明法院运作不良的问题在20世纪90年代中期以后比之前更严重，经济案件总量自90年代后期由升转降的原因就不能直接归结为法院的运作不良[117]——本文提炼的理论也能够给与回应：在一个长期、动态的历史过程中，由于严重的事后信息不对称以及附随的法官道德风险问题的长期存在，作为司法产品供给方的法院的运作不良是一个随着纠纷数量和纠纷"油水"的增加而逐渐展开、逐步恶化的过程（试想改革开放之初，即使法官想司法腐败可能也没有什么机会），人们对此的感知也是一个进入诉讼——感知不公——信息传递和传播的动态过程；另一方面，司法产品的社会需求也是随着社会转型初期的急剧变迁和之后的相对平缓而相应增减的，综合这两方面，随着纠纷总量的减少、人们有更多其他的选择以及法院声誉的日渐降低，20世纪90年代后期经济案件总量的下降就不是偶然

---

[117] 更多的批评，参见王赢、侯猛（整理）：《法律现象的实证调查：方法与规范》，载《中国社会科学》2007年第2期。

的了。

需要指出的是,由于本文提炼的供求框架建基于经济学的理性行动理论,因此有必要提前做一个方法论上的辩解。在布迪厄看来,"理性行动理论是学究谬误的一个典型的例子",那种"狭隘地用唯经济主义的眼光理解实践活动中的'理性',自然看不见行动者的个体历史和集体历史。而正是通过这些历史进程,寄居在行动者身上的偏好结构,与那些产生偏好、也往往被偏好再生产出来的各种客观结构一起,在一种复杂多变的辩证关系之中,被构建出来"[118]。在很大程度上,我同意布迪厄的批评,很多越来越复杂高级的经济学模型确实有越来越偏离实际、忽视制度结构和历史结构的倾向。但由于不仅深知"行动作为一种行为的持续不断的流动而置于时间和空间之中"[119],更理解结构和行动之间的互动关系,"结构不仅给行动以方向,而且也是行动的一种产物,后者尽管受制于结构,但它也在不断地改变它"[120],本文在运用理性行动理论时刻没有忘记理性选择背后的制度制约和历史制约,解释中国民事诉讼率变迁的供求框架理论其实正是在这种个体理性选择与制度、历史结构的互动以及相互制约的基础上建构出来的(这也是使用"诉讼率变迁中的社会行动者"作标题的本意)。本文运用的其实是一种加上了社会学视野的改良版理性选择理论。

最后,运用此理论,我将尝试着对中国民事诉讼率变迁的未来趋势作一个粗浅的预测和判断。如果严格的法官事前遴选、有效的事后管理和法院内部的声誉机制不能有效建立起来,除非国有企业纠纷的增长速度超过其他社会主体和经济主体的纠纷增长速度,除非其他的纠纷解决机制受到抑制、其运转出现严重的问题,中国的民事诉讼率,特别是经济合同诉讼率在未来很可能还会继续缓慢地下降。不仅如此,如果相关的司法改革不能改到点子上,中国的司法权威和法官声誉也很可能会继续下降,直至达到濒临破产的边缘。

如果这一解释和预测有道理,中国民事诉讼率的下降以及背后所隐含的问题就是非常危险的。不仅因为"事实已经证明,拥有更好的法院,即建立一个更便宜、更迅速、更公平、更可预期的司法体系能够对经济发展形成有力的支撑",

---

[118] 这是布迪厄在回答一个芝加哥大学社会学系学生提问时对经济学理论的一个批评,参见〔法〕布迪厄、〔美〕华康德:《实践与反思——反思社会学导引》,李猛、李康译,邓正来校,中央编译出版社1998年版,第167页。

[119] Giddens, Anthony, *Central Problems in Social Theory*, University of California Press, 1979.

[120] Crespi, Franco, *Social Action & Power*, Oxford, Blackwell Publishers, 1989. 以上两个脚注均转引自强世功:《双重结构化下的法律解释》,载强世功:《法制与治理——国家转型中的法律》,中国政法大学出版社2003年版,第288—289页。

而"缺乏执行合同的低成本工具是造成第三世界国家过去与现在欠发达的主要原因"[121];更因为法院裁决和其他纠纷解决机制不仅存在替代性也存在一定程度上的互补性,如果法制不公正,不仅会败坏人们的道德情感,削弱他们对不诚实行为的自制,而且当法院不能帮助人们解决纠纷和保护私有产权时,人们必然会诉诸其他方式甚至私人暴力去维护公平和保护产权。这种情况严重到一定程度则必然削弱和侵蚀当政者及其政权的合法性和正当性。[122] 对于今天的中国,这实在是一个很重要的警醒。

五、诉讼费下调的可能后果

根据前面的理论,我们考察一下《诉讼费用交纳办法》及其带来的诸多问题和变数。

鉴于中国司法改革过程中凸显的种种问题,为了整治司法体制、维护司法权威以及安定民心,中央政法委经过了相当规模和时间的调查论证,并报经党中央批准,于2004年底出台了包括了35项司法改革任务的司法体制机制改革方案。[123] 由于法院通过诉讼费乱立名目和乱收费的现象非常严重,"以收定支"、"收支挂钩"等违反财经纪律的做法屡禁不止,因此其中一项重要的改革措施就是降低诉讼收费标准,加大司法救助与法律援助力度,并据此原则起草了《诉讼费用交纳办法》(草案)。这一诉讼费改革有了党中央的支持,也就不难理解国务院马上紧锣密鼓地展开了相应的立法举动,经过了对典型地区的调研和小范围的专家讨论会之后,迅速在2006年12月8日公布了新的《诉讼费用交纳办法》,并已于2007年4月1日正式实施。[124]

《诉讼费用交纳办法》的出台有其现实性和合理性。其现实意义不仅在于

---

[121] 〔美〕鲁门·伊斯拉姆:《司法改革:路向何方?》,徐菁译,载吴敬琏主编:《比较》第17辑,中信出版社2005年版,第138页。

[122] 青木不仅从演化博弈论的角度指出了法制不公正带来的整体性制度恶果,也从另一个角度指出了法制对经济发展的重要性,因为"粗略的历史观察表明,交易范围越扩大,主导交易域的治理机制中,交易者社会规范比个人信任更有效,俱乐部规范和自我实施合同比交易者社会规范更有效,法制比不受约束的统治者保护或侵犯私有产权更有效"。相关更多精彩的分析,参见〔日〕青木昌彦:《比较制度分析》,周黎安译,上海远东出版社2001年版,第88—92页。

[123] 相关具体的内容以及已然彰显的成效,请参见新华社记者李薇薇的报道:《司法体制机制改革彰显8大成效》,http://www.stdaily.com/gb/stdaily/2007-01-19,最后访问于2007年3月28日。

[124] 在很大程度上,这一办法的出台很有点"令行禁止"的味道,背后的原因其实不言而喻,那就是党中央的支持。反过来想,中央政法委之所以出面启动司法体制改革的工程,其实已经隐含地告诉人们党中央对最高人民法院1999年以来的司法改革效果是不太满意的。

通过降低诉讼受理费、先执行后收费等便民措施降低了民众进法院打官司的门槛,大大缓解一些老百姓强烈反映的"打不起官司"难题;更在于堵住了实践中法院收费的合法裁量权,彻底切断了法院经费与诉讼费的关联而在根源上肃清了法院乱收费的问题。在很大程度上,该办法显示了中国执政党整治司法体制诸多问题的决心和魄力,是其在"情为民所系、利为民所谋"的大原则下"司法为民"的又一重要体现。

而且不仅是安顿民心和整顿法治,诉讼费的下调其实还有理论支持。由于民事诉讼成本和行政诉讼成本(下文简称"诉讼成本")都包括公共成本(或审判费用)和私人成本(或当事人费用)两大部分,法院虽然是全体纳税人的税款设置的公共设施,却并不是由每一个社会成员同等享用,因此,公共成本部分既包括国家的财政拨款又包括当事人交纳的诉讼费。制度的设计必须考虑"国家和当事人之间以怎样的比例分担审判费用才能在国家税费收入的公平分配与当事人对使用费用(规费)的合理承担之间实现平衡"[125]。在职权主义模式(或纠问制诉讼模式)下,公共成本占的比重大而私人成本比重小,而公共成本中当事人要承担一定的诉讼费,比如德国和法国;在当事人主义模式(或对抗制诉讼模式)下,公共成本占的比重小而私人成本比重大,但在公共成本的负担上,当事人几乎不用承担什么成本,比如美国。这是一个根据英美法系国家和大陆法系国家创制规则的不同途径而有所不同的诉讼成本分担模式。[126] 就中国而言,由于对抗制方式的改革,诉讼模式在一定程度上已经由改革前的超国家职权主义转变为了当事人主义模式,改革后民事诉讼的正当公共成本已小于改革前的公共成本,按照前述总结的诉讼成本承担原则,降低当时人的诉讼成本看来就是该理论的题中应有之意。

我们似乎应该为该办法的出台"欢"与"呼"。但历史的经验和现实的教训已经反复告诫了人们,光有良好愿望和"司法为民"、"立法为民"的动机是远远不够的,如果一个法律和政策的制定缺少有效理论的指导,缺少对该制度实施后可能的各种后果的事前考量和权衡,不能全面考察相关配套制度措施的有无和效率高低以及法令变革前后各种"利"与"弊"的交换并从中选择一套利更多而弊更少的方案的话,法令的出台和实施就很有可能不能实现制定者最初的良

---

[125] 傅郁林:《诉讼费用的性质与诉讼成本的承担》,载《北大法律评论》(第4卷第1辑),法律出版社2001年版,第246页。

[126] 上述观点只是对傅郁林相关论述的一个总结,更详细的讨论,参见傅郁林:《诉讼费用的性质与诉讼成本的承担》,载《北大法律评论》第4卷第1辑,法律出版社2001年版,第243—251页。

好愿望,甚至还会走向"事与愿违"的地步。[127] 诉讼费的下调会引起什么样的连锁反应,带来什么样的实际后果,在长期内,它的效果会与执政党根除腐败的决心、体恤下情的仁政"事与愿违"吗?

其实,即便是能够作为合理性之理论基础的诉讼成本构成理论,深究起来也不太能支持这一以诉讼费的大幅度下调为特点的新法。前文已提到,在公共成本的负担上,当事人主义模式和职权主义模式之所以会在是否让当事人承担一定费用上存在差异,是因为不同法系国家创制规则的途径不同。由于英美法系国家主要由法官根据时代和社会的特点遵循或改变"先例"、利用判例法来创造和实现"规则之治",审判便是具有一种突出公共价值的活动,当事人交纳很少的诉讼费而由国家和纳税人承担大部分审判成本、维持司法体系的运作就是有道理的[128];而大陆法系不同,由于立法是主要的规则创制方式,国家也将大量税收投入到了立法活动之中,相应的,审判的任务主要是解决纠纷,向当事人提供一种司法服务,因此生产正义的成本由国家和当事人分担就是理所应当。[129] 由于中国是一个成文法国家,大量的规则主要依靠立法和政策提供,国家也在上面投入了不菲的成本,大幅度降低诉讼费则无疑使国家和全体纳税人在纠纷解决和司法体系的运作上也要承担高昂的费用。先不说该办法实施的效果会如何,单单就国家被迫需要承担立法、司法的双重高成本这一点来看,降低诉讼费可能就不是一个经得起推敲的制度设计。

由于篇幅和主题所限,本文不想讨论该办法出台引发的立法主体的正当性

---

[127] 运用博弈论和经济学的理论,我对北京市人大制定的《烟花爆竹管理办法》(或称"禁改限"规定)进行过比较深入的分析和批判。我的观点是,由于烟花爆竹的容易生产性和高盈利性,如果人们对烟花爆竹的需求非常旺盛,如果北京市政府缺少同时有效管理多个行政部门的能力,如果政府官员伺机"寻租"的动机仍然存在,"禁改限"的效果就是值得怀疑的,而立法者"立法为民"的动机很有可能不能实现。参见艾佳慧:《"禁"还是"不禁",这是个问题——对"禁放令"的经济学分析》,未刊稿。

[128] 即便是这样,由于20世纪60年代以来美国联邦法院的案件负担大量增长,波斯纳法官提出的治标之策之一就是提高诉讼费,"向联邦法院的原告(或向将最初在州法院提起的诉讼移送到联邦法院的被告)收取更多费用的主要效果,并不是降低诉讼的总数量,而是使金钱利益小的诉讼从联邦法院转移到州法院或民间争议解决过程(如仲裁)中去,因为相对于金钱利益更大的案件案件而言,固定使用费对这些案件当事人构成了更大的负担",参见〔美〕理查德·A. 波斯纳:《治标之策》,载〔美〕理查德·A. 波斯纳:《联邦法院——挑战与变革》,邓海平译,中国政法大学出版社2002年版,第207—208页。

[129] 尽管德国当事人交纳的诉讼费比美国人多,但为了分解诉讼的压力,提高司法效率,德国近来反而准备提高当事人承担审判费用的比例,一方面,"国家必须保证司法体系高质量地运转。另一方面,民事司法系统也是一种服务设施,提供并承受涉及双方当事人利益的范围广泛的服务。这表明,该系统应当通过向这项服务利用者收取费用的方式补偿其成本"。See Peter Gottwald, "Civil Justice Reform: Access, Cost, and Expedition. The German Perspective", in Adrian A. S. Zuckerman (ed.), *Civil Justice in Crisis*, New York: Oxford University Press, 2000, p. 222. 转引自傅郁林:《诉讼费用的性质与诉讼成本的承担》,载《北大法律评论》第4卷第1辑,法律出版社2001年版,第254页。

异议[130]以及新法所称的诉讼费用仍然没有包括能够有效抑制滥诉、遏制不当得利的当事人费用(即诉讼成本中的私人成本部分)这一重要的问题[131],而仅仅想运用理性选择理论和本文提炼的供求框架分析一下诉讼费的下调可能引发的诸多不可欲的后果。

首先,由于大幅度降低诉讼费,新法的实施必然导致所有法院的收入骤减大约2/3[132],如果法院仍然不得不与地方财政在一个锅里吃饭,如果没有配套的统一国家财政转移支付作支撑,可以预计除了少数经济发达地区,大多数法院,特别是边远贫困地区的法院将难以为继。[133] 财产案件收费比例的起点由原来的4%下调为2.5%,离婚案件涉及财产分割不另行收费的最高额由原来的1万元调整到了20万元,劳动争议案每件10元,行政案件除商标、专利、海事案每件100元外均每件50元以及先执行后收费等新变化[134]肯定会使很多法院入不敷出,面临极大的经费压力。由于不可能"又要马儿跑,又要马儿不吃草",如果没有相应的配套措施,很多地方财政紧张的法院恐怕就只能养着法院的法官坐着不办案,在办案成本超出法院收费的地方,也就只有不办案才能少开支了。

还有一个潜在的严重后果就是已经凸显出来的"法官荒"可能会加剧。我

---

[130] 很多人认为由国务院来制定对司法机关至关重要的《诉讼费用交纳办法》不仅不妥,而且没有法律上的正当性(除非国务院得到了全国人大的授权,但其实没有),应该由全国人大常委员制定或授权其他机构制定。一些反对意见,参见刘晓原:《国务院是否有权制定〈诉讼费用交纳办法〉?》,http://1home.hainan.net/New/PublicForum/content. asp? idwriter = o&key,最后访问于2007年3月28日。但我认为争论立法主体是否适格其实完全没有说到点子上,在党领导一切的中国,是全国人大立法还是国务院立法有什么区别吗?重要的是讨论该办法的实施能否实现执政党惩治司法腐败、减少民众累累的立法本意。

[131] 很多学者都认为应该把当事人费用纳入诉讼费用的范围,并通过让败诉方承担胜诉方一定比例的私人费用以遏制缠讼和不当得利,相关的文章,请参见方流芳:《民事诉讼收费考》,载《中国社会科学》1999年第3期;傅郁林:《诉讼费用的性质与诉讼成本的承担》,载《北大法律评论》第4卷第1辑,法律出版社2001年版,第243—251页;张榕、曹发贵:《完善我国民事诉讼收费制度的理性思考》,载《法学评论》2004年第6期;徐吉亭:《我国诉讼费用制度的分析和完善》,载《法律适用》2005年第4期;李雁:《民事诉讼费用制度若干问题研究》,载《西南政法大学学报》2004年第3期。

[132] 一个基层法院的立案庭庭长就新法对其所在法院的影响,算过一笔很细致的账,法院收入减少2/3还是一个比较保守的估计。参见郑玄:《〈诉讼费用交纳办法〉实施后对法院的影响》,http://www.dffy.com/2007-02-25,最后访问于2007年3月28日。

[133] 据《南方周末》的记者报道,由于财政紧张和经济窘境"双重贫困"的存在,大幅度削减诉讼费的新法对那些以诉讼费来维持运转的基层法院来说是致命的。江西省石城县法院院长原本以为诉讼费还会上调,因为20世纪80年代制定的标准已经不太适应经济发展的需要了,但突然下调如此大的幅度,很多案件收取的诉讼费很可能连维持法院正常的运转都有问题。另外一位基层法院的院长则坦言如果财政不到位,我们没办法工作,法院没办法开门。具体内容参见张悦:《官司不再高收费 法院粮草何处来》,载《南方周末》2007年1月25日。

[134] 具体内容参见《诉讼费用交纳办法》第13条和第14条。

在前面分析法官市场的供给时就隐含指出了当前法院"人才流失"和"进人难"实际上都根源于在中国当一个法官的各种效用之和不抵当法官的机会成本。一方面,即使在该新法实施之前,就有很多通过了司法考试的法官愿意辞职去当律师(江西省瑞金市法院办公室主任曾延陵说:"我们贫困地区的基层法院确实留不住人,一个才去了深圳4年的法官,已经在深圳买车买房了,他要是不走,在瑞金连十几万的房子都买不起。"[135]),诉讼费大幅下调后,对于那些"捉襟见肘"、法官待遇本不太好的基层法院,由于掐断了诉讼费这一重要的经济命脉,在资金更为紧张的情况下,人才流失很可能会加剧。另一方面,基层法院,甚至不太发达地区的中级法院想从法学院进人恐怕会更为艰难。虽然法院"进人难"一直是个问题,对此不仅媒体有很多报道[136],学者们也有不少精彩的描述和分析[137],但对于那些地方财政只能解决法官基本工资的法院而言,诉讼费新办法的实施必然使得它们更缺少吸引"新鲜血液"的能力,其要想在法学院招人,甚至只是招普通高校本科生,也更是"难上加难"。因此,除非国家拨出巨额财政专款补贴边远贫困地区的法院,新法实施可能造成的法院"内""外"困境都昭示了该法令很有可能带来一些其制定者未曾预料的不利后果。

不过也不能说这些后果制定者就一定没有考虑过,"有消息称,针对基层法院的实际困难,国务院有关部门已经会同财政部等相关部门研究制定了草案,为了避免对法院特别是基层法院经费保障工作产生大的冲击,最高人民法院已商有关部门研究具体解决办法。同时,申请财政部加大中央财政的转移支付力度,对部分法院因诉讼费标准降低造成的困难给与专项补助"。如同有的学者指出的,"国家拿出上千个亿的资金来防止腐败和司法不公实际上是很划算的事情"[138]。但即便国家有这个财政能力,即便最后实现了很多法学家和司法改革主事者梦寐以求的由中央财政专项拨款的法院资金"条条"管理,并因此成功地摆脱了长期以来法院"地方化"带来的诸多问题,"司法腐败"和"司法不公"就能因此得到有效解决吗?其实新法最基本的宗旨是解决法院的乱收费问题(它也只能解决这一问题),由于"司法腐败"并不仅仅存在于法院层面,更存在

---

[135] 转引自张悦:《官司不再高收费 法院粮草何处来》,载《南方周末》2007年1月25日。

[136] 比如曾庆春、梁悦:《法官门槛提高,断层现象日甚》,载《南方周末》2003年7月23日。

[137] 参见苏力:《基层法院法官专业化问题:现状、成因与出路》,载《比较法研究》2000年第2期;苏力:《法官遴选制度的考察》,载苏力:《道路通向城市——转型中国的法治》,法律出版社2004年版;张文显、信春鹰、孙谦(主编):《司法改革报告:法律职业共同体研究》,法律出版社2003年版;景汉朝:《"冷遇"未必是件坏事儿》,载《法制日报》2000年6月19日。

[138] 张悦:《官司不再高收费 法院粮草何处来》,载《南方周末》2007年1月25日。

于法官层面,只要不从根源上有效解决审判工作低特定性和难以监督性的问题,可以预料"司法不公"问题实际上只能得到局部,甚至是表面的解决。而且对于中国各级法院而言,由于财权收归中央实际上是收归于最高法院,会不会是"才出狼窝,又入虎穴",即刚刚摆脱司法"地方化"又陷入更强烈的法院内部行政化管理陷阱之中呢?司法改革的终极目标,即建立一个更独立、更高效、更廉洁的司法体系,是否因此就更能实现了呢?一切都需要全面仔细的思考与权衡。

其次,司法产品需求弹性的特点告诉我们,"就一般的个人和非国有企业而言,只要法院收取的诉讼费占了其所有诉讼成本的一大部分,在服务质量不变的前提下,法院产品的需求弹性就是充足的,即降低诉讼费必然带来诉讼数量的很大增长"。因此,可以预计新法实施后,在短期内大量案件会涌入法院,法官,特别是经济发达地区法官的工作负担将大幅度增长。不仅如此,由于《诉讼费用交纳办法》并没有将当事人费用纳入败诉方应支付的诉讼费用范畴,而大量纠纷进入法院的门槛极低(如劳动争议案件每件只交纳 10 元诉讼费),这必将导致未来滥诉、缠诉和机会型诉讼的增多。因为"从败诉方角度看,不必承担对方诉讼成本的合算增加了健诉、缠诉者的风险利益和侥幸心理,无理缠诉的原告如果败诉,至少也可以在一审、二审、再审、再再审、再再再审没完没了的程序大战中把对方'肥的拖瘦,瘦的拖垮,垮的拖死',直到对方接受自己的条件为止"。[139] 就连几百年前的海瑞都知道"民伪"[140]的道理,知道人都是机会主义者以及人与制度之间复杂的长期博弈性,我们今天的制度设计者怎么就被一个"司法为民"的口号遮蔽了对人性和制度的洞察和预见了呢?这是一个很反讽的问题。

还有一个很重要的问题,"由于法院提供的司法服务是一种公共产品,再加上纠纷解决不会创造财富,而是一个耗散财富和重新分配财富的过程,因此并不是所有纠纷都应当解决,更不是都应当提交法院解决。这里尤其需要注意私人成本与社会成本、私人收益和社会收益之间的差异,只有那些社会收益大于

---

[139] 傅郁林:《诉讼费用的性质与诉讼成本的承担》,载《北大法律评论》第 4 卷第 1 辑,法律出版社 2001 年版,第 266 页。

[140] "民伪"两字来自于海瑞的一段文字:"两造具备,五听三讯,狱情亦非难明也。然民伪日滋,厚貌深情,其变千状,昭明者十之六七,两可难决亦十而二三也。二三之难不能两舍,将若之何?……"见《兴革条例》,载《海瑞集》上册,第 117 页。转引自苏力:《"海瑞定理"的经济学解读》,载《中国社会科学》2006 年第 6 期。

私人收益的纠纷进入法院才是有效率的"[141]。因此,作为规模化提供纠纷解决这一"公共善品"的司法制度,一定要通过具体的制度设计确保只有那些社会利益大于私人利益的纠纷进入法院。遗憾的是,新法中除了大量降低诉讼费和提供司法救助的条款,找不到任何有关的此类规定。虽然"民事诉讼的成本大致由三部分构成:一是法院收取的讼费,二是律师费,三是非法秘密开支"[142],但对于那些"鸡毛蒜皮"的小纠纷,当事人既不用雇请律师,也没有必要贿赂法官,由于承担的只有《诉讼费用交纳办法》中规定的那么一点成本(对于非财产案件,低则10元,高也不过百元),不仅滥诉成本极低,而且耗用的司法资源很有可能远远超过该纠纷本身的价值和当事人成本。由于这类案件根本不可能对"规则之治"有所助益,对于司法资源并不丰富的中国,这不啻是一个巨大的浪费。

最后,也是与第二个问题相关的一个后果是,对于很多真正需要司法救济的纠纷,或者说采用司法救济的社会收益大于私人收益的纠纷,由于其预期诉讼成本不仅包括法院收取的讼费,更包括高昂的律师费以及事前难以预料的贿赂费,诉讼费的下调并不能因此增加此类纠纷当事人使用法院的机会。在某种程度上,目前法院提供的司法产品对它们而言是一种需求弹性缺乏的产品。但由于"随着交易空间的拓展与交易空间的延伸,随着交易超越人们一般的社会和亲缘关系,对交易的监督变得越来越困难。珍视声誉等其他社会规范,对于合同执行所发挥的作用越来越有限。在这种情况下,各方都需要通过第三方机制来执行合同,如由国家提供公正、有效的司法体系"[143]。因此,在市场经济高速发展的今天,那些运用其他纠纷解决方式无法成功解决的经济纠纷进入法院寻求司法救助就是社会收益大于私人收益的案件。如果经济主体(当然国有企业除外)由于真实的诉讼成本太过高昂(其中的贿赂费隐含了司法不公问题)而不得不依赖于不经济的"关系型契约"或者其他私力救济方式解决合同的执行问题,则不得不说是中国司法制度的悲哀。

因此,我们看到诉讼费下调后最大的受益者是那些可能滥诉、缠讼、健讼的

---

[141] 艾佳慧:《民事诉讼率变迁的背后》,载徐昕主编:《司法》第2辑,法律出版社2007年版。

[142] 方流芳:《民事诉讼收费考》,载《中国社会科学》1999年第3期。

[143] 〔美〕鲁门·伊斯拉姆:《司法改革:路向何方?》,徐菁译,载吴敬琏主编:《比较》第17辑,中信出版社2005年版,第138页。另参见 Greif, Avner, Paul Milgrom, and Barry R. Weingast, "Coordination, Commitment, and Enforcement: The Case of the Merchant Guild", *Journal of Political Economy* 102 (1994), pp.745—776; Milgrom, Paul R., Douglass C. North, and Barry R. Weingast, "The Role of Institutions in the Revival of Trade: The Law Merchant, Private Judges, and the Champagne Fairs", *Economics and Politics* 2 (1990), pp.1—23.

机会主义当事人以及一些"挑词架讼"的律师。由于很多社会收益小于个人收益的琐细纠纷大量进入法院,而真正需要司法救济的纠纷则不仅因为真实诉讼成本的高昂和不可预期,也因为诉讼的私人成本无法获得事后的弥补而不愿意因此增加对法院的使用频率,未来的中国法院可能会被淹没在大量琐细的案件和机会型诉讼之中。这绝不是"空穴来风",更不是"危言耸听",人性的洞察和制度的理解便是其合理性的基础。

这还只是一个基于短期的分析,如果将新法放在一个比较长的时期内考察,其效果可能会更糟糕。首先,如果诉讼费下降导致法院系统人才流失越来越严重而同时进人越来越困难的话,以一种动态和长期的眼光,我们预计未来的法院,尤其是那些"老少边穷"地区的基层法院可能连维持基本运转都很困难,留在法院的人可能都是一些能力和胆识都很差的平庸之辈,我们能将建设法治的希望落在这些举步维艰的法院、资质平庸的法官身上吗?其次,先不说那些由于诉讼费下调进入法院的社会收益大于私人收益的案件,即使是那些私人收益大于社会收益的琐细纠纷,如果法院提供的司法服务质量不佳(这个不佳既包括效率也包括公正性),我们推断,即使短期内该产品的需求弹性充足,长期内其需求弹性也会变得缺乏。换句话说就是广告做得再好,价格降得再低,如果没有良好的产品质量作后盾,即便是那些贪图小便宜的消费者也不会在长期内继续购买,更不要说那些"上了一次当,吃了一次亏"的理性消费者了;最后也最重要的是,在长期内,《诉讼费用交纳办法》很可能不仅不能有效减少和消除司法不公和腐败,由于法官工作的难以监督性和高事务量性,大量案件(不仅包括琐细纠纷,也包括很多由不明就里、受到律师怂恿的当事人诉至法院的有"油水"的纠纷)涌入法院说不定还在一定程度上增大了法官"上下其手"的空间和规模,因而更加重了想要解决的司法腐败问题。

综上,运用理性选择理论和本文提炼的供求框架模型,我预计在长期内,就制度设计者想要达到的"体恤下情"和"根治腐败"而言,其目标基本上很难实现。诉讼费交纳新法从短期内和表面上是体察了民情,缓解了民生疾苦,但在长期内,只要制约中国司法制度进一步发展的根本问题——也即法院行政化管理以及相伴随的法官司法知识很难积累——不解决,只要法官声誉机制、有效的法官遴选制度和事后管理制度不建立,诉讼费下降带来的案件大量涌入法院的现象不仅不能长久,还更可能因为给了法官更多的腐败机会而招致民众对司法的更多怨恨。因此,正如尼采所嘲讽的,"他希望得到花朵,而不要根和茎,因此他的希望落空了"。

但我们似乎也不应该就此悲观失望。对于已经实施的这一制度而言,正如有人将之称为司法改革的一招"胜负手"一样,如果能够充分利用该办法实施后形成的强大压力,真的形成由中央财政出面负责全国法院的资金问题的话,先不考虑刚才提到的法院内部行政化问题,这倒可能为进一步的由国家财政统一出资保证各地法官在工资待遇上基本相等的改革扎下一个可以"路径依赖"的坚实根基。面对各地经济发达程度大不一样而且当法官的机会成本和外部机会差异很大的中国现实,如果真的有可能落实法官统一工资的改革(为了吸引法律人才,甚至还可以给在落后地区从事法官工作的人员更丰厚的待遇),再下一步的改革就可以相应推行了,那就是国家推行法学院毕业生先去基层法院工作的决定,并同时启动法官从下级法院向上级法院内部晋升的制度(比如任何一个法学院毕业生在基层法院工作5年后,只要工作业绩优秀就有被提拔到中级法院的希望,然后依此类推)。如果真的有这样的连锁效应,不仅法官声誉机制可以建立,法院外部和内部的法官选拔也有了物质保障和制度保障。不仅如此,有了严格的事前遴选和法官声誉机制的制约,依靠自我制约和职业伦理,难以监督的法官就不会再"吃了原告吃被告",司法权威和法官声誉也能在社会上慢慢恢复。再辅以低廉的诉讼费,中国老百姓很有可能在未来享受低价高质的司法产品,司法产品的"供销两旺"以及民事诉讼率的良性增长就是可预期的了。

这好像为中国司法改革的未来描绘了一幅美好的图画,但其实现必须满足三个条件。其一,国家真的愿意拿出巨量的资金投入司法制度建设;其二,为减少滥诉和机会型诉讼,修改《诉讼费用交纳办法》,在败诉方承担的诉讼成本中加上一定的当事人成本;最后也最关键的是,改革中国法院系统内部管理与被管理的行政化关系,这是上述美好构想得以实现的支点和基础。但这一限制却把我们从美好的理想图景拉回到了冰冷的现实世界,因为要改革中国法院的行政化管理谈何容易,由于事关一些人的既得利益,只要我们的传统司法观不改变,这一制度就永远没有被改革的可能。因此,虽然"知识的作用在于能帮助人们作出正确决策",但面对无可奈何的现实时我们却依旧无能为力。

六、简短的结语

从1978年以来中国民商事诉讼率的实际变迁出发,在梳理了中西已有的诸多民事诉讼率变迁理论之后,借助经济学的理性选择理论和供求理论,再辅之以社会学的理论视野,本文从社会行动者的微观基础和社会变迁的宏大视野中提炼出了既能包容既有理论,又对它们有所超越的供求框架模型。对于有别于西方诸国的、在短短不到30年的时间内先升后降的中国民事诉讼率变迁,本文的解释是,虽然短期内社会变迁会带来纠纷的增加、其他纠纷解决机制的暂时失效以及相应民事诉讼率的快速增长,但在长期内,如果司法效率无法保证,司法不公非常严重以及实际诉讼成本高昂,理性的纠纷当事人必然会选择其他一些相对更公正、更便宜同时也更方便的纠纷解决机制,民事诉讼率因此开始下降。最后,运用前述理论和思路,本文还对近期实施的《诉讼费用交纳办法》及其可能的后果进行了理论考察,结论是该法令很可能无法实现制度设计者的初衷,只是又一个"事与愿违"的制度范例罢了。

和我之前的论文一样,除了努力对中国问题和中国现象进行相对细致的分析以外,本文的写作还试图在方法论上有所突破。对于转型中国诸多复杂难解的社会问题和法律问题,已有学者运用社会学的方法、从田野调查的个案出发作出了很多出色的研究[144];另一方面,简洁而富于解释力的经济学理论和博弈论已经侵入了传统的法学领地,除了肇始于美国并盛极一时的法律经济学运动,更造就了令人生畏的"经济学帝国主义",其在中国的引入和运用也已产生了一些不错的研究作品。[145] 但要解释独特的中国问题,并希望从中提炼出一些既是地方性又是世界性的理论,单独的社会学方法和经济学工具其实都还不够。正如埃里克森总结的,法律与社会的学者对现实的洞识非常丰富,但他们却可能缺少一种简洁的理论将这些洞识连缀并整合起来;法律经济学学者拥有出色的研究工具却往往容易忽视细节和制度的社会渊源和历史渊源。[146] 我们需要一种能同时超越经济学"荒漠"和社会学"沼泽"的视野和理论。

具体到对民事诉讼率变迁的研究,由于中国现象的特殊性以及中国社会和制度的高变动性,如同布迪厄所批评的,唯理性主义的经济学理论很可能因为忽视行动者理性选择背后的制度制约和历史制约而无法对该现象进行有效解释。只有摆脱西方理论的西方视野和局限,并综合社会变迁的社会学视野和理

---

[144] 比如苏力:《送法下乡——中国基层司法制度研究》,中国政法大学出版社2000年版;王亚新:《社会变革中的民事诉讼》,中国法制出版社2001年版;傅郁林主编:《农村基层法律服务研究》,中国政法大学出版社2005年版。

[145] 如邓峰:《到底是哪里不对劲?》,载《审判研究》;丁利:《核实技术激励与举证责任配置——以医疗事故纠纷为例》,载《中外法学》2005年第4期;郭鹏:《证券市场的最优损害赔偿》,载《北京大学研究生学志》2006年第1期;万江:《霍布斯丛林的真实模拟》,载《北大法律评论》第8卷第1辑,北京大学出版社2007年版;郁光华:《从经济学视角看中国的婚姻法改革》,载《北大法律评论》第8卷第1辑,北京大学出版社2007年版;何远琼:《站在天平的两端——司法腐败的博弈分析》,未刊稿;艾佳慧:《"禁"还是"不禁",这是个问题——对"禁放令"的法律经济学分析》,未刊稿。

[146] [美]罗伯特·C.埃里克森:《无需法律的秩序——邻人如何解决纠纷》,苏力译,中国政法大学出版社2003年版,第179页。

性选择的经济学基础,才能从中提炼出既能解释西方,更能解释中国以及其他法治欠发达国家民事诉讼率为何如此变迁的供求框架模型。这种综合运用经济学工具和社会学方法研究中国现象的努力看似脱离了纯正的社会学和经济学,但由于其更有效的理论综合力和现实解释力,其实是以一种更好的姿态回到了以描述世界和解释世界为己任的社会学和经济学。

不仅是对民事诉讼率变迁的解释,由于"变法型法治"的中国与"常法性法治"的西方有诸多根本上的差异[147],这样的方法论其实是可以运用于更多的中国问题分析和中国现象解释的。甚至还不只是分析和解释,本文的例子证明了这样的方法论超越还可能实现理论上的突破,这在一定程度上为我们创造专属于中国的法学理论提供了一点底气和信心。

最后,再说一下中国的司法改革问题。自1999年以来,中国的司法制度就没消停过,但改来改去直到今天,不仅法院内部的法官流失更严重了,司法权威和法官声誉也因为大案要案层出不穷、司法腐败屡禁不止而大受影响。中国的司法改革到底出了什么问题,其背后有没有一个可以说得过去并贯穿始终的理论逻辑?在很大程度上,《诉讼费用交纳办法》的出台其实让我们更清楚地看到了司法改革主事者缺少有效制度设计的理论逻辑,缺少一种后果主义和现实主义的权衡和考量。因此,对于未来的类似改革,苏力在几年前说的一段话就依然掷地有声:

> 必须深入理解司法制度运作本身的一些具体的规律(限制),必须对司法改革的可能的各种社会条件制约予以恰当的考虑,对每一措施都要尽可能细心论证,对可能的后果予以仔细的分析、权衡和取舍、而不借鉴和借助相关社会科学研究方法和成果对中国司法制度的问题和发生的原因进行细致的实证研究,并针对问题,考虑到各种资源的可获得性以及一系列同样可欲的目标的潜在冲突,并在这些冲突中作出恰当的取舍,就不可能进行真正的司法改革。[148]

---

[147] 这里借用凌斌总结的两个概念,更多的分析,参见凌斌:《法治的孝公难题》,未刊稿。

[148] 苏力:《经验的研究司法——〈联邦法院〉代译序》,载〔美〕理查德·A.波斯纳:《联邦法院——挑战与改革》,邓海平译,中国政法大学出版社2002年版,第XI页。

律师地区分布的非均衡性
——一个描述和解释[1]

冉井富

一、问题、方法和经验材料

（一）问题：律师队伍非均衡性地区分布的描述、解释和制度检讨

改革开放以来，我国的社会发展具有两个显著的趋势，一是法律越来越健全，也越来越技术化、复杂化；二是法律在社会生活中的作用越来越大，越来越多的社会关系被置于法律的调整之下，广泛的政治活动、经济交往、社会生活等等，逐步成为法律调整的对象。社会发展的这种趋势，就是所谓的法制化或者法化(legalization)。

在一个法制化的社会中，人们的各种社会实践常常被要求按照法律的规定

---

[1] 本文的实证调查获得了范愉教授主持的"多元化纠纷解决机制与和谐社会的建构"（项目批准号：05JZD0004；项目合同号：05JZDH004）以及夏勇教授主持的"中国法律服务改革发展研究"等课题项目的经费资助，谨致谢忱！

行事。然而,现代社会中的法律不仅数量多,而且专业性、技术性非常强,普通的个人往往难以知晓法律的含义和要求,于是就需要法律专业人员提供专门的法律技术服务,借以弥合内容庞杂、技术艰深的法律要求和普通百姓的社会生活之间的鸿沟,实现法律调整的秩序和价值追求。而社会的法制化程度越高,对法律服务的需求也就越大。在这个意义上可以说,由于法制化的日益增强,我国社会对法律服务的需求相应地日益增大。

正是为了迎合这种日益增长的法律服务需求,自改革开放以来,我国的律师队伍持续、稳步发展。虽然严格说来,法律服务并不仅限于律师业,在我国当前,除了律师之外,公证人员、基层法律服务工作者、证券师、专利代理、企业法律顾问等等,也在一定的范围和程度上提供法律服务。但是,这其中,律师是最主要的、最专业的法律服务人员,其他人员虽然也提供法律服务,但都是补充性的、暂时性的,或者是仅限于一个特定的领域,或者仅仅是涉及某方面的法律服务。总之,法律服务业的发展,主要体现在律师队伍的发展上。

我国律师队伍在数量和素质方面都有长足的发展。从数量上来说,在改革开放初期,我国的律师队伍是零,截至 2005 年初,我国执业律师已达 11.8 万多人,其中专职律师 103389 人,兼职律师 6841 人,公职律师 1817 人,公司律师 733 人,军队律师 1750 人,法律援助律师 4768 人。另外,还有律师辅助人员 3 万多人。从素质上看,截至 2005 年初,具有本科以上学历的律师已占律师总数的 64.6%,其中,研究生以上学历的律师已经超过 1 万人。[2]

但是,进一步考察发现,律师队伍的发展成就主要体现在城市和发达地区,而在农村地区,尤其是在落后的农村地区,律师的数量仍然非常少。粗略估计,我国律师队伍中,85% 的律师集中在大中城市,拥有全国 80% 人口的小城镇和农村地区,只有 15% 的律师。据新华社北京 2004 年 3 月 23 日电,截至 2004 年初,我国还有 206 个县连一名律师也没有。全国人大常委会副委员长顾秀莲 2005 年 8 月 25 日就全国人大常委会执法检查组关于检查《律师法》实施情况,向十届全国人大常委会第十七次会议作报告时说,我国超过半数的律师集中在大城市和东部沿海地区,广东、北京的律师人数都在万人左右,而西部 12 省区市律师总数不过 2.4 万人。

这些比较粗略的数据表明,我国律师队伍虽然有了很大程度的发展,但是在地区之间的分布极不均衡。这种不均衡又进一步提出了这样的一系列问题:(1)准确地说,这种非均衡性达到了什么程度?(2)是什么原因导致了这种不

---

[2] 于呐洋、王宇:《我国执业律师达 11.8 万人》,载《法制日报》2005 年 6 月 14 日。

均衡？(3) 这种非均衡性带来的制度和政策反思是什么？律师的发展是法制化的结果，又是检验法制程度的一个标尺，而法制化的发展，又和社会的现代化，和人权保护，和统一的市场经济的建立等方面密切联系，因此，这些问题的分析和讨论具有重要的现实意义，它们关涉到我国法制现代化的战略实施，尤其关涉到占我国人口绝大多数的农村地区的社会发展和法制建设问题。正是鉴于这种现实意义，本文将对这些问题进行进一步的深入考察。

(二) 方法和步骤

上面提到的三个问题，尤其是其中的前两个，包括律师地区分布非均衡性的具体程度和对这种非均衡性的解释，主要是一个法律现实问题，一个经验层面的问题，因此，本文将主要运用实证的研究方法，通过经验材料来描述和分析。具体地说，我将从下列五个方面进行考察：

第一，通过全国性的统计数据，对全国律师分布的不平衡性的程度，进行一个较为准确的、量化的描述。一方面，虽然我们知道我国律师分布极不均衡，但是对于其具体程度，目前尚缺乏较为准确、全面的描述，因此，这一工作具有一定程度的知识增进作用；另一方面，这种描述所得出的结论，是进一步的解释和分析的基础，也是进一步的解释和分析的对象和目标。

第二，对于律师分布非均衡性的原因，进行理论分析。尽管本文重点在于经验的、实证的考察，但是理论分析仍然是必要的。这是因为，一方面，对于律师分布的非均衡性以及法律服务需求的有关问题，已有许多学者提出了相应的解释，对于这些解释，需要进行整理和评判，以和实证的考察互相印证；另一方面，实证的、经验的考察也是以理论分析为先导的，思维的一般规律总是先从理论上，从已有的研究成果基础上，分析出可能的原因，再从经验的角度进行印证或者验证。

第三，对于律师分布的非均衡性，进行宏观的、统计的解释。非均衡性是一个统计结果，其原因当然也可以在不同指标的统计关系中揭示出来。在前一部分，通过理论分析，大致确定了各种影响律师非均衡分布的可能原因，但是只是确定了各种原因发挥影响的可能性，在这一部分，则要通过宏观的统计数据之间的相互关系，确定各种因素实际发挥中作用的程度和比例。

第四，对于律师分布的非均衡性，作一个微观的、个案性质的调查和解释。统计解释具有全面性、宏观性，但是也存在两个不足：一是统计数据往往失之概观和笼统，只能确定不同因素之间的相关性，对于不同因素之间复杂的、多维的现实联系，则难以深入揭示；二是缺乏一些必要的统计数据，使得有些因素的影响不能进行统计印证。为了弥补这两方面的不足,我对一个贫困县进行了实地的、深入的调查,对于导致欠发达农村地区律师分布较少的各方面原因,进行了个案性质的考察和分析。本文希望通过宏观的统计解释和微观的个案调查两方面结合起来,比较全面准确地验证前面的理论分析。

第五,总结和反思。这一部分主要讨论两个问题,一是对前面的理论分析、统计解释和个案调查进行总结,确定我国律师分布非均衡性的主要原因;二是在本文的描述和解释的基础上,在相应的范围内,反思和检讨现行的制度缺失。

(三) 经验材料

本文以实证研究为主要特点,因此,文章的描述和论证中要用到大量的经验材料。概括地说,这些材料主要包括三个方面:

一是政府有关部门发布的统计资料,包括社会的经济、人口、律师人数、律师业务等方面的统计资料;

二是各省、自治区、直辖市司法行政主管部门发布的律师事务所年检和律师注册年度公报;

三是在H县进行实地调研所收集的材料,包括访谈记录、调查笔录、档案材料等形式;

四是其他学者实地调研所收集的资料。

二、非均衡的地区分布:一个统计描述

我国律师队伍在地区分布上的不平衡状况,可以通过不同地区分别拥有的律师数量的对比显示出来。由于不同地区人口规模不一样,所以为了扣除人口因素的影响,这里用"每10万人口拥有律师人数"这个指标进行对比。

为了进行对比,必须收集不同地区拥有的律师人数和人口数量。根据对各种文献和网络资源的广泛查阅,目前各个地区的律师人数主要有两个来源:

一是《中国律师年鉴》2000—2004年以省、自治区、直辖市(以下简称"省市区")为单位,提供了不同地区的律师人数,以及律师机构、律师业务等方面的信息。但是,除了《中国律师年鉴2000》外,其余年份没有提供西藏自治区的有关信息;此外,在年鉴的各年版本中,新疆自治区和新疆建设兵团是分开提供的。

二是各省市区司法行政主管机关每年公布的本地区"律师事务所年检和律师注册公告"。但是,"公告"只提供了各个县、市的律师机构和律师人员的名录,只有对这些名录进行整理、归类和计算,才能得出各个县市律师机构和律师人员的

具体数量的统计结果。由于司法部1996年11月颁布的《律师执业证管理办法》第17条规定"每年注册结束后,对于准予注册的律师,注册机关应在报刊上公告",因此,从理论上说,各省、自治区、直辖市都存在相应的公告,都可以从中整理出各个地区的详细统计资料,但是,截至目前,我只收集到了下列地区在下列时间的公告:(1)北京(2005年8月20日);(2)河北(2005年4月30日);(3)山西(2005年9月30日);(4)内蒙古(2005年7月20日);(5)辽宁(2005年4月30日);(6)吉林(2005年5月9日);(7)黑龙江(2005年10月25日);(8)上海(2005年7月15日);(9)江苏(2005年12月31日);(10)浙江(2004年9月16日);(11)安徽(2005年8月5日);(12)福建(2005年8月8日);(13)江西(2005年7月(27日);(14)山东(2004年12月31日);(15)湖北(2005年8月20日);(16)湖南(2005年8月);(17)广东(2005年8月8日);(18)海南(2005年);(19)四川(2005年6月1日);(20)云南(2005年10月18日);(21)陕西(2004年10月10日);(22)青海(2005年7月29日);(23)宁夏(2005年7月7日)。在下文中,上述地区合计简称为"23个省市区"。

各个地区人口数量的来源渠道则较多,但是,由于统计的口径和标准的不同,使得人口数量的甄别选用成为一个难题。在本文中,各地区人口数量的来源主要有《中国统计年鉴》、《中国区域经济统计年鉴》、《中国分县市人口统计资料》、《中国人口统计年鉴》、《中国城市统计年鉴》,以及各省、自治区、直辖市的《统计年鉴》,等等。在"每10万人口拥有律师人数"这个指标中,人口数主要用的是时点数,并以户籍人口为主,个别城市用的是常住人口数。

通过对上述有关数据和资料的整理,可以总结出我国律师地区分布的三个特点,下文分述之。

(一)律师主要分布在东南沿海发达地区

根据国家"七五"计划对全国经济区域的划分,同时结合国家西部大开发的战略调整,按照经济发展水平和地理位置相结合的原则,全国被划分为东、中、西三大经济区。其中,东部地区包括:北京、天津、辽宁、河北、山东、上海、江苏、浙江、福建、广东和海南11个省、直辖市;中部地区包括:山西、吉林、黑龙江、安徽、江西、河南、湖北和湖南等8个省;西部地区包括:陕西、甘肃、宁夏、青海、新疆、重庆、四川、贵州、云南、西藏、内蒙古、广西等12个省、直辖市和自治区。根据《中国律师年鉴2004》中公布的有关律师统计数据,以及《中国统计年鉴2005》中公布的人口统计数据,全国三大经济区域律师分布情况如表01以及图01、图02所示。

表01　东部、中部和西部地区律师数量对比[3]

地区范围	2004年底执业律师		2004年底人口		每10万人拥有律师数
	人数	所占比例	万人	所占比例	
东部地区	61306	54.0%	49251	37.9%	12.4
中部地区	26923	23.7%	43037	33.1%	6.3
西部地区	25263	22.3%	37127	28.6%	6.8
全　　国	113492	100.0%	129988	100.0%	8.7

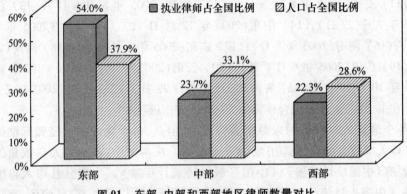

图01　东部、中部和西部地区律师数量对比

考察表01以及图01、图02可知,东部沿海地区律师人数最多,中部和西部地区律师人数比较接近,其中西部地区略高于中部地区。具体地说:(1)东部沿海地区人口所占比例为37.9%,却集中了54.0%的律师,高于其人口所占比例;中部和西部地区的人口所占比例分别为33.1%和28.6%,而律师所占比例分别只有23.7%和22.3%,显著地低于其人口所占比例。(2)以每10万人口拥有律师数这个指标进行考察,东部沿海地区为12.4,显著地高于全国平均水平;中部和西部地区分别只有6.3和6.8,低于全国平均水平。综合起来看,

---

[3]　说明:(1)"执业律师"数为"律师工作人员"和"行政助理"之差。(2)《中国律师年鉴2004》没有提供西藏自治区的律师人数,根据《中国律师年鉴2000》提供的数据,2000年底律师人员57人,行政助理22人,计算得出执业律师35人。另外,根据《西藏统计年鉴2005》,2004年底西藏自治区执业律师和公证人员之和为36人,可见有下降的趋势。考虑到西藏地区的律师人数在西部地区的总数中比例较小,估算一个数据也不会形成太大的误差,所以这里仍以2000年的执业律师人数为计算标准。(3)新疆的数据包括新疆建设兵团。(4)《中国律师年鉴2004》没有提供西藏自治区的律师人数,计算得出的全国执业律师人数是113457人,本表加上估算的西藏执业律师人数的35人后,全国执业律师的人数变更为113492人。(5)全国总人口包括现役军人数,分地区数字中未包括,所以,在本表中,全国总人数略大于三个区域的人口之和,其前者为129988万人,后者为129415万人,相差573万人,占0.4%。

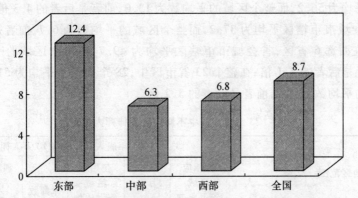

图 02　东部、中部、西部地区以及全国每 10 万人口拥有律师人数对比（人）

东部沿海地区的律师人数（绝对数量和相对数量）大约是中部和西部地区的两倍。

（二）律师主要集中在大城市

前面提到，笔者收集到了 23 个省、自治区和直辖市（以下简称为"23 个省市区"）的律师事务所年检和律师注册公告。根据我国东部、中部和西部三大经济区域的划分，23 个省市区又可以进一步划分为：(1) 东部 10 省市，包括北京、河北、辽宁、上海、江苏、浙江、福建、山东、广东和海南，其中有 2 个直辖市、8 个省会城市，以及大连、青岛、宁波、厦门和深圳等 5 个副省级城市；(2) 中部 7 省，包括山西、吉林、黑龙江、安徽、江西、湖北和湖南等，其中包括 7 个省会城市；(3) 西部 6 省区，具体包括内蒙古、四川、云南、陕西、青海和宁夏等，其中包括 6 个省会城市。在上述 23 个省市区中，合计共有 2 个直辖市、21 个省会城市和 5 个副省级城市，以下合称"28 个大城市"。

对 23 个省市区律师事务所年检和律师注册公告的整理，得出表 02，以及根据表 02 得出的图 03、图 04。考察表 02 及图 03、图 04，我们可以发现：

(1) 从绝对数量上看，律师主要集中在大城市。具体地说，在东部 10 省市，省会及副省级以上城市市辖区人口所占比例为 13.9%，但是律师所占比例却高达 59.8%；在中部 7 省，省会城市市辖区人口所占比例为 7.0%，律师所占比例高达 38.8%；在西部 6 省区，省会城市市辖区人口所占比例为 7.2%，律师所占比例却高达 51.1%；在整个 23 省市区中，28 个大城市人口所占比例为 10.3%，而律师所占比例高达 53.7%。

(2) 以每 10 万人口拥有律师数看，在东部 10 省市，省会及副省级以上城市市辖区平均为 56.2,而整个区域的平均数为 13.0,前者是后者的 4.3 倍;在中部 7 省,省会城市市辖区平均为 37.2,而整个区域的平均数为 6.7,前者是后者的 5.6 倍;在西部 6 省区,省会城市市辖区平均为 49.7,而整个区域的平均数为 7.0,前者是后者的 7.1 倍;在整个 23 省市区中,28 个大城市平均为 51.0,而整个区域的平均数为 9.7,前者是后者的 5.2 倍。

表 02 23 个省市区中不同地区的律师人数对比

地区范围		律师数		2004 年底人口		每 10 万人拥有律师数	
		人	在相应区域所占比例	万人	在相应区域所占比例	人均律师数	和相应区域平均数的比值
东部 10 省市	合计	61920		47507		13.0	
	省会及副省级以上城市市辖区	37000	59.8%	6583	13.9%	56.2	4.3
中部 7 省	合计	22288		33320		6.7	
	省会城市市辖区	8640	38.8%	2320	7.0%	37.2	5.6
西部 6 省区	合计	14324		20356		7.0	
	省会城市市辖区	7314	51.1%	1473	7.2%	49.7	7.1
上述 23 个省市区	合计	98532		1011833		9.7	
	28 个大城市市辖区	52954	53.7%	103753	10.3%	51.0	5.2

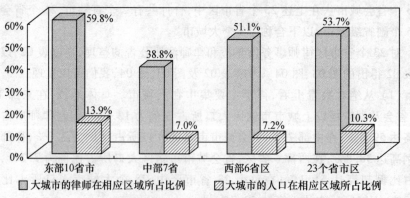

图 03 23 个省市区中省会及副省级以上城市律师数在相应区域所占比例和人口所占比例对比

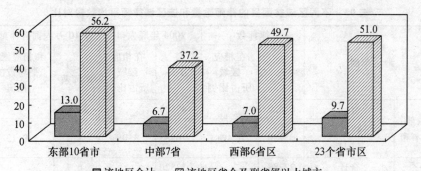

图04 23个省市区中省会及副省级以上城市每10万人
拥有律师数和相应区域平均数对比

（三）贫困县律师人数非常少

我国在八七计划期间（1994—2000年），根据社会的经济和文化的发展程度，确定了592个国家重点扶持贫困县（县级市、市辖区），它们的分布是：河北39个，山西35个，内蒙古31个，吉林8个，黑龙江14个，安徽19个，江西21个，河南31个，湖北25个，湖南20个，广西28个，海南5个，重庆14个，四川36个，贵州50个，云南73个，陕西50个，甘肃43个，青海15个，宁夏8个，新疆27个。这其中，有14个属于县级市，17个属于市辖区（其中4个是后来从县更改为市辖区的），一个林区。扣除县级市、市辖区和林区之后，在23个省市区中，还有374个贫困县（旗），简称贫困县。它们的具体分布是：河北39个，山西35个，内蒙31个，吉林5个，黑龙江13个，安徽18个，江西20个，湖北20个，湖南20个，海南4个，四川31个，云南70个，陕西46个，青海15个，宁夏7个。接下来，我将以这374个贫困县为样本，考察我国欠发达农村地区的律师数量分布。

通过对23个省市区律师事务所年检和律师注册公告的整理和计算，得到表03，根据表03，得出图05和图06。考察表03、图05和图06，可以发现，无论是东部地区，还是中部地区和西部地区，贫困县律师人数非常少。相比较而言，西部地区贫困县每10人万口只有1.5名律师，略低于中部地区的1.8和东部地区1.7。在23个省市区中，平均数为每10万人口拥有9.7名律师，而在374个贫困县中，平均每10人万口只有1.7名律师，只有23个省市区平均数的18%，不到五分之一。

表03 不同区域贫困县的律师数量和该区域律师平均数量对比

地区范围		律师数		2004年底人口		每10万人拥有律师数	
		人	在相应区域所占比例	万人	在相应区域所占比例	人均律师数	和相应区域平均数的比值
东部10省市	合计	61920		47507		13.0	
	43个贫困县	250	0.4%	6583	3.0%	1.7	0.13
中部7省	合计	22288		33320		6.7	
	131个贫困县	8640	4.9%	2320	18.2%	1.8	0.27
西部6省区	合计	14324		20356		7.0	
	200个贫困县	7314	6.1%	1473	27.8%	1.5	0.21
上述23个省市区	合计	98532		1011833		9.7	
	374个贫困县	52954	2.2%	103753	13.0%	1.7	0.18
全国2004年底						8.7	

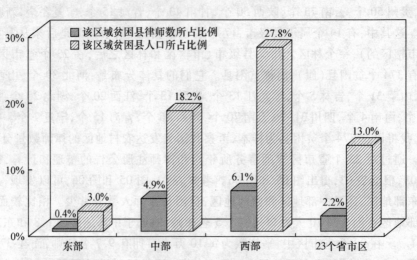

图05 全国部分(23个)省市区贫困县律师和人口分别所占比例对比(%)

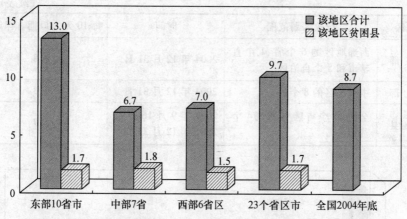

图 06　23 个省市区贫困县每 10 万人拥有律师数和相应区域平均数对比

（四）律师分布非均衡性的总结

前面描述了律师地区之间分布的非均衡性的三个具体内容，综合这三个方面，可以对这种非均衡性作出更为直观的描述。表 04 中整理和计算出了不同地区范围内的律师数量，根据表 04，得出了图 07。考察表 04 和图 07，可以发现，我国律师分布的非均衡性的总体特点是，大城市律师人数最为集中，平均每 10 万人口拥有律师数在 50 以上，相反，贫困县的律师最为稀少，374 个贫困县中，平均每 10 万人口拥有律师数只有 1.7。以每 10 万人口拥有律师数对比起来看，大城市是贫困县的 30 倍，差距悬殊。

表 04　全国不同地区律师人数对比

地区	行政区划范围	时间	每 10 万人口拥有律师数
深　圳	所属 6 个市辖区	2005 年 8 月 8 日	187.7
北　京	所属 16 个市辖区，不含密云、延庆两个郊县	2005 年 8 月 20 日	96.2
大城市	23 个省市区的 18 个省会及副省级以上城市市辖区	2004 年 9 月 16 日至 2005 年 12 月 31 日	51.0
东　部	东南沿海地区的 8 个省、3 个直辖市	2004 年 12 月 31 日	12.4
全　国	全国	2004 年 12 月 31 日	8.7

(续表)

地区	行政区划范围	时间	每10万人口拥有律师数
西部	西部地区的6个省、1个直辖市和5个自治区	2004年12月31日	6.8
中部	中部地区的8个省	2004年12月31日	6.3
贫困县	全国15个省区中的374个贫困县	2004年9月16日至2005年12月31日	1.7

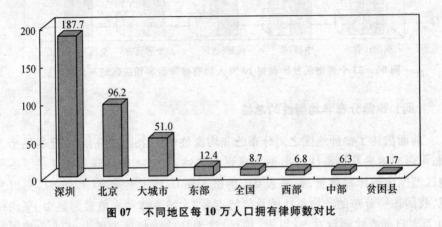

图07 不同地区每10万人口拥有律师数对比

贫困县平均每10万人口只有1.7名律师意味着什么呢？对于我们所考察的374个贫困县，平均每个县人口35.87万人，折合起来，平均每个县只有律师6.0人。实际上，平均数掩盖了一些问题。根据我的统计整理，在374个贫困县中，有51个县没有一名律师，有7个县只有少量的法律援助律师。贫困县律师之少，我们可以近似地说：这是一种无需律师的社会秩序。[4] 由于律师的社会功能是提供法律服务，因此也可以说：这是一种不需要法律服务的社会秩序。

---

[4] 美国学者Victor H. Li比较美国和改革开放以前的中国的律师人数后得出一个结论，说当时的中国是"无需律师的法律"（Law without Lawyers），我这里借用一些这样的修辞，称欠发达农村地区为"无需律师的社会秩序"。参见Victor H. Li, *Law without Lawyers: A Comparative View of Law in China and the United States*, Westview Press/Boulder, Colorado, 1978。

三、影响律师地区分布的因素：
一个初步的理论分析

为什么律师主要集中在城市和发达地区,而贫困落后的农村地区律师十分稀少?为什么欠发达的农村地区呈现为"无需律师的社会秩序"?对于这一现象的原因,我这里首先进行理论分析。

从理论上说,可能的原因是多方面的。人们可能最先想到的一个原因是我国律师数量不足,导致欠发达的农村地区律师缺乏。这是一个非常直观的解释,也是当前的一种常识性的观点。比如说,司法部副部长张福森2004年3月在全国律师队伍建设工作会议上谈到我国尚有206个县没有律师时指出,从总体上看律师数量仍然不足,地区分布不平衡,尤其在经济欠发达地区,律师严重短缺。又比如,全国人大常委会副委员长顾秀莲2005年8月25日就全国人大常委会执法检查组就《律师法》实施情况的检查,向十届全国人大常委会第十七次会议作报告时,也将西部12省区市律师数量不足的原因归结为我国的律师总数较少。但是,理论上进一步分析发现,律师数量的不足只是全国律师数量平均水平的指标的评价,并不能解释不同地区之间律师分布的差异。这是因为在我国当前,只要具备了律师资格,律师执业在地域上是不受限制的,也就是说,律师在全国范围内是可以自由流动的。因此,就最为直接的原因来说,全国律师地区分布极不均衡的状况,是律师自由流动的结果。于是,我们的问题变成了对律师执业地域流动的倾向的解释,即:律师们为什么更倾向于在城市、在东部发达地区执业?

在很大程度上,律师执业地域的选择,可以适用理性人或者经济人的利益最大化的假设。这是因为,在我国当前,由于经过了多年的体制改革,律师行业已经在很大程度上实现了市场化。这种市场化体现在两个方面,一是前面提到的,律师执业不受地域限制,二是民资所[5]、自筹自支的国资所的比例占绝大多数。截至2004年,全国民资所比例达到86%,国资所只有14%。民资所由执业律师按照一定方式出资设立,实行完全的独立核算、自筹自支。此外,即使是国资所,其中也有56.7%实行自收自支。合计起来,全国有93.9%的律师事务所实行自收自支。对于实行自收自支的律师事务所来说,律师业务收费和其本

---

[5] 为了表述简便,这里将合作律师事务所、合伙律师事务所和个体律师事务所合称为"民资所",与国资所相对。

人的收入具有对应的关系。即使是全额预算管理的律师事务所,对于律师的执业选择来说,也是市场化的,因为律师可以选择在全额预算管理的律师事务所执业,也可以选择在自收自支的律师事务所执业。此外,律师在知识、信息方面,都具有优势,他们有能力对不同策略选择的收益状况进行比较准确的判断。总之,在市场化的法律服务体制之下,律师具有选择在更能创收的地区执业的激励。由于律师群体总体上具有较强的理性能力,能够对不同地区执业的收益状况作出较为合理的评判,因此,律师倾向于选择城市执业的实际结果表明,对其个人来说,在城市和发达地区执业具有更好的收益预期,是其利益最大化的选择。这个结论和我们的直观的经验是一致的,因此也可以说是一种常识。但是,尽管是常识,其中也还有一系列的问题具有追问的必要:这种收益差距到底有多大?是哪些原因导致了这种收益差距?这些原因各自所占的比重如何?等等。

对这些问题,我们这里仍然先在理论上进行分析。在目前市场化的法律服务体制下,或者直接,或者间接地,律师的收入都和律师提供法律服务的营业收入呈正比例关系,因此,律师在农村地区执业收益小的原因,就在于农村地区提供法律服务的营业收入太少。而根据律师服务收费的特点,在当前全国税收体制比较一致的情况下,导致农村地区律师事务所营业收入少的原因,可能存在于两个方面,一是在农村地区,律师的业务非常少,也就是说,人们不需要律师提供法律服务,自然,在市场需求非常少的情况下,律师不可能有很好的收入;二是农村地区存在较多的法律服务的需求,但是购买能力非常有限,使得律师收入不高。这两个原因可能同时存在,也可能只存在其中一个方面。当然,这两种情形是都是相对城市而言的。对于这两个可能的原因,下面进一步进行理论分析。

(一) 欠发达农村地区法律服务需求很少

和发达的城市地区比较起来,欠发达的农村地区法律服务需求较少,其原因又可能是多方面的。

1. 法律服务需求的类型较少,局限于传统类型

从理论上说,或者从制度上说,律师可以提供多种法律服务。根据《律师法》第25条的规定,我国律师可以承办下列业务:(1) 接受公民、法人和其他组织的聘请,担任法律顾问;(2) 接受民事案件、行政案件当事人的委托,担任代理人,参加诉讼;(3) 接受刑事案件犯罪嫌疑人的聘请,为其提供法律咨询,代理申诉、控告,申请取保候审,接受犯罪嫌疑人、被告人的委托或者人民法院的

指定,担任辩护人;接受自诉案件自诉人、公诉案件被害人或者其近亲属的委托,担任代理人,参加诉讼;(4) 代理各类诉讼案件的申诉;(5) 接受当事人的委托,参加调解、仲裁活动;(6) 接受非诉讼法律事务当事人的委托,提供法律服务;(7) 解答有关法律的询问、代写诉讼文书。在上述类型中,担任诉讼代理人和刑事辩护人,可以合称为诉讼业务,属于比较传统的业务类型;接受非诉讼法律事务当事人的委托,提供法律服务,简称为非诉讼业务,则是现代社会中随着市场经济的发展和经济往来的加速而兴起的新型业务,具体内容包括成立公司、办理财产转让、缔结契约、处理银行信贷、办理社会保险、雇佣工人、处理劳资纠纷、使用专利、纳税、订立遗嘱、外贸、对外投资、技术援助、参与仲裁和谈判等等。

国外学者研究发现,在不同的社会条件下,人们所需要法律服务类型的比例是不一样的。以西方发达国家的历史经验来看,在20世纪50年代以前,传统的诉讼业务是主要的律师业务。但是,随着市场经济的发展和经济往来的增加,非诉讼法律事务逐步增长,成为律师职业中更重要的——至少从数量上来说是如此——法律业务。在发达国家,律师在非诉讼领域的业务量已经占到80%以上。[6] 可以想象,在我国当前,城市和农村、东部和中西部的社会经济发展程度不同,它们之间的差异可能像西方国家不同时期的差异那样,即:在城市,各种非诉讼法律业务快速增长,从而极大地增加了律师业务的总量;而在经济文化落后的农村,尤其是贫困县,各种非诉讼的法律服务需求非常有限,律师的作用主要体现在传统的诉讼业务中,从而使得法律服务的需求相比发达的城市地区显得非常有限。

2. 即使是诉讼业务的需求,农村地区也可能低于城市

单就诉讼业务而论,欠发达农村地区的需求也可能低于城市。这其中的原因,可能来源于三个方面。首先是农村地区的纠纷少。根据诉讼形成的特点,诉讼来源于纠纷,当纠纷不能以其他方式解决的时候,就可能发展为诉讼。因此,如果纠纷数量少,则诉讼少;诉讼少,则律师的诉讼业务需求必然也少。相对来说,农村地区人口密度较小,人与人之间的交易和互动较小。在城市地区,由于高度发达的社会分工,由于密集居住的人群,人们之间发生争议的可能性要大得多。此外,农村人不精明的性格气质,不发达的权利意识,使得农村人不如城市人有"斗争"精神,即使遇到同样的侵害,在农村地区发展为纠纷的可能

---

[6] 参见朱景文:《比较法社会学的框架和方法——法制化、本土化和全球化》,中国人民大学出版社2001年版,第320页。

性要小一些。

其次,在农村地区,即使发生了纠纷,人们也较少提起诉讼,较少用到法律和律师。纠纷发生后尽量回避诉讼的现象,在不十分严格的意义上,我们可以称为"厌讼",和"好讼"相对。由于传统文化的原因,也由于现行司法体制的原因,相比西方国家而言,"厌讼"在我国是一种较为普遍的现象。但是,比较而言,农村地区的厌讼现象更为突出。原因主要有三个方面:

(1) 在农村地区,人口的流动性较小,人们相互之间更为熟悉,相互之间有更强的互惠机制联系着。这种熟人社会使得纠纷发生之后,更容易通过调解、协商等非诉讼方式得到解决。同时,由于互惠机制的约束,人们不会轻易启动诉讼程序,以免伤了"和气"。

(2) 由于我国现代化进程的特点所致,我国的法律规则体系理性设计的成分较大,而自然演化的成分较小,有些规则不属于当事人之间的博弈均衡,于是,规避法律、利用当地的习俗惯例解决纠纷,可能是双方利益最大化的策略选择,于是出现了当事人合谋规避法律的现象。比如,强奸案件、工伤事故等"私了"的做法就属于这种情形。由于农村地区是熟人社会,共同的习俗、惯例更为盛行,所以这种规避法律的现象应该更为普遍。规避法律也就是规避正式的解决方法,律师的法律专长没有了用武之地。

(3) 昂贵的经济成本也使得村民对诉讼望而却步。尽管诉讼收费是全国性的,但是这笔开支相对于农村地区来说,显得更加昂贵。这是因为,一是虽然诉讼费用可以从诉讼收益中支出,但是一般都要先行垫付,而且常常由于"执行难"的原因,诉讼收益无法兑现,使得预先垫付的诉讼费成为一笔额外的损失,相对于城市地区财力雄厚的单位当事人和更加富裕的市民来说,这笔损失对于农村地区的普通个人来说意味着更大的成本。二是在欠发达的农村地区,尤其是在贫困县,一般都存在财政困难,法院的福利、经费通常难以保障,于是,法院通过制度内或者制度外的诉讼收费,将更大比例的诉讼成本转嫁到当事人头上,从而增加了当事人的诉讼成本。[7] 三是在欠发达的农村地区,经济纠纷较少,民事争议较多,使得总体而言,纠纷的涉案标的较小,即使赢了官司,诉讼收益也不大,使得诉讼成本的投资不划算。

3. 基层法律服务工作者的竞争,进一步减少了律师的业务数量

在我国目前,虽然律师是最为主要的法律服务工作者,但律师的服务不是

---

[7] 国内学者廖永安等人对湖南省一个贫困地区的基层法院进行了实证分析,发现了这种情况。参见廖永安、李胜刚:《我国民事诉讼费用制度之运行现状——以一个贫困地区基层法院为分析个案》,载《中外法学》2005年第3期。

垄断性的,除了刑事辩护以外,其他的律师业务基层法律服务工作者也可以提供,因此,基层法律服务工作者对法律服务业务的分流,可能减少了欠发达农村地区的律师需求。但是,从制度上说,基层法律服务所不仅在农村地区设立,城市地区也有一定数量的基层法律服务工作者,因此,只有在这样的前提下,基层法律服务才是影响律师地区分布的一个因素:基层法律服务工作者主要在农村地区执业。

(二)欠发达农村地区法律服务的购买力相对较弱

农村地区不仅法律服务的需求比较小,而且,对于市场化的法律服务的支付能力也可能低于城市。这是因为,首先,就像前面提到的诉讼费的支出一样,虽然可以"羊毛出在羊身上",通过官司的收益支付律师费用,但是,这笔费用需要先行垫付,而且执行难导致的"赢了官司输了钱"现象也十分常见,以致减弱了农村地区人们的支付能力。

其次,在农村地区,由于经济落后,不仅经济纠纷少,而且每个经济案件涉及的财产金额也非常小,大量的案件都是涉案标的非常小的民事和刑事案件,农村地区的人不大可能支付较高的律师费去打一个争议金额很小的官司。虽然对于刑事案件来说,有关的人身权益不能用金钱来衡量,但这只是理想化的说教。事实上,对于不同的支付能力的人来说,人身权益的价值是不一样的,如果律师的作用能够让无期徒刑变成有期徒刑,那么对于一个富裕的城市家庭来说,他可能愿意支付10万元,可是对一个贫穷的农村家庭来说,可能只愿意支付1万元。

总之,弱小的支付能力,较小的涉案金额,再加上前面提到的较少的法律服务需求,使得律师在农村地区的每一个案件上的收益大大低于城市,收益总和也不能和城市相比。当然这些原因是否存在,以及存在的程度和比例,目前仅限于理论层面,只是一种可能性。它们事实上是否存在,存在的比例、程度和相互关系,还需要通过实证的经验材料进一步印证。

四、影响律师地区分布的因素:一个统计验证

(一)律师数量和经济发展的关系

根据前面的理论分析,全国律师非均衡的地区分布,很大程度上是由于经济发展程度不同导致的。即:在经济发达地区,由于经济交易量大,法律服务需

求类型多、数量大,人们对法律服务的购买能力强,因此律师服务的收益比较大,于是律师比较集中;反之,在欠发达的中西部地区,尤其是在中西部的农村地区,经济交易量小,法律服务需求的类型少、数量少,人们对法律服务的购买能力弱,因此律师服务的收益比较小,于是律师数量比较少。对于这一推断,我们可以通过统计数据进行验证。

为了进行这样的验证,我们需要建立两个指标,分别指示经济发展水平和律师数量。根据统计上的惯例,我们用人均地区生产总值表示经济发展的水平,用每10万人口拥有的律师人数表示律师数量。以此为根据,通过有关统计资料的整理,我们得出表05中的两组变量。根据这两组变量的数值,得出图08的散点图。

表05　23个省市区经济发展水平和律师数量对比

地区	2004年人均地区生产总值	每10万人律师人数		地区	2004年人均地区生产总值	每10万人律师人数	
		律师人数	时间			律师人数	时间
北京	37058	90.5	2005-8-20	上海	55307	46.8	2005-7-15
市辖区	38331	96.2	2005-8-20	市辖区	57374	48.9	2005-7-15
辽宁	16311	11.9	2005-4-30	福建	17297	10.0	2005-8-8
沈阳	35837	29.7	2005-4-30	福州	43730	72.1	2005-8-8
江苏	20761	9.3	2005-12-31	山东	16925	8.0	2004-12-31
南京	35464	32.0	2005-12-31	济南	36697	38.2	2004-12-31
浙江	23922	10.7	2004-9-16	广东	19731	14.3	2005-8-8
杭州	49055	41.5	2004-9-16	广州	63475	68.5	
河北	12916	6.8	2005-4-30	山西	9151	8.3	
石家庄	32310	58.9		太原	21136	46.6	
39个贫困县	6443	1.9		35个贫困县	3578	1.1	
内蒙古	11387	9.0	2005-7-20	吉林	10931	7.0	2005-5-9
呼和浩特	33413	54.4	2005-7-20	长春	35973	24.6	2005-5-9
31个贫困县	8938	2.0	2005-7-20	5个贫困县	6067	2.7	2005-5-9
黑龙江	13897	7.9	2005-10-25	安徽	7478	5.9	2005-8-5
哈尔滨	30534	35.6	2005-10-25	合肥	28875	66.2	
13个贫困县	4549	1.4	2005-10-25	18个贫困县	3336	2.2	
江西	8189	4.5	2005-7-27	湖北	10501	6.4	
南昌	28390	33.8	2005-7-27	武汉	24963	22.9	
20个贫困县	3315	1.1	2005-7-27	20个贫困县	4843	1.5	

（续表）

地区	2004年人均地区生产总值	每10万人律师人数		地区	2004年人均地区生产总值	每10万人律师人数	
		律师人数	时间			律师人数	时间
湖南	8401	7.4		海南	9449	9.0	
长沙	34130	84.1		海口	18519	46.3	
20个贫困县	3536	2.6		4个贫困县	5190	0.0	
四川	7525	6.4	2005-6-1	云南	6733	6.7	2005-10-18
成都	29465	62.1	2005-6-1	昆明	32718	75.7	2005-10-18
31个贫困县	3401	1.2	2005-6-1	70个贫困县	3215	1.4	2005-10-18
陕西	7799	6.9	2004-10-10	青海	8683	8.1	2005-7-29
西安	19465	28.1	2004-10-10	西宁	14700	34.1	2005-7-29
46个贫困县	4003	1.7	2004-10-10	15个贫困县	5136	2.6	2005-7-29
宁夏	7881	10.5	2005-7-7				
银川	17668	52.0	2005-7-7				
7个贫困县	3036	1.3	2005-7-7				

说明：(1) 各省会城市的范围仅及于市辖区，不包括市辖郊县；
(2) 上述表格中，2004年人均地区生产总值和每10万人口拥有律师人数两组数据的Person相关系数为0.79。

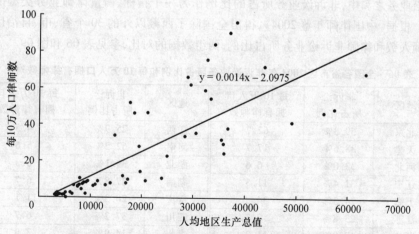

图08 表05中61个区域经济发展水平和律师数量对比

考察表05和图08发现，经济发展水平和律师数量之间存在较强的相关性。经计算，两组数据（共计61对变量）的Person相关系数达到0.79。从图08来看，各对变量对应的点集中在函数 $y = 0.0014x - 2.1027$ 附近，体现了随着经济发展水平的提高,律师数量更为集中的一种趋势或者关系。但是,无论是相关系数,还是散点图,都反映出另一方面的一个特点,就是只存在一定的程度的相关,这表明,在不同的地区之间,除了经济发展程度以外,还有其他因素减少了律师的数量。

(二) 律师数量和非诉讼法律业务比较

根据前面的理论分析,经济发展程度不同,将导致非诉讼法律业务的比例不同。即:经济越发达,非诉讼法律业务比例越高,法律服务的总量越大,律师的数量越多。由此推知,在统计上,律师的数量和非诉讼业务的比例将呈正比例的变化关系,或者说,呈正相关的关系。

为了进行这样的统计验证,需要进行一定的简化处理。在《中国律师年鉴2004》中,全国各省市区律师在2004年的下列业务被公布:法律事务咨询,代写法律事务文书,民事案件诉讼代理,经济案件诉讼代理,担任法律顾问,刑事诉讼辩护及代理,行政案件诉讼代理,非诉讼法律事务。在上述类型中,笔者将民事案件诉讼代理、经济案件诉讼代理、刑事诉讼辩护及代理和行政案件诉讼代理合称为"诉讼业务",将非诉讼法律事务简称为"非诉讼业务"。从律师收费的实际情况来看,诉讼业务和非诉讼业务是最为主要的律师业务类型。笔者将诉讼业务和非诉讼业务之和中,非诉讼业务所占的比例作为一个指标,衡量律师业务类型的变化。根据《中国律师年鉴2004》,得出全国除了西藏以外的30个省、市、自治区的律师人数和律师非诉讼业务所占比例,两组数据的对比,参见表06和图09。

表06 全国各省市区2004年非诉讼业务所占比例和每10万人口拥有律师数对比

地区	非诉讼所占比例	每10万人口拥有律师数	地区	非诉讼所占比例	每10万人口拥有律师数
北京	59.3%	62.7	江西	25.9%	4.5
天津	38.6%	17.7	河南	62.2%	5.6
河北	33.0%	6.6	湖北	39.1%	6.3
辽宁	31.4%	11.5	湖南	37.8%	6.7
上海	24.3%	34.8	重庆	20.3%	11.1
江苏	23.8%	9.3	四川	37.2%	6.7
浙江	17.8%	11.2	贵州	14.9%	3.0
福建	14.5%	9.3	云南	28.9%	6.8
山东	26.0%	8.2	陕西	17.4%	7.6
广东	57.2%	13.4	甘肃	20.0%	5.1
海南	35.0%	8.0	青海	12.9%	7.6

(续表)

地区	非诉讼所占比例	每10万人口拥有律师数	地区	非诉讼所占比例	每10万人口拥有律师数
山西	24.2%	6.8	宁夏	19.5%	9.1
吉林	41.5%	7.7	广西	18.1%	5.1
黑龙江	29.3%	8.2	内蒙古	24.8%	8.1
安徽	23.6%	5.8	新疆	22.1%	11.2

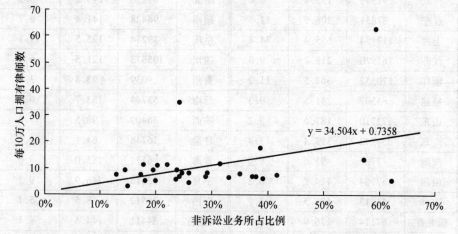

图09 各省市区2004年非诉讼业务所占比例和每10万人口拥有律师数对比

考察表06和图09发现,非诉讼业务所占比例和每10万人口拥有律师数之间,存在一定的相关性,具体地说,相关系数为0.39,属于中度相关。

(三)律师数量和律师服务需求量比较

上文理论分析部分提到,律师的收入是影响律师地域流动的直接因素,而对律师服务的需求量又是影响律师收入的重要因素,因此,律师数量和律师服务需求量之间必然具有密切的联系,而且这种联系比律师数量和非诉讼业务所占比例之间的联系更为直接、更为密切。对此,我们可以进行一个统计验证。

这里仍用每10万人口拥有律师数表示律师数量,但是对于律师业务总量,则要略作调整:由于律师业务主要是诉讼业务和非诉讼业务,故用二者的件数之和除以人口数量,表示律师业务需求数量。这里的人口数取前一年年底人口数和当年年底人口数的平均数。根据《中国律师年鉴2004》所公布的律师业务数量和《中国统计年鉴2004》、《中国统计年鉴2005》所公布的人口数,计算得出

表07和图10。

表07 全国各省市区2004年每10万人口委托业务件数和每10万人口拥有律师数对比

地区	诉讼和非诉讼业务件数	每10万人口委托业务件数	每10万人口拥有律师数	地区	诉讼和非诉讼业务件数	每10万人口委托业务件数	每10万人口拥有律师数
北京	139565	946.4	62.7	江西	47303	110.8	4.5
天津	34982	343.8	17.7	河南	314343	324.3	5.6
河北	91949	135.4	6.6	湖北	87236	145.2	6.3
辽宁	87831	208.5	11.5	湖南	94428	141.4	6.7
上海	113154	655.4	34.8	重庆	39234	125.5	11.1
江苏	161920	218.2	9.3	四川	105873	121.5	6.7
浙江	170352	362.5	11.2	贵州	9039	23.3	3.0
福建	84507	241.5	9.3	云南	58744	133.7	6.8
山东	171710	187.6	8.2	陕西	36409	98.5	7.6
广东	254742	313.4	13.4	甘肃	16748	64.1	5.1
海南	7786	95.6	8.0	青海	6171	115.0	7.6
山西	37984	114.2	6.8	宁夏	12673	216.9	9.1
吉林	41013	151.5	7.7	广西	28512	58.5	5.1
黑龙江	67114	175.9	8.2	内蒙古	34411	144.5	8.1
安徽	95753	148.8	5.8	新疆	47719	244.9	11.2

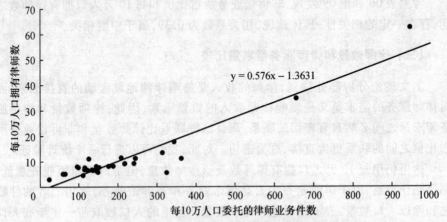

图10 全国各省市区2004年每10万人口拥有律师数和每10万人口委托的律师业务数对比

考察表07和图10发现,全国各省、市、自治区(西藏除外)2004年每10万人口委托业务件数和每10万人口拥有律师数之间,是高度相关的,相关系数达到0.94。这表明,律师业务的实际需求,是影响律师数量分布的非常重要的因素。

(四)律师服务收费标准和律师人数对比

律师服务的需求量是和律师服务的收费标准结合起来影响律师收入的,因此,律师服务的收费标准也是影响律师地域分布的又一个重要因素。根据前面的统计验证,在经济发展水平较高的地区,对律师的法律服务需求量较大。同样,从实际情况来看,在经济发展水平较高的地区律师服务的收费也比较高,两种因素的"高",共同导致经济发达地区律师的收入更高,因此导致了律师更大程度的集中。关于不同地区收费标准的差异,可以通过各地收费的标准的比较体现出来。

国家计委、司法部于1997年3月颁布了《律师服务收费管理暂行办法》(以下简称《办法》)。该《办法》规定,各类诉讼案件的代理和仲裁案件代理的收费标准,由国务院司法行政部门提出方案报国务院价格部门审批,省、自治区、直辖市人民政府价格部门可根据本地区实际情况,在国务院价格部门规定的价格幅度内确定本地区实施的收费标准,并报国务院价格部门备案,其他法律服务的收费标准实行完全的市场定价,由律师事务所与委托人协商确定。但是,该《办法》颁布后,司法部和国家计委并未接着就诉讼案件和仲裁案件代理制定收费标准,于是,湖南等省物价、司法行政部门来函,要求在国家制定的律师服务收费标准下达之前,暂由省级主管部分按照国家计委、司法部颁布的《律师服务收费管理暂行办法》制定临时收费标准。针对这种要求,国家计委、司法部于2000年4月下发了《关于暂由各地制定律师服务收费临时标准的通知》(以下简称《通知》),《通知》指出,由于各地经济发展水平和律师业的发展状况差异较大,律师服务的成本和群众的承受能力也有较大差异,目前制定全国统一的律师服务收费标准尚有一定困难,鉴于此,为规范律师服务收费行为,有利于促进律师业的健康发展,同意在国家制定的律师服务收费标准下达之前,暂由各省、自治区、直辖市物价部门会同司法行政部门按照前述的《律师服务收费管理暂行办法》所规定的政府定价项目及定价原则,制定在本地区范围内执行的律师服务收费临时标准,并报国家计委、司法部备案。《通知》下发后,各省、自治区、直辖市分别先后制定了本地的律师收费标准,于是首次出现了全国没有统一的律师收费标准的情况。[8] 2006年4月,国家发改委、司法部联合发布了《律师服务收费管理办法》(以下简称《管理办法》),2006年12月1日起执行。根据其具体内容,《管理办法》仍然维持了现行的做法,即暂由各省市区自行制定收费标准。由于省市区自行制定收费标准,因此,比较各地区的相关政策文件,可以大致排列出不同地区收费标准的高低。

限于篇幅,笔者这里收集整理了广东、山东、山西、甘肃等经济发展水平不一样的四个地区的收费标准,其内容如表08所示。比较四个地区的收费标准,以及这种标准和相应地区的律师数量、律师业务数量之间关系,我们发现:经济发展水平最高的广东地区,各类律师业务数量是最多的,律师收费标准是最高的,定价机制的市场化程度也是最高的,同时,律师的数量也是最多的;相反,经

表08 当前广东、山东、甘肃四省律师服务收费标准比较[9]

律师收费项目及经济、律师发展水平	广东	山东	山西	甘肃
2004年人均地区生产总值(元/人)	19707	16925	9150	5970
2004年每10万人执业律师数	13.4	8.2	6.8	5.1
每10万人口委托办理诉讼和非诉讼业务件数	313.4	187.6	114.2	64.1
每10万人口法律事务咨询次数	235.9	522.4	642.9	239.8
每10万人口代写法律文书件数	51.4	146.9	331.6	43.8
每10万人口聘请法律顾问数	21.5	20.3	17.1	5.8

---

[8] 2006年4月,国家发改委、司法部颁布了《律师服务收费管理办法》,取代1997年的《律师服务收费管理暂行办法》和2000年的《国家计委、司法部关于暂由各地制定律师服务收费临时标准的通知》。但是,新的办法要在2006年12月1日起才开始施行,而且施行之后,各省自行确定收费标准的制度没有改变。

[9] 各地区的收费标准分别参考的文件是:
(1) 广东省物价局、广东省司法厅《关于印发广东省律师服务收费管理实施办法(暂行)的通知》(粤价[2003]225号,2003年7月10日);
(2) 山东省物价局、山东省司法厅《关于〈山东省律师服务收费临时标准〉(试行)延期执行的通知》(鲁价费函[2006]15号,2006年2月20日);
(3) 山西省物价局、山西省司法厅《关于印发〈山西省律师服务收费临时标准〉的通知》(晋价费字[2003]176号);
(4) 甘肃省物价局、甘肃省司法厅《关于调整律师服务收费标准的通知》(甘价费[2002]220号,2002年8月8日)。

(续表)

律师收费项目及经济、律师发展水平	广东	山东	山西	甘肃
一、民事案件				
1. 不涉及财产关系的	3000—20000元	500—5000元	500—5000元	500—5000元
2. 涉及财产关系的,分段累进计算				
（1）10000元以下部分	1000—8000元	1000元	500—5000元	5%
（2）10001至50000元以下部分		4%	5%—4%	5%
（3）50001至100000元以下	6%	4%	5%—4%	4%
（4）100001至200000元部分	5%	3%	4%—3%	3%
（5）200001至500000元部分	5%	3%	4%—3%	2%
（6）500001至1000000元部分	4%	2%	3%—2%	1%
（7）1000001至5000000元部分	3%	1%	2%—1%	0.51%
（8）5000001至10000000元部分	2%	1%	2%—1%	0.51%
（9）10000001至50000000元部分	1%	0.5%	1%—0.5%	0.3%
（10）50000001元以上部分	0.5%	0.5%	1%—0.5%	0.3%
二、行政案件				
3. 不涉及财产关系的	3000—20000元	500—3000元	500—5000元	200—2000元
4. 涉及财产关系的	同民事涉财案件	同民事涉财案件	同民事涉财案件	民事涉财酌减
三、刑事案件				
5. 侦查阶段：				
（1）为犯罪嫌疑人提供法律咨询	2000—5000元	50—600元	50—500元	
（2）代理申诉和控告		300—1000元	300—1000元	
（3）申请取保候审		600元	500—1000元	
6. 审查起诉阶段	5000—15000元	500—3000元	500—3000元	
7. 一审案件	6000—30000元	1000—6000元	1000—6000元	200—5000元

(续表)

律师收费项目及经济、律师发展水平	广东	山东	山西	甘肃
8. 刑事自诉和刑事被害人代理				
（1）不涉及财产关系	同刑事辩护	1000—6000元	1000—6000元	比照同刑事辩护酌减
（2）涉及财产关系的		同涉财民事案件	同涉财民事案件	
9. 刑事附带民事案件	一审标准减半			比照民事酌减
10. 刑事二审				
（1）未办一审而办二审的	同一审案件	同一审	同一审	同一审
（2）曾办一审又办二审的	一审标准减半	一审标准减半	一审标准减半	一审标准减半
四、刑事案件以外的诉讼案件申诉				
11. 不涉及财产关系的		500—3000元	500—3000元	
12. 涉及财产关系的		同涉财民事案件	同涉财民事案件	
五、办理仲裁案件	同民事案件	同涉财民事案件		
六、办理仲裁、劳动争议仲裁案件			比照民事案件	
13. 不涉及财产的				200—2000元
14. 涉及财产的				比照民事酌减
七、担任法律顾问	协商确定	协商确定	协商确定	协商确定
15. 顾问费				
16. 办理签约内容以外的各类				
八、办理非诉讼法律事务	协商确定	协商确定	协商确定	协商确定
17. 不涉及财产关系的				
18. 涉及财产关系的				
九、法律咨询、代书				
19. 法律咨询	协商确定	协商确定	协商确定	协商确定
（1）不涉及财产关系				
（2）涉及一般财产关系				
（3）涉及商业财产关系				
20. 代书	协商确定	协商确定	协商确定	
（1）代写诉讼文书				
（2）制作法律事务文书				
十、涉外案件	协商确定	协商确定		

(续表)

律师收费项目及经济、律师发展水平	广东	山东	山西	甘肃
十一、计时收费				
（1）适用范围	全部事项			
（2）收费标准（每小时）	200—3000 元			
（3）各地可上下浮动幅度	20%			

济发展水平最低的甘肃地区，各类律师业务数量是最少的，律师收费标准是最低的，定价机制的市场化程度也很低，同时，律师的数量也是最少的。但是，这其中也有例外，就是法律咨询和代书的业务数量反而是山东最高，广东最低，但是这种例外基本上不影响我们的结论，这是因为，一是法律事务咨询在律师业务中，只具有辅助的性质，收费很低。二是根据笔者的调查，在广东地区，法律咨询的收费标准很高，达到 200—3000 元/小时，所以人们不会轻易进行法律咨询；但是在山东、山西、甘肃等市场化程度较低的地区，律师咨询收费很低，甚至——下文的个案调查部分将会提到——在山西的 H 县，法律咨询完全是免费的。因此，尽管广东地区的法律咨询数量不是最高，但是律师咨询的总收入应该是最高的。

（五）律师收入和律师数量比较

根据前面的四个方面的比较，在经济发达地区，律师业务数量大，收费标准高，我们可以将这两方面称为"双高"，正是这个"双高"现象增加了律师执业的收入，由此导致律师的集中；相反，在经济落后地区，在农村地区，律师业务数量小，收费标准低，我们可以将这两方面称为"双低"，正是这个"双低"现象减少了律师执业的收入，由此导致了律师的稀少。但是，在不同地区，律师的收入到底有多少？差距有多大？由于目前律师事务所大多数实行自收自支、独立核算，律师事务所内部的分配机制又不统一，以致律师的实际收入水平到底如何成为一个难题，这个难题也增加了律师职业和律师群体的神秘性。由于国家有关部门几乎没有公布这方面的数据，所以，本文也不能完成对这个问题的精确考察，但是可以通过零星的一些统计数据作一个大致的比较。

国家发改委副主任毕井泉于 2006 年 6 月 2 日在全国完善律师收费制度的电视电话会议上的讲话中提到："2005 年，全国已有律师事务所 1.2 万家，执业律师12万人,律师服务收费总额达到156亿元。"[10]根据这个数据,可以大致算出,在2005年,全国平均每家律师事务所的收费总额是130万元,平均每个执业律师创造的收费金额是13万元。

然而,来自北京市司法局的统计资料显示,2004年,北京地区律师行业收入超过50亿元。[11] 以北京2004年底共有729家律师事务所、共有执业律师(专职律师和兼职律师之和)9355人计算,在2004年,北京地区平均每家律师事务所的收费总额是685.9万元,平均每个执业律师实现的收费金额是53.4万元。对比起来看,以北京地区2004年的收入和全国2005年的收入相比,平均每家律师事务所的收费,北京是全国平均水平的5.3倍,平均每个执业律师创造的收费金额,北京是全国平均水平的4.1倍。

上海市律师行业协会王旭风主任称,目前上海取得执业资格的律师大约在6000名,每年创收大约16亿元,平均每人创收大约30万元。[12] 根据《中国律师年鉴2004》提供的数据,在2004年底,上海共有各类律师事务所608家,以此为根据可以算出,上海地区平均每家律师事务所的收费总额是263.2万元。以上海地区2004年的收入和全国2005年的收入相比,平均每家律师事务所的收费,上海是全国平均水平的2.0倍,平均每个执业律师创造的收费金额,上海是全国平均水平的2.3倍。

此外,深圳市律师协会公布,2005年度深圳律师行业总收入13.7亿元,纳税1.2亿元。以深圳执业律师3600人计,税前每名律师实现的收入38.1万元。[13]

比较全国、北京、上海和深圳的律师总收入和律师数量之间的关系,如图11所示,我们发现,尽管北京、上海和深圳地区每10万人口拥有的律师数量远远高于全国的平均水平,但是,律师的人均收入并没有因为律师的大规模聚集而减少,相反,律师的人均收入仍然远远高于全国的平均水平。这种差异说明了两点:一是律师的地区流动和分布体现了律师的利益最大化的理性选择;二是从市场需求的角度看,大城市、发达地区律师高度集中,但是律师并没有显得过剩,欠发达地区律师数量非常少,律师的供给也并未显得不足。关于欠发达地区律师的供给是否充足,在下面的个案调查中,将进一步进行

---

[10] 参见《关于印发国家发展改革委、司法部、中央政法委领导同志在全国完善律师收费制度电视电话会议上讲话的通知》,发改办价格[2006]1306号。

[11] 王宇、于呐洋:《北京律师过万人收入超50亿元》,载《法制日报》2005年6月15日。

[12] 韦蔡红:《上海律师薪酬调查》,载《法制日报》2005年2月6日。

[13] 赵鸿飞:《深圳律师年营业额突破13亿》,载《深圳商报》2006年7月3日。

分析。

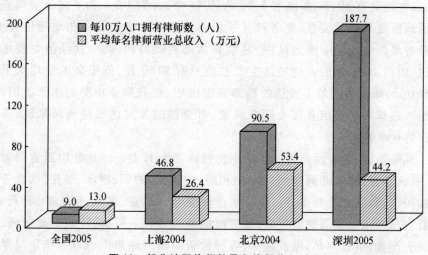

图 11 部分地区律师数量和律师收入对比

五、无需律师的社会秩序：一个贫困县的个案调查

前面通过统计数据，验证了一些理论上的推测，包括经济发展水平对律师地区分布的影响，律师收入和律师执业地区选择的关系，等等。但是，由于这种数据限于宏观层面，各种因素影响律师分布的具体途径和方式，不能准确揭示出来；此外，由于缺乏一些必要的统计数据，使得一些因素和律师分布的实际联系不能得到验证。鉴于这种不足，为了进一步解释我国律师极不平衡的地区分布，我们实地调查了一个贫困县，对其律师数量相对较少的实际原因，进行了深入的考察和分析。[14] 虽然这个贫困县只是一个个案，但是影响律师分布的因素属于同类地区的"共性"，所以，这样的一个针对个案的实证研究，可以和前面的理论分析、统计解释等互相印证，深化对我国律师非均衡分布的解释和认识。

（一）H 县简介

前面提到，全国共有 592 个贫困县（市、区），主要分布在中部和西部地

---

[14] 这次调研工作是由本文作者和胡水君博士、陈群博士三人共同完成。

区,其中中部173个,占29.2%;西部375个,占63.3%;东部沿海地区比较少,只在河北有39个,海南有5个,合计44个,占7.4%。为了保证所调查的贫困地区更具有代表性,笔者选择了山西省的一个贫困县。在地理位置上,山西省虽然划入了中部地区,但是紧靠西部的陕西和内蒙;就经济发展水平来说,山西2004年的人均地区生产总值只有9150元,低于全国平均水平的10561元,即使放到最不发达的西部省市区中,也只居于中游的水平。因此,在山西选择一个贫困县作为调查对象,对全国的欠发达农村地区来说,具有一定的代表性。

具体地说,笔者所调查的县——我们称之为H县——地处山西省吕梁山区,黄河沿岸,和陕北地区隔(黄)河相望,在家庭、婚姻、继承、居住、饮食等方面的民俗,和陕北比较接近。H县矿产资源十分丰富,煤炭、铝土矿、石灰岩、硅石、白云石、石墨等储量较多,最突出的是煤和铝。但是,H县土地贫瘠,水土流失严重,雨量不足,植被稀少,各种设备简陋的炼焦厂、铝厂、铁厂星罗棋布,环境污染十分严重。这些问题严重制约了H县的社会经济发展。

总体而言,目前H县社会经济发展的总体水平十分落后,属于国务院八七计划期间确定的贫困县之一。目前H县的地方财政十分困难。根据当地政府官员介绍,2005年的财政收入是七千多万元,但是,基本的财政开支却要一亿多,多一半的财政经费依靠中央和省级财政的支持。由于公共财政紧张,导致H县的基础设施十分落后,教育、司法、卫生等各项公共活动经费非常紧张。

H县落后的经济发展水平,通过地区之间的对比,可以更直观地显示出来。如图12所示,在2004年,H县的人均生产总值是1535元,这个数字只有山西省的1/6,全国的1/7。而和全国23个省市区的28个大城市比较起来,H县的经济发展更显落后,其人均生产总值大约只有前者的1/25。即使和其他贫困县比较起来,H县也属于比较落后的。其中,山西省的35个贫困县平均人均生产总值为3578元,是H县的2.3倍;全国23个省市区的374个贫困县平均人均生产总值为4275元,是H县的2.8倍。

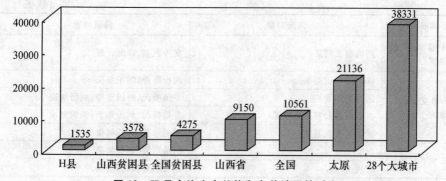

图12　H县人均生产总值和有关地区的对比

（二）调研的方法和内容

我们采取的调研方法主要以访谈为主，在访谈过程中，在有关部门复印、摘抄了一些统计资料，同时，注意对访谈的社会情境进行观察、感受和体会。我们调研的部门和访谈的对象主要如表09所示。

表09　山西省H县访谈对象和访谈内容

调研部门	访谈对象	调研内容
H县司法局	局领导张某	纠纷解决，律师工作和基层法律服务工作
	局副职领导李某（兼律师事务所主任）	纠纷解决，律师工作和基层法律服务工作
	基层科科长魏某	纠纷解决和基层法律服务工作
	法律援助中心主任（兼公证处主任）党某	法律援助工作
H县M律师事务所	律师事务所主任李某（局副职领导李某兼任，李某也是该所唯一的一名注册律师）	纠纷解决，律师工作和基层法律服务工作
H县A镇（城关镇）法律服务所	法律服务所主任胡某	纠纷状况，基层法律服务工作
H县B镇法律服务所	法律服务所主任高某	纠纷状况，基层法律服务工作
H县人民法院	副院长孟某	法院组织机构，案件数量，法院经费保障，律师代理
	立案庭庭长韩某	案件数量
	A镇人民法庭庭长白某	案件数量，审判工作，律师代理
	C镇人民法庭庭长宋某	案件数量，审判工作，律师代理
	D镇人民法庭庭长刘某	案件数量，审判工作，律师代理

(续表)

调研部门	访谈对象	调研内容
H县人民检察院	副检察长郝某	案件数量,律师代理
E乡党委、政府	综治副书记赵某	纠纷形势,纠纷解决
	副乡长田某	乡镇概况,纠纷形势,纠纷解决
	乡政府办公室主任黎某	乡镇概况,纠纷形势,纠纷解决
	派出所所长聂某	纠纷形势,纠纷解决
E乡F村	村支书方某	纠纷形势,纠纷解决
	村民10位	纠纷形势,纠纷解决
E乡G村	村长范某	纠纷形势,纠纷解决
	村民10位	纠纷形势,纠纷解决
山西省司法厅	基层处干部陈某	纠纷形势,纠纷解决,基层法律工作者制度
	律管处干部袁某	纠纷形势,纠纷解决,律师数量,律师工作
山西省律协	干部谢某	律师数量,律师工作
山西省黄河律师事务所	律师助理常某	业务数量,律师收费,律师收入
其他访谈对象	退休教师(62岁)古某	纠纷形势,纠纷解决
	小学校长马某	纠纷形势,纠纷解决

(三) H县的律师数量

根据山西省司法厅的公告,H县一共只有2名律师,其中包括:(1)1个律师事务所,其中只有1名注册的执业律师,我们实地调查发现,该律师是律师事务所的主任,同时也是县司法局的副局长;(2)1家法律援助中心,其中1名注册的法律援助律师,我们实地调查发现,该律师同时也是县公证处的主任。该县共有27万人口,折算下来,每10万人口只有0.7名律师。这个律师数量水平可以通过一组数据的对比进一步说明。

我们实地调查发现,H县还有4名"准律师":他们拥有律师资格,在前一年还是注册律师,但是为了避免上交注册费和管理费,今年没有继续注册,但是继续执业,并且对外仍以律师的名义执业。和两名注册的执业律师一样,这4名"准律师"同时也都有自己的本职工作,其中一名是县工会主席。从实际情况来看,这4名"准律师"同样发挥着律师的社会职能,因此,如果考察法律服务的供需状况,就应该把他们也视为律师。这样合计起来,H县就有6名律师,平均每10万人口2.2名。但是,这样一来,这个指标值和图中其他地区的统计口径就存在一定的差异。但是即使如此,即H县的执业律师和"准律师"加起来,也只

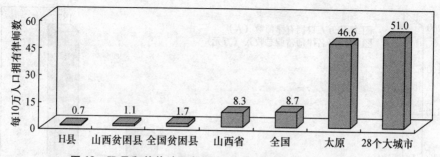

图13　H县和其他地区每10万人口拥有律师人数对比（人）

略高于全国374个贫困县的注册律师数量的平均水平,和山西省、全国的注册律师数量仍具有较大的差距,大约只有后两者的1/4;和太原市,和全国的28个省会及副省级以上城市相比,差距更大,大约只有后两者的4%。总之,无论以正式注册的执业律师计算,还是以实际从事律师业务的律师和准律师计算,H县的律师数量都非常少,这种数量之少,在一定意义上,我们可以说,H县拥有一个"无需律师的社会秩序"。

（四）H县律师数量少的原因

H县律师数量少的直接原因是律师收入太低。根据律师、同时也是司法局副局长的李某的估算,一名专职律师一年的总收入大约12000多元,扣除各种成本和花销之后,大约还有6000多元。一年6000多元是一个什么样的收入水平呢?通过两个对比可以得到说明。

首先,一名专职律师一年12000多元的营业总收入,永远低于全国的平均水平,和发达的城市地区比较起来,差距更大。如图14所示,我们以13000元算,H县律师的总收入只有全国平均水平的1/10,只有上海的1/20,深圳的1/34,北京的1/41。

其次,在本地区不同行业之间进行横向对比,6000元的净收入也是很低的。在H县,一名普通的小学教师一年的工资收入有9000元,一名科级干部月薪在1200元以上,合计一年有15000元。在公务员序列中,最低等级的办事员的月薪也有700元,合计一年有8000多元的收入。也就是说,专职律师收入低于小学教师的收入,低于最低级别的公务员的收入。

两个比较直接的因素导致律师收入很低。首先是律师业务数量少。从实际情况来看,H县律师业务主要限于两种类型,一是诉讼案件的辩护和代理,二是代写法律文书。虽然也有简单的法律咨询,但是这种业务一般是免费的。代

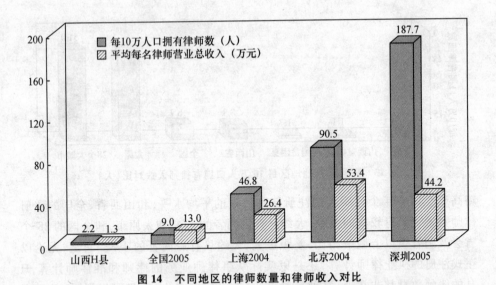

图 14 不同地区的律师数量和律师收入对比

书和代理都和诉讼有关,因为所谓的法律文书,一般仅限于起诉状。H县法院每年的诉讼案件非常少,使得这种以诉讼案件为基础的律师业务数量非常少。根据法院副院长孟某提供的资料,H县法院 2005 年一共办理了 123 件民事案件,1 件行政案件,102 件刑事案件。根据法院的几位法官、副检察长郝某以及律师、基层法律工作者的回忆和估算,在 2005 年的律师业务情况如下:(1)对于 123 个民事案件,其中大约 75% 的原告请了代理人,25% 的被告请了代理人,合计平均 50% 的当事人请了代理人,也就是说,2005 年共有 123 件民事代理业务,扣除 10 件法律援助案件,30 件基层法律工作者代理的案件,还有 83 件是律师代理的。(2)H县 2005 年共有 102 件刑事案件,其中委托律师辩护的有 50 多件,扣除法律援助 15 件后,还有 40 件案件委托了辩护律师。也就是说,每年只有 123 件民事和刑事案件代理或辩护业务,以 5 名律师(1 名注册律师、4 名准律师)计算,平均每人每年诉讼案件业务量大约有 25 件。(3)由于刑事自诉案件比较少,代书主要限于民事起诉状。根据办案法官的回忆,100% 的民事案件的起诉状都是委托律师或者基层法律服务工作者代书的。在 123 件案件中,扣除 75% 的律师代理案件后,尚有 31 件,这 31 件是可以收取的一定费用的。但是这 31 件只有一部分是委托律师代书的,另一部分由基层法律服务工作者完成。

H县律师数量少这一点可以通过不同地区的对比得到说明。在表 08 中,列出了广东、山东、山西和甘肃四省每 10 万人口委托的诉讼和非诉讼业务件数,分别为313.4件、187.6件、114.2件和64.1件,而同样的指标在H县仅有45.6件,远远低于四个省中任何一个省的平均数。在其他业务方面,H县律师担任法律顾问的数量是零,咨询是免费的,27万人口只有31件代书业务,同样显著地低于四个省中任何一个省的平均数。

其次是律师业务收费标准低。在H县,律师收费完全是个人行为,基本上不履行什么财务手续,也没有什么限制性的标准。但是,由于市场机制的作用,在市场上自发地形成了一个收费"行情"。这个"行情"是:律师代理诉讼案件收费500元,代书30—50元;基层法律服务工作者代理案件每件收费200—400元,代书30—50元;法律咨询一般免费。需要说明的是,这个"行情"并不能保证每次都能兑现。有时候,面对的是熟悉的亲友,或者亲友的亲友,收费的事无从启齿;有时候,当事人宁可花销同样的费用甚至更多的费用请吃一顿饭,替代支付律师费用;有时候用作律师费的,不是现金,而是一条烟或者一瓶酒。

对比表08中四个省关于律师收费标准的规定,H县律师的收费是非常低的,不仅比发达地区的广东、山东地区低,而且也比山西、甘肃规定的标准低很多。比如和山西省的标准对比,在民事案件中,省标准规定是500—3000元/件,如果涉及财产,还有累进计费,但是H县律师收费是一律500元/件;在刑事案件中,省标准规定一审案件1000—6000元/件,但是H县仅按500元/件收取,只有省标准下限的一半;对于代书和咨询,省标准规定由委托人和代理人协商确定,我们实地调查发现,太原市律师事务所的代书一般是500元/件,咨询大约是200元/小时,但是在H县,代书的行情是50元/件,咨询则通常是免费的。

根据平均每个律师的业务量以及收费的"行情",可以计算出律师的收入状况。在2005年,每名律师平均共计代理诉讼案件25件,收费12500元,假定31件代书全部由律师完成,每件收费50元,每名律师在代书业务中可收入310元,合计每名律师每年的总收入12810元,和司法局副局长李某的估计比较接近。

总之,H县律师的收入是非常低的,由此导致了两方面的结果,一是H县的律师非常少,因为市场中的"蛋糕"总量太小了;二是没有专职律师,或者没有以律师职业为主要收入来源的律师,所有的律师,也包括的所有的法律服务人员,他们都是公职人员,都拥有自己确定的一份工资收入,然后从事律师业务,法律服务收入在其总收入中,仅仅是补充性的。

(五)H县律师数量少的原因分析

根据前述,H县律师数量少的原因在于律师的收入低,而收入低的原因有在于两个方面:律师业务少和收费标准低。这里对这两个原因作出进一步的解释和分析。

1. 为何律师业务少?

律师业务少的一个原因,是法律援助和基层法律服务工作者分流了一部分诉讼业务,但是,这不是主要的原因。因为首先,这部分分流的案件数量并不大,前者只有33件,后者只有30件,合计只有63件,即使不分流,这一部分也由律师代理,其收益总额也只有3万多元,平均分到5名律师那里,每名律师的收益也只有18910元,和全国的13万元平均数相比,仍有极大的悬殊;而和北京、深圳等城市相比,则差距更大。其次,法律援助是免费的,基层法律服务则只收300元一件,即使没有法律援助和基层法律服务,由于价格的原因,这部分业务也并不当然就能成为律师的业务。

进一步考察发现,律师业务数量少的深层原因主要有两个方面:

首先,法律服务的类型少,仅限于诉讼领域。在H县,人们请求法律服务的类型非常少,仅限于民事行政诉讼案件代理、刑事辩护、代写法律文书(代书)和法律事务咨询等几种类型。而且,其中的代书和咨询通常限于诉讼有关的事务。总之,律师事务仅限于诉讼案件。除此之外,诉讼案件的申诉、担任法律顾问、非诉讼法律事务等律师业务则完全没有。而在全国,非诉讼业务和诉讼业务的比例是0.6∶1;在北京、广东等律师业务较多的地区,这个比例更高,分别达到1.5和1.3,换言之,非诉讼业务的数量超过了诉讼业务。

H县之所以没有非诉讼法律业务,原因主要在于两个方面。一方面,很大程度上,非诉讼业务存在于经济交易活动之中,比如成立公司、发行证券、使用专利、对外投资等等,然而,H县的经济非常不发达,人均地区生产总值远远低于山西和全国的平均水平,在全国的贫困县中,也是比较低的,经济交易的数量少,涉及金额小,因此,非诉讼法律业务的需求也非常少。另一方面,H县在很大程度上是一个熟人社会,法律在社会生活中的作用非常有限,无论是在公权活动领域,还是在社会生活中,关系网络而不是法律发挥着更为重要的作用。比如说,一位被访者描述了她的家人所经历的一起交通事故责任认定和损害赔偿案件,在这起案件中,她的熟人关系——她的妹夫是教育局长,教育局长和公安局长关系很好——起到了至关重要的作用。在绝大多数情况下,认识人和送礼是解决问题的关键,法律服务反而无关宏旨。

其次,在诉讼案件中,人们寻求律师服务的比例较高,但是,由于诉讼案件本身非常少,使得律师业务的数量也非常少。在2005年,H县全年仅受理了民事案件123件,刑事案件102件,行政案件1件,合计226件。扣除人口因素影

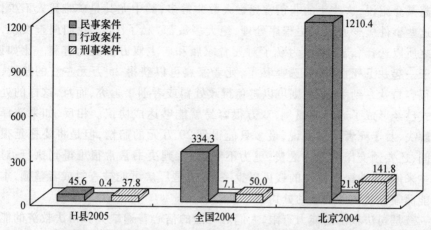

图 15　不同地区范围内的每 10 万人口诉讼案件数量比较(件)

响后,H 县的民事诉讼率只有全国的 13.6%,只有北京的 3.8%;行政诉讼率只有全国的 5.6%,北京的 1.8%;刑事诉讼率相差小一些,分别是北京的 75.6% 和全国的 26.7%。

那么,是什么原因导致 H 县的诉讼案件,尤其是民事案件和行政案件如此之少呢?归结起来,原因主要四个方面。

一是纠纷少。民事诉讼是纠纷发展和演化的一个结果,在其他因素保持不变的情况下,纠纷的数量越少,诉讼也就越少。H 县民事诉讼率低的一个原因,要归结于社会中的纠纷比较少,而之所以纠纷比较少,原因在于三个方面:(1)社会的经济活动总量比较小,导致经济纠纷比较少。(2)复杂的社会关系网络,能够抑制一些侵害的发生,或者在侵害发生后,能够抑制其演化为纠纷。比如在 F 村,有两个铁厂,噪声和烟尘的污染非常严重,但是对于一部分村民来说,他们自己又是铁厂的工人,需要依靠工厂挣钱;对于另一部分村民来说,铁厂可能是购买他的煤炭或者石料的主顾。总之,由于各种各样的互惠关系,权衡利弊后,一般都不愿意对铁厂的污染问题提出异议。又如,在被访谈者中,一些在本村的或者附近的工厂上班,我们问他们工厂是不是存在欠薪的问题,他们说一般不会,因为雇佣之前,相互都是了解的,知道谁有信用,谁没有,工厂也不想破坏自己的信誉,一般也不拖欠工资。也有欠薪的,但是由于雇佣方和工人方相互都认识,一般也能相互体谅。(3)在农村地区,年轻人普遍外出打工,村里留下的,主要是老人和小孩,这也在一定程度上减少了纠纷发生的几率。

二是在非正常死亡事件中,私了现象非常普遍。E 乡分管综合治理的副书记赵某介绍说，这些年的非正常死亡人数非常多，其中尤其是矿难死人不少，但是这些事件极少通过司法程序处理，绝大多数都"私了"了。我们调查发现，人们之所以选择私了，是因为私了对死者家属和矿主双方都更为有利。比如说，对于一起井下死亡，如果选择私了，死者家属可以获得25万元左右的赔偿，而且很容易就拿到手，矿主则可以避免行政处罚或者刑事追究，而且，这样的处理方式已经形成了通行的惯例，双方很容易就能够达成协议。相反，如果选择司法解决，对于死者家属来说，最多只能得到20万元的赔偿，但是将要拖延很长时间，还要预交昂贵的诉讼费，更为不利的是，判决书常常很难得到执行；对于矿主来说，虽然民事赔偿的钱可以少一些，但是厂矿可能被查封或者整顿，本人可能面临行政或者刑事的处罚。

三是司法救济的能力有限，人们对司法的信心普遍缺失。司法救济的能力的局限主要体现在两个方面。一方面是一些案件法院无能力解决。比如，根据B镇法律服务所主任高某的介绍，在B镇，由于修建铁路征地，当地农民和政府之间产生了激烈的冲突，但是人们不选择诉讼，而是转而选择上访，因为这些冲突涉及复杂的社会关系，当地的党政部门也牵涉其中，即使提起诉讼，法院要么不受理，要么受理了也解决不了。另一方面是执行难，即使法院作出了判决，能否执行还是一个未知数，这在一定程度削弱了人们对司法救济的信心。比如法院副院长孟某介绍说，当地存在大量乡政府拖欠工程款的问题，这些问题起诉判决之后，根本就无法执行。

四是诉讼的经济成本太高，成为人们回避诉讼的重要原因。根据法院副院长孟某的介绍，在H县法院，诉讼的正式收费比最高人民法院1989年规定的标准还要高一点。根据案件受理登记册上的记载，离婚案件的收费在400—1000元之间，其中50元以案件受理费的名义收取，另外的350—950元以"其他应当缴纳的费用"的名义收取。根据1989年7月最高人民法院颁发的《人民法院诉讼收费办法》，"其他应当缴纳的费用"包括勘验费、鉴定费、公告费、翻译费，复制庭审记录或者法律文书费，由于当事人不正当的诉讼行为所支出的费用等方面，以实际支出为准。显然，H县法院的一个普通民事案件并不需要实际支出这样的费用。其他案件的收费则更高。在访谈中，一个被访谈者回忆说，一个请求赔偿的6万元的交通事故案件需要交4000元，这还是"看在老同学的面子上给便宜点"，而按照《人民法院诉讼收费办法》计算，最多只需要2310元。另一位被访谈者王某则回忆说，他的堂哥在耐火材料厂当股东，人家欠他五六千块钱，起诉就花了一两千，而按照《人民法院诉讼收费办法》计算，则最多只需要300元。而且，这只是正式缴纳的费用，通常一个案件，要拖上半年时间，在这其中还需要宴请和送礼,加上在诉讼过程的其他开支,比如律师费用、交通费等等,使得诉讼成本既高昂,又难以控制和预测。

高昂的诉讼费用和另外两个因素结合起来,加剧了当事人的诉讼成本。一个因素是诉讼费用预缴制度,另一个因素是法院裁判的执行难。村民王某说,他的堂哥的那件欠款诉讼,标的只有五六千块钱,起诉就花了一两千,但是至今也没有要回来一分钱,这等于原来权利没有得到救济,又平添了新的损失。

当然,H县法院之所以收取较高的诉讼费,也是事出有因。根据副院长孟某的介绍,法院的经费很难保障,"除了工资,县里面这些经费几乎没有"。这种经费紧缺是普遍性的,并非仅限于法院。我们调查了解到,司法局目前一年的全部办公经费也只有8000元。在县城,由于缺乏资金,路灯不能开,环境卫生不能正常打扫。为了克服这种经费紧缺,法院部门通过诉讼收费来解决自己的经费问题。但是,这种方式受到了两个方面的局限,一是经济案件少,标的非常小,很难像发达地区那样通过经济案件获得收入;而是实行收支两条线后,案件受理费直接上交财政,只留下30%给法院支配。为了克服这两个限制,法院提高了民事案件的收费,而且,不以案件受理费的名义收取,而是以实际支出的"其他应当缴纳的费用"名义收取,而这笔费用是实际支出的,不需要上交财政。比如,在一个收费1000元的离婚案件中,案件受理费只有50元,"其他应当缴纳的费用"占950元,这样一来,留给法院的费用就有965元。H县共有四个人民法庭,其中三个设在县城以外的乡镇,一个设在县城,就在法院院部的办公楼中。以这样的方式,其中一个设在乡镇的人民法庭一年能够办理大约30个案件,收取2万元左右的费用,这些费用用于法庭的各项基本开支,包括水、电、冬天的锅炉费、雇临时工看门。但是,另外的两个设在乡镇的人民法庭连这个收入也不能保证,于是他们就只是把电话留在乡镇,法官呆在法院院部,在院部受理和审判。院长说:"下去维持不住,下去要开灶。"

但是,由于贫困落后,县财政的困难和普通百姓的贫穷是相伴随的,法院提高诉讼费用后,在很大程度上堵塞了人们司法救济的渠道,人们不是万不得已,不会选择诉讼方式,人们宁可"忍受"自己所遭到的权利侵害。以至于在访谈中,村民谭某说:"法院跟本不敢[去],一去就得交钱,他那地方是有理无钱不进来。"村民秦某说:"打官司,起诉开支大,还得贿赂法官,这些纠纷就麻烦了,所以一般不起纠纷。"村民孙某说:"不打[官司],要打还得先贴上钱,打了也赢不了多少,有钱的你惹不起,有权的更不敢惹,所以没人打官司。"

2. 为何收费低?

根据我们的调查,多方面的原因导致律师收费低。其中最主要的原因,是地区经济发展落后。由于经济发展落后,导致诉讼案件多是传统性的民事案件,经济案件非常少,即使有,涉案标的也非常小,人们不可能为此支付很大的一笔律师费用。此外,也由于经济发展落后,民众普遍比较贫穷,支付能力非常有限,在主要是为了争"是非"的民事案件中,不可能支付较大的律师费用来购买耶林所谓的"法感情"。

无论是在现实生活中,还是在人们的观念中,诉讼的胜负主要决定权在法院,而在不律师,所以,人们不愿意将成本投在收效有限的律师身上,这是导致律师收费低的另一个原因。司法局的干部透露,法官也总是在不同的场合向当事人暗示:案子是由我来判,你干嘛把好处送到律师那里去?实际上情况也是这样的,一件简单的民事案件,法院的收费和律师的收费相当;但是稍微复杂一些的案件,或者涉案财产争议额上万的案件,则法院的收费一般要高于律师的收费,这和发达地区相比,刚好相反。当然,之所以出现这样的情况,归根到底也是经济发展水平在起作用,正是因为经济发展落后,法院没有足够的财政经费保障,于是将诉讼活动商业化,和律师进行收费竞争。由于案件的裁判权在法院,所以这种竞争的结果是不言而喻的。

律师收费低的第三个原因和熟人社会的文化观念与行为方式有关。H县在很大程度上还是一个熟人社会,不论是什么事情,人们都比较习惯于找熟人帮忙,这在法律服务方面也有所体现。当人们面临法律事务时,不仅要在公权机关中托关系走后门,找律师也是一样,总是希望通过熟人引见找到律师。由于地方不大,人口流动较小,律师和自己的当事人常常是亲友关系,或者亲友的亲友,等等,这种关系使得许多法律服务具有帮忙的性质,尤其是像代书、咨询一类的事务,很难按照正规化的委托代理形式收取费用。当然,忙是不能白帮的,但是和发达的商品社会不同,人们并不总是用货币购买法律服务,而是习惯于在其他方面反过来帮你一次,或者比较隆重地宴请你一次,作为感谢。"如果他直接付钱给你,他会觉得很没有面子,但是如果你为他做事之后,他只是请你吃饭,尽管有时这个花销还要大一些,他也会觉得很有面子。"律师事务所主任李某这样描述人们的观念。当然,这一特点是和发达的、陌生人组成的城市社会相对而言的,说的是一种程度,一种现象,并不总是收不上来钱。

六、原因总结和制度检讨

（一）原因总结

根据上文的理论分析、统计验证和个案调查，导致律师向大城市和东部地区集中、导致欠发达农村地区成为"无需律师的社会秩序"的直接原因，是律师的收入的悬殊差异，在法律服务的市场机制的作用下，律师们理性地选择了向城市地区、发达地区集中。而导致欠发达农村地区律师收入低的原因，则可以总结为如下三个方面：

首先，经济发展水平落后是导致欠发达农村地区律师收入低的主要原因。经济状况通过四个方面的作用降低了欠发达农村地区律师的收入：一是经济发展落后导致纠纷的类型少，从而使得法律服务需求的类型少、数量小，非诉讼业务接近于零；二是在诉讼案件中，经济纠纷案件少，而且涉案财产标的小，当事人不愿意在法律服务方面投入大量成本；三是经济发展落后导致人们在法律服务方面支付能力和支付意愿减弱；四是经济发展落后导致法院的经费紧张，于是较大比例的诉讼成本被转嫁给当事人，影响了诉讼的积极性，从而进一步减少了律师的业务数量。

其次，司法权的弱势地位、执法的困难等减弱了法律在社会生活中的作用，从而也减少了法律服务的需求。根据个案调查中发现的情况，有许多案件，法院的判决难以执行，判决书成为"白条"；而另一些案件，比如比较复杂但是并不少见的征地拆迁纠纷、承包纠纷等，法院根本就没有能力处理。这些情形降低了人们对法律、对司法的信心，更相信权势、关系的作用，转而采取上访、拉关系走后门等措施，没有条件的当事人则采取隐忍的策略，从而也减少了对律师的需求。

最后，熟人社会的一些文化观念和行为方式，减少了法律服务的需求或者减少了律师的收入。这其中的一个特点是，熟人社会中流行着大量的惯例、习俗，它们的内容常常和法律不一致，但却是当事人之间在长期的生活中所形成的博弈均衡，当事人很容易以此为依据形成个案中合谋从而规避法律，使得法律对社会生活的规范无用武之地，法律服务因此也成为多余的职业。熟人社会的另外一个特点是，复杂的、人格化的关系网络比较发达，对于生活中的纷争，通过非正式的方法，这种网络能够在一定程度上起到化解作用，从而减少了正式的法律方法的运用机会。熟人社会的再一个特点是，社会中盛行互助的方式,而不是市场交易的方式解决个人的需求和困难,这使得律师在一些业务中,或者对于具有特定关系的当事人,难以做到有偿服务。

本文的实证考察也表明,目前流行的一些观点并不能有效解释欠发达农村地区律师稀少的现象。首先,欠发达农村地区律师稀少并非因为律师的总量不足。这是因为,最近几年来,律师的数量持续增长,但是欠发达地区的律师数量并没有增加,新增的律师基本上都被吸收到大城市和发达地区去了。即使大城市地区律师过剩,律师们也不会分流到落后的农村地区去执业,过剩的律师宁可在大城市做律师助手,或者仅仅持有律师资格但不注册执业。而在农村地区,人们考取律师资格后,他们或者坚守原来的公、检、法职业,或者到外地去执业,或者在本地仅仅兼职作一些律师业务,而不会在本地专职从事律师业务。总之,从律师需求的角度看,尽管律师数量很少,成为"无需律师的社会秩序",但是,从市场需求的角度看,律师数量却是饱和的。

其次,实证考察发现,基层法律服务工作者虽然在一定程度上分流了农村地区的法律业务,减少了农村地区的律师需求,但是,这并不是导致欠发达农村地区律师稀少的主要因素。从全国来看,目前尚缺乏充分的经验材料进行推断。但是从制度上说,基层法律服务工作者不仅分流农村地区的法律业务,同样也分流城市地区的法律业务,所以在逻辑上,基层法律服务工作者不是影响律师非均衡分布的主要因素。而从H县的实际情况来看,这一点则是确定的。H县不仅律师的业务数量少,而且基层法律服务工作者的业务量更少,后者大约只有前者的1/4,即使没有基层法律服务工作者的业务分流,律师收入低和律师数量少的情形也不会有根本上的改观。

(二)制度检讨

本文开篇之初提到,律师的发展既是法制化的结果,又是检验法制程度的一个标尺,而法制化的发展,又是加强人权保护、建立统一的市场经济的重要力量,因此,在本文揭示的现象中,一个需要反思和检讨的显著地方是,农村地区,尤其是贫困落后的中西部农村地区,律师数量如此之少,其制度和政策根源是什么?

根据本文的实证分析,欠发达农村地区律师数量少的部分原因,也是主要原因,在于经济发展水平落后,从这个角度说,律师的"不需要"是社会发展特定阶段的一种情形,不能将律师数量少说成一种问题,至多只能说是反映了社会经济文化不发达的状态。但是,欠发达农村地区律师数量少的部分原因却在制度方面,因为我们在制度上的一些缺陷,降低了法律在社会生活中的作用,减少了人们对法律服务的需求,从而也就减少了律师的数量。从这个角度来说,欠发达农村地区律师数量少,反映了我们在制度上的若干缺陷和困境。

首先,这反映了我国法院经费保障机制存在缺陷。根据现行的财政体制,审判工作属于地方的事权,根据事权和财权相统一的原则,法院的经费由同级地方财政保障。在我国目前的司法体制中,这个制度体现了司法地方化的一个方面。这种制度目前受到各界的普遍批评,但是人们的批评主要集中在其对司法独立的危害上,认为这种地方化和司法人事制度方面的地方化结合起来,使得法院在地方政权中处以极度的弱势地位,从而危害了司法的独立和公正。当然,这种危害是存在的,但是同时,还存在另外的一个危害,这就是本文的实证分析所得出的结论:在经济落后的地区,地方财政不能有效保障法院的办公经费,于是法院将额外的诉讼成本转嫁到当事人头上,加重了当事人的诉讼负担,从而程度不同地削弱了当事人寻求司法救济的积极性。换句话说,就是堵塞了司法救济的渠道。而司法救济渠道不畅的危害是毋庸置疑的:直接的危害是受害人的权利得不到救济;间接的危害是,法律得不到尊重实施,法律规定中的经济、政治、文化理念得不到实现,社会的经济、政治和文化生活不能形成理想的法治秩序状态。

其次,这反映了司法权的弱势和执法难等问题。这两种情形削弱了人们对司法和法律的信心,一方面是减少了对法律服务的需求,另一方面却是从另一个角度堵塞了司法救济的渠道,产生了和提高诉讼成本一样的危害后果。

最后,这反映的是法律和地方的观念、习俗之间存在一定程度的冲突,这种冲突导致了当事人合谋规避法律的现象普遍存在,这在一方面是减少了法律的适用和律师的需求,另一方面是制约了法的实现。比如,当前普遍存在矿难事故"私了"的做法就是这方面的典型反映。当然,我不是主张修改法律的内容来迁就地方的观念和习俗,而只是指出存在这样的现象,并认为这种现象是不可欲的,希望有关方面能够重视这样的现象,并加强研究和讨论。

困境及其超越：
当代中国法学研究中的法律人类学

尤陈俊*

> 法学与人类学要进行对话，所需要的并不是一种"半人半马"（centaur）的学科（如航行的葡萄酒制酿或葡萄酒制酿的航行），而是对彼此的更深层次的更为精准的认识。
>
> ——克利福德·吉尔兹**

一、引　言

大约从20世纪90年代中期开始，中国法学研究的整体状况发生了微妙的

---

* 本文初稿曾提交至"法律和社会科学第二届研讨会——法学与人类学的对话"（北京大学中国社会与发展研究中心、北京大学法学院、《中国社会科学》编辑部、中国农业大学人文与社会发展学院社会学系主办，2006年5月20—21日），在得到王铭铭、张冠梓、朱晓阳、王好立、赵旭东、成凡、王启梁、张永和等师友的批评、评论或鼓励后作了较大修改，尤其是在与侯猛、陈柏峰的多次深谈中更是获益良多，谨致谢忱，当然，文责自负。

** 〔美〕克利福德·吉尔兹：《地方性知识：事实与法律的比较透视》，邓正来译，载梁治平编：《法律的文化解释》，生活·读书·新知三联书店1994年版，第76页。

改变,其中最为重要的变化也许要属其他学科(尤其是社会科学)的知识日益入侵到原先自足的法学领域,以至于出现苏力所称的法学研究中的"社科学派"。这一派学者的共同特点在于"他们更多借鉴其他社会科学或人文科学的理论资源和研究方法"[1]。一时间,社会学、经济学、心理学等各种法学的外部学科知识纷至沓来,被法学研究者通过各种各样的途径与方式引入到法学研究之中。一项针对中国期刊网全文数据库1994—2002年间收录的法学论文进行检索统计的结果表明,选定检索的20种学派名称之中,"法律社会学"、"法律经济学"这些名称在此期间产出的法学论文中被使用的次数高居前列。[2]

法学外部知识在法学领域中攻城略地,固然打破了法学原先那种故步自封、画地为牢的自足性,但更应该看到的是,除了产出一些法学与其他外部学科知识较好结合而形成的成果外,挂羊头、卖狗肉者亦不少见,大量表面上号称属于交叉学科研究的论著,一旦我们仔细予以追究,就会发现其中很大一部分只是跟风式地引入一些时髦的学术词语充当唬人的点缀,仅仅只是"语词而已",社会科学亦因此沦落为法学的包装工具。正如最近一份研究所表明的,近年来,"博弈论"虽然在当代法学中的使用次数呈几何级数的增长,也几乎涵盖了法学的各个部门,但对其的误用、滥用甚至根本就是假用,已经到了令人吃惊的地步。[3] 事实上,用"博弈论"来包装法学仅仅只是其中的一个例子而已,其他许多所谓引入交叉学科知识的法学研究成果,也存在着类似的问题。人类学知识被引入法学研究后形成的"法(律)人类学",在某种程度上同样是在所难免,而这正是这篇评论所要针对的问题。

二、初步的检索结果及分析

本文的研究,从对"中国期刊网全文数据库"收录的相关法学文献的检索开始。[4] 需要说明的是,中国法学界产出的学术论文,除了发表于众多期刊之外,还有数量颇为可观的一部分发表在"以书代刊"之类的出版物上,其中也包

---

[1] 苏力:《也许正在发生》,载苏力:《也许正在发生:转型中国的法学》,法律出版社2004年版,第12—13页。

[2] 成凡:《是不是正在发生?外部学科知识对当代中国法学的影响,一个经验调查》,载《中外法学》2004年第5期。

[3] 成凡:《社会科学"包装"法学》,载《北大法律评论》第7卷第1辑,北京大学出版社2006年版,第94—95页。

[4] 最后检索时间均为2007年2月27日晚,下不赘述。

括一些颇为出色的法律人类学主题论文,但本文暂不考察这一部分。之所以这样做的原因,部分是在于技术操作上的困难,另一方面则是考虑到,到目前为止,中国大多数的高校与科研机构在学术考核标准及奖励机制上,往往以期刊论文为主,这必然会在很大程度上引导相关的学术成果向期刊聚集,因此,期刊论文大致能够反映某一特定学科的研究状况,虽不中亦不远矣。也部分基于上述的两个原因,本文仅在眼力所及的范围内附带考察相关的专著。此外,本文的检索统计可能面临的一个批评是,一部分应该归入法律人类学主题的论文,只是因为没有在标题或关键词中出现法(律)人类学的字眼而被遗漏,例如关于少数民族习惯法的一些研究,以及对"法律多元"等法律人类学核心问题的讨论。这的确是一种遗憾,但在目前的技术条件下却无法避免。

以"法律人类学"分别作为主题、篇名与关键词,在"中国期刊网全文数据库"总目录下的"政治军事与法律"专辑中,选取"法理、法史"、"宪法"、"行政法及地方法制"、"民商法"、"刑法"、"经济法"、"诉讼法与司法制度"与"国际法"八大类别进行精确匹配检索,可以发现在 1990—2006 年间产出的法学论文中[5],以"法律人类学"作为论文主题的共计 28 篇,而以此作为论文篇名与关键词的分别为 14 篇和 22 篇。

考虑到除了使用"法律人类学"这一名称外,中国的法学研究者还有可能称之为"法人类学",所以我也分别以"法人类学"作为主题、篇名与关键词进行了检索,得到的结果是,在 1990—2006 年间,"中国期刊网全文数据库"上述八大类别收录的论文中,以"法人类学"为主题的有 29 篇,以此为论文篇名与关键词的则分别为 11 篇和 20 篇。

上述两种检索方式分别所得的结果有所差异,例如分别以"法律人类学"与"法人类学"检索所得的论文篇名就甚少相同。在进行检对汇总之后,结果表明在 1990—2006 年间,上述八大类别法学论文中篇名包含"法律人类学"或"法人类学"字样的论文实数为 30 篇(详见表六)。

除了以主题/篇名/关键词分别进行检索外,我还使用了全文检索,得到的结果为 1990—2006 年间,使用到"法律人类学"和"法人类学"这些名称的论文分别有 142 篇和 196 篇。不过与同一时期的"法律社会学"、"法律经济学"名称被使用的次数相比,如表三所示,"法(律)人类学"的名称在法学论文中被使用

---

[5] 需要提醒读者注意的是,被"中国期刊网全文数据库"归入这八大类别的所有文章,如果做严格限定的话,其实有很多都称不上是严格意义上的法学论文,但鉴于逐篇甄别在技术上存在的困难,所以我只好暂且将这些论文全部称作"法学论文"。

的次数明显要少得多。

此外,检索"人类学"一词在法学论文中出现的次数,也可以从某种程度上看出人类学对法学的影响(至少在语词意义上如此),全文检索结果发现,1990—2006年间"中国期刊网全文数据库"收录的法学文章中,提到"人类学"的有1781篇,与此构成对比的则是,使用到"社会学"一词的则为10291篇(详见表四)。

从某种意义上说,人类学的看家本领在于"民族志"方法,故而考察"民族志"一词在法学论文中被使用的次数,可以从一个角度反映出法学界对人类学方法是否熟悉(至少在语词意义如此)。而"民族志"方法主要包括"深度访谈"与"参与式观察",所以我也进一步检索了这两个词语的被使用次数。为了能够有所对比,我还全文检索了同一时期产出的法学论文中使用到"人类学方法"这一概括性名称的论文数(详见表五)。

统计结果已经显示,相对于"法律社会学"或"社会学"这些词语而言,包括"法律人类学"、"法人类学"、"人类学"在内的相关语词,在同一时期的法学论文中出现的次数要少得多。[6] 在某种意义上,这可以被看做是人类学对法学的影响尚无法与社会学相比的一个证据,这也许是因为法律人类学开始在中国法学界"扎根",也不过是最近几年的事情(参见附表中的各项统计数据)。但关键性的问题并不在此,真正重要的是要去考察那些使用到"法律人类学"、"法人类学"、"人类学"等词语——无论是作为篇名、关键词,还是在文中仅予提及而已——的法学论文是以何种方式予以运用。如果说出现的次数可以作为衡量影响力的一个"量"的考察因素,那么以何种方式予以实际运用则是更为重要的"质"的衡量标准。

对1990—2006年产出的30篇篇名中包含"法(律)人类学"字样的法学论文进行初步阅读,可以发现其中绝大部分都是偏重于在理论层面上涉及人类学,其中最多的是对"法(律)人类学"的历史源流、研究方法及借鉴、研究综述的梳理性介绍,且重复颇多,真正利用人类学最为注重的田野调查材料展开分析的却是为数甚少;如果将考察范围稍稍扩大,可以发现类似的情形在以"法(律)人类学"为主题的诸多法学论文中更为突出。而"法律人类学的构成核

---

〔6〕 这也许和"社会学"一词在中国法学界早已被广泛接受,而相比之下,"法律人类学"、"法人类学"、"人类学"这些词语在法学界的普及程度还不是很高,尚未为人们周知有关。甚至稍微有些偏激地讲,"法律社会学"或"社会学"这些词语被如此频繁地使用,和那些喜欢运用词汇装饰门面的论文作者使用上的驾轻就熟有很大关系。

心,首先是以法律多元的认知为基础的民族志研究,然后是以民族志为基础的比较研究"[7]。由此可见,当代中国法学研究对人类学知识的引入,在很大程度上,还仅仅只是停留在对其学科历史、方法论进行初步梳理(甚至是重复进行)的初级阶段,而并未真正触及这门学科的一些核心内容,尤其是缺乏对"民族志"研究方法的实际运用。[8]

古斯塔夫·拉德布鲁赫(Gustav Radbruch)曾经讲过:"某些科学如果必须忙于从事探讨自己的方法论,就是带病的科学。"[9]这种说法也许有些苛刻,但是如果联系到当代中国法学研究"引入"人类学知识后形成的所谓"法(律)人类学",在很大程度上还仅仅只是停留于学科历史梳理、方法论简单阐述的所谓理论层面,那么将之视为一门"带病的科学"未必就毫无道理。需要说明的是,这绝不意味着我轻视上述研究路数的学术意义,相反,我觉得诸如对法律人类学学科问题进行出色梳理的高质量论文[10],在今天的中国法学界不是过剩,而恰恰是太为稀缺;我在这里所强调的,乃是作为一个发展良好的学科,在整体趋向之下必须有一定的学术分工,不应在某些"新鲜"的问题上囤积大量甚至是低质量的重复劳动。这是因为,一旦随着学科历史梳理、方法论简单阐述之类的初级知识点被逐渐耗尽,如果没有进一步的扎实研究作为支撑,这个领域以后许多所谓的研究就很可能沦为重复劳动。仅仅是"新鲜感"并不足以支撑一门发展良好的学科。

这正是二十多年前,Macaulay用"新大陆"的发现比喻美国的法和行为科学——其中恰好包括用人类学来研究法和社会及人们之间的互动关系——的发展困境时发出的感慨。他指出,当时此类研究面临的最大问题在于所谓的"新大陆"现象:当新大陆刚被发现的时候,人们会对它有十分强烈的新鲜感;而当人们继续沿着哥伦布的老路从欧洲向西方航行的时候,就不会对"新大陆"本身有更多新的发现。[11]

---

〔7〕 高丙中、章邵增:《以法律多元为基础的民族志研究》,载《中国社会科学》2005年第5期。

〔8〕 这一点,可以从"深度访谈"、"参与式观察"这些专门术语与"人类学方法"这一宽泛用法各自被使用到的次数差别中窥见一斑,尽管语词无法代表一切。

〔9〕 转引自〔德〕K.茨威格特、H.克茨:《比较法总论》,潘汉典等译,法律出版社2003年版,第44页。

〔10〕 比如赵旭东:《秩序、过程与文化——西方法律人类学的发展及其问题》,载《环球法律评论》2005年第5期。

〔11〕 Stewart Macaulay, "Law and Behavioral Sciences: Is There Any There There", 6 Law & Policy (1984), no.2, pp.156—157. 转引自贺欣:《转型中国背景下的法律与社会科学研究》,载《北大法律评论》第7卷第1辑,北京大学出版社2006年版,第22页。

对于中国法学界来说，类似的现象同样存在。当诸如法律人类学之类的交叉学科研究风格开始成为法学界的"新大陆"时，相关的词语在法学论文中的运用也在逐渐增多。在1990—2006年间，"人类学"一词总计出现在此一时期产出的1781篇法学论文之中，尤其是进入21世纪之后，其使用次数更是有了明显的增长，尽管相较于"社会学"一词的被使用次数而言要低得多（见表四）。问题是，这种乍看起来的初步繁荣背后，也许更多的只是基于新鲜感的驱使，其中隐藏着令人忧虑的诸多问题。在1781篇使用到"人类学"一词的论文中，大量的法学论文仅仅只是提到"人类学"一词而已，"人类学"一词仅仅只在文章中出现一次的比比皆是，甚至于在根本无关的内容中硬是塞入"人类学"一词装点门面的也不乏其例，让人感觉其中大有借用学术词语假装高深来吓唬外行的嫌疑。

正因为如此，当代中国法学研究中所谓的"法（律）人类学"，在某种程度上可能是一场虚张声势的语词游戏，法学对人类学知识的引入，还仅仅只是触及皮毛，远没有达到利用其精髓的地步。

三、法学研究中的制度性制约因素

仅仅指出问题远远不够，更重要的在于分析造成这种状况的原因。就法学研究中这种极不成功地引入人类学知识的状况而言，客观地讲，并不仅仅只是由于某些学者自身的无意识，最主要的还是在于法学中的一些制度性制约因素的影响所致。

首当其冲的原因在于，当代中国法学——尤其是理论法学——研究的方法。如果一定要依据理论法学与应用法学的划分，那么法（律）人类学在目前大致是被归入理论法学的范畴[12]，尽管这个归类很容易遭到质疑。一个众所周知的事实是，当代中国的理论法学几乎是彻底的"理论"法学，往往只是在一大堆概念之中构筑精致的理论体系，以至于某些理论法学研究者的研究工作被讽刺为"大白天拉上窗帘、开着台灯猛抽烟造理论"[13]。在这之中，欧陆法学（尤其是德国法学）那种追求概念精致的做法对当代中国理论法学界的影响尤其深

---

[12] 在中国法学院的学科体制之中，诸如法律社会学、法律人类学之类的交叉学科往往被归入法理学的旗下，而法理学则被纳入基础法学的范畴，往往被视为理论法学。

[13] 周旺生：《中国法理学的若干迷点》，http://www.legal-history.net/articleshow.asp?c_class=5&id=2304&c_page=1，最后访问于2006年5月14日。

远,中国绝大多数的理论法学研究者早已习惯于直接从理论切入去分析问题。在他们那里,理论的逻辑一览无遗,而现实的逻辑却常常被深弃地底。一个例子是,今天很多所谓的法律社会学研究,仍然只是紧紧(或仅仅)缠绕于对抽象理论的分析。问题也恰恰出现在这里。在马林诺斯基(Bronislaw Malinowski)之后,作为人类学核心方法的"民族志"研究方法所追求的,是在叙述——甚至是事无巨细的"琐碎"描述——中展示理论,用吉尔兹的话来说,"典型的人类学方法,是通过极其广泛地了解鸡毛蒜皮的小事,来着手进行这种广泛的阐释和比较抽象的分析"[14],而不是在概念丛林中左突右冲以求开创宏大叙事。易言之,民族志的研究往往立足于经验,更为注重现象而非理论。而这正好与当代中国理论法学的上述风格针锋相对。在当代中国理论法学之中,包括法(律)人类学在内的那种理应以直面社会现实为特点的学科,也许在以后很长一段时间内都无法摆脱边缘化的困境;当代中国法学对人类学知识的引入,如果现有的法学研究风格不发生明显改变,将注定要在很长一段时间之内停留在对概念、理论体系进行似是而非式借用的阶段,尽管这种借用并非完全无益。[15]

  第二个影响因素是创作法律人类学作品的投入与产出的效益。按照人类学约定俗成的规矩,一般至少需要在某一地方呆上半年以上,才有可能写出像样的民族志作品。[16] 即便只是半年的时间,对于习惯了民族志写作的人类学学者来说也许并不算长,但对法学出身的学者而言,却几乎是一段漫漫无期的艰难岁月。在法学成为显学的今天,越来越多的法学研究者已经适应了那种"躲进小楼成一统"、在研究成果上比快比多的浮躁局面,以至于号称著作等身者比比皆是。在这种情况下,又有多少法学研究者会花上半年乃至更多的时间,跑到一个陌生的地方真正借鉴人类学的方法进行田野工作?更何况还涉及从事田野工作需要不少研究经费的现实问题。也正因为如此,即便是号称借鉴人类学知识,当代中国法学的研究者也很可能仅仅只是在理论上借用一下人类学的某些概念/术语,"新"瓶装旧酒,至多不过是纸上谈兵地探讨一下法律人类学的学科历史、研究方法等初级问题,甚至于拼凑出"法律人类文化学"之类的

---

〔14〕〔美〕克利福德·吉尔兹:《文化的解释》,纳日碧力戈译,上海人民出版社1999年版,第24页。
〔15〕这种借用至少在一定程度上扩展了法学学者的视野,让其逐渐注意到诸如"法律多元"之类的法律人类学核心概念,有时还顺便在文章中提及。就其原有的知识体系而言,这将是一种微妙的刺激,很可能会引起程度不等的调适与扩张。
〔16〕一些所谓的反思人类学作品也许是例外,其作者中也有在某地待上较短时间后就回来写作的,但也正是因为这一点,他们受到了极其严厉的批评。

怪异名词,而一般不大可能会效仿人类学者那样步入现实之中去身体力行。[17]

上面两个因素,虽然有制度性一面的特点存在,但因为与学者个人的学术自觉密切相关,所以还有希望通过个人的努力予以克服(事实上,据我所知,已经有个别的法学学者在逐渐付诸实践),而下面的一个制约性因素,却并不是单个人的能力所能抗拒。这就是当代中国法学主流期刊发表论文的筛选机制。稍稍浏览一下表六中所收的 30 篇文章,就可以发现它们绝大部分都不是发表在主流的法学期刊之上。法学类的 21 种核心期刊中[18],在这里只能够找到《法律科学》、《比较法研究》、《现代法学》、《环球法律评论》四种,更多的则是大学学报之类的期刊。可以说,涉及法律人类学的作品,基本上还没有进入主流的法学期刊之中。这也许可以被看做是法律人类学目前在法学中尚影响甚微的一个表现。需要注意的是,我绝非有意根据法学期刊"核心/非核心"的区分进行抬高或贬低,事实上,对于今天个别所谓的"法学核心期刊",我甚至觉得根本就没有达到应有的学术水准,名不副实;我只是想指出,在这个问题上,我基本上赞同苏力的看法,"法学学者一般不大愿意首先在这类综合性社科杂志发表论文,……这类杂志往往是他们的次佳选择","法学界的读者一般也较少甚至很少涉猎这类综合性社科期刊"[19]。在我看来,法律人类学主题的论文目前很难在主流的法学期刊上占据位置,与主流的法学期刊还不习惯于接受像"民族志"那样在叙事中暗藏理论问题的表述方式密切相关,因此即便是偶尔刊登此方面的文章,也仅仅只是挑选那些编辑们认为理论色彩浓厚的文章而已。[20]众所周知,主流法学期刊对法学研究者的写作主题、风格乃至于研究领域的选择,都有着非常明显的影响。在这种"学术生态"下,中国的法学研究者即便尝

---

[17] 有学者在"法律人类学"之外,还试图在理论上区分出所谓的"法律人类文化学",参见王威:《法律社会学:学科辨析与理论源流》,群众出版社 2004 年版,第 63—83 页;在很大程度上仅仅是借用语词而已的一个典型例子,则是《宪法人类学:基于民族、种族、文化集团的理论建构及实证分析》(陈云生著,北京大学出版社 2005 年版),该书的实质内容其实还是民族区域自治之类的旧有理论体系。

[18] 2004 年认定的 21 种法学类核心期刊为:(1)《中国法学》;(2)《法学研究》;(3)《法学》;(4)《法学评论》;(5)《中外法学》;(6)《现代法学》;(7)《法商研究》;(8)《法律科学》;(9)《法学家》;(10)《政法论坛》;(11)《人民检察》;(12)《河北法学》;(13)《法制与社会发展》;(14)《政治与法律》;(15)《环球法律评论》;(16)《比较法研究》;(17)《法学杂志》;(18)《当代法学》;(19)《人民司法》;(20)《法律适用》;(21)《法学论坛》。

[19] 参见苏力:《法学论文的产出》,载苏力:《也许正在发生:转型中国的法学》,法律出版社 2004 年版,第 91—92 页。

[20] 我曾经不只一次地听到一些学友抱怨说,为什么法律史学者可以在论文中大段地引用史料,而一旦在法律人类学论文中加入较长篇幅的"琐碎"描述,则往往被法学编辑视为多此一举,乃至有赚稿费的嫌疑。

试撰写法律人类学方面的文章,一般也不会像人类学学者那样运用"民族志"的写作手法,最多只是从理论层面上探讨一些所谓的"法律人类学"问题而已。在目前的情况下,这也许是一种迫不得已的应对策略。

因此,当代中国法学对人类学知识的这种不成功的引入(某种意义上的"消化不良"),正是当代中国法学的诸多因素交织在一起造就的产物,并不仅仅是学者个人的问题。

四、法学家贡献理论,人类学家提供个案?

法律人类学的深入研究,并不能仅仅依靠某一学科的单独努力,更需要法学与人类学两大学科深度对话的真正展开。而这一点,正是目前中国大陆学界所欠缺的,尤其是法学研究者,亟需主动加强与人类学界的交流与合作。所幸的是,中国大陆学界已经在此方面有所起步,2006年5月在北京大学召开的"法律和社会科学第二届研讨会——法学与人类学的对话"就是一个初步的尝试。[21] 另一个例子则是,近年来,法律人类学的课程在部分条件具备的高校开始设置。据我所知,北京大学社会学系、中国政法大学社会学院、云南大学法学院都曾经或正在开设此类课程,其中个别的高校甚至已开设多年,并已开始招收法律人类学方向的硕、博士研究生。[22]

以北京大学为例。北京大学的法律人类学课程设置在社会学系。早在数年前,当时尚任教于北京大学社会学系(社会学人类学所)、现任教于中国农业大学人文与发展学院社会学系的赵旭东(人类学博士)就已经开设此课,他调出北京大学之后,课程曾一度因为乏人主持而中断过,最近由朱晓阳(人类学博士)担纲。2006—2007学年的第二学期,由朱晓阳和侯猛(法学博士)共同主持面向研究生的"法律人类学"选修课程。[23] 在某种程度上,这可以被看做是课

---

[21] 关于此次会议的综述,参见侯猛:《学科对话何以可能——"法学与人类学对话"研讨会综述》,载《光明日报》2006年7月10日。

[22] 在云南大学法学院,"法律人类学"课程最早是由张晓辉教授在宪法与行政法学专业中开设(这一专业之下有一方向是民族法学),大概是从1999年开始,同时在民族学专业博士点民族法学方向开设。现在的课程设置情况是:王启梁博士在法学理论、民族法学专业法学硕士生中开设此课程,这两个专业中有一方向是法律人类学;张晓辉教授在民族法学专业博士生中开设此课程,这一专业有一方向是法律人类学。另外,云南大学法学院2006级的本科教学计划中已经增列了专业选修课程"法律人类学"18课时。感谢王启梁博士提供相关信息。

[23] 参见 http://flhshkx.fyfz.cn/blog/flhshkx/,最后访问于2007年3月6日。此外,朱晓阳还在北京大学社会学系开设了面向本科生的"法律人类学"课程。

程主持者之一侯猛早先建议的落实,他曾经在一篇文章中写道:"由北京大学社会学人类学研究所与北京大学法学院联合双方的师资力量设置法律人类学专业作为试点,设置职位、展开项目和人才培养的合作是值得探索的。"[24] 而北京大学社会学人类学所的另一位人类学老师高丙中教授也正开始着手规划与北京大学法学院苏力教授联合培养法律人类学学生的计划。[25]

但另一方面,即便是上述可喜的进展中也存在着一些不容忽略的问题。"法律和社会科学第二届研讨会——法学与人类学的对话"尽管迈出了两个学科对话的第一步,但事实上,包括我自己在内的很多与会者都感觉到有些"各说各话",并没有围绕某些主题形成深入交锋;而为数不多的几所大学开设的法律人类学课程,目前多数是在社会学系(院)设置,对法学院的学生其实是影响有限,并且由于师资的关系,其教学内容也自然偏向于人类学取向的法律人类学。而对于我们法律人来说,基于自身的比较优势,问题的关键也许还在于如何发展法学取向的法律人类学。

在法律人类学的研究传统中,曾经有"法学家派"与"非法学家派"的区分,前者主张用西方的法学观念来解释初民法律,后者则主张予以放弃,应从土著的文化背景去了解他们的法律行为;与之相对应的,也就有了法律人类学(legal anthropology)和法律的人类学(anthropology of law)的细致区分。[26] 今天西方的法律人类学研究已经很少再有普遍主义的比较研究和对规范或法律制度的普遍基础的理论概括[27],20世纪50年代以来,法律人类学迅速发展的一个标志就在于"法律人类学者逐渐抛开法理学式的寻找规则的研究模式,转向了对实际的审判和政治事件发生过程的描述"[28]。即便如此,我们也应该注意,这种转变是直到功能论的人类学观点对法律研究产生影响后才开始达致的,在此之前,法律人类学的先驱性研究——包括巴霍芬的《母权制》、梅因的《古代法》、摩尔根的《古代社会》——都是在西方法理学的框架内展开讨论,并且葛拉克曼(M. Gluckmann)以降的法律民族志在很大程度上仍是秉承这一传统。尽管目前大多数的法律人类学家都倾向于从在地的文化脉络中理解法律的本土意义,

---

[24] 侯猛:《当代中国法学理论学科的知识变迁》,载《法商研究》2006年第5期。
[25] 感谢侯猛博士提供相关信息。
[26] 参见林端:《法律人类学简介》,载林端:《儒家伦理与法律文化:社会学观点的探索》,中国政法大学出版社2002年版,第21页。
[27] Mundy & Martha, "Introduction", in Mundy & Martha, ed., *Law and Anthropology*, Ashgate Publishing Company, 2002, p. xviii.
[28] 参见赵旭东:《秩序、过程与文化——西方法律人类学的发展及其问题》,载《环球法律评论》2005年第5期。

而不赞同用西方法理学的普适概念来切割本土的法律问题,但这并不意味着"法学家派"的法律人类学学者对这一学科贡献甚微,相反,"法学家派"与"非法学家派"的学者之间的不同学术倾向完全可以互补,卢埃林(K. N. Llewellyn)与霍贝尔(E. A. Hoebel)对夏安人的合作研究就是一个成功的例子。卢埃林"虽然只在夏安人中做了10天的田野工作,不过该研究的基本理论和案例研究的方法都来自于他。霍贝尔则是一个经验丰富的田野工作者,整个研究的民族志材料基本上都是由他收集的"[29]。从某种意义上讲,这场被誉为现实主义法学与功能主义人类学的胜利会师的学术合作,似乎给人这么一个印象,那就是:法学家贡献理论,人类学家提供个案。

这样的一个概括必定会遭到很多人的质疑。事实上,如果将之理解为是在绝对地强调研究取径的截然两分,我自己也同样反对;我所要指出的是,基于彼此的比较优势,学术分工在所难免,法学院的法律人类学研究必须有所侧重,而完全不必跟随人类学家的传统路数亦步亦趋。从这个意义上讲,法学对人类学知识的引入,必然会对后者进行某种程度的改造,从而使得法学院的法律人类学研究带有更多法学特点。这原本无可厚非,但问题是,如果中国法学院的法律人类学研究长时间停留在上述那种学科历史梳理、方法论简单阐述的初级阶段,则不免是一个致命的缺陷。"如果你们的专业是法律,那么就有一条平坦的道路通向人类学"[30],面对霍姆斯大法官当年这番慷慨激昂的说辞,法律人定会感到欣欣鼓舞,但也往往容易在对个中含义的误读中消磨斗志!我们必须正视的事实是,法学与人类学之间的隔阂绝不可能自动消失,通向人类学的道路注定将是柳暗花明。就中国法学研究中的法律人类学而言,要想打破目前的这种尴尬局面,并非易事。在目前的法学研究格局中,真正借鉴人类学的田野调查方法也许是困难重重,但至少理论层面上,当代中国的法学研究者可以通过加强互动交流的方式,真正从人类学那边汲取理论营养,而不至于在自我想象中运/误用,甚至只是在初级阶段重复语词层面的文字游戏。在这一点上,来自我国台湾学界的例子值得我们借鉴。

在台湾学界,真正从事法律人类学研究的屈指可数,与大陆的情况类似,其

---

[29] K. N. Llewellyn & E. A. Hoebel, *The Cheyenne Way: Conflict and Case Law in Primitive Jurisprudence*, Norman: University of Oklahoma Press, 1941, 转引自高丙中、章邵增:《以法律多元为基础的民族志研究》, 载《中国社会科学》2005年第5期。

[30] [美]霍姆斯:《法律这门职业——1886年2月17日给哈佛大学本科生演讲的结语部分》, 陈绪纲译, http://law-thinker.com/show.asp?id=949, 最后访问于2007年4月6日。

中绝大部分的研究者也是来自社会学、人类学学界[31],至于法学出身的,则是寥寥无几。但这并不意味着台湾学界的法律人类学研究就乏善可陈,相反,集结台湾地区人类学、法学、社会学、历史学诸学科的年轻学人组成的"法律、文化与社会经典研读会"就是一个值得我们学习的例子。

"法律、文化与社会经典研读会"自 2004 年创立迄今,已然两年有余,现由台湾清华大学人类学研究所助理教授顾坤惠博士主持,暨南大学人类学研究所助理教授容邵武参与共同主持,其成员两年来虽然有所变化,但核心成员却并无很大变动,主要有顾坤惠、邱澎生、林秀幸、郭佩宜、容邵武等人(详见表七)。"法律、文化与社会经典研读会"的成立宗旨与总体规划如下:

> 本计划结合人类学、社会学、哲学、历史学以及法律理论的研究者,以跨校、跨学科、跨文化观点的组合,试图透过相关经典的研读,对法律、文化与社会之间的关系,有进一步的理解与探讨。在这个研究领域中有许多重要著作,涵括面向很广,因此我们预计这是个三年期的计划:第一年研读共同的经典,从早期 Sir Henry Maine 的 Ancient Law 到 Tönnies 的 Community and Society,以及法律社会学的祖师 Durkheim 的 The Division of Labor in Society 以及搜罗他在相关课题之著作的 Durkheim and the Law,到 Weber 有关法的讨论的文集 Max Weber on Law in Economy and Society。第二年我们希望研读 20 世纪中,对这个课题的探讨产生重大转折性影响的重要著作,包含 Malinowski、Hoebel、Sally Falk Moore、Clifford Geertz、Laura Nader 等人的作品。第三年则希望针对比较特定的议题,挑选代表性著作研读。透过不同学科研究者的经验与观点,期能相互截长补短,对这个议题能有更多元的讨论。本计划希望透过法律、文化与社会的代表性经典著作的研读,以了解法律在文化、社会领域展现的多重意义。[32]

值得注意的是,"法律、文化与社会经典研读会"进行研读的,除了法律与社会文化领域的共同经典(第一年度)外,第二年度的研读计划针对的全部是法律人类学的作品。[33] 管见所及,"法律、文化与社会经典研读会"的成员们尽管目前并没有产出很多法律人类学的研究成果,但相信在人类学、法学、社会学、哲

---

[31] 就我所知,我国台湾学界公开发表过法律人类学研究成果的有台湾大学社会学系林端教授、暨南大学人类学研究所助理教授容邵武博士等人。

[32] 参见 http://www.hss.nthu.edu.tw/~khku/law/2005/main.htm,最后访问于 2006 年 5 月 14 日。

[33] 第二年度的会议记录,参见 http://www.hss.nthu.edu.tw/~khku/law/minutes.htm,最后访问于 2006 年 5 月 14 日。我于 2005 年 4—6 月在台湾研修期间曾参加过其中的一次会议。

学、历史学不同学科学者思想的多年碰撞下,精耕细作,厚积薄发,不久必会贡献出诸多颇具分量的作品。

"学科互涉研究通常需要合作研究模式"[34],"法律、文化与社会经典研读会"对大陆学界的一个启示也正在于此。对于中国法学院的法律人类学研究来说,目前最为急需的也许是基于自身的比较优势,在扩展与人类学界的交流的同时,深入阅读法律人类学的经典作品,真正开展理论上的补课,进而试图在自己的实证研究中尝试实质性的运用。这是因为,就整体而言,法律人类学作为一门学科在知识传统上更为偏向人类学,她的理论与方法更多的是来自人类学而非法学。"我的目的……仅仅在于显示你们*的工作对我们**的工作有重大的贡献和影响,你们的工作出色将会为我们的工作提供新的研究思路和方法,会对法学研究有重大帮助。"[35]从这个意义上讲,苏力在一次研讨会上的这番表述就未必全是溢美之词。

需要指出的是,对人类学理论进行补课的强调,并不意味着法学院的法律人类学研究注定在法律民族志方面无甚作为,事实上,法律人同样能够完成出色的法律民族志作品,只不过他们未必一定要依循人类学家的传统足迹穿梭于部落或乡村。不要忘记,顿康·肯尼迪、罗伯特·戈尔登等从事批判法学研究的美国学者和律师,就曾经"以民族志的描述方式分析过法律教育、法律行业的口头和书面话语以及法律程序的社会效果"[36]。中国现在的法律人类学研究在总体上存在的一个问题在于,它被有意无意地缩小为对少数民族习惯法的研究。[37]我并不

---

[34] 〔美〕朱丽·汤普森·克莱恩:《跨越边界——知识·学科·学科互涉》,姜智芹译,南京大学出版社 2005 年版,第 257 页。

* 指人类学家。——引者注

** 指法学研究者。——引者注

[35] 苏力:《文化多元与法律多元:人类学研究对法学研究的启发》,载周星、王铭铭主编:《社会文化人类学讲演集》(下册),天津人民出版社 1997 年版,第 574 页。

[36] 〔美〕马尔库斯、费彻尔:《作为文化批评的人类学——一个人文学科的实验时代》,王铭铭、蓝达居译,生活·读书·新知三联书店 1998 年版,第 213 页。

[37] 最近的一篇论文也坦承了此一事实,其中写道:"国内法人类学者多集中于少数民族习惯法研究,研究成果自然表现为少数民族习惯法汇编、民族志以及相关的少数民族法律法规等。"参见吴大华:《论法人类学的起源与发展》,载《广西民族大学学报》(哲学社会科学版)2006 年第 6 期。在另一位学者看来,这样一种主动"边缘化"的研究,其缺陷在于没有完全摆脱民族法学的研究范式,也未能明确这种研究所要达到的目标,没有完整体现用人类学研究法律的特色,参见文永辉:《法律的民族志写作与文化批评——论中国的法律人类学研究》,载《广西民族研究》2006 年第 3 期。应该说,这种现况在很大程度上和研究人员的分布有关,因为在目前为数不多的法律人类学研究者中,来自云南大学、西南政法大学等高校的西南地区学者占了相当大的比例,由于有着独特而丰富的民族资源的缘故,这些地方素有从事少数民族研究的传统。

是要质疑此一研究取向的价值,绍特(R. Schott)在很多年前就曾满怀激情地高呼,"法律人类学不只是纯学术的领域,它更应对少数民族的处境作贡献,尤其是那些权利遭到威胁的许多民族!"[38]我只是要强调,从今天的学术发展趋势来看,少数民族的法律人类学研究已远非法律人类学研究的最主要部分。正如Sally Falk Moore 在几年前所指出的那样,当今法律人类学的研究领域在不断地扩展,诸如国际条约、跨国贸易的法律支持、人权领域、犹太人的离散与迁移、难民与囚犯之类的问题都已成为新兴的研究领域,而这些问题此前很难为旧式的人类学范畴所涵盖。[39] 与这种趋势相呼应的是,对于中国法律人来说,他/她们完全可以在法院、法庭、司法所、法律服务所这些以往的中国人类学家不太注意的场域完成另一种田野工作;对"新田野"的开拓,将使得中国法律人在法律人类学研究中作出自己可能的独特贡献。

从根本上讲,法律人类学的生命在于通过"个案"的研究获致深刻的理论追求,对人类学知识传统的学习,最终都将落实到个案研究之上,阅读经典并非最终的目的。法学院的法律人类学研究同样无法例外,尤其是在中国社会急剧转型的今天,直面现实的个案研究显得尤其重要。在这个意义上,鉴于到目前为止,中国法学院的法律人类学研究者中很多都未受过人类学的系统训练,往往是半路出家,他/她们亟需在不同程度上补上"学院"—"田野"—"学院"三段式的人类学家"成丁礼"[40],尤其是其中的田野实践。而在这一点上,"民族志"研究方法至为关键,因为正是"它将先前主要由业余学者或其他人员在非西方社会中进行的资料搜集活动,以及由从事学术理论研究的专业人类学者在摇椅上进行的理论建构和分析活动,结合成一个整体化的学术与职业实践"[41]。理论与实践于"民族志"研究方法水乳交融,正如吉尔兹所说的那样,"我们的目的是从细小但编织得非常缜密的事实中推出大结论;通过把那些概括文化对于建构集体生活的作用的泛论贯彻到与复杂的具体细节的相结合中,来支持这些立论广泛的观点"[42]。

---

[38] 转引自林端:《法律人类学简介》,载林端:《儒家伦理与法律文化:社会学观点的探索》,中国政法大学出版社 2002 年版,第 43 页。
[39] Sally Falk Moore, "Certainties Undone: Fifty Turbulent Years of Legal Anthropology, 1949—1999", in Sally Falk Moore, ed., *Law and Anthropology: A Reader*, Malden: Blackwell, 2005, p.346.
[40] 关于人类学家"成丁礼"的介绍,请参见王铭铭:《人类学是什么》,北京大学出版社 2002 年版,第 190—193 页。
[41] 〔美〕马尔库斯、费彻尔:《作为文化批评的人类学——一个人文学科的实验时代》,王铭铭、蓝达居译,生活·读书·新知三联书店 1998 年版,第 39 页。
[42] 〔美〕克利福德·吉尔兹:《文化的解释》,纳日碧力戈译,上海人民出版社 1999 年版,第 31 页。

五、结语:迈向法学院的法律人类学

就法律人类学这门学科在中国的研究现状而言,一个不得不承认的事实是,迄今为止,绝大部分的出色研究成果是由来自人类学界的研究者作出,法学研究者对此其实是贡献甚微。[43] 当代中国法学对人类学知识的引进,如同前述所说的那样,虽然并不成功,但毕竟跨出了第一步。尽管存在着各种各样的制约性因素,但如果法学研究者能够像吉尔兹多年前倡导的那样,与人类学等相关学科学者多多开展深度的学术对话,则目前的这种困境未必就无法打破。即便是最顽固的法学主流期刊选择刊发文章的倾向,也同样可以通过扩大法律人类学的学术影响力、进而改变期刊编辑的学科偏见的方式而求得改观。[44]

就提升中国法学院的法律人类学研究水平而言,除了研究者在自身智识上的不断努力外,也许同样重要的一点还在于,他/她要学会适应此类研究在法学院中被相对边缘化带来的寂寞与压力。事实上,即便是在美国那样的国度,包括法律人类学在内的法律和社会科学研究在法学院中也只是处于相对边缘的位置,经验研究甚至被认为在绝大多数法学学者的研究中"微不足道",更不用说成为主流。[45] 就中国法学界的目前情况来说,那种被边缘化的感觉甚至还会来得更为强烈,尽管这一看法可能过于悲观。

所有的这一切,都亟待有忧患意识的法学研究者的努力,前途未卜,但希望尚存。

---

[43] 晚近几本法律人类学研究的代表性专著,多是出自人类学者之手,包括但不限于:赵旭东:《权力与公正——乡土社会的纠纷解决与权威多元》,天津古籍出版社2003年版;朱晓阳:《罪过与惩罚:小村故事:1931—1997》,天津古籍出版社2003年版;杨方泉:《塘村纠纷——一个南方村落的土地、宗族与社会》,中国社会科学出版社2006年版。来自法学界的作品则主要有苏力的《送法下乡:中国基层司法制度研究》(中国政法大学出版社2000年版)和傅郁林主编的《农村基层法律服务研究》(中国政法大学出版社2006年版),但严格地说,即便是法学界这些为数甚少的作品,也大致只是初步完成"阐释实践中的法律境域化的状况"(朱晓阳语)这一法律人类学的任务之一,而"促进法律的建造更进一步场域化(整体论化)"也许才是中国的法律人类学更应该承担的使命。

[44] 一个并不直接但与此相关的例子是《法律和社会科学》在2006年创刊。这份同人刊物旨在"推动法学的经验研究和实证研究,推动法学与其他诸多社会科学的交叉学科研究,以及推动以中国问题为中心的研究",而法律人类学的研究成果正是其收录刊登的重点内容之一,仅第一卷就推出了数篇此一主题的论文,在学界引起不小反响,参见苏力主编:《法律和社会科学》(第一卷),法律出版社2006年版。

[45] 参见贺欣:《转型中国背景下的法律与社会科学研究》,载《北大法律评论》第7卷第1辑,北京大学出版社2006年版,第22页。

附录：

表一　"中国期刊网全文数据库"以"法律人类学"为主题/篇名/关键词的法学论文数（1990—2006）

年份	1990	1991	1992	1993	1994	1995	1996	1997	1998	1999	2000	2001	2002	2003	2004	2005	2006	总计
主题	0	1	0	0	1	0	0	0	0	1	1	2	0	2	3	6	11	28
篇名	0	1	0	0	0	0	0	0	0	0	0	1	0	1	2	3	6	14
关键词	0	0	0	0	1	0	0	0	0	1	0	0	0	1	2	6	11	22
论文实数	0	1	0	0	1	0	0	0	0	1	1	2	0	2	3	6	11	28

* 本表系选择"中国期刊网全文数据库"的"精确"匹配检索，表二、表三、表四、表五均同。

表二　"中国期刊网全文数据库"以"法人类学"为主题/篇名/关键词的法学论文数（1990—2006）

年份	1990	1991	1992	1993	1994	1995	1996	1997	1998	1999	2000	2001	2002	2003	2004	2005	2006	总计
主题	0	1	0	1	0	0	0	0	0	0	3	1	3	2	5	5	8	29
篇名	0	1	0	0	0	0	0	0	0	0	0	1	0	2	1	2	4	11
关键词	0	1	0	1	0	0	0	0	0	0	3	1	0	1	2	5	6	20
论文实数	0	1	0	1	0	0	0	0	0	0	3	1	3	2	5	5	8	29

表三　使用"法律社会学/法律经济学/法律人类学/法人类学"等词语的法学论文数（1990—2006）

	1990—1992	1993—1995	1996—1998	1999—2001	2002—2004	2005—2006	总计篇数
法律社会学	42	78	106	256	538	561	1581
法律经济学	4	37	94	206	490	598	1429
法律人类学	2	7	8	20	40	65	142
法人类学	5	14	8	39	49	81	196

表四　使用"人类学"、"社会学"等词语的法学论文数（1990—2006）

	1990—1992	1993—1995	1996—1998	1999—2001	2002—2004	2005—2006	总计篇数
"人类学"	51	71	112	295	552	700	1781
"社会学"	233	423	707	1570	3317	4041	10291

表五 使用"民族志/深度访谈/参与式观察/人类学方法"等词语的法学论文数（1990—2006）

	1990—1992	1993—1995	1996—1998	1999—2001	2002—2004	2005—2006	总计篇数
"民族志"	0	4	2	17	29	51	103
"深度访谈"	0	1	0	1	2	9	13
"参与式观察"	0	0	0	0	2	0	2
"人类学方法"	0	4	4	4	16	18	46

表六 篇名中包含有"法律人类学/法人类学"一词的法学论文目录

序号	论文篇名	作者	作者单位	发表期刊
1	通向文化之路——从历史法学派到法律人类学	么志龙	华夏出版社	《比较法研究》1991/02
2	霍贝尔的法人类学	严存生	西北政法学院	《法律科学》（西北政法学院学报）1991/04
3	法史学和法人类学——《远野传说》的历史背景和习俗	森毅	岩手大学人文社会科学部	《贵州民族学院学报》（哲学社会科学版）2000/S2
4	习惯法不是"法"吗？——从人类学和社会学的立场审视习惯法	王鑫	云南大学法学院	《云南大学学报》（法学版）2000/03
5	习俗、权威与纠纷解决的场域——河北一村落的法律人类学考察	赵旭东	北京大学社会学人类学研究所	《社会学研究》2001/02
6	乡土社会纠纷解决中的个人理性、社群意志和国家观念——对一纠纷个案的法人类学分析	王鑫	云南大学法学院	《云南大学学报》（法学版）2001/04
7	法律人类学研究述评	杨方泉	中山大学法学院	《学术研究》2003/02
8	法人类学的理论、方法及其流变	张冠梓	中国社会科学院青年人文社会科学研究中心	《国外社会科学》2003/05
9	婚俗的阐释性分析——一个回族村的法人类学观察	马平	云南大学法学院	《贵州民族学院学报》（哲学社会科学版）2003/01
10	"开除村籍"所体现的实用理性——金平县哈尼族习惯法的法律人类学思考	欧剑菲	云南大学法学院	《贵州民族学院学报》（哲学社会科学版）2004/01

(续表)

序号	论文篇名	作者	作者单位	发表期刊
11	为法治找寻沃土——法律人类学的历史、主题与启示	徐亚文 孙国东	武汉大学法学院	《求索》2004/03
12	民族文化传承、保护、利用中的人权问题——法人类学的一项尝试研究	王启梁 张晓辉	云南大学法学院	《思想战线》2004/03
13	法律人类学介评	孙国东	武汉大学法学院	《广西政法管理干部学院学报》2005/01
14	法人类学作为独立学科的诞生及其他	张永和	西南政法大学	《现代法学》2005/01
15	乡村纠纷中国家法与民间法的互动——法律史和法律人类学相关研究评述	张佩国	上海大学社会学系	《开放时代》2005/02
16	法律变革的文化阐释：人类学的法律理论	曹全来	中国政法大学	《比较法研究》2005/02
17	秩序、过程与文化——西方法律人类学的发展及其问题	赵旭东	中国农业大学人文与发展学院社会学系	《环球法律评论》2005/05
18	人类学视域中的法律移植	王明亮	广东工业大学经济管理学院	《广西民族学院学报》（哲学社会科学版）2005/06
19	从博弈到认同——法人类学关于纠纷研究的旨趣、路径及其理论建构	乔丽荣 仲崇建	中央民族大学	《黑龙江民族丛刊》2005/06
20	法律人类学研究综述	郑林	南京大学法学院	《前沿》2005/08
21	基层农村的规范体系与社会秩序的实现——基于法律人类学的视角	王启梁	云南大学法学院	《广西民族学院学报》（哲学社会科学版）2006/01
22	社区矫正的法律人类学比较	孙平	广东司法警官职业学院	《比较法研究》2006/01
23	日本法人类学及民族法学研究的历史与现状	徐晓光	贵州民族学院学报编辑部	《中南民族大学学报》（人文社会科学版）2006/03
24	论《原始社会的犯罪与习俗》中的法律人类学	易军	西北第二民族学院法律系	《西北第二民族学院学报》（哲学社会科学版）2006/03

（续表）

序号	论文篇名	作者	作者单位	发表期刊
25	法律的民族志写作与文化批评——论中国的法律人类学研究	文永辉	中山大学人类学系	《广西民族研究》2006/03
26	近年来法人类学研究成果述评	曾晓林	赣南师范学院政法学院	《嘉应学院学报》2006/05
27	法律人类学研究的新收获——徐晓光著《苗族习惯法的遗留、传承及其现代转型研究》评价	杨健吾	四川省民族研究所	《民族研究》2006/05
28	非正式制度的形成及法律失败——对纳西族"情死"的法律人类学解读	王启梁	云南大学法学院	《云南民族大学学报》(哲学社会科学版)2006/05
29	论我国回族婚姻的法文化样态——基于西北一个社区的法人类学调查	曹兴华	湖南师范大学	《甘肃农业》2006/10
30	关于法人类学若干问题的思考	张文山	广西大学法学院	《广西民族学院学报》(哲学社会科学版)2006/06

＊本表系选择"中国期刊网全文数据库"的"模糊"匹配检索，最后访问于2007年2月28日。

表七　台湾地区"法律、文化与社会经典研读会"成员名单（2004—2005）

年度	成员姓名	单位	成员姓名	单位
2004年度	王廷宇	台湾清华大学人类学研究所	郭思岑	台湾台湾大学法律研究所
	何建志	台湾清华大学科技法律研究所	陈正国	台湾"中央研究院"史语所
	吕忆君	台湾清华大学人类学研究所	陈昭如	台湾大学法律系
	林文凯	台湾大学社会研究所	陈韵如	台湾大学法律研究所
	林秀幸	暨南大学成人与继续教育研究所	曾文亮	台湾大学法律研究所
	林淑雅	台湾大学法律研究所	黄世杰	台湾大学法律研究所
	邱澎生	台湾"中央研究院"史语所	杨雅雯	台湾大学法律研究所
	洪丽珠	台湾清华大学艺术中心	蒋守铭	台湾清华大学人类学研究所
	容邵武	台湾"中央研究院"民族学研究所	戴丽娟	台湾"中央研究院"史语所
	张旺山	台湾清华大学哲学研究所	顾坤惠	台湾清华大学人类学研究所
	郭佩宜	台湾"中央研究院"民族学研究所		
2005年度	李鸾娴	台湾清华大学历史所	郭佩宜	台湾"中央研究院"民族学研究所
	范俐琪	暨南大学人类学研究所	陈妙芬	台湾大学法律系
	林秀幸	交通大学人文社会学系	刘美妤	台湾清华大学人文社会学系
	邱澎生	台湾"中央研究院"史语所	刘香君	
	洪丽珠	台湾清华大学通识教育中心	顾坤惠	台湾清华大学人类学研究所
	容邵武	暨南大学人类学研究所		

＊本表根据http://www.hss.nthu.edu.tw/~khku/law/member.htm所载资料制作而成，最后访问于2006年5月14日。

法律民族志与当代中国法律社会学的使命

陈柏峰*

当前中国的转型环境要求我们对中国基层的状况有全面的认识,要求我们对法律制度的社会基础有深刻的把握。因此,法律社会学研究仅仅停留在反思的层面是不够的,而应当主动回应时代提出的问题,应当着力于对中国法律制度运作的社会基础的全面认识,这是中国法律社会学的时代使命。而目前的法律社会学作品,虽然在各自所关注的具体领域有所贡献,但从总体上缺乏对中国非均衡的总体状况的全面关注。就全面认识中国而言,这些研究要么在质性认识上没有进展,要么仅仅停留在反思性的层面上,要么缺乏明确的中国问题意识,要么未能解决个案研究的"代表性"问题。而区域比较视野下的法律民族志研究为回应中国法律社会学的时代使命提供了可能性,其广阔视野缓解了来源于人类学的民族志研究方法的"代表性"张力,其中国问题意识可以促进法律

---

* 写作过程中,曾经与贺雪峰老师、侯猛师兄讨论,张继成、汪庆华、尤陈俊、刘超等师友曾阅读本文初稿并提出有益意见,特在此一并致谢。

社会学研究超越反思,进而全面了解中国法律制度运作的社会基础。

一、当代中国法律社会学的使命

有学者曾指出,法律社会学[1]的意义就在于它在本质上是反法治的知识,因为在法治实践中,法律社会学不断提出法治的漏洞、弊端及可行性;而且,法律社会学反对"大词",提倡经验研究,不迷信理论,是对现有法学理论以及法学知识形态的反动。[2] 这种认识将法律社会学研究建立在对中国社会法律生活经验性的观察和分析的基础之上,主张以研究中国问题为中心,提倡问题意识、学术本土化,以地方性知识为观察视角,坚持怀疑主义和实用主义的立场进行交叉学科的研究,从而建立自己的学术研究传统。这是有重大积极意义的。实际上,北大法学院的苏力教授一直是这样践行的。

苏力教授常用的研究方法是对某个具体案件进行评析,然后从中引申出对宏观问题的论述,他对法律社会学成为一门"显学"起到了极大的推动作用,使得"晚近的二十年来,法律社会学在中国成为法学研究的新兴领域,成为提升中国法律学术水平的增长点。"[3] 这种研究方法曾在 20 世纪 90 年代将中国法学从意识形态和大词中解放出来,促进法学成为了"开放社会科学",使得"法律的社会科学研究"颇有吸引力。

苏力强调,法律的社会科学研究非常需要发挥想象力和创造力,而不应该仅仅停留在经验层面,实证研究也要有对宏大的历史背景的理解;"社科法学"[4]在中国存在的意义就是要恢复实证传统、经验传统以及科学的想象力,要使中国法学超越重要政治领袖的话语,超越政治正确的流行意识形态话语。[5] 苏力有感于现在中国的很多社会问题的解决都缺乏实证研究,只用政治正确的话语展开分析,而这样非常容易犯错误,且往往容易付出巨大的代价。因此,他认为需要法律的社会科学研究。显然,苏力对当前法学基本状况和法学研究趋势的判断是准确的,而在如何改变这种状况,扭转这种趋势这一问题上,走进了他一贯的学术研究逻辑中,开出了"交叉学科研究"的药方。苏力认

---

[1] 需要说明的是,本文对"法律的社会科学研究"、"法律的交叉学科研究"、"法律社会学"、"社科法学"等词汇没有作严格区分。
[2] 侯猛:《中国法律社会学的知识建构和学术转型》,载《云南大学学报法学版》2004 年第 3 期。
[3] 同上文,第 5 页。
[4] 关于"社科法学",请参见苏力:《也许正在发生——转型中国的法学》,法律出版社 2004 年版。
[5] 参见侯猛、胡凌、李晟:《"法律的社会科学研究"研讨会观点综述》,载《法学》2005 年第 10 期。

为,这种研究不是有意的追求,而是发展的必然。

这种研究思路对中国法学的学术转型作出了重大贡献,但忽视了一个重要的环节,即系统地为中国法治提供中国经验,对全面掌握中国经验、充分了解中国基层状况兴趣不足。[6] 这种研究思路提醒人们在宏大的历史背景下进行反思,认为法律社会学本质上是"反法治的知识",其作用在于批判与反思。[7] 然而,反思永远也代替不了对真实状况的全面了解,没有全面真实的中国经验,学术研究的想象力和创造力又从何而来?由于苏力的学术路径的反思性很强,他在给人们很大启发的同时往往给人留下了"唱反调"的印象。如果仅仅是这样,法律社会学岂不是成了"辩论术"?因此,我们需要沿着苏力所倡导的学术传统前行,将法律社会学研究向前推进。

法律社会学如何向前推进?我认为,它应该从反思法律制度和法律话语中向前走一步,进行法律制度的政治、经济、文化和社会基础研究。法律制度不但在宏观上同政治体制和经济基础相联系,还在微观层面上同文化背景和社会性质相联系。而到目前为止,法律人对这个国家,尤其是这个国家基层的政治体制、经济基础、文化背景和社会性质缺乏全面的了解。从整体上讲,中国法律人缺乏中国经验,不关注中国的现实。这个关注现实还不只是苏力所讲的"对现存秩序的同情理解"[8],在更广阔的背景下关系到整个民族国家的命运。

关注法律制度的政治、经济、文化和社会基础,进行相关研究并不是要法律社会学学者代替部门法学者和立法学学者提出相关立法建议,也不是要他们代替立法工作者提出立法文本草稿。正如学者方流芳所言:"一个社会针对它自身的问题应当采取什么样的解决方案,不是,也不应当由学者决定,社会科学研究的贡献在于展示和剖析真实的问题,一旦问题得到充分的认识、自由的表达,政策就会或多或少地受到影响。"[9]因此,我们应当做的是将中国的整体状况以学术的方式有条理地呈现出来,将影响法律制度运作的所有因素揭示出来,真正在建设性而不仅仅在反思性的层面上关注中国问题和中国经验。

---

[6] 这从苏力本人近来转向"法律与文学"研究可窥见一斑,可参见苏力:《法律与文学:以中国传统戏剧为材料》,生活·读书·新知三联书店2006年版。当然,从学科的角度上,毫无疑问,苏力大大充实了中国的"法律与文学"和法律社会学研究。

[7] 贺欣认为,法律和社会科学研究并不关心具体法律问题的答案,而在于为理解转型中国的法律问题提供工具和洞见。请参见贺欣:《转型中国背景下的法律与社会科学研究》,载《北大法律评论》第7卷第1辑,北京大学出版社2006年版,第28页。

[8] 具体请参见苏力:《送法下乡》,中国政法大学出版社2000年版。

[9] 方流芳:《〈公司法基础〉都提出了哪些理论?》,http://www.lawpress.com.cn/newsdetail.cfm?iCntno=1333,最后访问于2006年4月1日。

对于学者而言,关注上述这些是否有必要呢?有一种说法认为,每种职业都有自己的任务,学者的任务就是把问题提出来,至于具体怎么做,那是实践部门的事情。这种观点认为,学者的独特性就在于其反思能力,因此,对学者而言,在反思与建设两者之间,反思是首位的,也最重要。建设性的事务应当主要由政府官员和技术人员来完成,即使有学者参与,也只应是学者中很小的一部分。这种想法和做法是不能让人赞同的,因为时代赋予了我们当今的法学学者特殊的任务。我们深处这样一个大国的前所未有的历史变革和社会转型时期,我们面临着艰巨的立法任务,而这些立法关系到这个民族和国家的未来命运。在这种情况下,我们怎么能对此没有现实关注呢?

当然,可能大家都不会否认需要对现实有所关注,但仍然认为,反思本身就是一种关注。然而,今天的现实状况表明反思是不够的。现实情况是中国的知识分子已经严重脱离中国实际,这在法律人身上表现得尤为突出。法律人的话语和善良愿望已经无法与老百姓的真实生活对接。他们享用的是一个想象的西方的知识共同体,是权利至上、自由民主这样一些东西,而且这些东西还是想象的,不是真实的,因为西方的话语系统与我们表述的还不一致。[10] 这种脱节,还不仅仅是职业主义、精英主义同民主主义、群众路线的矛盾。[11] 从整体上讲,法律人自诩为国家的精英,但在职业实践中却忽视这个国家的人民。这个高智慧的群体对西方的了解远远超过对中国的了解,对十多亿人民在实践中的创造视而不见。这个群体已经陷入了自以为是的西方法学逻辑中而不关注大多数中国人的生活逻辑,他们宁愿去关心"克隆人的法律地位"、"连体人的身份"这种莫须有的问题,而不关心底层人民的真实生活。

法律人群体不但乐于在社会科学研究中被西方学术殖民化,而且似乎在生活逻辑和生活规则中也乐于被西方殖民化。如果殖民化有一个美好的未来,那无可厚非。实际上,只要关注底层的生活和实践,就很容易看到,殖民化对国家和人民是非常不负责任的。

比如,《物权法》照搬了《农村土地承包法》的农地承包权物权化的思路,而这种思路缺乏国情意识,严重缺乏对法律制度的社会基础的关注。这种思路是沿着私有化的思路走下来的,基本上停留在经济学的逻辑和政府管理的逻辑

---

[10] 一个实践中的分析,可参见苏力:《当代中国法理的知识谱系及其缺陷》,载《中外法学》2003年第3期。

[11] 关于职业主义、精英主义同民主主义、群众路线的矛盾,可参见〔美〕波斯纳:《法律、实用主义与民主》,凌斌、李国庆译,中国政法大学出版社2005年版;凌斌:《普法、法盲与法治》,载《法制与社会发展》2004年第2期。

上,其着眼点主要在于提高土地的生产效率,以及对村干部权力的防范上。它在宏观上完全忽视了土地对中国农民的社会保障功能,以及为中国现代化提供稳定的农村基础这一政治功能;在微观上缺乏村庄视野,不但导致了村庄中强势村民对弱势村民的剥夺,还导致了具有伦理性和功能性的村庄难以维系,水利、道路等村庄公共品供给出现困境。[12] 而如果我们深入到法律制度运作的社会基础中去,就可以发现,在不同区域的农村,由于村庄内在伦理的差异,对《农村土地承包法》的理解和实施方式差别极大。这一法律在有的地方能够实施,而在有的地方无法实施;在有的地方,法律虽然执行了,却在长时间内导致了频繁的土地纠纷,导致了村庄陷入混乱秩序;在另外一些地方,这一法律并没有得到切实执行,强大的村庄伦理消解了它。如果我们对相关法律运作的宏观背景和社会基础有一个系统的认识,就很容易发现,债权化的土地承包关系,结合切实的村民自治制度运作,既切合区域差异极大的中国农村实际,又有利于法律的执行。

再如《物权法》关于农村宅基地权利转让的规定本来是合理的,但由于法律人缺乏对这一制度的社会基础的认识[13],立法者也没有在这方面进行解释,所以很快就遭到了质疑。[14] 同样,我们的司法改革也是在缺乏对政治、经济、文化和社会基础的足够认识情况下展开的,已逐渐暴露出一些问题。

今天的中国,各个地区发展很不平衡,社会结构也有很大差别。如经济结构的差异,尤其是工业化程度的差异及收入构成的差异;聚居方式的差异,尤其是集中聚居和分散居住村庄的差异;村庄集体经济发展状况的差异;种植结构的差异,尤其是水稻作物与旱作物的差异;以及地理、文化、村庄历史等各个方面的差异。这些差异可能是影响法律实际运作的村庄内生关键变量,这些变量及其复杂的勾连在农村层面上构成了中国法律运作的社会基础。当前中国法律人对此缺乏清晰的问题意识和清醒的认识。再比如取消农业税之前的农民负担问题,在同样减轻农民负担的中央政策下,有的地方的农民可以利用中央政策中于己有利的方面,抵制地方政府扩大财政收入、增加农民负担的冲动;而有的地方的农民却不具备这种能力,当农民负担太重以致无法负担,当县乡政

---

[12] 具体可参见陈柏峰:《对我国农地承包权物权化的反思》,载《清华法律评论》第1卷第1辑,清华大学出版社2006年版。

[13] 对相关社会基础的讨论,可参见陈柏峰:《农村宅基地限制交易的正当性》,待刊稿。

[14] 相关质疑太多,在此不详细列举。可参见韩世远:《宅基地的立法问题——兼析物权法草案第十三章"宅基地使用权"》,载《政治与法律》2005年第5期;钱茜:《我国农户住房、宅基地立法的历史比较》,载《农业经济问题》2005年第12期;朱岩:《"宅基地使用权"评释》,载《中外法学》2006年第1期。

府扩大财政收入的冲动永无休止,而不断地到农民家牵牛扒粮时,农民的极端反应却是一死了之,以死抗争。法律人往往习惯于不加考察和思考地用"权利意识"去解释这种现象,而"故意"忽略其背后复杂而各不相同的社会基础。

对于法律人整体上所存在的问题,苏力等学者是有足够认识和深刻反思的。但从总体上讲,由于没有全面关注中国经验,既有的法律社会学研究在反思的同时,并没有从最基础的层面上进行质疑,还难以让人在反思的基础上提出相应的立法和政策建议。

因此,对法律制度的政治、经济、文化和社会基础的全面研究不但必需,而且是时代赋予我们的艰巨任务,是法律社会学研究的时代使命。学术研究应当回应时代,应当回答时代提出的紧迫问题。因此,正像苏力所说,法律的社会科学研究是发展的必然。然而,在何种角度上展开法律的社会科学研究?在什么基础上发挥社会科学的想象力?显而易见,应当超越反思地进行学术研究,应当在扎实的中国经验的基础上展开学术研究,发挥学术的想象力和创造力。缺乏扎实的中国经验,学者就很容易以学术想象代替现实状况,从而建构出"漂亮"却可能是背离实践的理论框架来。[15]

二、回应时代使命的研究及其不足

扎根在扎实的中国经验基础上的学术研究反对那种在狭窄的中国经验上过于发挥"想象力",作过度阐释的研究。从某种程度上讲,这种中国研究是一种伪研究,它很容易陷入一种方法论焦虑中,即把复杂的关系、丰富的材料简单处理成用以证实或反驳某种整体概括的"个案"或理论分析的"例子",从而犯下布迪厄所批判的将理论强加在充满模糊感和权宜性的实践"逻辑"上的致命错误。[16] 这种研究往往拿一个案例就可以描述出一大堆现象,分析出一大套理论来。在这种研究中,现实和理论是脱节的,中国经验和西方理论是不相关的两张皮,而其中的中国经验实际上只是既定理论基础上的"学术想象力"的产物。

扎根在扎实的中国经验基础上的法律社会学研究主张用实践说话,用底层的经验说话,用中国经验说话,要用中国经验来指导中国立法。用中国经验指

---

〔15〕 连苏力也难免犯这种错误,请见申端锋:《当代中国农村研究的两个问题》,http://www.sannongzhongguo.net/article/show.php? itemid-1948/page-1.html,最后访问于 2006 年 4 月 1 日。

〔16〕 应星:《大河移民上访的故事》,生活·读书·新知三联书店 2001 年版,第 341 页。

导中国立法,不是排斥西方经验和西方理论,而是在进行立法前,将其针对的具体中国问题弄清楚,并在此基础上对这些问题背后的政治、经济、文化和社会基础进行考察。在弄清楚中国问题及其背后的政治、经济、文化和社会基础之后,再进行具体立法技术和制度设计上的考量,再来讨论或决定采用何种具体制度。在法律社会学中,无论是做深度访谈,还是量性调查统计,或者法律民族志的参与式观察研究,都应当关注对法律制度背后的社会基础的考察。

回应时代使命、超越反思的法律社会学研究必须进行扎实的中国经验考察,并在此基础上争夺话语权。这种对话语权的争夺应当最终在一定程度上改变法学研究的学术导向,打破当前法学研究和法治建设中唯西方的有害导向,让具体法律制度的研究者关注法律制度建设的政治、经济、文化和社会基础,甚至广泛参与到相关基础的法律社会学研究中来。实际上,已有一些部门法学者开始认识到这一问题,并着手相关具体问题的法律社会学调查与研究。[17] 总之,法律的社会科学研究不但要参与推动中国法学研究传统的转型,还必须为法律制度的建设提供理论资源和制度基础知识。

如何才能超越反思,从而展开对话语权的争夺?必须依赖知识,尤其是经验知识。因此,我们必须对中国基层社会有一个详尽的了解。只有在非常了解基层社会法律制度的运作基础时,我们才能提出有力的意见和建议,这样才能争夺话语权,才能从根本上扭转当前殖民化的学术风气。

以农村法律现象的研究为例。[18] 近年来,它在社会学界、人类学界和法学界同时受到普遍的关注,农村纠纷的产生和解决,农民在纠纷中的心理状态,民间力量、国家政权在纠纷解决中的作为,习惯、习俗、村规民约、法律和政策在纠纷解决中的应用,这些问题都是研究中的热点。针对这些问题的研究出了一大批作品,它们在各自所关注的具体领域有所贡献,但从总体上说,这些研究缺乏对非均衡的中国总体状况的全面关注。

社会学界和法学界的部分研究者往往热衷于抽样问卷调查和入户访谈,然后对调查数据和访谈材料进行统计分析,得出中国农村法制状况、农村纠纷的

---

[17] 如从事物权制度研究的陈小君、徐涤宇等教授(参见陈小君主编:《农村土地法律制度研究——田野调查解读》,中国政法大学出版社 2004 年版),从事法院改革研究的王亚新、傅郁林、范愉等教授(王亚新、傅郁林、范愉等:《法律程序运作的实证分析》,法律出版社 2005 年版)。

[18] 本文主要以农村法律现象的研究(这是我所熟知的研究领域)为例"说事",这并不意味着农村法律现象的研究就是当前法律社会学研究的全部。但相比而言,西方经验对城市法律现象研究的启发和借鉴意义更大一些。

产生和解决状况的相关结论。[19] 无疑,采用这种方法得出的研究结论对我们了解农村法制的大体状况有很大的价值。然而,当我们对非均衡的中国农村缺乏足够的质性认识时,这种调查方法往往具有误导性。特别是抽样问卷调查和入户访谈这种方法本身会面临很多问题,如被调查对象的不合作、消极合作甚至在被调查过程中采取"正确答案"策略,因此统计数据常常难以具备有效性。然而,即使是在有效的数据基础上,这种方法得出的结论也往往只能让我们看到一个"模糊的背影",无法清晰反映农民的实际生活和农村法制的具体状况,也无法反映幅员辽阔的"非均衡的中国"的具体"非均衡"状况[20],即难以在"质性"研究上取得进展。

法学界的另外一些研究者常用的研究方法是对某个具体案件进行评析,然后从中引申出对宏观问题的论述,如国家法与民间法的关系,法律多元或纠纷解决方式多元,法律规避等问题。[21] 这种研究方法下不乏佳作,对法律社会学成为一门"显学"起到了极大的推动作用,为法学甚至其他社会科学学科的知识转型作出了重大贡献。但这种研究很容易在狭窄的中国经验上过于发挥"想象力",作过度阐释的研究,从而使得对宏大问题的论述并没有完全建立在实证基础上,没有突破"前见"。

海外有一些汉学研究者喜欢大量运用新闻媒体的法制新闻报道,希望从这些新闻中得出中国法制状况的一般结论。[22] 这种方法对于了解中国法制的大体、普遍状况是有效的,但仍然难以解决"非均衡的中国"的具体"非均衡"状况问题,且容易受到新闻报道的意识形态影响,难以深入法律行动者的内心深处,

---

[19] 比较典型的有郑永流等人十多年前进行的研究和中国人民大学法社会学研究所近年来的研究。前者可参见郑永流:《当代中国农村法律发展道路探索》,中国政法大学出版社2004年版;郑永流、马协华、高其才、刘茂林:《农村法律意识与农村法律发展》,中国政法大学出版社2004年版。后者可参见郭星华、陆益龙等:《法律与社会——社会学与法学的视角》,中国人民大学出版社2004年版,第四编;郭星华、王平:《中国农村的纠纷与解决途径》,载《社会学研究》2004年第2期。

[20] 关于"非均衡的中国"的"非均衡"状况研究的具体意义,可参见贺雪峰:《乡村研究的国情意识》,湖北人民出版社2004年版,第24、301页以下。

[21] 比较典型的有苏力:《法治及其本土资源》,中国政法大学出版社1996年版;苏力:《送法下乡》,中国政法大学出版社2000年版;强世功:《法制与治理》,中国政法大学出版社2003年版;徐昕:《论私力救济》,中国政法大学出版社2005年版;赵晓力:《通过合同的治理》,载《中国社会科学》2000年第2期;赵晓力:《关系——事件、行动策略和法律的叙事》,郑戈:《规范、秩序与传统》,均载王铭铭、王斯福主编:《乡村社会的公正、秩序与权威》,中国政法大学出版社1997年版;杨柳:《模糊的法律产品》,载《北大法律评论》第2卷第1辑,法律出版社1999年版。这方面的文章很多,还可参见谢晖、陈金钊主持的《民间法》年刊(山东人民出版社),已出有五卷。

[22] 可参见强世功编:《调解、法制与现代性》(中国法制出版社2001年版)中相关海外汉学家文章;[日]高见泽磨:《现代中国的纠纷与法》,何勤华、李秀清、曲阳译,法律出版社2003年版。

了解他们在法律生活中的真实想法。

就全面认识中国而言,上述研究要么在质性认识上没有进展,要么仅仅停留在反思性的层面上,而达到对中国的全面了解不是反思性的法律社会学研究所能完成的,也不是那些没有基层社会状况意识的数量众多的个案研究所能完成的。人类学界的研究者倾向于对一个小村庄或微型社区的历史进行调查,然后根据所获得的资料为一个小村庄或微型社区撰写"民族志",对社区中发生的事件进行重述,并根据相关理论对事件和事件中人们的行为进行解释。[23] 这种研究方法被称为法律民族志研究,它能够展现出具体的人在具体时空中的具体作为,让人看到农民法律生活的清晰、生动场景。它虽然也没有反映幅员辽阔的"非均衡的中国"的具体"非均衡"状况,但是却能为"非均衡的中国"研究积累必要的材料。

高丙中教授意识到了法律民族志研究的潜在力量,他认为法律要和现实联系起来,人类学的民族志,包括其专业化的研究方法,可以为法学的发展提供一个很好的帮助,他觉察到对多点民族志和多层民族志的研究,可能是一个有用的方案。[24] 这个觉察是十分有益的,如果我们将法律民族志的研究同整个基层社会的基本状况联系起来了,就能真正全面地了解基层社会,就有希望以基层话语和中国经验来打破西方崇拜的法学精英话语。但如何将法律民族志的研究同整个基层社会的基本状况联系起来呢?这里有两个困境。第一,问题意识。即如何将主要来源于西方社会科学,尚停留在关注西方问题,目前还没有明确中国问题意识的法律民族志方法,同当前中国社会的具体法律问题、中国法律社会学研究的当代使命结合起来。第二,法律民族志研究的代表性问题。学者应星曾批评我们说:"就中国村庄之多,差别之大而言,不要说4个,就是作40个、400个村庄调查,恐怕也不敢断言它们就是中国村庄的典型代表。"[25] 就质性研究的深度而言,应星的提醒是有益的,定量研究永远代替不了质性研究。但是,就了解中国农村基层社会的总体状况而言,恐怕也只可能研究一定数量的村庄。而到底多少村庄是足够的呢?这就必须面对村庄社区民族志研究的代表性问题了。

---

[23] 这方面的成果有赵旭东:《权力与公正——乡土社会的纠纷解决与权威多元》,天津古籍出版社2003年版;朱晓阳:《罪过与惩罚——小村故事:1931—1997》,天津古籍出版社2003年版;杨方泉:《塘村纠纷——一个南方村落的土地、宗族与社会》,中国社会科学出版社2006年版。

[24] 参见侯猛、胡凌、李晟:《"法律的社会科学研究"研讨会观点综述》,载《法学》2005年第10期。

[25] 应星:《评村民自治研究的新取向》,载《社会学研究》2005年第1期。

三、法律民族志研究的两个困境

（一）问题意识

中国学者利用民族志的方法研究法律问题的时间起点并不晚，最早的要算20世纪二三十年代严景耀对犯罪问题所作的田野民族志研究。[26] 近年来，随着"社科法学"的兴起，法律人类学的方法、视角、观点和问题意识等不断被提及，尤其是西方社会的法律民族志学术传统陆续被人引介[27]；也陆续有学者开始在村庄开展法律民族志研究，这方面开始有著作问世，如前述朱晓阳等人的著作。从这些著作来看，中国的法律民族志研究者尚没有明确的中国问题意识，这些研究基本目标不在于全面了解中国基层的状况，因而也没有回应法律社会学研究的时代使命。从某种程度上讲，这些著作中的多数，田野材料虽然来自中国村庄，但理论抱负却是在西方法律人类学的知识谱系中寻找位置。

法人类学作为一门学科发轫于19世纪的欧洲，最初的研究跟西方人对于非西方社会习惯法的研究合而为一，主要进行习惯法的搜集和整理，其深层的学术目标在于印证西方法律思想史中一个没有结果的争论，即正义与非正义是源于法律的制定还是源于人的本性。早期法律人类学家站在了人的天性中有追求正义取向的自然法一边，但他们强调，这种追求正义的天性会随着文化的不同而有差异，因而进行各个文化间的比较便成了法律人类学发轫之初的通行做法。这些讨论在西方法理学的解释框架中展开，直到20世纪20年代功能论人类学的出现。

功能论的研究取向逐渐形成后，法律人类学提出了关键的理论性问题。这一时期，马林诺夫斯基扩展了法律的边界，认为法律不仅包括了正式和非正式的规则和限制，还包括互惠、交换等义务。[28] 而同时代的布朗则认为，有些"简

---

[26] 严景耀：《中国的犯罪问题与社会变迁的关系》，北京大学出版社1986年版。

[27] 如林端：《法律人类学简介》，载林端：《儒家伦理与法律文化：社会学观点的探索》，中国政法大学出版社2002年版；张冠梓：《法人类学的理论、方法及其流变》，载《国外社会科学》2003年第5期；赵旭东：《秩序、过程与文化——西方法律人类学的发展及其问题》，载《环球法律评论》2005年第5期；高丙中、章邵增：《以法律多元为基础的民族志研究》，载《中国社会科学》2005年第5期。本文对西方法律民族志研究的问题意识的梳理主要参考了上述几篇文章，尤其是赵旭东的文章。

[28] 〔英〕马林诺夫斯基：《原始社会的犯罪与习俗》，原江译，云南人民出版社2002年版，第13页以下。

单"的社会没有法律。[29] 上述关于法律的认识差异来源于视角的不同,即一直延续到今天仍然存在的所谓"法学家派"和"非法学家派",前者主张以西方的法律观念来解释初民社会的法律现象,后者则主张从当地人的文化脉络中去理解当地人的法律现象。20世纪20年代以后,法律人类学家要么是关心马林诺夫斯基所提出的问题,社会控制如何通过社会制度之间的相互联系而得以维持;要么是沿着布朗的思考路径,认为研究纠纷的目的在于发现规则(或习惯法)。显然,这些研究的问题意识在于关注初民社会的社会秩序维持,它通过拓展人类多样性和不同社会文化形态的知识增进了人们对法律的理解,让西方人吃惊地看到,在一个没有中心化国家和法律的社会,那里一样井然有序,有着自己的"法律",或者至少有能力发展出有权威效力的社会规范和社会控制机制。

20世纪50年代之后,在去殖民化的过程中,以Gluckman和Bohannan为代表的法律人类学者逐渐抛开寻找规则的法理学研究模式,转向了对实际的审判和政治事件发生过程的描述,试图从描述中归纳出具有权威效力的法律规则,他们相信正是过程才使得有权威效力的决策得以产生。[30] 到20世纪80年代,法律人类学者又从对维持社会秩序的规则、制度的描述和分析转向了对与纠纷相关联的行为的描述和分析,在社会文化的框架下对纠纷详加考察,利用行动选择模式研究地方法律,注重过程分析。这些研究更关注当事人如何利用法律达到自己的目的,而不是法律在维持社会秩序中的角色;关注当事人争夺的政治和经济利益,而不是把公共纠纷看作是对规范的僭越或社会的病态;强调权力如何影响纠纷处理的结果,而不是仲裁者的公正。

20世纪80年代后期,法律人类学家纷纷转向研究制度与社会行动之间的相互关系,由此将历史和政治经济观念引入到民族志的写作中来。这时法律人类学研究的问题意识变成了讨论复杂社会中的法律问题,即既要通过精雕细刻的地方性知识的描述来把有关法律以及纠纷解决的观念与文化的其他诸方面联系在一起,到意义与信仰的网络中去做文化的理解;也要在地方性的纠纷解决的制度与"世界历史政治经济"之间拉上联系,到宏大的历史事件中去考察阶级与财产、权力与特权之间的关系。这一问题意识转向意味着西方法律人类学研究转向了把法律看成是一种权力,关注的是权力的创造、分配与传递。这种

---

[29] 〔英〕拉德克利夫-布朗:《原始社会的结构与功能》,潘蛟等译,中央民族大学出版社2002年版,第242页。

[30] Max Gluckman, *The Judicial Process among the Barotse of Northern Rhodesia*, University of ManchesterPress, 1955; Paul Bohannan, *Justice and Judgment among the Tiv*, Waveland Press, 1957.

"历史与权力"的分析框架使得阶级的利益和斗争被凸显出来。如果说过程研究是想把纠纷的解决还原到个体的目的论层面上去,而"历史与权力"的分析框架则把冲突的问题还原成了阶级的问题。

今天的西方法律人类学,很少再有普遍主义的比较研究和对规范或法律制度的普遍基础的理论概括,更难以找到主导的单一研究范式,而是关注特定的制度或意识形态领域,如对产权或公民身份等问题概念的精细研究,或是在特定的历史和文化背景中对话语形式和文本的细节分析。随着所谓的资产阶级法律制度的全球化,对法律特殊性的关注使得人类学家开始研究更广泛的问题,如国家、人权和民主,人类学家开始研究国际法、国际政治关系、国内政治迫害的后果以及这些事件被报道的方式。这些关注使得人类学将法律范畴和制度放在特定的文化历史背景中来分析,并对特定历史文化背景中某些不言自明的范畴进行反思,而这种反思与人文社会科学整体对现代性诸范畴的反思是一致的。

西方人类学已经积累了大量的法律民族志成果,形成了关于世界上众多族群、地区和国家的法律实践的经验知识。从上述的简单梳理中,我们可以看出,在不同时期,西方法律人类学的理论兴趣总在不断变化,进入法律人类学学术话语的议题也不断更新。有学者据此判断,对于新的民族志,尤其是呼应当下理论兴趣和话语议题的民族志的需求是永不满足的,因此,对于中国学界而言,首先要从作为学科基础的规范的民族志做起,利用田野民族志记录转型社会的法律多元的经验事实,建立学界同仁可以共享的社会图景,以期进一步提供对各种不同表现形式的法律的人类学理解。[31] 这些学者将中国的法律民族志研究定位在呼应西方法律人类学的理论兴趣和话语议题上,我认为是不妥当的。

西方法律人类学有它关注的特定问题和学术发展逻辑,在理论上出于对19世纪摇椅上的学者臆想的宏大理论的不满,在实践中出于对特定殖民社会关注的政治需要,主导了20世纪的西方法律人类学研究。得益于田野民族志的工作,产出了大量优秀的法律民族志作品,这使得我们对某些具体社会中的法律的理解有了巨大的飞跃和丰富的积累。中国学者沿着西方法律人类学的学术谱系认识到了其尚存在的缺陷,即其视野局限于相对孤立的个案研究或法律的非制度方面,而未能形成整合的全面的理论,这样既有碍于法律人类学成为人类学理论核心的组成部分,也不利于与宏大的法学理论形成更加直接和有力的

---

[31] 高丙中、章邵增:《以法律多元为基础的民族志研究》,载《中国社会科学》2005年第5期。

对话。[32] 这种思维方式恰恰陷入了西方学术的逻辑中,忽略了中国学术的时代需求和社会基础。尤其是在今天西方社会已完成转型,西方社会科学已基本定型的格局下,西方法律人类学已经进入了对社会生活的"技术性"关注中。而今天中国处于一个前所未有的转型时期,但目前的社会科学对转型中国社会的总体状况还缺乏把握。因此,法律人类学研究应当服务于中国社会科学对中国社会进行总体把握这一目标。中国的法律民族志研究应当回应中国的时代使命,而不是去呼应西方学术的理论兴趣点,同西方对话。

基于此,中国的法律民族志研究的问题意识既不必像早期的西方人类学家那样将研究建立在西方法理学的基本框架之上,也不必像20世纪20年代的人类学家那样去扩展法律的边界或验证"简单"社会有没有法律,不一定要像20世纪50年代以后的许多法律人类学家那样,在反思西方中心的法律神话以后转向描述法律案件或者政治事件的具体过程,关注特定文化中所谓真实的法律过程;也不一定要学习最近的西方人类学家,刻意将历史、权力、文化、政治等观念引入法律民族志的描述之中,在特定的历史和文化背景中对话语形式和文本的细节进行分析,关注西方关注的特定制度或意识形态领域。所有呼应西方理论兴趣和话语议题的法律民族志研究都将是"政治不成熟"的。因为,西方出于政治或其他目的要求理解中国和其他非西方社会,他们由此形成了特定的学术路径和谱系,我们今天沿着这种学术思路往前走,寻求与其对话,寻求在西方的学术谱系中占有一席之地,实际上是在帮助西方人完成他们的使命,而没有关注中国人自己的问题,缺乏中国自己社会的问题意识,缺乏对中国研究的时代使命的关注和回应。

当然,西方学术谱系导向的中国法律人类学研究虽然政治不成熟,在道德层面不是很光彩,但它对中国学术也不是毫无作用,它至少有助于中国学者将习以为常的中国现象问题化、学术化。不过,这种作用伴随而来的消极意义就是其研究局限了中国法律人类学学者的研究视野。因此,权衡利弊后,我们不可能具体地反对中国的法律民族志研究西方学术谱系中关心的具体问题,我们反对的是唯西方倾向和西方对话倾向。毋宁说,我们对西方法律人类学的主题、方法和问题意识采取的是一种实用主义和机会主义的立场,只要是有助于启发我们全面理解中国的问题意识、研究主题、研究方法,我们都可以采纳,但我们的研究绝不是要和西方去对话。我们需要的是借产生于西方的法律民族志这种研究方法和形式来承担认识中国社会、研究中国法律的社会基础这样宏大的时代使命。

---

[32] 高丙中、章邵增:《以法律多元为基础的民族志研究》,载《中国社会科学》2005年第5期。

(二) 代表性问题

法律民族志研究很容易遇到的质疑是，以一个这么小的村庄的"法律生活"为材料来论述宏大法律理论的可行性。这涉及"民族志研究的代表性"这个老生常谈的问题。法律民族志作为一种"专题民族志"[33]，理所当然地会面临这个问题。20世纪30年代，费孝通将从初民社会研究中提炼出来的民族志研究方法应用于中国村落研究，并发展出著名的社区研究模式，形成了"社会学中国学派"。但社区研究模式从其诞生开始就遭到了"代表性问题"的质疑，其中最著名的是利奇在1982年出版的著作《社会人类学》中的责难。对此，费孝通承认，"局部不能概括全部"，在方法上不应以偏概全，从而提出了"逐步接近"的手段来达到从局部到全面的了解。[34]

费孝通认为，把一个村庄看做是全国农村的典型，用它来代表所有的中国农村，那是错误的；但同时，把一个村庄看成是一切都与众不同，自成一格的独秀，也是不对的。他的思路是，从个别出发，通过类型比较的方法从个别逐步接近整体。因此，调查江村只是他整个旅程的开端，不久他便展开了对云南三村的调查，1943年写出了《云南三村》。改革开放后，他又将研究对象从村庄提高到小城镇的范围，还是用类型比较的老方法。他认为："吴江县小城镇有它的特殊性，但也有中国小城镇的共性。只要我们真正科学地解剖这只麻雀，并摆正点与面的位置，恰当处理两者关系，那么在一定程度上点的调查也能反映全局的基本面貌。"[35]尽管费孝通的小城镇研究被称为中国社会学研究的一大里程碑[36]，但他在具体处理点与面的关系上却语焉不详，在"逐步接近整体"的方案上缺乏清晰的可操作性，在村落和小城镇的类型划分上也缺乏明确的理论指导。因此，这个方案未能在研究中得以全面展开，后人也没有在此基础上再向前一步，致使所谓的"代表性问题"一直困扰着村落社区研究。

民族志研究在诞生不久还遭到了来自另一个方向的"代表性"的质疑，即村落是否能代表成熟、文明的中国社会的问题，这以弗里德曼和施坚雅为代表。弗里德曼认为，把用于研究原始部落的民族志方法用来研究中国社会，是人类

---

[33] 有学者将民族志分为"百科全书式的民族志"和"专题民族志"，参见王建民：《民族志方法与中国人类学的发展》，载《思想战线》2005年第5期。
[34] 费孝通：《人的研究在中国》，载《读书》1990年第10期。
[35] 费孝通：《行行重行行：乡镇发展论述》，宁夏人民出版社1992年版，第4页。
[36] 韩明谟：《中国社会学调查研究方法和方法论发展的三个里程碑》，载《北京大学学报（哲学社会科学版）》1997年第4期。

学研究者无法驾御大中国的表现,而小地方难以反映大社会,功能的整体分析不足以把握文明大国的特点。因此,他主张进行"汉学人类学"研究,主张综合汉学长期以来对文明史的研究,走出村落,在较大的空间跨度和较广的时间跨度中研究中国。[37] 在此认识基础上,以及当时中国封闭的客观条件下,弗里德曼开展了他的宗族研究,试图从宗族切入研究中国社会。[38] 施坚雅呼应了弗里德曼,主张用历史学、经济地理学和经济人类学的方法来研究中国。他认为中国的村庄向来不是孤立的,中国社会网络的基本结点不在村落而在集市,"标准集市"才是中国的最基本的共同体。[39] 施坚雅、弗里德曼以及他们的门生曾形成一个"汉学人类学"的圈子,对后世影响很大,其重大贡献在于提醒人类学的中国研究不应将时间和空间上"封闭的社区"当成唯一研究内容,而应当关注中国社会与文化的宏观结构和历史进程。

20 世纪 60 年代以后,随着我国香港和台湾地区的田野地点向国外开放,很多国外学者进入这些地区进行研究,村落社区的民族志研究很快再度被承认为认识中国社会的有效手段。[40] 在弗里德曼的影响下,这一时期的学者不再将村庄当成中国的缩影来研究,而特别重视地方研究与"汉学"研究的结合,思考区域社会或小地方社会的组织系统存在的独立性,即国家与社会的并行逻辑,逐渐形成了以华南研究为中心的第二次汉族社会人类学研究高潮。

在中国大陆处于封闭状态的 30 年间,学者们很难进入村庄从事田野工作,此一时期只有不多的几项田野研究。[41] 这一时期的村落研究具有一个十分突出的特征,即研究者十分关注中国村庄社会的政治变迁,并将这种变迁置于一个宏大的革命政治时代背景下进行考察,企图通过个别村庄的研究来了解整个中国的政治社会变迁。这个时期的研究直接影响了改革开放后的中国村落社

---

〔37〕 参见王铭铭:《社会人类学与中国研究》,广西师范大学出版社 2005 年版,第 32 页;王铭铭:《走在乡土上》,中国人民大学出版社 2003 年版,第 6 页。
〔38〕 〔英〕莫里斯·弗里德曼:《中国东南的宗族组织》,刘晓春译,王铭铭校,上海人民出版社 2000 年版,前言。
〔39〕 〔美〕施坚雅:《中国农村的市场和社会结构》,史建云、徐秀丽译,虞和平校,中国社会科学出版社 1998 年版,第 6 页以下。
〔40〕 王铭铭:《走在乡土上》,中国人民大学出版社 2003 年版,第 9 页以下。
〔41〕 William Hinton, *Fanshen: A Documentary of Revolution in a Chinesn Village*, Random House, 1966; C. K. Yang, *Chinese Communist Society: The Family and The Village*, M. I. T Press, 1965; Isabel and David Crook, *Revolution in a Chinese Village: Ten Mile Inn*, Routledge & Kegan Paul, 1959; Isabel and David Crook, *The First Years of Yang Yi Commune*, Routledge & Kegan Paul, 1966; Anita Chan, Jonathan Unger, and Richard Madsen, *Chen Village: The Recent History of a Peasant Community in Mao's China*, California University Press, 1984; Richard Madsen, *Morality and Power in a Chinese Village*, University of California Press, 1984.

区民族志研究,后来的很多研究都有类似的理论关怀,其中一些研究关注政治学上的"国家的触角到达何处",分析"村庄与国家关系过程",另一些研究则关注国家政治经济过程与村落传统、村民行为之间的关系,还有一些研究则在村落中系统地关注社会和文化变迁。

同从前的村落社区民族志研究一样,这种"缩影"的方法企图通过社区窥视大社会,所不同的是,采用这种"窥视法"的学者对村落社区民族志的代表性局限深有省思,因此在此前提之下,他们力图以充分的地方性描写来体现大社会的特征与动因。这些学者大多"跳过"代表性问题,宣称不关注普遍状况,只关注村庄的地方性知识或特定的问题。还有一些学者甚至走得更远,否定任何寻求"代表性问题"答案的学术努力,认为有多少个村庄,就有多少种村庄类型。这些研究要么只关注特定的问题,不关心从整体上把握中国基层的状况;要么乐于停留在反思性的层面上,而不关注建设性问题。实际上,"当前的社区研究已经成了一个检验各种各样人类特征的假设和命题的实验场"[42],丧失了对中国社会进行客观概括的宏大关怀。

近来的研究在学术资源本土化的口号下展开,它意味着学界对各种以现代性为外衣的西方化的学理知识有所警惕,对既有的中国研究中所存在的规范认识危机有所警觉,体现了以本土经验为前提的理论反思和创造以中国经验为本源的社会科学研究的努力。从这一点上讲,不关注"代表性"的个案研究有其合理性。正如黄宗智所说:"微观的社会研究特别有助于摆脱既有的规范信念,如果研究只是局限于宏观或量的分析,很难免套用既有理论和信念。然而,紧密的微观层面的信息,尤其是从人类学方法研究得来的第一手资料和感性认识,使我们有可能得出不同于既有规范认识的想法,使我们有可能把平日的认识方法——从既有概念到实证——颠倒过来,认识到悖论的事实。"[43]

然而,反思之后需要重建。打碎一个世界总是很容易,重建却是一项艰难的事业。实际上,我们当前的社会科学研究任务并不单单是打破一个既有的理论预设,而是必须在本土经验上建设社会科学。从更广阔的意义上讲,社会科学必须为当前中国正在进行的前所未有的历史与社会转型提供学术资源和理论指导。因此,我们不应该仅仅停留在反思的层面上,而应该达到对中国的完整理解,从总体上把握中国社会状况。从这个角度上讲,村落社区研究必须超

---

[42] 卢晖临:《社区研究:源起、问题与新生》,载《开放时代》2005年第4期,第29页。

[43] 黄宗智:《中国研究的规范认识危机》,载黄宗智:《长江三角洲小农家庭与乡村发展》,中华书局2000年版,第429页。

越反思性,因而,其"代表性"问题也是无法回避的。具体到法律的社会科学研究领域,法律民族志研究甚至法律社会学的所有个案研究,"代表性"问题都是无法忽略的。

四、区域比较视野下的法律民族志研究

贺雪峰教授在大量的农村田野调查经验的基础上,发现农民在大部分政治、经济、文化、社会领域中都很难构成独立的行动主体,核心家庭、联合家庭、小亲族、户族、宗族以及村民小组、行政村等群体才是农民生活中的行动单位,而且在不同的农村区域占主导地位的认同与行动单位是不同的。他从认同与行动单位的视角切入,发现同一区域的村庄在生育观念、非正常死亡率、住房竞争、老年人地位、姻亲关系强度、第三种力量、村内纠纷状况、价值生产能力等村貌上,以及群体上访、计生工作、干部报酬、一事一议、农民负担、村级债务、选举竞争等村治上有很大的趋同性;而不同区域的村庄则差异很大。[44] 在比较研究的基础之上,他对中国农村的区域差异有了整体把握。实践表明,这种以代表性村庄为考察对象展开的区域比较研究,对于研究制度的政治、经济、文化和社会基础有重大意义。罗兴佐结合自己参与主持的湖北荆门五村的水利实验,就水利供给与村庄的关系作了具体研究,他关注了不同区域、不同社会文化基础的村庄与水利供给这一政治社会现象的关联,为制度的社会基础区域比较研究提供了一个范例。[45]

这种区域比较研究为我们了解中国基层的整体状况提供了一个开放性的总体框架,也对我们解决法律民族志的代表性问题大有帮助。既然在现实中,同一区域的村庄在村貌特征和村治特征上表现趋同,而且在历史中,同一区域的村庄也分享了相同或相似的社会结构、文化方式、生活经历等,那么民族志研究的代表性问题就迎刃而解了。一个村庄民族志虽然不能代表整个中国,但它也不只是一个独一无二的村庄,而是能够代表一个特定的区域。

需要说明的一点是,我们这里谈论的区域比较,主要是一种方法和视野,目

---

[44] 具体可参见贺雪峰:《农民行动逻辑与乡村治理的区域差异》,载《开放时代》2007年第1期;贺雪峰:《乡村治理区域差异的研究视角与进路》,载《社会科学辑刊》2006年第1期。

[45] 参见罗兴佐、李育珍:《区域、村庄与水利——荆门与关中比较》,载《社会主义研究》2005年第3期;罗兴佐、贺雪峰:《乡村水利的组织基础》,载《学海》2003年第6期;罗兴佐、贺雪峰:《论乡村水利的社会基础》,载《开放时代》2004年第2期;罗兴佐:《治水:国家介入与农民合作》,华中师范大学博士学位论文,2005年。

前还不涉及在中国农村明确划定区域。因为当前我国社会实证研究还比较薄弱,理论提炼不够,水平还比较低,我们对中国农村还缺乏全盘、深入的理解,因而缺乏明确划分具体区域的能力。我们在有限的实证研究中强烈地感受到了中国农村的区域差异性,因而相信,在实证研究不断加强,理论水平提升到一定高度后,我们可以先尝试着提出一个比较粗糙的区域性差异的框架,然后再在后续的研究中不断修正它,逐步完善它,到一定程度,我们或许就能得出一个较为细致的框架来。

学者董磊明注意到,当前的大多数纠纷调解都是将研究对象从具体的村庄中抽离出来,在村庄之外讲述村庄生活的故事,导致很多的农村调解研究实际上与农村无关,农村只是为他们的研究提供了支离破碎的素材,这类研究无助于理解广大的中国农村,研究者并没有考察纠纷在乡村社会中的位置和意义,也就不可能关注到村落和乡村社会本身,这种农村纠纷调解研究,根本上是一种"黑板上的纠纷调解"。因此,当前农村纠纷调解研究应当把事件放回村庄,并进一步放到区域比较中去,从而理解和把握作为一个整体的中国乡村社会。[46]

法律民族志研究必须对乡村社会的法律现象进行语境化理解和区域比较研究,必须结构化地理解各种村庄现象,形成对村庄的整体认知,从而理解法律现象与其他村庄政治社会现象之间的关联。在法律民族志研究中,选择一个村庄的内生性法律现象因素作为视角和切入点,并通过它树立起不同区域的个案比较视野,由此既能加深对个案村庄的理解,又能发现法律现象的区域差异与共性。这样,通过一定数量村庄的法律民族志的研究,就能在农村层面上达致对中国经验和中国法律的全面理解。

法律民族志研究就是要在村庄中研究法律,村民的法律生活发生在特定的时空坐落里和特定的村庄生活逻辑中,是村庄生活的一个侧面,它同村庄的其他社会生活是纠缠、交融在一起的,我们不能简单、粗暴地把它从村庄日常生活中剥离出来。村庄是一个自洽的伦理共同体,我们应该从村庄的社会生态中寻找村民法律生活的逻辑。就纠纷解决而言,如果我们抛开村庄生活,而只关注纠纷本身,就很难真正理解村庄的纠纷解决机制及其背后的逻辑。为此,我们必须进入具体的村庄生活之中,既关注矛盾激烈、曲折、"故事性"很强的事件,又不能忽略潜伏着的没有外显的矛盾;既要了解具体的纠纷过程及其前因后

---

[46] 董磊明:《村庄纠纷调解的研究路径》,载《学习与探索》2006年第1期;董磊明:《农村调解机制的语境化理解与区域比较研究》,载《社会科学辑刊》2006年第1期。

果,又要关注纠纷所导致的村民之间日常关系的分化组合;既要关注纠纷双方当事人在国家法层面的是非曲直,又要关注围绕着具体纠纷的各种舆论,以及纠纷在村庄伦理层面的意义。孟德斯鸠曾结合政体、地理、气候、宗教信仰、财富、人口、风俗习惯等因素来研究法律现象[47],今天我们研究乡村法律生活时,同样需要对作为一个有机联系的整体的村庄生活进行把握,借助于村庄自然环境、地理位置、社会环境、村落文化、村治状况等来理解村民的法律生活。

回到村庄和村民生活中理解法律现象,不但能加深对村庄法律生活的理解,还能通过法律生活来加深对村庄的理解,加深对中国农村基层社会的理解,从而最终加深对中国法律运作的社会基础的理解。因为,村民的法律生活往往能深刻反映出村民之间的社会关系状况。村庄的常态是平静如水的生活,只有在法律事件中,人们才很容易清晰地观察到其中的隐秘。在村庄法律生活中,我们往往能清楚地看到村民对是非曲直的理解,对国家法律的认知,对正义价值的解释,对生活意义的生产,对村落共同体的认同程度,能看到村落伦理规范的规则、力量及运作,村庄的开放程度,能看到村庄中利益冲突以及各种不同力量之间的较量,而所有这些是平静如水的日常生活所难以反映的。

法律民族志是在长期田野调查的基础上研究一个村庄的法律现象与村庄结构、村庄生活之间的复杂关系,它不但主张在村庄结构和村庄生活中研究村庄的法律现象,同时还主张通过村民的法律生活来研究村庄,主张通过村庄中的法律现象来认识村庄结构和村庄生活的逻辑。因此,法律民族志的研究特别关注三个构成要素:一是村庄中的法律现象和法律生活,二是特定的村庄社会结构和村庄生活逻辑,三是特定村庄社会结构和村庄生活逻辑对立法和村庄规范的反应过程与机制。[48] 综合考察这三个构成要素以后,我们就可以大致了解一定区域内法律制度运作的社会基础状况;综合考察不同区域后,我们就能大体了解全国范围内法律运作的社会基础状况,从而也可以在政策层面估算一项立法在不同区域乡村中的实际需求、贯彻这项立法的难易程度、立法按照预期运行的成本和收益,并预测法律生效后的实施状况,等等。

村庄中的法律现象和法律生活,既包括立法在村庄社会的特定政治、法律、社会后果,也包括立法之外的村庄内生规范现象。村庄内生规范现象是

---

〔47〕 〔法〕孟德斯鸠:《论法的精神》,张雁深译,商务印书馆1963年版。

〔48〕 法律民族志的构成要素的论述,受了贺雪峰教授提出的"村治模式"要素的启发。关于"村治模式",请参见贺雪峰:《论村治模式》,载《江西师范大学学报(哲学社会科学版)》2005年第2期;贺雪峰:《论村治模式》,即将出版。

村庄法律现象和村民法律生活的一部分,当前中国法律体系在特定村庄中造成的政治社会后果也是村庄法律现象和村民法律生活的一部分。村庄法律现象和法律生活具有复杂而丰富的结构,正是不同区域呈现出来的十分不同的法律现象和政治社会现象,使我们可以直接感受到中国乡村的区域性差异。而以法律民族志等多种方式探求构成这种差异的原因和机制,则是我们这一代学人的任务。

村庄社会结构不只是指村庄社会层面的结构,它包括构成村庄特质的各个方面,如种植结构、经济结构、聚居方式、村庄集体经济发展状况、村落地理、村落文化、村庄历史等。

不同的村庄特质之间具有复杂的因果关系及相关关系,不同村庄的不同法律现象和法律生活可能与此相关,这些可能对法律现象和法律生活产生影响的村庄特质总称为村庄社会结构,或者村庄结构。对不同的法律规范和村庄内生规范,村庄社会结构中的不同特质会作出不同的反应,对法律现象和法律生活的不同影响从而凸显出来。村庄生活的逻辑也会在这种反应和影响中凸显出来。比如,中国南方村庄总体来讲更具内聚性,因此,自上而下的立法和政策在村庄层面实践时,更加可能作出有利于村庄而偏离立法和政策本意的调整,而北方村庄总体来讲内聚力较弱,自上而下的政策因此容易在村庄层面贯彻到底。村庄社会结构这一要素的要义是,中国农村是非均衡的,不同村庄社会的结构具有巨大而丰富的差异,只有我们对村庄社会结构中的这种差异有了清晰的研究,我们才可能对法律在不同区域村庄的运作有着比较基础上的深刻理解。

不同村庄的法律现象是不一样的,这是由村庄社会结构决定的。不同村庄社会结构对法律现象的反应过程与机制不同,因此,相同的法律现象在不同村庄的反应过程和机制也有所不同;而且,不同的法律现象在同一村庄遭遇到的村庄结构因素的差异,也可能会导致不同的反应过程与机制。先在区域比较的视野下发现不同村庄的法律现象和法律生活是不一样的,然后具体考察不同村庄的不同结构因素对特定法律现象作出反应的过程与机制,由此凸显出特定村庄类型的差异及其对具体法律现象反应的特殊过程和机制,再更抽象地考察不同类型村庄对不同法律现象作出反应过程与机制的倾向,这样我们最终能在村庄类型与一般性的法律现象之间建立联系。举例来说,税费改革前,在同样的法律和政策之下,经济发展水平相差不多的不同地区农民的实际负担状况却有很大不同,学术界大多倾向认为这是由于地方政府作为不同所致。这个意见不是没有道理。问题是,所有地方政府都有追求扩大财政收入的冲动,而为何实际差异却如此之大？如果我们考虑了村庄社会结构，即在村庄层面农民组织起来利用法律和政策维护自己利益能力的差异，就很容易看到，在那些农民组织能力较强的地区，农民可以凭借于己有利的法律和中央政策与地方政府抗争；而在那些农民组织能力很差的地方，地方政府就能不顾法律与政策而成功地扩大自己的财政收入，农民负担也因此变得沉重。

以民族志方法来展开对村民法律生活的研究，能对村民法律生活作一个整体的把握，在此基础上进行不同区域的比较研究，能对中国乡村社会的法律状况及其社会文化基础有一个整体的关照。具体民族志中对个案村的研究结论不能贸然上升为一般，但是在区域比较下通过个案村的研究，一方面能获得灵感，形成真正的问题意识，同时在大量个案研究的基础上能形成对中国基层社会区域性差异的整体性认知，由此将中国农村划分为若干不同的文化生态区，再对每个区域之间的典型个案进行比较研究。这样最终不但可以对不同文化生态区域的村庄的法律生活作出具体的理解，还能对中国乡村社会法律生活及其社会文化基础的共性作出总体性判断。

当我们对当下转型期的中国乡村性质有了深刻的认识，对中国乡村社会法律生活及其社会文化基础有了总体性判断时，我们就能在宏观上把握它，从而有可能指向法律实践。因为有了质性的认识，我们就能认识到中国法律实践的关键性因素，从而有可能获得把握法律实践的种种相关因素。从质性研究中获得了对各个区域的乡村治理和法律实践状况的深刻把握后，我们一方面能有效指导中国的法律实践，另一方面在本土经验上建立中国的法律社会学也有了可能。只要我们的法律社会学研究紧扣当下中国的问题，紧扣时代提出的问题，只要问题的前提、提问的方式、答案的性质都是当下中国的，在此基础上，经过不懈努力，我们定能找到解决中国问题的本土方法，从这个意义上看，也就有了本土化的社会科学。这样，法律社会学的知识生产机器实际上已经渗透进了广阔的中国田野中。

作为一种专题民族志，法律民族志往往聚焦于村民的法律生活，甚至村民法律生活的某个方面。因此，这种研究就更需要大量细节，在这些细节基础上才能够发现村民法律生活的隐秘。尽管如此，在田野考察和研究中，我们仍然需要用整体的观点来观察村落，应当将截然不同的现象观察综合起来，创造出"文化"或"社会"的整体架构，把它作为理解专题内容的语境。另外，法律民族志研究需要强烈的问题意识，这需要在系统而扎实的学术训练中逐渐培养。通过对立法、司法、执法实践的观察，培养问题意识，并依托这种问题意识在村民的法律生活中进行观察与体验。在对法律现象的关注中，我们就能熟悉当前法律实践所面临的热点问题和重点话题,并知道不同知识背景下的学者的具体主张,我们个人的民族志田野经验又告诉了我们什么?有没有可能同其他学者进行讨论?在什么角度上展开讨论?如果没有对法律实践问题的关注,我们很难发现真正的问题;没有民族志田野工作的艰苦积累,我们也不可能真正获得田野经验。

  法律民族志研究获取田野经验的途径主要是参与式观察和深度访谈,实践中往往是这两种方法的结合。参与式观察具有诸多的优点:调查者长期生活于调查的社区,与当地人相处,容易获得当地人的信任并获取第一手材料,能够相当熟悉当地发生的事件,更好地从当地人的角度去了解其生活意义,更好地理解当地的社会结构及社会文化中各种因素之间的功能关系。但参与式观察往往要求一年以上的时间[49],这对法律社会学研究者而言有些苛刻。况且,法律事件的发生与时间和季节关联并不大,一年内发生的法律事件也往往并不多,不足以进行法律民族志的研究,因此,在实践中,深度访谈是更为重要的法律民族志田野调查方法。深度访谈要求访谈者事先对被研究地区的文化和被访者的日常生活有一定的认识,然后以"悬置"社会科学知识体系的态度进入现场,以日常生活及生活史的结构为结构展开访谈,让被访谈者进入一种"自然"的状态,以发现问题,追究问题,从而进行全方位观察,最后在反思性的基础上讨论访谈者的目的、动机和访谈个案的真实性及其普遍性意义。[50] 如果调查者能够竭力保持一种反思的状态,竭力让自己的思维放开,将已有知识本身的逻辑置于一边,而竭力从访谈者本身的逻辑,从实践的逻辑,来发现自己已有理论逻辑的破绽,深度调查终会有所收获。[51] 在这种情况下,访谈将不仅仅是单纯搜集资料的过程,也是研究的一个环节。

  法律民族志研究反对在没有质性认识之前开展问卷法或统计学研究。问卷法和统计学方法具有很多优点,其调查结果规范化、数量化,在调查中花费低、耗时少、速度快,调查范围广,适合于用计算机对结果进行统计分析等。但它在质性判断上具有很多缺点,它容易受人为因素如反应的偏见、防御的策略等的影响,难以获取足够详细的信息,难以了解调查对象的态度和动机等较深层次的信息,容易产生信息误差,此外,它还要求调查对象有一定的文化水平,

---

[49] 已有学者对此进行了反思,参见马翀炜、张帆:《人类学田野调查的理论反思》,载《思想战线》2005 年第 3 期。

[50] 杨善华、孙飞宇:《作为意义探究的深度访谈》,载《社会学研究》2005 年第 5 期。

[51] 贺雪峰:《作为理解真实的深度访谈》,http://www.snzg.cn/shownews.asp? newsid = 10362,最后访问于 2007 年 3 月 10 日。

能够准确理解问卷内容。因此,在村庄中就法律问题使用这种方法展开调查,常常不但不能完成调查任务,甚至得出误导性结论。当我们确实需要就某一法律问题在农村地区展开广泛的调查时,针对专题问题分区域选点进行短暂的深度访谈也往往比问卷和统计方法更为有效。

五、简短的结语

任何一个学术研究领域都有其独特的问题意识和具体进路,由此,也就形成了自己的学术积累,任何一项新的研究,不管研究者是否有意,都是在前人的基础上提出问题和开展研究的,法律社会学当然也不例外。自 20 世纪 90 年代苏力开风气之先以来,法律的社会科学研究逐渐成为"显学"。苏力对政治正确的流行意识形态话语和对西方大词的警惕,对实证传统、中国经验和科学想象力的强调对中国法律人影响深远,其问题意识和研究进路极大地影响了后来的法律社会学研究。苏力的法律社会学从根本上是反思性的。然而,我们这样一个大国当前处在一个前所未有的历史转型时期,法律的发展需要人们对法律制度的政治、经济、文化和社会基础进行研究,这是法律社会学研究的时代使命。

20 世纪上半叶费孝通等人开创的村落社区民族志研究模式一直是中国研究的典型范式,到今天仍然支配着中国研究,并有人用这种模式展开法律问题研究,即法律民族志研究。法律民族志的中国研究有两个困境,一是问题意识处在西方人类学学术谱系的阴影之下,二是这种研究模式一直受所谓的"代表性"问题困扰。区域比较视野下的法律民族志研究,首先试图树立法律民族志研究的明确中国问题意识,其次尝试以实践调查中感受到的中国农村区域来缓解民族志研究的"代表性"张力。这种研究进路,为我们了解中国基层的整体状况提供了一个开放性的总体框架和可操作性的方案。当法律民族志研究的中国问题意识明确,也不再受"代表性"困扰时,全面了解中国法律制度的政治、经济、文化和社会基础就有了可能,法律的社会科学研究超越反思性,回应时代使命也就有了可能。

在当前的法律社会学研究中,学者要么对中国基层的差异没有感知,往往基于自己的生活经验或有限的调查经验得出对中国基层的普遍判断;要么由于感觉到中国基层的差异太大而放弃全面把握中国经验,从而乐于停留在反思性的水平上。当法律民族志研究树立起明确的中国问题意识,而其"代表性"张力也消失后,如果能在全国范围内开展区域性的田野调查,在不同的区域内分别展开法律民族志的研究,并对不同区域的中国经验进行比较和讨论,在不同区域的中国经验与问题中培养学术想象力,必能全面理解中国基层(至少是在农村层面上),把握法律制度运作所面临的中国基础。伸展一步,这样必能逐步建构出立足于中国经验的法学理论体系和学术话语来。

中国法的思考方式

——渐层的法律文化*

〔日〕铃木贤 著 陈根发** 译

19世纪后半叶以来,在非西洋社会中,以西洋法的引进(乃至强制性移植)为基础的法的"现代化"都有了不同程度的进展。尤其是,日本自明治维新以来,在"脱亚入欧"的口号下,以一般所说的修改条约问题为直接杠杆,把固有法的转换作为国家计划,并予以了强有力的推动。在日本的法学中,经常从欧美法中寻找"启发"的比较法研究直到今天仍然是主流并得以继续的情况,正表示着这样的潮流至今尚未过时。现在,基于西洋法的引进,无论在哪个非西洋国家,西洋法律文化正在不同程度地渗透这一点,可以说是人所公认的一个事实。

可是,在以往的世界上许多学者的法律文化研究中,都认为传统中国法才

---

* 本文原载〔日〕安田信之、孝忠延夫编:《アジア法研究の新たな地平》,成文堂2006年版,第4章。
** 译者为中国社会科学院法学研究所副研究员、博士。

处于西洋法的相反极端,位于最远离现代西洋法的位置。[1] 以前的各个领域中的研究成果,似乎全都是为了证实这一说法,因此在世界的法律文化中,中国法的异质性显得与众不同。世界上的法纵然受到西洋法(在所谓的全球化潮流中,尤其是美国法)的压倒性影响,但是说实在的,在中华人民共和国的法中,值得注目的是,直到今天固有法的要素仍然是色彩浓厚的印记。笔者曾把现代中国的法律文化看作"东北亚圈法律文化的活化石"[2],对于中国法律文化的难以改变和惯性的强韧性深感惊愕。就是经历了近年来的高速经济成长,中国法仍然在根本上保持着与西洋法极其不同的性质。现在,包括日本投资家在内的许多人士,对于中国法的异质性,仍然感到非常困惑。

在考察现代中国法时,值得我们注意的是,固有法与引进法、法律与非法律规范是错综复杂地融合在一起的,哪一个都表现出莫衷一是的中性的法(乃至法性质的东西)。那里的确存在着能够用 Creole 这一语言来表示的相应的情景。在日本,曾经存在一个认为克服或取消落后的传统法、转换到先进的西洋法才是现代化和进步的时期。但是,今天难道也可以根据单线的发展历史观,把中国法的现状仅仅作为处于落后的法律状态而予以切除、丢弃吗?[3]

以上述这样的问题意识为前提,本文认为,中国法的出发点构思基本上是依据"连续的逻辑",与西洋法所擅长的"严格区别的逻辑"完全处在不同的地平面上,因此两者的构思和构造是不同的,在把它作为先进或落后的关系加以把握时,有必要对之作根本性的反省。

一、渐层文化的几种形象

(一) 行政与司法

在传统习惯上,中国的法院是作为行政的一个环节运行的,司法为行政(衙

---

[1] 徐忠明:《包公故事:一个考察中国法律文化的视角》,中国政法大学出版社2002年版,第243页。

[2] [日]铃木贤:《对于现代中国法的近代法》,载《社会体制与法》2003年第4号。

[3] 例如,棚濑孝雄把同样的思考表现为:"也有其社会所固有的创新部分。其中用'前现代的'或'落后'这样的形容词是概括不了的,毋宁说法作为一个建立社会关系的形式克服了其所具有的界限,在这一意义上也包含了带有普遍性的要素。""是否能够认为,这是与'前现代的克服'这样单线的发展所不同的复线化、多元化这样作为文化的法的丰饶化呢?"参见[日]棚濑孝雄:《亚洲法与社会研究——研究目的、方法和界限》,载《东亚社会的法与现代化》,科学研究费基础研究A(2)研究成果报告书,2004年,第2—3页。

门)所吸收。[4] 负责案件审判业务的官吏一般由地方行政官员兼任,对于地方末端的官僚知县来说,审判是其重要的职责之一。正如众所周知的那样,中国帝政时期的官吏是科举官僚,他们并未受过法律专门知识和作为法律家的职业训练。在传统的中国,并不存在一个法律专家阶层——法曹这样的身份,也不存在法学这样的学问领域。因此在处理诉讼案件的手法中并没有司法本身的逻辑和程序,最多是把审判定位于作为处理行政事务的一个环节罢了。可以说,直到清末引进西洋法,在整个帝政时代,这样的司法与行政一直是一个相互关联的连续体。

有学者指出,实际上在迎来了21世纪的现代中国,这样的特征也在各个方面色彩浓厚地遗留了下来。

1. 审理本身是根据行政事务的逻辑运行的。不直接负责该事件审理的法官和该法院的外部人员有多种参与案件审理决定的途径。例如,有审判委员会的集体决定系统,院长、庭长的事前案件审查制度,向庭务会、上级法院提交的关于案件处理方针的事前照会办法,党委、人民代表大会对具体案件的介入(指导乃至监督)等。重要程度越高的案件,上面的领导越要参与决定,存在着被称为"判而不审、审而不判"、"先定后审"、"两审合一"等独特的现象。[5]

2. 非专门性的司法。[6] 法官不一定是法律专家,关于担任法官的条件,曾经并不一定要求有法律的专门知识。在中华人民共和国建立后的很长一段时期,司法曾经没有被认为是需要以法律知识为背景的专门性业务。走大众路线,不受法律程序的约束,采用柔软的和随机应变的办案方法,被认为是最理想的。如在20世纪40年代的边区时代,就有被作为模范的马锡五审判方式。[7] 50年代初期掀起的司法改革运动,则把国民党统治时期培养起来的法官作为旧法人员,政治性地予以了肃清,此后法律外行担任审判的状况得以长期固定化。法官主要从退伍军人中招募,法院被作为退伍军人的再就业窗口得到了活用,

---

[4] 徐忠明:《包公故事:一个考察中国法律文化的视角》,中国政法大学出版社2002年版,第351、411页。

[5] [日]铃木贤:《人民法院的非裁判所性格》,载《比较法研究》1993年第55号。[日]铃木贤:《基于中国市场化的"司法"的析出》,载[日]小森田秋夫编:《市场经济化的法社会学》,有信堂2001年版。[日]小口彦太等:《现代中国的审判与法》,成文堂2004年版,第83页。

[6] [日]铃木贤:《(补论)中国的法曹制度》,载[日]广渡清吾编:《法曹的比较法社会学》,东京大学出版会2003版。

[7] 武鸿雁:《围绕中国民事审判构造变化的一个考察——脱离"马锡五审判方式"的过程》,载《ジュニア・リサーチジャーナル》北海道大学法学研究科2005年第11号,第77页。

在选任法官时,与该人物的"专"相比,更加重视"红"。直到2002年,统一的司法考试制度才好不容易建立起来,从此以后,担任法官,首先就要求通过司法考试了。[8]

最近,在中国法学界卷起旋风的苏力教授的论文集《送法下乡》,介绍了法官与村干部一起到诉讼当事人的家中访问,并在炕上开庭的逸事[9],可见大众路线的作风直到今天仍然被作为良好的传统得到宣传。

3. 法院成了期待超越个别纠纷解决的"社会效果"的能动性机关。[10] 中国的法院期待狭义的司法(个别诉讼事件的处理)所不能容纳的作用,实际上在各个案件处理以外还承担着许多其他业务。例如,新法制的定期宣传(普法),判决后对当事人的访问,确认判决效果的"回访",总结经验体会并向企业和社会提出建议等,可以说不胜枚举。司法所具有的被动性这一特征,在中国是不适用的。这表示法院也是实现特定的政策目的的工具。另外,理应属于法院专门业务的审理本身,也经常超出个别事件的处理范畴,认为应该考虑社会的、政治的效果而予以推进。[11]

这样,人民法院的业务好像超出了裁判所的业务范围,它与行政的界限是非常暧昧的。行政性司法虽然在司法改革中被作为改革的对象,但是中国的司法在不远的将来能被"司法化"到什么程度,则是不容乐观的。

（二）同意与强制

一般地说,作为纠纷处理的程序,以当事人的同意为基础的调解,与国家强制力为背景的审判是对立的。但是,在中国,调解与审判的界限是模糊的,两者之间的区别也是相对的。

在中国的传统上,有喜欢通过协商处理纠纷的倾向,与诉讼相比,通过调解处理纠纷是主流。并且,它被解释为"和为贵"等这样的儒教心态在起作用。可是,进入改革开放以来,这一倾向出现了显著的变化。近20年来,人民调解和民事诉讼利用状况的变化推移,如下表所示:

---

[8]〔日〕木间正道等:《现代中国法入门》,有斐阁2003年版,第213页。
[9] 苏力:《送法下乡》,中国政法大学出版社2000年版,第27页。
[10]〔日〕铃木贤:《人民法院的非裁判所性格》,载《比较法研究》1993年第55号。
[11] 李玉杰:《审判管理学》,法律出版社2003年版,第81页。

表 1　人民调解与民事诉讼处理案件数的比较[12]

	1986 年	1990 年[13]	1999 年[14]	2001 年
人民调解	7307049(88.2)	7409222(80.0)	5188646(59.6)	4860695(58.4)
民事诉讼	978990(11.8)	1849728(20.0)	3517324(40.4)	3457770(41.6)

[出处]《中国法律年鉴》各年度版。

从这个表中可以看出,作为民事纠纷处理的途径,民事诉讼与人民调解的比例,从 1986 年的 1:9,15 年后变成了 4:6。即,改革开放初期是压倒性地根据人民调解来处理民事纠纷,但是最近诉诸诉讼的当事人急剧增加了,其比例发展到了几乎可以与人民调解相抗衡的程度。

并且,关于第一审的民事诉讼最终是怎样了结的情况,如下表所示:

表 2　民事诉讼处理方式的变化

	1988 年	1997 年	2001 年	2003 年
诉讼调解	1017829(71.73%)	1651996(50.95%)	1270556(36.74%)	1322220(29.9%)
判决	213664(15.06%)	955530(29.47%)	1417625(41.00%)	1876871(42.5%)

[出处]《中国法律年鉴》各年度版。

十几年前,七成以上的民事诉讼是通过调解得到解决的,最近,通过判决终结的超过四成,远远超过了调解的比例。但是,原告撤销诉讼而终结的案件,从 1988 年的 10.64% 到 2003 年的 20.7%,大约增加了一倍。这样,近年来,在中国的民事纠纷处理方式中,发生了从人民调解向审判,即使在审判中也发生了从和解向判决的显著转换。

根据上述分析,也许有人会认为以往的以同意为基础的纠纷处理,正在向以法律强制为最终依据的处理转变。但是,事态并不那么简单。即,无论是在人民调解还是在法院调解当中,无视当事人的意思、把调解方案强加于当事人的现象还是很成问题的(同意中的强制)。为此,1991 年制定的现行《民事诉讼法》第 85 条第 1 款特别强调了法院调解应该根据当事人的"自由意思"进行。

---

[12]　这里不包括处理企业间民事纠纷的经济诉讼。而且,在 2002 年度的统计中,民事案件和经济案件被作为民商事案件统计到了一个项目中,因此单纯地延长这一比较的工作就不可能了。需要特别说明的是,在 2004 年的统计中,民事一审的处理件数为 430 万余件,人民调解的处理件数为 441 万余件。人民调解与民事诉讼几乎成了 1:1。参见《中国法律年鉴 2005》,中国法律年鉴社 2005 年版,第 1064、1078 页。

[13]　这一年,通过人民调解解决的案件数量创下历史最高纪录。之后,逐渐递减。

[14]　这一年,民事诉讼的处理件数创下历来的最高纪录。之后,呈递减倾向。

另一方面,就是在走判决的案件审理中,也往往是在审理的各个阶段(立案、判决、申诉和执行),一边取得当事人的同意一边推进程序,在强制中混入同意的要素。把已经取得当事人的同意明确写进判决理由中的判例也处处可见。就是到了执行阶段,也经常对债务人进行说服工作。[15] 因此,执行事务也成了法官的业务。并且,判决无法强制执行,成为画饼充饥的现象即执行难的问题,也很普遍、深刻。

人民调解也罢,审判也罢(还有其中的法院调解也罢、判决也罢),在纠纷中要取得一定的终结,似乎就必须套用高见泽磨将之公式化的"说理、心服"构造。在这一点上,现在仍然继承着传统法的结构。[16] 可以说,在中国,同意和强制不是针锋相对的,而是共存和相互补充的关系。

(三) 混合法体制

固有法时期的中国法,是以各种不同性质的法律规范被规定在同一法典的"诸法合体"为特征的。当时的法律,没有公法和私法、实体法和程序法的区别,也没有民事审判和刑事审判的区别,审判主要关心的经常是如何科以刑罚(量刑)。在这种情况下,既不存在明确的法律领域,也不存在诉讼的类别,而只有罪轻的犯罪和罪重的犯罪之别,与此相适应准备了不同的程序罢了。可以说,法律是作为一个没有裂缝的整体世界而扩展的。

这种倾向,在受到西洋法的影响,大体上有了法律领域的区别,理应存在民事、刑事、行政诉讼的区别的现在,也随处留有痕迹。首先,如果看一下法典的构成,就会看到,在大部分法律中同时包含有民事性规定、刑事处罚规定、行政性约束和禁止性规定,即,许多法律是公法和私法融合型的立法。[17] 其次,从下列三个方面看:

1. 作为现行民法基本法的《民法通则》(1985 年制定)第 134 条第 3 款规定,法院在审理民事案件时,不仅可以就民事责任作出判决,"还可以予以训诫、责令具结悔过、收缴进行非法活动的财物和非法所得,并可以依照法律规定处以罚款、拘留"。这就是说,法院可以在民事责任以外,对被告科以这样的与原告的诉讼没有关系的制裁。在这里,法院采取了科以行政处罚这样的奇妙

---

[15] 〔日〕高见泽磨:《现代中国的纠纷与法》,东京大学出版社 1998 年版,第 46 页。
[16] 同上书,第 3 页。
[17] 〔日〕木间正道等:《现代中国法入门》,有斐阁 2003 年版,第 149 页。邹海林:《中国商法发展过程中的若干问题》,载渠涛主编:《中日民商法研究》第 3 卷,法律出版社 2005 年版,第 235 页。

构造。[18]

2. 本质上作为民法一部分的、关于家族基本法的《婚姻法》(2001 年修改),对于重婚、家庭暴力和对家庭成员的虐待,规定可以追究刑事责任和行政责任(该法第 43 条、45 条)。[19]

3. 在证券法、保险法、票据法等商事法律中,也包含有许多行政法的规范和有关刑事处罚的规定,是典型的公私混合法。中国的商法学者邹海林教授称之为"商法的公法化"。

另外,在《物权法》的制定过程中,为了维护国家重要生产部门的财产公有制,设想在作为民法一部分的《物权法》中放进公法性规定的意见也非常有力。即,设想在物权法中实现维护公有制这一政治性的、公法性的课题。

对于这样把性质不同的规定同时放进同一个法律的做法,虽然存在作为"综合治理"等的积极评价,但是另一方面,也能听到把法律的性格弄得模糊了的批判。[20] 不管怎么说,在现代中国,法律领域相互间的篱笆较低,法典成为混合法是常事。

(四) 制裁的体系

在现代中国,存在这样的观念,即在一个尺度上并列着民事责任、行政处罚和刑事处罚,这在法律制度中也有反映。[21] 这三种处罚在观念上不是三根独立的线,而是一根线上不同的三个阶段。这三个阶段是与"社会危害性"这一恶性的程度相对应的,经常具有超越篱笆相互转化的可能性。因此,在许多法律中,与社会危害性程度的大小相对应,准备齐全了三种制裁。这样的制裁观念产生了上述的混合法体制。

在中国的犯罪理论中,社会危害性这一行为的恶性占据了犯罪概念的中心位置,采取了实质性的犯罪概念。但是,并不是所有带有社会危害性的行为都是犯罪,只有达到一定的程度时才能获得刑事的可罚性。[22] 对于达不到刑事处罚的具有社会危害性的行为,可予以治安管理处罚等行政性处罚。比这些社

---

[18] 〔日〕木间正道等:《现代中国法入门》,有斐阁 2003 年版,第 118 页。
[19] 〔日〕铃木贤、广濑真弓:《中国家族的变化与法的对应》,载《ジュリスト1213 号》,2001 年,第 93 页。
[20] 崔光日:《中国产品责任法中无过失责任的容纳与变化》,载《北大法学论集》2003 年 54 卷 5 号,第 450 页。
[21] 〔日〕木间正道等:《现代中国法入门》,有斐阁 2003 年版,第 285 页;〔日〕高见泽磨:《现代中国的纠纷与法》,东京大学出版社 1998 年版,第 203 页。
[22] 侯国云主编:《中国刑法学》,中国检察出版社 2003 年版,第 52 页。

会危害性更小的行为,则属于民事的领域。颇有意思的是,在中国,有这样的观念,即根据纠纷的激化程度,民事纠纷可以依次转化为行政事件、刑事事件。所谓的"民转刑",就是指,即使是民事纠纷,但如果贻误处理,就会向杀人、伤害等刑事案件发展。[23]

这样,纠纷与制裁,往往分为民事、行政和刑事三个等级,但是在观念上它们不是性质不同的独立存在,而是并列在渐层的一条直线上。

二、擦肩而过的两个逻辑

从上述考察中我们可以看出,在中国法中,贯穿着与西洋法不同的逻辑。即,在西洋法中经常是把社会现象作为二元对立的两分法来加以认识的,在法律领域中也根据这样的思考结构来构筑概念和范畴的分类。例如有法律与非法律、法律与道德(礼、情理)、法律与事实、司法与行政、实体与程序、民事与刑事、权利与义务、法律家与非法律家、法律纠纷与社会纠纷等的区分。换言之,这些都是被严格区别的两个概念,两者之间划有明确的界限。与此相对应,在中国,这些概念之间虽然有相对的区别,但其界限却是模糊的,两者往往相互重叠,可以说它们的区别是流动的。另外,在观念上,上述两者之间的区别也是随着时间的推移而发生变化的。

与西洋法依据"严格区别的逻辑"相对应,在中国法中扩展着的是可以称为"连续的逻辑"的风景。大胆地说句大话的话,是否可以说中国人的思考是渐层状地、阶段性地展开的,一切都被覆盖在界限不明确的灰色地带呢?就法律领域来说,法律与非法律、法的世界与日常世界、行政与司法、民事与刑事、实体法与程序法、同意与强制等概念,好像都处在两极之间浓淡色彩逐渐变化的渐层状态之中。

这一考虑方法的差异来自何处呢?并且应该如何来解释这种状态呢?美国的社会心理学家理查德·尼斯拜托对之展开了意义深刻的探讨。尼斯拜托认为,欧洲人(这里指包括美国人的欧美人)与东亚人的认识世界的方法、认识的过程和思考体系在很大程度上是不同的。[24] 欧美人在看森林时也着眼于构

---

[23] 〔日〕木间正道等:《现代中国法入门》,有斐阁2003年版,第287页。
[24] 尼斯拜托也承认日本人、中国人和韩国人等有差异,但在把他们与欧美人作对比时,认为还是具有捆在一起分析的共同点。参见〔美〕尼斯拜托:《看树的西洋人 看森林的东洋人》,〔日〕村本由纪子译,ダイヤモンド社2004年版,第11页。

成森林的树木,具有"认为世界是由个别的对象或者要素构成的倾向"[25],擅长于概念、范畴的分类,割裂对象物的上下联系和二者择一的逻辑,强调主体的相互独立性,选择、议论的价值和目的指向型推论。尼斯拜托说:"他们是用分析的、原子论的观点看世界的,是把人和物作为从环境割离的各个独立的东西加以把握的。"[26]在这样的认识方式下,人们很容易适应普遍主义类型的法,在具备一定要件时适用特定的法律规范得出结论。

与此相对应,东亚人是把全体森林作为一个总体来观察的,没有认识到把构成部分从全体中割裂开来的必要。往往在与上下前后的关系中认识一个部分,重视一切相互关联的事物。尊重调和、相互协调性和包括性,把世界理解为一个没有接缝的连续体。他们拥有对"场面"有很高依存度的高脉络的文化,用"宏观"把握世界的倾向非常显著。因此,"东洋人必然地对'脱连贯性化'(把议论的构造从其内容中割裂开来考虑)抱有疑问,讨厌只根据抽象的基本命题进行推论"[27]。在这样的世界观下,与普遍的规则相比,的确更喜欢"考虑到连贯性和人类关系性质的个别进程"[28]。

中国的传统文化讨厌把事物一分为二和作严格的区别,具有连续性把握的倾向。在中华帝国,空间的领域(国境)和人的构成(国籍)中也没有划分明确的界限,从中原到周边,中华文明在同心圆状中是不断向外延伸的。产生出明确的国境和国籍的国民国家这一体制的,正是欧洲文明。中国的中医经常把疾病看成是整个身心平衡的异常,往往考虑全身治疗,而西医却经常把患部与正常部位作严格的区别,采取对患部手术治疗或予以摘除这样的治疗方法。在中医上,生病与健康的差异也是含糊的。因此,在中国料理中平时非常重视用营养丰富的天然药材等所熬的汤,把医药和食物一体化。本来是治疗特定的疾病,却在完全分离的部位找出穴位,对之加以按摩和施以针灸,这也是因为觉得人的身体作为一个整体是有机地连接在一起的缘故。另外,中文和日语对上下文连贯性的依存度很高,不写明主语的情况也不少见,第一人称也有指对方的情况,往往需要根据上下文的意思分别使用不同的词语。[29]

---

[25] [美]尼斯拜托:《看树的西洋人 看森林的东洋人》,[日]村本由纪子译,ダイヤモンド社2004年版,第96页。
[26] 同上书,第126页。
[27] 同上书,第187页。
[28] 同上书,第76页。
[29] 中国语的第一人称,现在几乎都用"我",但是,在传统上,根据上下前后的关系分别使用过很多称呼。

上述差异,对东西方的法律都带来了深刻的影响。西洋法的思考,是明确地把对象物从复杂的环境中割裂开来加以认识的,要求用"普遍的"正义的力量来达到目的。在那里,经常伴随着单纯化和舍弃。在这一意义上,尼斯拜托所说的东洋思考模式,好像是立足于与此完全不同和不容的构思。但是,关于日本法,由于长期引进西洋法的结果,可以说,至少有一些法律家在很大程度上已经脱离了亚洲的思考方式。在日本,民事诉讼与刑事诉讼被严格地区分,在刑事诉讼中被害人不能提起附带民事诉讼。对于这一点,中国的刑事诉讼法中规定了附带民事诉讼的制度。因此,刑事法庭有可能同时处理刑事和民事诉讼(中国《刑事诉讼法》第77条、78条)。另外,中国的刑事诉讼法规定,在检察院的公诉之外,还允许被害人自诉(《刑事诉讼法》第170条至173条)。对于自诉案件中的轻微的犯罪,还允许自诉人与被告人自行和解或撤回自诉。可以说,现代中国的民事诉讼和刑事诉讼是缓慢地连续和相互重叠的。

与中国法相比,可以说,日本法(或者应该说是法律家的思考)已经在相当程度上西洋化了。但是,如果离开法的世界去观察日常生活的话,我们就会注意到,日本实际上也充满着东洋的思考方式。日语中第一人称的丰富性常使外国人感到困惑,而对于日本人来说,根据不同的情况和对象,不同的作用、地位、年龄和性别等分别使用不同的用语则是当然的事情,即日本人往往是在与他人的关系中相对地决定自己的地位的。因此,把 identity 这一概念翻译成日语是很困难的,让不懂外国语的日本人理解这个概念也是不容易的。

我们把眼睛转向中国的话,可以发现,尼斯拜托这个公式不仅在日常生活,而且在法的领域也似乎发挥着有效的作用。在西洋和亚洲,既然观察世界的观点不同,并且它也给法律打上了深刻的烙印,那么我们必须追问的是,把两者放到优和劣、先进和后进的关系中比较研究,是否妥当呢?这就是说,对于通过连续逻辑而成立的中国法,以基于严格区别逻辑的西洋法为基准作评价时,其意义是值得怀疑的。

三、两个逻辑的磨合

(一) 差异为什么产生?

为了回答上述问题,有必要弄清的是,这样的不同认识的根源是什么呢?换言之,就是说,到底是什么使得差异产生的呢?尼斯拜托也谈到了产生海洋东西方思考差异的社会背景,但其结论并不一定明晰。[30] 从什么地方寻找文明类型的差异,这是一个超出法学领域的大问题,本来就不是本文说教和推销的课题。一般的议论是从气候(降雨量、治水的必要性、气温等)和生产方式(是游牧民还是农民)等处寻找根源。但是,对于笔者来说,总觉得这些都是事后诸葛亮的无休止争论。在这里,笔者只能把议论停留在其根源的边缘。

尼斯拜托的书名使用了"看树的西洋人,看森林的东洋人"这样印象性的短语。如果把观察、认识的对象从森林换置到人类社会的话,难道我们不能换说成"看个人的西洋人,看社会集团的东洋人"吗?这就是说,西洋人认为,社会是由不能再分割的个人恰如制造物质的原子那样积聚起来而形成的,因此重视作为个人主体的地位,产生了所谓个人主义倾向显著的社会。与之相对应,在以中国为首的亚洲,人们总是比较总体性地把握社会,不想明确地把个人从集团中分离出去。个人与家族、个人与各共同体不是处于相互对立的关系,允许个人为这些集团所吸收,就连个人与个人之间的界限也是模糊的。"严格区别"与"连续"这一对比,难道不可以归结到如何认识这一个人与个人之间的界限问题吗?

现代法无疑是建立在承认个人法律人格的基础之上的。但是,现代中国法在财产和人格的两个方面仍然设置了模糊个人与个人界限的制度。例如,个人经营工商业的"个体工商户"和从村等集团组织承包农地经营的"农村承包经营户"这样的家庭被作为财产权的主体得到了承认(中国《民法通则》第26条至29条)。我们知道,"户",是由血缘、婚姻联结而成的共同经营的集团。在上述规定面前,"户"的财产和成员个人财产之间的界限显然是模糊的。而实际上,在传统的中国,家族集团成为财产所有的主体,是常见的事情(同居共财)。据说,在越南等国的民法中,家庭在财产法上的主体性也产生了很多类似的问题。[31] 另外,中国的《民法通则》(第101条、102条)在个人的人格权以外,还明文规定了对法人名誉权和荣誉权的保护,说明人格权并不是个人的专利。可以说,在现代中国法中,到处可以看到包括运用在内的将个人财产、人格权利相对化的结构。

在中国的日常生活中,与自己亲近的人之间的界限有时也是融合在一起

---

[30] 尼斯拜托谈到了农民和狩猎民的差异,但目的并不是积极地主张其根源在于两种生产方式之间的差异。参见〔美〕尼斯拜托:《看树的西洋人 看森林的东洋人》,〔日〕村本由纪子译,ダイヤモンド社2004年版,第57页。

[31] 〔日〕铃木康二编译:《越南民法》,日本贸易振兴会1996年版,第44页。

的。例如,数人在一起用餐时一般没有均摊费用的习惯,常常由一个人一笔付清,以后不再与每人结算。家族、亲族、亲友之间的金钱借贷是很频繁的,与日本的"不要把钱借给朋友"这一处世哲学形成鲜明对照,中国人对于在困难时连钱都不肯借用的关系是不能称为朋友的。在饭店招待客人问到想吃什么时,几乎所有的中国人都会回答说"随便"之类的话,而把选择权委托给主人。中国人一般对于陌生人会转而变得冷淡,有人评价说这是个人主义性质的,但实际上这与欧美的个人主义是完全不同的。

在传统中国,"国"与"家"是难以分离和互相联结的,"公"和"私"也是相互融合在一起的。[32] 在现代中国语中,单独使用"国"这一词的情况也很少见,几乎都与"家"放在一起组合成"国家"来使用。

(二) 如何考虑差异?

现代中国已经接受了国民国家的体制,也把自己定位于构成国际社会的成员之一,个人独立的法律人格也成了法律制度的前提。另外,在各个领域也引进了西洋法,采用了许多概念的区别理论。在这一意义上,可以说,现代中国法的思考方式也开始向西洋法的严格区别逻辑倾斜。经济的全球化更是加速了法律的全球化。在这样的背景下,有时也会出现基于连续逻辑的制度和运用,但这不过是宏观地考察现代中国法时所能看到的图景了。

如果说个人的确立程度在西洋法和中国法(甚至亚洲法)中被刻入了不同的文化形式,那么应该怎样来评价难以确立个人、个人与个人、个人与集团界限容易模糊的中国法呢?从一方面讲,即使把它看成是文化类型的问题而不是先进、后进的问题,也还仍然留有不畅之处。如果回到上述医和食的区分,在以现代医疗保险制度为前提的限度内,成为保险支付对象的药品就有明确划分的必要。被叫做"补品"的营养补充剂是否可以从保险中负担呢?如果可以的话,承认到什么范围才合适呢?如果这些问题得不到解决的话,那么制度就不能正常地运转。总之,这个世界是被以严格区别逻辑为基础的结构所覆盖着的,也许最多只能在被允许的范围内来摸索最好的混合。

在专门以西洋法为基准来讨论中国法的落后和不成熟的中国法学界,有学者提出了根本性的疑问,也受到了广泛的注目。其代表性成果是被叫做"本土

---

[32] 徐忠明:《包公故事:一个考察中国法律文化的视角》,中国政法大学出版社2002年版,第247、343页。

资源"论的苏力教授的议论。[33] 苏力教授主张只有立足于中国固有的要素、环境和脉络才能理解法律现象,才能得到解决现实问题的线索,批判了以往那种只把中国法作为批判对象的研究态度。

在研究中国法时,会碰到以下这样的不明确的情况:即,它到底是前现代的现象还是后现代的现象呢?抑或是超越了前现代与后现代这样的框架而应该解释为超现代呢?或者,这些也许是同时存在的,也许在那里存在着超越时间和空间的 Creole。对此,想改日再作更深入的考察。

---

[33] 苏力:《法治及其本土资源》,中国政法大学出版社1996年版。

单位法及其特征
——以 B 高校为个案的法社会学分析

彭艳崇

一、引言:研究的缘起

  现代与传统并存的中国现代化发展境遇,使中国的现代化建设呈现多面相的任务:一方面,现代化是我们必须并且是一直在努力的发展方向;另一方面,我们免不了要浸淫在中国自身的传统之中,并且也一直在力图形成自身的个性,实现传统的现代转化,形成有中国特色的现代化。在这种情势之下,中国法治现代化的建设,现在法学界似乎存在这样的共识:完全移植西方的法律制度和体系,或者完全依靠本国法律秩序的生长都不是最优的方案,二者可能都要有研究、论辩和发展的空间。因而对于如何建设中国法治现代化这个问题,化约主义的做法显然不能解决中国法治建设的难题和任务。

  因此,除了致力于研习西方法律及其新近发展而求得其中国化的可行性之外,一种进路就是埋头于中国日常生活实践中去探寻本土的资源以及可能正在发生的法律秩序,自然也免不了两种进路之间的流连忘返形成一种和而不同的生动局面。本土法治资源就是要寻求当下的社会条件下可资利用的传统资源和做法,以支撑中国法治秩序的建构。本土的解释框架,意图在于从中国社会情境中确立不同于西方的理论模式,当然这种模式只是反对照搬照抄、教条主义的西化模式,从反对西方中心论的立场出发,把中国人法律实践中的习惯性做法展示出来,说明中国法治的形成不能回避中国的现实,不能全盘否定中国人自身的法律实践。主张中国的法治道路必须注重利用中国的本土资源,注重中国法律文化的传统和实际。[1] 从这种学术理路来看,本土学者关注较多的还是乡土社会或具体表现在当代中国农村的法律实践。[2]

从本土资源中衍生出民间法这一广泛讨论的主题。[3] 在众多的民间法研究中,民间法仍是一个形象化概括的概念,将除了国家法之外的非正式的规范统统称为民间法。民间法是否具有法的要素即在何种意义上可以称之为法尚未分析,而民间二字也是尚未明了的概念,因而民间法成为一种"模糊的法律产品"。从已有的研究看,民间法的论者更是将目光投向广袤的农村,将民间社会等同于乡土社会的农村。[4] 尽管对乡土社会的研究在了解中国法治秩序存在形态方面有着显见不争的价值,但是在笔者看来,仅仅将乡土社会等同于民间社会却存在着相当大的局限性。首先,学术界对"民间"一词的使用是相当混杂的,它之所以能成为一个跨学科性的显词,是多种背景因素的复杂作用和"民间"一词本身语义的含混所至。[5] 如果将民间视作和国家相对应的领域,那么

---

[1] 本土资源概念来自于苏力:《法治及其本土资源》,中国政法大学出版社1996年版。在随后的著作中,苏力说这一概念的提出也许只是一种偶然,但其后所引发的反响与争论,连他本人也始料未及,见苏力:《送法下乡》"自序",中国政法大学出版社2000年版。

[2] 对乡土社会农村法治实践的关切,见于下列等著作:郑永流、马协华、高其才、刘茂林:《农民法律意识与农村法律发展》,武汉出版社/中国政法大学出版社1993/2004年版;郑永流:《当代中国农村法律发展道路探索》,中国政法大学出版社2004年版;苏力:《法治及其本土资源》,中国政法大学出版社1996年版、《送法下乡》,中国政法大学出版社2000年版;李楯主编:《法律社会学》,中国政法大学出版社1999年版;田成有:《法律社会学的学理与运用》,中国检察出版社2002年版。

[3] 除了梁治平对清代民间法进行研究外,当代中国民间法的讨论集中见于谢晖、陈金钊主持的民间法研究。见梁治平:《清代习惯法:社会和国家》,中国政法大学出版社1996年版;谢晖、陈金钊主编:《民间法》(第一至五卷),山东人民出版社2002—2006年版。

[4] 在笔者看来,经过社会主义政权建设以及目前正在进行的社会主义新农村建设后,当代中国的农村和费孝通先生所言的乡土社会语境中的农村显然有着相当大的不同。

[5] 学界对民间概念的梳理可以看出在大陆语境中民间一词难以和台湾学者对民间的理解以及西方舶来的市民社会概念相一致,表现出相当大的模糊性,而这在很大程度上再次印证了中国社会的复杂性。相关评述见姚新勇:《歧义的"民间"——关于当下"民间"话题的梳理与反思》,载《文化研究》2005年第5期;甘阳:《"民间社会"概念批判》,载张静主编:《国家与社会》,浙江人民出版社1998年版;邓正来:《国家与市民社会——一种社会理论的研究路径》,中央编译出版社1999年版;梁治平:《"民间"、"民间社会"和Civil Society——Civil Society概念再检讨》,载《当代中国研究》2001年第1期。

"'民间'并非一种人群的范畴,相反,它本身即包含了一种社会的观念,在这一意义上,它所指称的可以是一个有别于'国家'的'社会'",是一个普通民众生活于其间的世界。[6] 既然民间社会是普通人生活其中的世界,那么将城市普通民众的日常生活空间排除在民间社会之外显然不符合逻辑。其次,中国社会城乡二元结构的特征,表明社会的存在形态不仅仅在农村,而且包括城市社会。已有的民间法研究其前提假设在于将城市作为现代化的产物,乡土气息和传统力量的影响早已隐退。法治建设的重点和薄弱环节在农村而不在城市这样的推断也在上述众多的农村研究中得以证实。如果将民间法的"民间"仅仅看作农村乡土社会,或者把农村社会直接当成民间,显然忽略了城市民间社会的存在。再次,虽然国家法可以被一般地理解为由特定的国家机构制定、颁布、采行和自上而下予以实施的法律,"在国家法所不及和不足的地方,生长出另一种秩序,另一种法律。这里可以概括地称之为民间法"[7]。国家法与民间法的二分背后显现的是国家与民间的二元划分,显然也不符合中国社会的实情。国家与民间的分野在中国传统与现代并存的社会情势中并不明晰,二者之间存在"第三领域"[8]。在中国并没有出现一个国家和社会分离的状况,而是社会中的某一部分和国家中的某一部分密切地结合,形成一个新的集团,这个集团可以是政治性的,也可以是商业性的。这是中国一个新的发展现象,而这个现象在很多西方社会并没有发生。[9] 最后,在中国这样一个现代与传统并存的复杂社会中,存在不同的和多样的利益群体,通过多维的、流动的、不同种类的成员集合体来表达和追求其利益,以整体性社会来谈论社会显然不合适。[10] 社会秩序表现出多样性和复杂性,城市社会并不是法治化了的一种秩序形态,而是多种秩序形态。特别是对于中国特有的社会现象——单位而言,即使在市场经济发展的今天,单位仍然是中国社会的一种基本结构。[11] 正是单位这种社会结构的存在,使我们看到中国城市社会结构的分化表现出一种多元性。单位成员通过单位来分配和获取资源,并在单位组织中获得社会地位和社会角色,在单位的框架内展开互动。单位虽然是国家进行社会统治和控制的组织形式,但是

---

[6] 梁治平:《"民间"、"民间社会"和 Civil Society——Civil Society 概念再检讨》,载《当代中国研究》2001 年第 1 期。

[7] 梁治平:《清代习惯法:社会和国家》,中国政法大学出版社 1996 年版,第 32 页。

[8] 黄宗智:《中国的"公共领域"与"市民社会"?——国家与社会间的第三领域》,载邓正来、J.C. 亚历山大编:《国家与社会:一种社会理论的研究路径》,中央编译出版社 2002 年版,第 429—430 页。

[9] 张静主编:《国家与社会》,浙江人民出版社 1998 年版,第 9 页。

[10] B. Smart, *Postmodernity*, London: Routledge, 1993, p.57.

[11] 李汉林:《中国单位社会:议论、思考与研究》,上海人民出版社 2004 年版,第 13 页。

这种组织形式有其相对自主的活动空间并使得这种制度安排获得意外的后果。[12] 因此单位的秩序对于维续城市社会和谐秩序来说有着重大的意义。

基于上文对当下社会形态和已有民间法研究以及法社会学研究的认识，本文首先在法社会学及法人类学对法进行界定的基础上提出单位法的概念，以此概念来描述和分析城市单位社会的法秩序，并根据B高校这一事业单位的个案[13]，通过对个案的长期观察来描述其单位法形成过程。单位法的研究并不是刻意要从本土情景中找出另类，而是从中国人的另外一种生活场景——在城市单位情景中探讨单位成员构建自身法秩序的实践，展示单位成员在建构自身内在秩序过程中的行动特征，为中国法治秩序的建构提供城市单位社会的经验材料和说明，以弥补法社会学研究在此领域的空白。

二、单位法的界定

已有的研究表明单位是中国的一个特色现象。[14] 单位是城市普通人的工作场所，但它往往又超出工作场所的意义，它还是中国人参与政治、国家对单位进行意识形态控制的重要场域。通过资源在单位的分配进而实现国家对单位成员的政治、经济和社会控制。而个人被组织进各种各样的单位之中，在单位这个场域和他人展开互动，形成主要的生活秩序。既然单位是国家控制的重要领域，那么为何能将单位里的法秩序归为一种非正式的法呢？单位法又在何种意义上可以称为法？

首先，单位法是站在法律多元主义的立场上来理解法这一现象的。

法多元主义认为，如果法的概念并不是仅以国家权威作为其合法性的渊源，那些与国家法一起起作用的另外的一种法体系，无论它们是相互和谐还是相互冲突，无论它们贴上非国家法、非官方法，还是人民法、地方性法、部落法、

---

[12] 李猛、周飞舟、李康:《单位：制度化组织的内部机制》，载《中国社会科学季刊》(香港)1996年总第16期。

[13] 在不影响描述和逻辑论证的前提下，为了保证研究的客观性和出于保护研究对象隐私权的考虑，本文用符号的技术化处理来替代调查中真实的机构、人物的名称。

[14] 单位现象的历史研究以及和苏联的对比研究表明单位是中国社会的一种特色现象。见路风：《中国单位体制的起源和形成》，载《中国社会科学季刊》(香港)1993年总第5期。Andrew George Walder, *Work and Authority in Chinese Industry*: *State Socialism and the Institutional Culture of Dependency*; Ann Arbor, Mich.: UMI, 1982. Xiaobo Lü and Perry(ed.), *Danwei*: *the Changing Chinese Workplace in Historical and Comparative Perspective*, Armonk, N. Y.: M. E. Sharpe, 1997; Mark W. Frazier, *The Making of the Chinese Industrial Workplace State*, *Revolution*, *and Labor Management*, Cambridge, UK; New York: Cambridge University Press, 2002.

民间法、习惯法等这些标签,当它们与国家法一起并构进入法学者的视野时,法的多元概念就出现了。[15] 按照法律多元主义观点,在一个社会的法治秩序中,不仅存在国家法的秩序,而且还存在各种非国家法秩序的形态,它们是维续社会秩序不可或缺的重要力量。从理论意义上讲法律多元主义突破了法律中心主义的视角来认识法的概念,开阔了认识人类社会秩序的视野。但是,法律多元主义对法所进行的描述多是在国家法的观照下,并没有形成一种分析性的概念,使得非国家法的边界相当模糊。[16]

韦伯对社会学意义上的法进行了分析。按照韦伯的解释,只有当行为以可以标明的"准则"为取向,才可把此种行动的社会关系的意向内容称为一种"制度",社会行为以参加者的一种合法制度存在的观念为取向,应该称之为有关制度的"适用"。[17] 在单位里一个人按时上下班,不仅仅是出于习惯、出于自己利害关系的考虑可以随意决定的,而且是由于单位制度(职务规章)在实际行动中的适用。制度可以惯例和法的形式存在,因此并非任何一种适用的制度必然具有普遍的和抽象的性质。在他看来,"对于法来讲,依规则制度化形成的强制班子是法的决定性因素"。在韦伯的定义中,其一,法不仅仅是以国家法的形式而存在,宗教规则、团体章程、家族权威、联合会社的规则、大学生社团的守则等,都是法的存在样式。隐含其中,法也不一定以各种文本出现,有些规则可能以人们的约定俗成的行为方式、程序、仪式表现出来。其二,作为强制班子来讲,它的存在形式也不拘泥于"法官"这样的常设机关,各种团体中维持规则的人员都是这种意义上的强制班子,如长老、帮会头目等即有该种功能。其三,对于强制而言,手段不是关键的因素,只要有强制的功能,如身体的强制(刑罚、限制自由)、心理强制(教会中的告诫是一种温和的强制措施)。

法人类学的研究为非国家法的法现象提供更多的实地描述。例如,美国耶鲁大学法人类学教授波斯皮希尔对卡鲍库(Kapauku)人的社会生活的研究中称,他发现了一种可以用英语称作法的社会现象,并把法与卡鲍库人的社会文化相联系。法作为文化整体之一部分也会不断地发生演化,因而它不但能够适应社会发展的要求,还能适用于跨文化(cross-culture)领域的研究。波氏认为法

---

[15] [日]千叶正士:《法律多元:从日本法律文化迈向一般理论》,强世功等译,中国政法大学出版社1998年版,第1页;John Griffiths, "What is Legal Pluralism?" in *Journal of Legal Pluralism and Unofficial Law*, No.24, 1986.

[16] Anne Griffiths, "Legal Pluralism", in Reza Banakar & Max Travers(ed.): *An Introduction to Law and Social Theory*, Oregon: Hart Publishing, 2002.

[17] [德]马克斯·韦伯:《经济与社会》,林荣远译,商务印书馆1998年版,第62页。

作为文化整体一部分的显著特点在于法总是与一定的社会结构相联系,法总是存属于一定社会的特殊团体或一些亚团体中,观察对象是否是法取决于它与团体的联系。每种社会团体形成的法也是自成体系。法随团体的不同而表现出多样性,并且一定社会团体的法在另一重意义上又是一个更大社会团体的一部分,因此法也呈现出一定的层次而成为一个相对的社会现象。[18]

总结法社会学和法人类学的研究,一个重要的特征就是它突破法律中心主义,不再把国家法律仅仅看做是人类法秩序中唯一的法律。人类社会秩序存在多样性和多元化,不同的国家、同一国家的不同社会团体中都存有不同的法现象和法秩序。就中国而言,无论在中国的传统社会结构中还是经过社会主义改造和国家政权建设的当代中国,国家对社会的控制总会产生一种意外的后果,并也依赖于社会一定程度的自治秩序。不论在农村还是在城市,国家法在民间的贯彻并不成功,因而在国家法之下呈现多元化的法体系,形成一种自生自发的民间秩序与直接出自国家法律秩序相结合的社会秩序。这种多元化表明了中国社会的复杂性:发展的不平衡性和内在的不同一性。从城市单位来看,尽管单位是由国家设立和贯彻国家意志的组织,但是单位在维续自身的秩序过程中形成了自我规制、自我调整的规范秩序。从现实生活来看,单位存在大量的规章制度和惯例,这些都是单位成员所认可和遵守的规范。正是站在法多元主义的立场上,我们才可以将单位中的法秩序称为单位法。

其次,单位组织的自主性空间是单位成员形成自我规制的团体性秩序的基础。

从以上法社会学以及人类学的研究可以看出,一种多元意义上的法是和一定的社会团体和组织相联系的。作为一种具体的民间法研究而言,它必须和具体的团体或组织及其成员相联系才可避免其民间法性质的模糊性。[19]

美国哈佛大学人类学教授穆尔认为在现代复杂的社会结构和变动不居的社会状态中,人类学者所关注的完整的或纯粹意义上的前现代社会特征已不复存在,所谓的地方知识已不再局限于封闭的状态,它无时无地不受到现代化的各种冲击、改造和排挤。人类学者面临的问题是如何使人类学的研究方法适用

---

[18] Leopold Pospisil, *The Ethnology of Law* (second edition), Cummings Publishing Co., 1978.
[19] 刘作翔教授认为民间法的讨论存在太多理论的阐发和论争,忽略了它是什么的分析,因此主张一种具体的民间法研究即不在于民间法叫什么,而在于它是什么,要回到具体的民间法中去判断民间法的是非。刘作翔:《具体的"民间法"——一个法律社会学的考察》,载《浙江社会科学》2003年第4期。在笔者看来本文的单位法同样是一种具体的民间法,单位法的研究正是立基于日常生活世界中民间法的经验实存性而避免去抽象地讨论。

于复杂社会。穆尔认为人类学者要解决上述困境,研究复杂社会的最适当的路径是对半自治社会领域的研究:"定义半自治社会领域和确定其界限并不是通过它的组织(它可能有一个合作团体也可能没有)而是通过其形成过程的特征来表现:它能产生规则,并能强制或引导人们去服从这些规则。大量的合作团体相互关联的竞技场是半自治社会领域。每个合作团体本身也形成一个半自治社会领域,它们之间以一定的方式相互关联而形成一个复杂的链。"[20] 穆尔认为这种半自治社会领域以自我调整的方式制定规则来适应社会发展变化,这种活动与能力是它们与较大的社会环境发生联系的重要方式,同时通过这种方式它也能融入环绕其周围的较大社会中。较大社会的规则、裁决或其他力量同样影响、侵入半自治社会领域。[21] 从表面看,在中国,单位是国家控制的组织,具有行政化特征,但是它同样存在相对的自主性空间,虽然它不是自发形成的利益联合体和单纯的独立自主的社会空间。[22] 在单位这样一个相对独立的次级社会团体中,存在大量的规则秩序,因此,在单位里存在国家法的控制和单位自主性的二重性,在这个意义上可以将单位看做一种半自治社会领域。在这里,单位法有着其自身的活动空间,并且单位法反映了在中国复杂社会里社会秩序的复杂性;其间所展现的法秩序也不仅仅是其自身的内部自发形成的法秩序,还有来自外部——国家法的渗透。在国家/单位/个人三级结构中,单位既是国家法律的渗透机制,也是整合和协调单位成员利益冲突、防止冲突升级和扩散的"减压阀",单位就拥有一定的弹性空间来灵活处理单位内的冲突能力,并把成员的利益和愿望需求向国家表达,从而把社会冲突控制在体制内而化解于单位之中。正是单位联系国家和个人的场域,了解和研究城市单位秩序的实际运行方式对于认识整个中国法治秩序的形成来说显然有着重要的价值。因此,在中国复杂社会这一历史和时代特征的语境中,笔者研究单位的秩序,无意于完全排除国家法在单位秩序中的地位和影响,而是指出,在城市单位里,法的秩序不仅仅是国家法为代表,单位成员日常生活其中的行动秩序还有日复一日受其影响的和习惯了的、熟知的单位法秩序。

最后,单位法是单位成员进行自我调整和自我规制的规范,有普遍适用于所有单位成员的意图。

---

[20] S. F. Moore, *Law as Process-an Anthropological Approach*, Routledge and Kegan Paul, 1978, p. 57.
[21] Ibid., pp. 57—58.
[22] 张静:《阶级政治与单位政治:城市社会的利益组织化结构和社会参与》,载《开放时代》2003年第2期。

单位法是单位成员维续单位一种可预期的大致秩序而存在的。秩序首先是由活动其中的人们之间的秩序。秩序是一种既定的状态，即指自然和人类社会的一切事物按一定规律的安排所形成固定的、有规则的合理关系状态，意指在自然进程与社会进程中都存在着某种程度的一致性、连续性和确定性。[23] 事实上，一个社会在规则的统治之下是否有序，并不一定要以国家立法的形式全部体现出来，社会秩序在任何时候都不可能仅仅依靠立法来完成。社会中自发生成的民间法资源从来都是一个社会的秩序和法治状态构成不可缺少的部分。没有社会生活自发秩序和其他非正式制度的支撑和配合，国家正式制度也就缺乏坚实的基础。单位法是单位成员进行自我规制、自我调整和管理的规则，引导或强制单位成员按照规则所确定的预期行事，从而适应变化的外部环境的压力以维续单位相对稳定的秩序。因此，在单位里我们会看到大量存在的单位规章制度和习惯，这些规章制度对单位成员都有一定的约束力，并且违反单位的规章制度都会得到不同程度的处罚，成为调整单位成员行动的规则。

从上述对单位法的界定出发，笔者走进现实单位的日常生活世界，看看单位法具体的实存状态。本文的个案 B 大学是一所教育部直属高校，按照中国单位性质的划分属于事业单位。B 高校正式成立于 1962 年，到 2005 年拥有教职工 1385 人，在校生 10883 人，共设有 19 个管理部门，11 个教学单位，5 个科研单位以及其他教学辅助单位。从其内部组织管理形式来讲，它也是以科层制为基础建立起与行政机关相应的管理体系。按照规定，高等学校实行党委领导下的校长负责制[24]，校党委统一领导学校工作，支持校长按照《中华人民共和国教育法》的规定积极主动、独立负责地开展工作，保证教学、科研、行政管理等各项任务的完成。其行政管理构成机制和权力运行方式是党政一体化的领导体制，是政治与行政交互作用的结果。校长作为学校行政的一把手，全面负责学校行

---

[23] 〔美〕E.博登海默：《法理学：法律哲学与法律方法》，邓正来译，中国政法大学出版社 1999 年版。

[24] 我国高校现行领导体制有一个历史发展的过程。建国初借鉴苏联实行"校长负责制"，到 1956 年党的八大以后，提出"党委领导下的校务委员会负责制"，1961 年总结历史经验教训提出"党委领导下的以校长为首的校务委员会负责制"。而在"文化大革命"后，从 1978 年开始，实行"党委领导下的校长分工负责制"。1985 年后提出"高等学校逐步实行校长负责制"。而在 1989 年后中央提出"高等学校实行党委领导下的校长负责制"。1996 年中央在条例中明确"高等学校实行党委领导下的校长负责制"，校党委统一领导学校工作，支持校长按照《中华人民共和国教育法》（以下简称《教育法》）的规定积极主动、独立负责地开展工作。1998 年《中华人民共和国高等教育法》（以下简称《高等教育法》）以法律的形式把党委领导下的校长负责制作为高等学校的领导体制规定下来。

政工作,做高校可以做的事情。[25] 其职责和权力在学校中的分配,将办学的各种自主权分派到各个管理机关,实现各司其职。这样 B 高校的组织架构就在校长的领导下,按照以层级为基础设立相应的职能部门,实现分层分口管理。

韦伯认为,科层制的管理模式的前提和基础在于以明确的规则来进行分层管理。[26] B 高校的管理也在依法治校的口号下,力图逐步实现治理方式的转变。那么在这里,B 高校所依的"法"一方面是国家法律法规及政策,另一方面就是 B 高校在管理过程中所形成的"单位法"。在 B 高校里,大量存在着的规章制度、惯例、会议决定、领导指示等都构成了单位错综复杂的规则体系。下面对 B 高校单位法的主要表现形态作些简要的介绍:

第一,学校规章制度。规章制度作为单位的正式规则和成文规则,是 B 高校管理规范化的体现和制度建设的重要内容。例如,从 2001 年到 2005 年间,B 高校制定的规章制度有 104 个(见后文校长办公会议题的统计)。单位也有将各项工作和活动中的各种做法规范化倾向,并将制度化建设作为单位在各时期工作的重点。但是在单位里也没有人进行或要求进行单位法的梳理工作,尽管它是一件很有价值和意义的工作。在这里出于研究的目的,笔者还是试图就 B 高校的规章制度进行列举,因力量所限仅就对其教学方面的规章制度进行简要的主题式介绍,以期获得单位制度的初步印象。

2001 年以前制定,仍在实行的规章制度:

  课程教学实施要求
  关于停课、调课审批的规定
  教师教学工作规范
  教学讲座暂行规定
  考试管理暂行办法
  考场规则

2001 年起制定或修订的规章制度:

---

[25] 按照《教育法》和《高等教育法》的规定,法律赋予高校十一种自主权:《高等教育法》第 11 条规定:"高等学校应当面向社会,依法自主办学,实行民主管理。"第 30 条规定:"高等学校自批准设立之日起取得法人资格。高等学校校长为高等学校的法定代表人。"从《高等教育法》的规定看,高等学校的办学自主权主要有 11 个方面,包括招生自主权(第 32 条);专业设置自主权(第 33 条);教学活动自主权(第 34 条);科学研究、技术开发和社会服务的自主权(第 35 条);文化交流与合作的自主权(第 36 条);内部组织机构设置自主权(第 37 条);教师评聘自主权(第 37 条);工资分配权(第 37 条);财产自主管理和使用权(第 38 条);人事考核权(第 51 条);学生教育和管理自主权等。

[26] 〔德〕马克斯·韦伯:《经济与社会》,林荣远译,商务印书馆 1998 年版,第 242—245 页。

监考人员守则(2001年1月)
教研室组织与工作规范(2001年3月)
学分制实施意见(2001年5月)
重点课程建设与评估管理办法(2001年6月)
青年教师优秀教学奖评选办法(2001年8月)
教学计划管理的有关规定(2001年9月)
教学、教改研究项目的管理规定(2001年9月,2004年12月修订)
关于对新开课、教学实验资助的有关规定(2001年9月,2005年1月修订)
教学管理工作规定(试行)(2002年4月)
新开课、教学实验资助经费使用办法(2002年5月)
教学管理手册(2002年8月)
关于进一步规范调课、停课管理的规定(2003年9月)
教学督导组工作暂行规定(2004年8月,2005年11月修订)
加强中国本科生排课工作,规范停课、调课管理的补充规定(2004年11月)
"迎评促建"工作方案(2005年1月)
教学工作委员会章程(2005年3月)
关于建立听课制度的规定(2005年3月)
学生教学信息员制度实施办法(2005年3月)
教学事故认定及处理办法(2005年4月)
课堂教学质量评估管理办法(2005年4月)
本科毕业生毕业教学环节管理规定(2005年4月)
优秀教学奖评选办法(2005年4月)
教学实践管理办法(2005年6月)
毕业实习管理办法(2005年6月)
关于本科生试卷整理工作的规范要求(2005年9月)

第二,惯例。B高校也有大量在长期的实践中形成的工作惯例。例如,党委列席学校行政会议——校长办公会,就是B高校的重要政治惯例。学校领导的任命方式也是一种惯例,党委推荐后由组织部门在学校内民主征求意见,上报教育部,教育部再在学校内征求意见,最后教育部党组并商市委决定。如果校内不能推出合适人选,教育部会直接任命。新人新办法、一事一议、一事一报等都是B高校中实际的工作惯例。

第三,各种会议决定。会议作为一种议事方式,通过会议的讨论来形成做事和解决问题的办法,在B高校也是常见的一种法的形式。单位可以不受限制地通过开会的方式使得单位较为灵活地、快速地处理所面临的问题,因此会议成为生产单位法的主要工厂。

第四,领导命令和指示或批示。单位科层管理中,处于领导地位的成员往往要承担相应的职责并拥有相应的权力,因此下级做事的一个重要方式就是请示上级给与批示和指示,以此作为行动的规则。调查发现,B高校虽然有很多的规章制度,即使规章制度有明确的规定,但是涉及具体工作事务的处理时,单位成员还是习惯于打报告或向领导汇报请示领导的意见。可见没有领导的命令、指示和批示,成员往往会无法开展工作。

以上是简要地对B高校的规则进行列举,要全面描述和梳理单位的各项规章制度和非正式制度应该是一项浩大的工程,这其间有类似法律汇编或编纂的工作,费时费力而且还会陷于单位各种规章制度和非正式制度交织在一起的泥潭中。首先,单位的各种规章制度种类繁多,覆盖学校教育教学及其相关工作。从学校层次来看,学校就机构设置、教育教学活动、人事管理、教务管理、教学秩序、科研活动、校园安全、后勤保障、劳动用工及工资分福利待遇等等方面都有相应的制度规章。而各教学单位、职能部门在职责范围内就本部门的工作都会形成一套相应的规范性文件。其次,单位的规章制度纷繁复杂,有的是学校的正式规章制度,有的是就单一个活动临时性规则,还有的是在某一次会议上形成的某个决定,领导的某个指示或命令,并没有一个完整的体系。因此单位规则之间存在矛盾、冲突或不一致性,内部的统一性、协调性不足,常常造成无法使用的局面。最后,各种各样的工作惯例和内部不成文的规定,使得单位的规则更显得不可名状。单位尽可能地将工作规程和信息内部掌握,尽量将自由裁量的权力扩展到最大范围,因此正式的规章制度是一回事,但实际运作中的暗箱操作和规避行为往往成为实际发挥作用的潜规则。从某种意义上讲,在中国传统的"以人为中心"的文化显然与"以事为中心"的科层制文化格格不入。在单位里,公事与私事、情感与公务往往掺杂一起,处心积虑地将公务置于私交的个人关系网络之中,工作的各种原则、规定等方面的约束在各种私人性质的宴请、送礼、拉关系等仪式中淡化。这样人们就习惯于在这种"关系"的社会里努力寻找可资利用的社会资本。

自然上述这些规则的简单列举和静态的描述仅仅是为了方便我们对单位法获得概括式的初步认识。当然这种对单位法概述式的分析也是我们进一步分析这些规则形成机制的基础和起点,否则下步的分析有如空穴来风,从逻辑上来讲也就显得不恰当。

三、单位法的形成过程

1. 单位法的形成机制

前文我们看到单位存在大量的规则,那么单位中这些规则是如何形成的?根据笔者的调查和观察,B 高校正式制定的规则多以办法或规定为标题,并且都是在单位的会议上议定形成的。从 B 高校来看,其正式的会议制度主要包括党委会议和行政会议。党委会议制度中,学校党委日常召开的会议有 5 类:党委常委会、书记办公会、党委民主生活会、党委中心组学习会、党委全委会。[27] 学校日常召开的行政会议有三类:校长办公会、协调会、通气会。这只是 B 高校正式确定的例行性的会议制度,还有其他的会议制度如寒暑假中层干部会、教代会、思想政治工作会、动员大会、表彰大会、先进事迹报告会、时事报告会、各种名目的"碰头会"和各种形式的座谈会。此外,上述会议还不包括上级下来检查和视察、指导工作的会议,各职能部门参加上级或同行业的业务会议。还有的会议只是联络上级或同行兄弟院校单位感情的招待会。

从 B 高校会议制度来看,党委常委会和校长办公会是最为重要的会议,而校长办公会是 B 高校单位法的主要生产工厂。根据 2001 年到 2005 年 B 高校的校长办公会的议题统计来看,具体分配如下:

表1 B 高校校长办公会议题统计(2001—2005)

议题	2001	2002	2003	2004	2005	总计
制定、修订管理办法	16	21	13	20	34	104
审定招生计划	5	5	5	2	4	21
审定进人计划	8	8	8	9	10	43
就业		1				1
听取工作汇报	4	6	6		2	18
人事聘任	8	13	6	14	10	51
人事考核	1	1	2	1		5
决定分配、工资福利补贴	2	8	2	4	5	21

[27] 《机关工作手册》,B 高校 2001 年 7 月编。

（续表）

议题	2001	2002	2003	2004	2005	总计
决定人事处分或处理	3	4	1	3	1	12
机构设置、调整及编制	7	9	13	21	17	67
审定推优、评优人选	3	3		3	1	10
审定合作办学项目	9	4	11	5	7	36
修缮、基建工程	6	6	2	6	11	31
实验室及信息化建设	5	3		1	3	12
教育收费及调整	4	7		5	7	23
经费使用及拨付（5万元以上）	7			6	9	22
审定内部合同				2	1	3
后勤保障工作安排	7	10	9	12	6	44
教学时间安排	1	1	1	2	1	6
专业设置学科建设		2	2	2		6
其他工作或活动安排	3	7	7	7	1	25
总计	99	119	88	125	130	561

从这几年的会议议题统计来看，校长办公会的权限和议事范围较为广泛，涉及学校具体事务的各个方面。虽然在校长办公会上形成的每个决定在笔者看来都可以称为单位的法，但是校长办公会上审定学校规章制度在会议的议题中占有较大比例。从规则史的角度来看，这些成文的规章制度包含了单位成员在解决面临的问题是所积累的经验和当时情景下行动的沉淀。[28] 校长办公会作为单位决策者作出重要决策的重要议事机制，在单位的章程和会议制度中对校长办公会的议事权能进行过规定，在实际的校长办公会具体议事过程中也发挥了这样的权能。因此，校长办公会所制订的规则获得了一种合法性，这种方式制订和适用规则确立了单位处理问题的正式性机制。法的制定使单位成员在解决实际问题的行动时具有相对的公开性和合法性。和单位科层管理相关，规章制度通过公开的辩论和可以接受争议的方式，获得一种合法的正式统治，而这种统治与会议的个别决定来说，更具有正式性和合法性，因此单位的正式规章制度的出台往往成为决策者和单位成员关注的焦点。

虽然在制度安排上，校长办公会是B高校单位法生产的主要机制，但是这

---

[28]〔美〕J.马奇、M.舒尔茨、周雪光：《规则的动态演变：成文组织规则的变化》，童根兴译，上海人民出版社2005年版，第17页。

只是通过会议的形式来完成规则的制定过程。在单位,并没有一个明确的专门机构实施立法的功能,没有专门的立法机构和从事立法工作的人员,但这并不表明单位里就没有立法的任务。在这里,我们看到制度化建设是学校提高管理效率和方式的重要举措而列为学校和各层级的职能部门的重要职责。通过制定或修订规章制度,表明B高校的管理层意识到,只通过成文的规则管理,才能提高管理的效率,这种有意识的努力,使得单位的规则每年都有扩张的趋势。在提高管理效率和依法治校的理念之下,单位这种非人格规则的广泛发展也会使单位组织成员的行动处于可控制之中,消除单位内部人员自行处理、相机处置的权力,但是付出的代价是使单位处于更加僵化的境地,这就是组织科层中不可避免的恶性循环现象。[29]

2. 单位法的形成过程

单位成员如何通过会议确定规则?规则是如何在会议中生产出来的?带着这些疑问,笔者对B高校的校长办公会做了具体记录,试图从会议讨论来了解单位成员具体的立法行动及其策略。

本文以B高校《中国学生手册》修订为例,来说明单位是如何制定"法"的。B高校《中国学生手册》是1990年制定的,2002年以来经过了不断修订和完善,它包括中国学生在校期间的重要管理和行为的规定。从立法的程序上看,B高校所制定的手册内容,首先由学生管理部门先行调研提出具体的规定草案,然后送主管校领导审批,最后在校长办公会上讨论通过。

2004年7月17日,对《中国学生手册》增加了补充规定,下面的摘录1是B高校校长办公会对补充规定讨论的记录。[30]

摘录1

001Q:2002年讨论过《中国学生手册》修订的事,现在两年了,出现了一些新的问题,下面先由学生处介绍一下补充规定的内容。

002Z:这次补充规定的背景情况先说一下。各院系在执行手册时,对于学生补考的问题反应较大。一是毕业班学生补考的事。有一两门必修课不及格就拿不到学位,毕业班补考怎么执行?二是有的学院提出,有4门课不及格就退学处理,但是计算机系招的学生第一志愿报的人比较少,都是从第二志愿等调剂过来的,学生对理科不感兴趣,考试不及格的学生

---

[29]〔法〕米歇尔·克罗齐埃:《科层现象》,刘汉全译,上海人民出版社2002年版,第229—230页。
[30] 在记录时本文用数字001等表示话序,用姓氏第一个字母表示说话人。如果在一个摘录中说话人姓氏第一个字母一样,就在字母后用数字区分开,如,W1、W2;H1、H2。

很多,如果退学较多的话,对学生以及招生工作影响较大。对于第一个问题,毕业班学生在毕业前给一次补考的机会,还不及格的话,毕业后两年内回来重修合格再拿学位。对于第二个问题,我们的意见是采取两种方式,一是停读,二是跟班读。

003K:学生手册是学生管理的法,每年都有一些修订,经过校长办公会讨论通过执行。教育部准备出台一个新的学生管理规定,在学生工作会上已经介绍了,扩大办学自主权,但还在征求意见中。目前出现了一些违反学生手册的情况,应该怎么处理?按照规定,毕业生有3门课不及格就会拿不到毕业证书,我们是否给他们一个补考的机会,或是在毕业之后一到两年内给与重修机会?4门课不及格就按照自动退学处理,但是考虑到学生影响是否有必要修改一下?

004W:各高校在学籍管理上有很大的灵活性,设置转专业的规定可以吸引一些学生,但应该给学生这样的机会,这样学生对所学专业不感兴趣,可以转到喜欢的专业,这样可以提高学生的积极性,不然学生也很痛苦,管理起来也很麻烦。我们学校没有转专业的规定,比较严格,来了之后只能在所学专业里学习,我们应该给他们一些机会。

005K:有些学生就是不好好学习,转专业也不行,所以要保证教学质量,学校给他们这样的机会后还不能毕业的,不能怪学校。

006W:转专业的问题是下次讨论的问题,这个问题要好好研究一下,毕竟我们学校的专业太少,转专业也有条件限制,不是想转就能转的。

007L:FD、BD等这样综合性的大学,先按照大文、大理来招生,入学后再分专。我们也应给学生一些机会,否则不公平。今天讨论的补充规定文字上还得推敲,比如最后一句话"两年内……"

008G:关于停学的规定亦应在文字上修改,可操作性要强一些。

009K:这个规定主要是针对考试不及格的学生,其他的不讨论。

010H:补充规定中对考试不及格的次数和时间的计算应推敲一下。

011W:关于补考的规定,教育部有正式的规定时,我们再修改一下。

012Q:行,就按照今天讨论的意见办。

下面是2005年3月16日校长办公会对学生手册中转专业和补考的规定进行修订时的讨论记录。

摘录2

013Q:下面是学生处关于学生手册的几个补充规定,先由学生处说一下。

014Z：在寒假中层干部会上，根据校领导的指示，要求以人为本，考虑一些学生的实际问题，比如学生转专业的问题。我们根据校领导的指示，在调研的基础上拟订了学生转专业的规定，现请校领导讨论。目前学生有从外语类专业调到理科专业，还有一些好的学生想转到其他学校里。但是我们还没有相关的规定。

015H：这次的规定草案出来后与四个中国学生院系一起讨论过。我们总的想法是要有一个控制的比例，初步定的申请人数是占院系学生总数的3%。另一个控制是原则上在一年级提出，并且转到的专业也是在一年级，院系要对所转的学生进行考核，从出和进把一下关。每年受理的转专业的学生申请，院系考核后报学校批准。

016Z：在讨论草案的时候有两个争论，一是学习好的转还是学习差的转；另一个是同系同院的专业转还是不转？

017W：我们必须根据我们学校的特点来定，我们不能开这个口子。

018Z：因此各院系必须把住关口，第6条就规定各院系提出接受的人数。

019Q：转专业的问题我同意因校制宜，BD、QH等高校专业选择的余地较大，我们学校规模较小，专业共16个也不多，有些专业今年招生明年就不一定招，我们只是文理专业之间的转。我认为有必要进行控制，对外汉语专业、英语专业限制转入，信息科学、金融等专业限制转出。我们在课程设置上进行调整一下，各专业必须弄些精品课程，每个专业都能培养人才。开的课质量太差，老师不负责，学生又不愿意学，怎么会让学生满意安心学习？3%的基数怎么定的，是不是有的班就转不了一个？

020Z：我们是按照各院系一年级人数来定的。

021Q：我们应先做一些导向。

022Z：转专业的规定先试行一年，是不是先让一些院系作试点？

023W：你们掌握的数据有吗？

024Z：目前有3个人提出转专业。

025W：数学对有些学生来说很难学。去年金融系就有一个学生休学了，主要是数学。

026Z：转专业的学生主要是要晚一年毕业，这对管理来说也是一个新问题。

027Q：限制转学，规定试行一年，还应制定一个具体的实施意见或办法。有没有转入到二年级的?

028H:转专业进入二年级的学生主要是学习成绩较优秀的学生。

029C:像外语专业、小语种招生的学生进入金融系等,这些成绩优秀的学生可以直接进入二年级。

030W:可以开这口子,让他们有一个选择,但是要严格掌握。

031Q:第4条规定申请者为高考考入我校在读的一年级学生,其他的学生不行吗?

032Z:我校小语种招生的学生、保送生在专业上由其自愿选择,因此这次规定将其排除了。

033Q:行,文字上再推敲一下,按照讨论的意见修改一下,试行第一年严格掌握,不然教学秩序就乱了,等有经验和效果后就可以扩大,还应搞一个实施办法。

034Z:好,我们每年就转专业的问题制定一个具体的实施办法。下面是补考的规定。2002年我校实行学分制,取消了补考,学生不及格率很高,4门课程不及格就走人。去年期末考试外国语学院就有一百多人次不及格,信息科学院有五十多人次。学生管理规定4门课程不及格就走人,给学生很大压力。重修收费也很有问题。我们征求过中国学生院系和教务处的意见,学分制与补考并不冲突,补考收费也是合理的,因此我们考虑到学生的影响对手册作相应的修改。

035H:这次对手册中关于补考作了修改。第一是同意补考,同时保证质量。我们有一个限定就是考试分数低于40分的话不得参加补考。不及格的学生经过寒暑假期自己补习后参加补考,补考的成绩及格的一律记为60分。重修的可以按照实际考试的分数登记。

036Q:按照学分制的话他可以在4年之后还可以重修。

037Z:可以在4到6年毕业。这样就有一个问题,4年之后他在哪个班学习,就业、住宿等也是一个问题。

038Q:日本北陆大学学生可以7年毕业,如果不及格的话可以继续学。重修的费用是不是乱收费,各高校也有不同的意见。很多高校不同意这种说法,所以重修费还在收。这也是普遍的问题。

039K:现在拿不到学位的是考试作弊的问题,这对学风也很有影响。

040Z:补考是给学生一个机会。

041K:补考取消了,主要是因为学生在假期之后也不能一定就能考过。我们出台这个补考的政策,主要是以人为本,给考试不及格的学生以活路,多些选择。

042Q：给学生不及格的是否很多？

043Z：信息科学院每年有4%的不及格率。

044K：有的学生反映老师给59分，认为是老师故意难为他。

045Q：哈哈，也不一定是难为学生，学生也有可能考的就是59分。以前收的费用只是阅卷费40元，现在是这样做的吗？

046Z：是这样的。

047K：重修费还收吗？

048W：这个各高校也在收，补考重修的话占用学校资源，应该收。

049Q：好，学生考试不及格在40到60分之间，可以补考，补考成绩记为60分，收费40元。

  从上面开会讨论的记录来看，议定的主题集中在学生补考、重修和转专业这三个方面。所确定的这些规则，只不过是对补考、重修和转专业等管理工作的实际做法加以明确。在高考扩招规模上升的背景下，要保证教育教学质量，又要保证学生的毕业就业率，不能让太多的学生毕不了业，影响学校办学。因此，一方面对于考试不及格的处理相当灵活，补考或重修实质上就给学生较多机会从而实现顺利毕业的目标；另一方面为学生提供转专业的机会，既体现以人为本的教育目标，又给学生以出路。然而补考或重修也给学校增加办学成本，收费的合理性也就存在，但是2003年9月16至18日，召开了全国高校教育乱收费治理工作会议，国家发改委、教育部等7部委联合下发文件，要求对高校收费工作进行规范，先由各高校进行自查，写出自查报告，提出整改方案，制定落实措施，上报工作小组，工作小组督促检查，对乱收费严重并不整改的高校将进行整顿，没有收费许可证的项目必须停收。从国家治理教育收费的这次行动来看是"要求比较严格，决心比较大，动作比较大"。对于那些没有取得收费许可的收费项目各高校必须停收。

  校长办公会讨论制定《中国学生手册》的规定的同时，也是不断以修订或补充的方式来解决规则适用过程面临的新问题。修订规则的主要原因在于，就目前出现的情况而言规则很难适用，如果不进行修改的话，那么将面临无法处理的局面，或是出现既有规则执行难的情况。就对《中国学生手册》修订的过程来看，B高校对补考、重修、转专业等问题进行了适时修订。规则修订的过程，也是规则适用于当下情况的过程。针对取消补考后，毕业班的学生不及格重修面临的机会不公，修订重修的规定就要解决毕业班学生考试不及格的问题。制定或修改规则用法学的眼光来看,就是一种立法活动。此种立法在单位规则的形成中和国家法律的制定有着明显的不同,立法并不存在很强的立法动机,单位的立法从最根本上看确实是为了给现实的情况给与正式的说明。为了各种实际的目的,这是单位各项规章制度序言部分或开头特地要说明的一句话。这种实际目的的判断往往是根据具体的时空条件来确定的。这种立法目的就是要解决现实生活中遇到的情况(见002),或者是对现时的做法或行动进行说明(见003),从而为现实的行动给出一种说法。以立法的形式来解决日常生活中规则的不适应性,从另一个角度来看,也是单位成员在行动中创造规则和适用规则的过程。

3. 单位法形成过程中的行动策略

开会的议事方式对于单位里的人来说是司空见惯了。然而在笔者看来,在这种被人们视而不见的或认为理所当然的会议机制中,它既在单位规则的制定和各项决策的形成过程中起着重要作用,也是人们表达主张的主要形式。会议作为单位成员互动的重要场景和机制,在单位成员的生活中占有重要的地位。在会议中,成员通过话语的互动达成交往的意图,行动主要表现为以言语行动为特征。哈贝马斯认为,言语行为是法律事实性和有效性张力之间的媒介。在总结奥斯丁的"说话即做事"(speech as act)时,哈贝马斯(2003)指出言语行为的三个特征:说某事;在说某事时做某事;通过在说某事时而造成某事。说一个规则是有效的,并不是说发现这个规则本身拥有一个称为"有效性"的本质,而仅仅是商谈过程的特定参与者为这个规则所提出的有效主张得到了商谈过程中交往同伴的承认。交往行动作为基础的那些已达成理解为取向的使用,使其以这样一种方式发挥作用的:参与者对他们的言语活动之被主张的有效性,要么表示同意,要么说清楚他们在进一步行动过程中将一起考虑那些异议。在每一个言语活动中都提出了旨在主体间承认的具有可批判性的有效主张。言语提议之所以具有协调行动的作用,是由于说话者在提出它的有效性主张时,也作出了足够可信的担保,保证在必要时将用恰当的理由来兑现所提出的主张。言语活动中出现异议的风险,每一个异议从协调行动的角度来说都会引起很高的代价。如果交往行动不是根植于提供大规模背景共识支持的生活世界的语境之中,这种风险就会使给与交往行动中的社会整合变得完全不可能。生活世界同时构成了言语情景的视域和诠释成就的源泉,而生活世界本身也只有通过交往行动才能再生产出来。单位各种工作可能在开会的过程中得到解决,矛盾、纠纷、问题可能在开会的过程中得到解决。在会议讨论过程中人们通过话语的互动和论辩,使会议的参与者达成共识,形成一致的行动秩序。[31]

制度性的谈话分析就是通过关注如何会议记录、会议参加人的座次和话序等来分析在谈话中如何达成秩序的。在 B 高校校长办公会上,话序表现为这样一个交流的过程:主持人、单位负责人、主持人征求意见或发表见解,单位负责人接受咨询或解释,其他人发表意见,主持人总结。在话序中,说话人的有效主张如何得到其他人的认可?

正像费尔摩指出的那样,大量自然语言并不是即时创造的或者说是自由生成的,而是固定的、自动的、说话者事先已经操练好的、遇到情景就会说出来的。[32] 在单位里,单位成员说话和做事都要符合身份。显而易见,共同的历史背景和相同的互动经验能够促成会话互动中的合作,形成一致性的看法。语境规则是规则形成的重要机制。也就是说,在开会的过程中,与会者都需要根据会话的场合、话语的系列表面特征或标志来理解正在进行的谈话。根据自身的知识和经验来判断、概括以及预测发生在开会时的言语实践。这些谈话语境和背景知识对于达成一致性的意见有很重要的指导作用,但是谈话者往往习而不察,也不会直接在会话的过程中谈及。[33] 上述会议议定规则过程中的行动特征,主要是为了达成会议的目标:就议定的事项形成相对一致性的意见,从而审议通过该项议题。由于校长办公会的正式性,与会人员都会按照此种情景来发表意见,说些符合身份和要求的话,从而使会议有序进行。在会话中除了情景的约束外,与会者还要根据自身所拥有的知识和资源来发表实质性的意见。[34] 按照哈贝马斯的理论,行动者要在互动中使自己的主张得到其他参与者的认可而有效,行动者会采取相应的行动策略。[35] 单位规则制定过程中的行动策略,就是要了解为了达成一致性的共识,行动者使自己的主张让参与者认可的策略。通过上述《中国学生手册》的修订过程来看,与会者的主张,要想得到其他人的认可,就必须有其合理性的源泉。从上述会议的记录来看,单位成员在制定规则时,往往会从以下几个方面来说明其有效主张的合理性:

(1) 法律法规的规定。从《中国学生手册》的修订来看,首先,这个手册中

---

[31] 〔德〕尤尔根·哈贝马斯:《在事实与规范之间:关于法律和民主法治国的商谈理论》,童世骏译,生活·读书·新知三联书店 2003 年版,第 4 页注释 2、第 22—32 页。

[32] C. Fillmore, "The Need for a Frame Semantics in Linguistics", in *Statistical Methods in Linguistics*. Stockholm: Skriptor 1, 1976.

[33] 〔美〕J. 甘柏兹:《会话策略》,徐大明、高海洋译,社会科学文献出版社 2000 年版,第 171 页。

[34] 同上书,第 209 页。

[35] 〔德〕尤尔根·哈贝马斯:《在事实与规范之间:关于法律和民主法治国的商谈理论》,童世骏译,生活·读书·新知三联书店 2003 年版,第 31—32 页。

的重要管理规定都有国家法律法规的依据,即教育部制定的普通高校学生管理规定和教育法、高等教育法的规定。在制订和修改时,必须在所制定的规定中以此为依据。如关于手册中的这些规定,在手册的扉页中就有相应的说明:

> 本手册所汇集的各项管理规定和办法是根据教育部颁布的《普通高等学校学生管理》的精神所制定。本手册总结了近年来我校中国学生管理工作的情况,是在2002年9月编印的《中国学生手册》的基础上补充、修改而成。本手册内容除附录部分外均经学校讨论通过。本手册从2005年9月1日开始施行。

其次,在确定一项规则时,要考虑国家法律法规的规定(见003、011)。成员的建议或意见总是想寻找国家法律法规的规定。最后,有法律的相关规定时,必须要按照法律的规定办,在许可的范围内可以制定具体的规定。在制定学校的规定时,B高校的决策者们都很关注法律的问题,强调学校的规定的合法性。如果制定的规定本身就违反法律或在法律上站不住脚,就有可能在管理水平上出现问题或者为以后制造麻烦。所以,在制定规定时,往往照搬法律法规的规定,只是在法律许可的范围内制定本校的管理规定。

(2)上级文件的规定。上级文件的规定也是单位成员行动时必须考虑的策略之一(见011)。上级文件的规定有很强的政策性,对单位规则的制定有很强的指导作用,并且在单位必须得到贯彻和执行。在法律或法规没有明确规定时,政策性文件就取得法律的地位。比如补考、重修费的问题,在教育部的普通高校学生管理规定中没有明确规定高校是否可以收费。2003年起,在全国治理教育收费的运动中,在对中小学乱收费问题进行整治后,高校收费的问题提上日程。除了重点整治各种名目的赞助费等外,对于像补考、重修等这样的看似合理却没有法律明确许可的收费项目,也列入文件的禁止之列。因此,在上级文件出台并有禁止的规定时,单位的决策者在制定规则时就不得不考虑上级文件的规定了。像B高校在补考、重修等收费问题上,在上级文件出台后,也只能放弃收费了。尽管在他们看来,补考、重修收费也存在合理性,也关涉学校利益,但是不能违背文件的规定。

(3)同行业做法。从B高校修订中国学生手册来看,同行的做法也是在制定规则时所考虑策略之一(见004、007、019、038、048)。对于高校自主权范围内的事务如何制定具体的规定,如补考、重修的次数及收费、转专业等问题,考虑同行的做法有利于规则制定的可行性。很多的规则在提出时,职能部门都要向兄弟院校做调研,借鉴他们的做法。例如,在摘录2讨论转专业的问题时,学生处在所拟定的规则后附上像 BD、QH、RD、BW、SW 等高校的做法,就为校长办公会决策者提供可供参考的意见。按照同行业的做法,就不会在制定规则时"出格"。同时我们也可以看到,在2003年上级文件就要求各高校整顿和治理乱收费的行动之后,在 B 高校制定重修收费的规定时主要就是参考了同行业的做法,虽然收取重修费和上级文件的精神不符,但是当同行业的高校都在收取重修费时,B 高校同样可以收,等到同行业的高校都按照文件执行了,都不收重修费了,才决定停收。

(4) 惯例和已有做法(见014)。有文件按照文件执行,没有文件按照惯例,这是 B 高校决策者们在制定规则时经常采取的策略之一。比如,在学生档案归档问题上,在制定规则的过程中,就依据已有的惯常做法;在收补考费的标准上遵循已有的做法等。按照惯例来定规则,有利于规则的执行,以免带来不稳定和异议。

(5) 实情。根据实际情况或实情来决策和制定规则,在单位规则的形成中有重要的地位。从实践理性的角度来考虑和制定规则,就是从单位实际情况出发来确定行动的模式,行动者会根据所处的环境、时空条件、已有的知识以及对讨论时其他行动者的反应的认知,来确定规则的具体方案(见017、019、032、039)。行动者对规则的适当性要求,就是要使制定的规则符合本单位的实际情况,因校制宜,才能起到规则的应有效果。从实情出发,我们看到单位成员的行动的权宜性,所制定的规则随着行动者所处的环境和语境的变化来决定规则。首先,摘录中所讨论出来的规则都是为了各种实际的目的来制定的,所制定的规则因实情的限制决定了其本身的独特性,这种规则本身就有其作用空间的限制。在 B 高校才可能有其实际的意义,也在 B 高校才能被其他成员所理解。其次,根据实情所制定的规则,随着实情的变化而变化,显示出极大的灵活性。这种实情是行动者对包括国家法律政策以及上级要求和形势的变化和发展进行总体判断。

上述行动策略在开会时经常被行动者所使用而成为一种无意识的行动,而这几种策略在实际辩论的过程中会展开竞争,并不一定是何种策略就具有绝对的优势。如国家的法律法规在讨论确定规则时并不总是优先考虑的,所议定的规则本身也并一定就是完全按照国家法律的要求来制定(如重修费等)。因此这些行动策略在实际辩论过程中是一种竞争的关系,行动者会展开辩论、讨价还价、妥协、综合考虑,从而选择较优的行动方案。

从单位成员开会的话语行动来看,成员充分利用各自在资本、权力、话语、信息占有等方面的差异,就讨论的主题充分表达各自意见或提供建议,并力图使行动的其他方获得承认。在开会时从单个摘录来看,单位成员制定规则的行动是离散的和片断的,看似讨论时成员采取行动没有深思熟虑,但是我们把行动与开会的时空场景结合起来,就会发现其内在的关联性和会议的有序性。仔细分析摘录中单位成员的行动轨迹,就所定的规则而言,单位成员的行动形成的是一种动态的秩序(ordering)。[36] 单位成员根据行动时的场域来不断对已有的规则和认知进行修正。单位成员讨论决定行动的规则,也不是拍脑门来确定的。单位成员行动时有自身的策略,来实现自身的主张的有效性,让行动的他方得到认可。这些策略能在开会时灵活运用,或根据国家法律法规来获得支撑,或是依靠已有惯例和实情来确定行动的规则。我们在分析单位成员开会时,发现单位成员在开会时所用的这些策略已经是非常自然的事情,没有在开会时表明提出这种策略时的理由。这种自觉意识,在运用这种策略时已经内化为单位成员内在的行动和知识,使行动的他方作出预期的判断,并协调自身的行动,从而达成一致性的行动,形成相对稳定的秩序和规则。

四、单位法的特征

本文选择 B 高校作为单位法分析的个案,讨论了 B 高校单位法的形成机制,以展现普通人在日常生活情景中形成单位规则秩序的技巧和方法及其表现出来的行动特征。在单位法的实践中,我们看到单位法秩序的形成是在单位成员的创造性活动中实现的。在日常生活世界,单位成员建构自身的内在生活秩序的能力展现在他们能依据行动的场景和时空条件采取不同的行动策略,确定行动时的方案,既不是墨守单位已有的规则,也不是规则秩序中简单地被动存在的规制对象,体现出单位成员在日常生活实践中自我调节和自我规制的能动性和主动性。

单位法作为单位内形成的规则,是在单位里起作用的一种法体系,和其他的非国家法或民间法有着相同的特征,如适用的局部性(如单位法只适用于本单位内)、团体性等。例如,已有的乡土社会的民间法研究表明,与国家法相比,民间法具有乡土性、地域性、自发性和内控性的特征。乡土性是指民间法孕育或植根于乡村,以朴实、简洁、方便、合理、易操作的规范形式规范人们应该做什么、如何做。地域性指民间法往往出自特定的社会区域的人类群体和组织,作

---

[36] Alan Hunt, "The Problematisation of Law in Classical Social Theory", in Reza Banakar & Max Travers(eds.): *An Introduction to Law and Social Theory*. Oregon: Hart Publishing, 2002, p.30.

用范围有限。自发性是指民间法是在长期的社会活动中自然形成的。内控性则指民间法的运行没有外在强制力的保障,主要靠主体的认同来实施。[37] 在这里,本文只想根据 B 高校里的规则秩序来分析单位法显现出来的几个特征。

1. 法律的渗透性

中国的单位是国家对社会进行控制的重要载体。对一个社会的整合与控制,国家或政府总是要通过法律控制、政治控制、资源控制和伦理控制来实现其统治。B 高校作为国家设立的专门从事高等教育的事业单位,从产权来说学校资产归属于国家,所需经费由国库开支,所有收入也上缴国库。国家通过控制单位进而控制单位的成员。在国家举办的高校这种事业单位中,管理方式也是仿照行政机关单位来进行的。事业单位行政化是中国事业单位的一个重要特征。[38] 单位按照行政级别进行划分,在单位内部实行干部管理和行政科层制,进一步确立资源在单位内部分配。在这种行政化的组织方式中,学校也担负着行政管理和行政执法的职能,如学校既是国家教育法律法规和政策的实施者,也担负部分的执法者职能。从 B 高校的规章制度形成的过程和机制来看,国家教育法律法规是其单位法的依据,并在制定过程中尽可能地按照国家法律法规的规定内化为本单位的具体规定。除了按照国家法律法规的规定制定本单位的实施办法以外,在制定各种内部规章制度的时候,参照国家法律法规或政策的精神或要求来制定其内部规章制度。按照上位的法律法规制定下位的实施办法,从立法的角度来看,B 高校规则的形成就是按照国家的法律法规所进行的立法工作,从而实现国家对单位的法律渗透。

如果考虑到高校是国家事业单位这一特质,那么,它自然要受到国家法律法规的控制。在 B 高校,这种控制的表现是:国家法律法规或政策往往是通过单位制定相应的具体实施办法来实现国家法律的渗透,通过制定单位自身的具体的实施规则,从而实现国家法律转化为单位内部规则的过程。像学生管理规定、学位授予办法以及各种财经管理制度等都是按照国家政策法规来制定学校自己的具体实施办法。我们以 B 高校的财经规章制度汇编为例来说明。该财经规章制度是 B 高校编辑有关学校财经工作的规则,根据其编排目录,笔者进行列表重新安排如下[39]:

---

[37] 田成有:《法律社会学的学理与运用》,中国检察出版社 2002 年版,第 99—100 页。
[38] 赵立波:《事业单位改革——公共事业发展新机制探析》,山东人民出版社 2003 年版,第 51 页。
[39] 《财经制度汇编》,B 高校财务处编。

表 2　学校财经工作制度与国家财经法规对比表

第一部分　国家政策法规	第二部分　学校规章制度
中华人民共和国会计法	会计人员委派制规定、会计交接工作规范
中华人民共和国预算法	预算管理办法
中华人民共和国票据法	支票管理办法
中华人民共和国发票管理办法	票据管理和使用规定
现金管理条例	暂付款管理办法
关于助学贷款的若干意见	中国人民银行助学贷款管理办法
中国学生助学贷款实行办法	
收费许可证管理办法	事业性收费管理办法

通过对其国家法规和学校的规章制度进行列表比照，可以看出一部分国家法规，单位根据自身工作实际需要制定了相应的规章制度，从而将国家法的规定转化为单位内部的规则，虽然并不是所有的国家法规都制定出相应的内部规则。可见在单位的规则体系中，国家法成为不可分割的一部分。

但是从 B 高校的规则形成过程来看，国家法的渗透也不是自然实现的。单位也不是以一以贯之的方式按照国家法的要求来规定自身的内部制度。在单位中，国家法的渗透同样也取决于单位自身的处境以及对待国家法的方式和认知，单位成员在日常实践中会形成一种自身的判断，从而决定国家法的渗透形式和力度。国家通过法律向单位进行渗透进而控制单位成员，但是这种渗透和干预不是一个自上向下的单线过程，单位成员也不是以一以贯之的方式来接受国家法，而是通过诸多的行动策略，或规避，或者变通——有选择地、创造性地将之转化为内部规则。单位内部存在自身的规则秩序。这种内在秩序是单位成员主动建构并在行动中不断进行再生产的过程，是一种自发形成的秩序。单位的内在秩序是单位成员自身的秩序，有其自身的边界，单位成员在日常生活世界里根据自身的实际情况和外部环境的变化，通过讨价还价、协商的方式，在反复博弈的基础上建立起来的这种内秩序，是单位成员利益的平衡和相互妥协的结果。

显然，肯定而不回避单位法里面国家法律法规的这种渗透性，对于法多元主义理论发展而言不无意义。[40] 传统的法多元主义认为在非西方社会的部落

---

[40] B. de Sousa Santos, "A Map of Misreading—Toward a Postmodern Conception of Law", in *Journal of Law and Society* 14(3), 1987, pp. 279—302.

社会里存在法的样式。在这样一种西方与非西方二分的框架下,其结果仍是以西方法为中心来观照非西方社会的法。这种进路对西方社会复杂性以及共存于现代社会里所谓后发展国家的复杂社会情景并不能很好地解释。[41] 研究复杂社会里的法律多元现象,不可否认国家法在复杂社会中的广泛渗透,同时也不可否认社会秩序的多元性。中国单位社会里,法律的渗透性直接体现了国家通过法律对单位的控制。此种控制之下,单位成员在实际行动中根据面临的情景和实际的目的会有不同的行动方案,从而对法律的渗透性产生不同的型塑机制,并影响到法律实际实施过程中的效果。

2. 单位法的实际目的性

如果翻检单位的规章制度,我们会发现单位规则都是出于各种各样的实际目的而形成的。这不仅仅是因为各项规章制度大都在第一句话就表明本项规章是"为了……"目的而制定的书面表述,重要的是,这种实际的目的来自于单位本身的实际需要。虽然即使是在文牍主义盛行的单位中,有些规章制度是纯粹形式上的东西,但此种形式上的东西也可以用来装装"门面"或留作备用以应付上级检查。

单位成员在议定规则时,首要的考虑是要解决当下的问题。当单位面临的各种实际问题凸现出来时,就要有一种办法来解决,制定此办法便会提到单位的各种会议中来讨论决定,正是为了各种实际目的使得单位在制定规则时凸显实践的紧迫性。[42] 在为了尽快解决当前面临的实际问题,单位有可能对国家法的渗透采取不同的行动策略。例如,在摘录中讨论学生补考、重修以及转专业的规定时,与会者都要考虑到单位本身的实际情况。如转专业的规定就是完全按照 B 高校自身的情况制定:学校规模小,专业单一,且学生在填报志愿时已经有专业选择权,因此针对个别学生的情况选定一个可行的办法。针对实存的具体问题来确定具体的办法,这是单位成员经常的行动策略。我们还经常看到有时出于本单位的各种实际目的而完全违背国家的规定自行设定规定,如收取补考费、重修费等。

因此,在各种实际目的面前,法律的渗透性也变成了一种形式上的要求。单位在议定规则的过程中,参与的各职能部门、各位领导决策者并不在意于在制定单位制度时对法律的规定理解是否透彻,是否应当完全按照法律的规定来

---

[41] Anne Griffiths, "Legal Pluralism", in Reza Banakar and Max Travers(ed.): *An Introduction to Law and Social Theory*. Oregon: Hart Publishing, 2002.

[42] [法]布迪厄、皮埃尔:《实践感》,蒋梓骅译,译林出版社 2003 年版,第 231 页。

贯彻和制定单位相应的规定。在单位法的实际议定过程中,法律的规定只是一种说辞,一种让说辞变得有效的合法性依据和权威来源。这样在单位的内部规定中,所渗透的法律也就变成一种条条框框,在此之下人们看到的只是充满了各种实际目的的内部规则而已。

3. 单位法的不确定性

从组织理论上讲,组织的制度总是表现为一系列相对稳定的行动规则和结构,具有抗拒变迁的倾向而表现出滞后性和惰性,它都不会习惯于朝令夕改的状况。从某种意义上讲,单位制度变迁的滞后性,避免了单位在面临急剧的社会变迁中,其成员的行动处于一种混乱的境地,从而使单位的秩序保持在一种相对稳定的状态当中。但是单位法总是表现出一种不确定性的特征。

首先,单位政治与行政的一体化领导方式,各种权力和命令使得单位法处于不确定的状态之中。按照科层制的制度设计,各层级的职能部门应该是职与责的统一。但是从 B 高校来看,虽然校长是学校的法定代表人,在党委领导下的校长负责制实际上使党委书记成为"一把手",党政一体化的权力结构并没有清晰化,领导干预和指示下属工作的现象是习以为常了,如要求职能部门考虑制定学生转专业的办法。对于按照单位职责的规定应该负起责任的职能部门来说,权力经常处于分割的状态。各职能部门对职责权限的事务往往忙于打报告请示,找领导汇报、沟通、协调,它的自主性或裁量权在多方的干预下已经很难施展。于是,各职能部门的工作就习惯于等着领导的指示和安排,事无大小,不分分内分外,都要由领导拍板敲定,最终的结果是领导的决定和指示成为实际的法。

其次,单位直接面临社会生活和所处的社会环境,社会环境的变化会立刻反映到单位的行动本身中来。单位面临的社会环境既有外部国家法律政策的变化,也有社会政治经济宏观环境的变化,还有来自单位应对市场竞争的压力。当单位所处的环境发生变化时,单位自身对其内部结构进行相应的调整,以适应环境和自身的发展需要,单位制度的变迁和创新就不断提上议事日程。从2001 年到 2005 年,B 高校组织机构的变化反映了其应对外部社会环境的变化,2001 年职能部门有调整后有 17 个,到 2005 年增加了 2 个;而教学机构也有调整幅度更大,调整和合并的教学机构达 7 个。这些改革是制度变迁和创新的结果,并有相应的规范性文件出台。

再次,单位规则是在行动中不断生产出来的。在单位中,各种会议的决定、领导的指示都有可能成为实际的法。单位里的法会随着随意性、临时性的会议和决定不断生产出来。在规则文本中,经常出现这样的模糊规定,如"原则上"、

"尽量地"、"适当地"、"特事特办"、"依循旧例"、"其他",这些模棱两可、含混不清的用语成为执行者发挥自由裁量权的重要依据与基础。

最后,单位规则的修改频繁。正是为了适应各种实际目的的需要,单位规则修改的频率较高。在单位有时在一天内可能会产生不同的规则或者相反的规则,朝令夕改的情况也时有发生。就学生手册而言,是学校对学生管理的重要规定,包括学籍管理、三好学生评审、奖学金评审、入学、退学、休学及文凭发放等等,在2001到2005年间,修改和增加补充规定共5次,每年都有修正。在这里只是包括通过规则制定和修改程序等进行修改规则,不包括实际行动中对既有规则的隐性实质修改。

单位法的不确定性,并不表明单位成员的行动处于不可预期的境地。单位成员会根据行动时的场景、其他行动者对自己作出行动的反应、既有规则、时空条件、外部环境等等的考量,从而选择适当的行动方案,这样既有的单位法也成为单位成员行动时的条件而不是唯一的理由和依据。当然这并不是说单位成员的行动仅仅就是行动从而成为行动的个体主义,每时每刻都要进行这样的判断和选择。日常生活世界,表面上看来纷繁复杂,但在各种浮现出来的突发性或特殊性事件外,更多的是为我们所熟视无睹的惯常经验,正是这种惯常经验,我们在日常生活中以一种不言而喻的方式体验着它们。[43]在单位里人们在一个个普普通通的工作日中过着所谓的现代生活,这是一种典型的例行化生活,鲜明体现周而复始的特性。因此,尽管单位法的实践中有着太多的不确定性和变数而似乎没有规律可循,但是单位成员还是能够把握行动的方向。

4. 单位法的可说明性

从B高校来看,包括校长办公会在内,其各部门都有建章立制的功能,但是每年建立哪些规章制度却没有一个明确的目标和任务。和国家立法不同的是,这种立法活动缺乏明显的计划性或规划特征,各种规章制度往往是随着工作或实际情况的发展变化而制定出来。因此,这种规则往往也会随着时空条件的变化在行动中进行不断修正,对于规则制定后发生的情况的适用性,往往也要根据具体的情况来适用,并没有完全无条件适用的规则。制定出来的规则是否还能对其后行动有约束力的预期也只能是大致的预期,对其后发生的行动的指导性和约束力还有待具体的条件来判断。

---

〔43〕〔英〕吉登斯、安东尼:《社会学》(第四版),赵旭东等译,北京大学出版社2003年版,第99—119页。

通过开会讨论形成规则来看,单位法是可以说出来的、可以被报道和描述出来的。从 B 高校的规则来看,它之所以是一种规则,是因为它更多的是对单位成员当下采取的行动的一种说明和描述,是对在各种实际目的的考量下单位成员实际怎么做、怎样做更好的一种表述。例如,虽然 B 高校制定了各种规章制度,然而在实际的工作中,各种规章制度也仅仅是"手头的库存知识"的一小部分。[44] 笔者曾就老师要参加学术会议需要调课、停课问教务处的一位工作人员是否有相关的规定时,他们回答说应该有吧,具体规定说不上来但是却很熟练地将实际的操作办法和工作程序向我详细讲解了一番。当我指出他所说的和规定有些出入时,他表示很惊讶,并从一大堆的文件档案中找出关于调课、停课的规定看了一下,说大致上还是这样的嘛,但是实际操作的过程中根据具体的情况是会有些不一样的,当然遇到以前没有碰到的情况也会把规定拿出来翻翻再决定如何办。因此,我发现,这些所谓的规章制度也仅仅是实际行动中的做法的一种大致描述,工作人员在实际工作中对具体的文字规定的知识大都表现出模糊的、不连贯的特征,往往也会出现矛盾。这些作为库存的知识虽然不能非常清晰地表述出来,但是对于工作人员来说,在实际的工作中还是可以在日常情境中与事物和人打交道,来解决具体的问题。

单位成员的行动、领导的指示、开会的决定在部分上是可以被描述出来、报道出来、规定出来的,并因此可以被理解。但是单位的行动不可能完全被看到、描述、报道,例如有些惯例,实际上在这些惯例行为实际发生时才可以被理解。决定哪些是可以描述的,都是根据单位成员的行动实践来决定的结果:出于各种实际目的、所处场景等。既有的规则作为单位成员解决问题的历史记录和记载,从而成为单位成员行动经验的历史痕迹,在面对相似情景和理性化的活动中,可成为行动可以说明的理由。

单位法的可说明性,表明单位法的形成和单位成员行动之间的不可分离的特征:法在行动之中。在单位里面临的是一个充满不确定性或复杂性的世界,单位的行动不可能由规则预先决定,而是在单位的局部场景中,有单位成员通

---

[44] 舒茨认为,人们关于社会世界的认识是在主体间性的互动过程中,双方共同建构起来的。可见,作为认识成果的"手头库存知识"不是客观外在的,也不是对客观事物的主观反映,而是普通人在长期的日常生活中,通过意向性的时间流中意义建构与主体间性互动中形成的共享理解中逐渐积累起来的。舒茨认为,普通人经由主体间性互动形成的库存知识,通过将日常生活情境不断标准化、例行化,成为一种类型化的库存知识,它是用来解决具体问题的、解释社会的、可靠的"窍门"知识或技术知识,虽然不能得到清晰表达与言传,但是在具体的情境中行动者会信手拈来。见 Alfred Schutz, *Collected Papers*, Vol. 1: *The problem of Social Reality*, 1962, Collected Papers, Vol. 2: *Studies in Social Theory*, Hague, 1964。

过权宜性的努力创造的结果。这样说并不是要陷于行动的无政府主义泥潭之中,只是表明,单位法并不是规制单位成员行动的制约性力量。那么,单位规则是否存在呢？如果存在它在行动中有何作用？从普通人的日常生活世界来看,规则是存在的,规则的真正作用在于使实际的行动成为可说明的、可描述的,它是行动可以理解和可说明的源泉。[45] 单位规则内化,成为行动的无意识部分。规则只是对实际中的做法进行描述,是对日常生活中的惯例性的行动的书面表达,而不会对所有的行动都有描述。因此,单位成员工作中的各种内部操作、办事指南、工作程序,都是对实际的做法的表述。当单位成员展开行动时,已有的规则也是单位成员行动时所依据的条件和资源之一,单位成员会依据行动时的场景和自身各种实际目的的考量来确定所采取的行动方案。

除了规则是对行动的说明之外,在日常生活的实践中,行动和规则的说明是不可分的,说明是行动的内在组成部分,这是规则的说明性和行动的关系的核心主题。[46] 规则的说明既是行动可以理解可以说明的条件,本身也构成行动者维持行动的条件。这种行动和规则的辩证关系显然和法学传统不相一致。在法学中法律规则被当作外在于人们行动的规制性力量,人们是应完全按照法的规定来行事。而在这里,规则是内在于行动中的,它仅是对实际行动的说明,它是在人们的日常行动的不断生产出来并和行动不可分的,而不是人为设计出来的理想型。

五、简短的结论

通过上文对单位法的分析,笔者最后对本文的观点作简短的总结。在本文看来,单位法是单位成员在日常生活世界不断通过自我调整和自我规制的行动所形成的在单位里通行的规范秩序。本文站在法多元主义的立场上来认识和言说法这一现象,从而确定单位法的法的意义。在单位组织中我们可以看到一种具体的民间法。单位组织的相对自主空间为单位法提供存在的基础和场域。在中国的复杂社会里,单位法并不是独立于国家法之外,而是体现国家法的渗透性和单位法的自主二重性,因而在单位法的研究中,笔者无意于排除国家法对单位法的作用和影响。在日常生活的具体实践中,国家法的渗透向来不是单

---

[45] Harold Garfinkel, *Studies in Ethnomethodology*, Englewood Cliffs, NJ: Prentice-Hall, 1967, pp.30—31.

[46] John Heritage, *Garfinkel and Ethnomethodology*, Poliy Press, 1984, p.150.

线和自上而下的,单位成员采取不同的行动策略来贯彻和执行国家法并形成自身可以接受的法体系。单位成员依据单位自身面临的环境和实情并考虑单位自身的各种实际目的进行自我调整和自我规制,在实践理性的指导下形成一种规范的秩序。

Section 2

法哲学研究

为拉德布鲁赫公式辩护*

〔德〕罗伯特·阿列克西 著　林海 译　张卓明 校**

　　在行将结束的这个世纪里,德国法院曾两次面对这样一个问题,即如何处理过去的法治崩塌所带来的司法困境:一次是在1945年纳粹政权垮台之后,另一次则是在1989年德意志民主共和国解体之后。在这两种情况下,法院都必须回答下述问题:某事违背了正义和法治的基本原则,但根据已经瓦解的法律体系中的实证法却是合法有效的,现在,我们是否仍应视之为合法有效?用简洁但不很精确的话来说,过去合法的事情是否可能在今天就成为不法?德国法院在1945年后对此问题作了肯定的答复[1],而联邦最高法院则于1989年后延

---

* 本文主要根据David Dyzenhaus英译文本翻译(D. Dyzenhaus, *Recrafting the Rule of Law*; *The Limits of Legal Order*, Oxford-Portland Oregon: Hart Publishing, 1999, pp.15—39),并参考了德文版。特别感谢阿列克西先生,授权翻译并提供了本文的德文版(德文版尚未公开发表),对本译文也提供了不少重要的建议和指导。感谢中国社会科学院博士生张卓明先生认真细致的校对;感谢浙江大学光华法学院季涛副教授,本文翻译的完成与他的安排、指导和一直以来在各方面的关心密不可分;并感谢中国社会科学院政治学研究所陈承新女士,她为相关材料的搜集付出了心血。而本文翻译中的一切错误,则由译者本人承担责任。

** 林海,工作单位为江苏省社会科学院法学研究所;张卓明,中国社会科学院法学博士研究生。

[1] See for example OGHSt 2, 231 (232ff.); 2, 269 (272ff.); BGHSt 2, 173 (177); 2, 234 (237ff.); 3, 357 (362ff.).

续了这一传统,这在有关所谓的"柏林墙枪击案"的裁判中特别明显。[2] 联邦宪法法院在审理有关纳粹分子不正义行为的案件期间继续推进认识[3],并在涉及德意志民主共和国所犯不正义行为的案件中进一步确认了这一传统。[4] 在其中,拉德布鲁赫公式(die Radbruchsche Formel)构成了法官推理的法理核心。下文中,首先要做的是介绍该公式,接着将通过两个例子说明其实践意义,最后,我们会探讨该公式是否经得起法学批评。

一、拉德布鲁赫公式

基于对纳粹主义12年统治的直接印象,古斯塔夫·拉德布鲁赫提出了他著名的公式。抄录如下:

> 正义与法的安定性之间的冲突应当如此解决,即,通过制定规则和权力确保的实证法,即便其内容不公正和不适当,仍然具有优先地位。只有在实证法和正义之间的矛盾达到了如此不可忍受的程度,以至于该法律被认为作为"错误的法"(不正确的法,unrichtiges Recht)应当让位于正义。在法定的不正义与虽有错误内容但依然有效的法律之间,无法划出明显的分界线。然而,另一个界限却可以被相当明确地划出来:如果一个实证法的制定根本不以正义为目的,如果作为正义之核心的平等也被刻意地否认,那么这个法律就不仅仅是一个"错误的法",它根本就没有法律的性质。[5]

很容易发现,这个公式由两个部分构成。公式在第一部分中声称,实证法对正义的违背达到了"不可忍受的程度"时就失却法律有效性,我们可以称之为"不可忍受性公式(Unerträglichkeitsformel)";第二部分,则是认为在实证法的制定对拉德布鲁赫所说的正义之核心的平等加以"刻意否认"的情形下,其作为法

---

[2] BGHSt 39, 1; 39, 168; 39, 199; 39, 353; 40, 48; 40, 113; 40, 218; 40, 241; 41, 10; 41, 101; 41, 149; 42, 65; 42, 356.

[3] BVerfGE 3, 58(119); 3, 225(232ff.); 6, 389(414ff.); 23, 98(106); 54, 53(67ff.).

[4] BVerfGE 95, 96(130ff.).

[5] G. Radbruch, "Gesetzliches Unrecht und übergesetzliches Recht", in G Radbruch, *Gesamtausgabe*, in A. Kaufmann (ed.), Heidelberg, C F Müller, 1990, vol. 3, p. 89. 拉德布鲁赫的这一名篇首发于1946年《南德意志法学家报》(*Süddeutschen Juristen-Zeitung*),第一卷,第105—108页。

律的性质将被否认,我们可以称之为"否认性公式(Verleugnungsformel)"。[6]不可忍受性公式具有客观属性,与不正义的程度相一致。[7] 相反,否认性公式则决定于某些主观内容:立法者的目的或意图。可以想到两个公式同时应用却导致不同结果的案件。不难设想这样的立法者,其目的事实上是为了实现正义之核心的平等,但却制定了不可忍受的不公正的法律,其情形正如一个一心想要实现不公正的立法者也可能无法超越不可忍受的不正义这个限度。不过一般而言,在达到了不可忍受的不正义的情形下结果与目的确实应该是吻合的。这种情况下,可以认为这两个公式形成了"交叠(overlapping)"。[8] 司法推理首先且最主要是应用了不可忍受性公式,因为在疑难案件中"破坏正义的意图"是很难证明的。[9] 在本章中,不可忍受性公式乃是焦点。

  拉德布鲁赫公式的显著之处在于其并不要求法律与道德之间保持完全一致。它允许经过制定程序或是具有实效的法律——拉德布鲁赫称之为"通过制定规则和权力确保的法律"——具有效力,即使此法律是不公正的;它甚至不要求作为整体的法律本身应当指向道德,而更多的只是在法律中设置某种最低的限制。总而言之,法律是经过适当的程序制定和具有社会实效的;只有在极端不正义这个限度被超越时,经过适当的制定程序和具有社会实效的规范才丧失其法律特性或法律效力。因此,拉德布鲁赫公式可以简明地表述为:

    经过适当的制定程序和具有社会实效的规范,在其极端不公正时,丧失其法律特性和法律效力。

甚至更简略:

---

[6] See B. Schumacher, *Rezeption und Kritik der Radbruchschen Formel*, Diss: Göttingen, 1985, p. 24ff.; A. Kaufmann, "Die Radbruchsche Formel vom gesetzlichen Unrecht und vom übergesetzlichen Recht in der Diskussion um das im Namen der DDR begangene Unrecht" (1995) 48 *Neue Juristische Wochenschrift* 81 at 82.

[7] 更准确地说,有两个方面应当在不可忍受性公式的框架中加以区分。其一涉及衡量,其二则是(具体的)界限。

[8] S. L. Paulson, "Radbruch on Unjust Laws: Competing Earlier and Later Views?" (1995) 15 *Oxford Journal of Legal Studies* 489 at 491.

[9] R. Dreier, "Gesetzliches Unrecht im SED-Staat? Am Beispiel des DDR-Grenzgesetzes" in F. Haft, W. Hassemer, U. Neumann, W. Schild, U. Schroth (ed.), *Strafgerechtigkeit. Festschrift für Arthur Kaufmann*, Heidelberg: C. F. Müller, 1993, p. 58.

> 极端不正义是不法。[10]

任何支持这一理论的人都不会是法律实证主义者。当一个法律实证主义者想要确认法律是什么时,只会诉诸适当的制定程序和社会实效。尽管这些观点可从相当不同的角度加以解释和评价——如同很多形式的法律实证主义所表明的那样——这里将不会对此作更多讨论。本章的关注点仅在于,实证主义者认为任何关于法律特性和效力的问题都与规范的内容无关。杰出的法律实证主义者,汉斯·凯尔森,在他屡被引用的陈述中表达了这一观点:"任何内容都可以是合法的。"[11]这正是法律实证主义者的法律与道德分离命题(die positivistische These der Trennung von Recht und Moral),或简称为实证主义的分离命题(Trennungsthese)。甚至反实证主义者*若不愿被认为精神不正常,也必须考虑适当的制定程序和社会实效,拉德布鲁赫公式即为明证。但是对接受该公式的反实证主义者而言,无疑还有一个限制,即极端不正义的限制。这样,实质正确性就被作为一个限制性的标准而引入法律的概念中。法律的概念并非为道德所充斥但确实为道德所限制。法律与道德之间只有一种微妙的联系,但确实有这样的联系存在。因此,赞同拉德布鲁赫公式的人一定会支持反实证主义者的联系命题(Verbindungsthese)。[12]

关于拉德布鲁赫公式的争论是哲学上的争论,因为这是关于法律的概念的争论。针对拉德布鲁赫公式的基础性概念——法律的概念——的争论同时产生了直接的实践后果,这充分说明了争论的法哲学性质。在探讨对表现为拉德布鲁赫公式这一形式的反实证主义的加以支持还是反对的论点中究竟何者为更佳之前,我们将首先对那些实践后果加以考虑。而这可以通过两个例子来进行讨论。

---

[10] 拉德布鲁赫作了与此接近的表述,他说:"惊人"的不公正法律,其有效性可被否认。See G. Radbruch, *Vorschule der Rechtsphilosophie*, in G. Radbruch, *Gesamtausgabe*, A. Kaufmann (ed.), Heidelberg: C. F. Müller, 1990, vol. 3, p. 154.《法哲学入门》(*Vorschule der Rechtsphilosophie*)是经拉德布鲁赫校对的讲座笔记,于1948年首次出版。

[11] H. Kelsen, *Reine Rechtslehre*, 2nd edn., Vienna: Deuticke, 1960, p. 201.

* 关于"反实证主义者"的概念,阿列克西的德文表达是 Nichtpositivist,可直译为"非实证主义者",本文的英译文本中多数将这一术语译为 anti-positivist,也有译为 non-positivist 之处,而阿列克西先生本人则表示,他更倾向于使用 non-positivist 的译法。本文中仍依英译文本的区别,但需指出本译文中"反实证主义"或"非实证主义"的概念不存在实质性的差别。——译者注

[12] R. Alexy, *Begriff und Geltung des Rechts*, 2nd edn., Freiburg and Munich: Alber, 1994, pp. 15ff, 52ff.

二、实践意义

第一个例子是联邦宪法法院 1968 年的一项裁判,针对的是 1941 年 11 月 25 日发布的关于《帝国国籍法》的第 11 号令。[13] 该法令第 2 条称:

犹太人在以下情形丧失德国国籍:
a) 在本法令生效时其经常居住地在外国的,自本法令生效时起;
b) 在本法令生效日后选择外国作为经常居住地的,自其将经常居住地迁往外国时起。

联邦宪法法院要裁判的案件是决定一位在第二次世界大战前夕移居阿姆斯特丹的犹太律师是否因此规定而丧失了德国国籍。这个裁判将影响一件继承案件的结果。这位律师于 1942 年被驱逐出阿姆斯特丹,其后就再也没有关于他的消息可寻,所以他被认为已在集中营中丧生。

联邦宪法法院判决该律师没有丧失德国国籍,理由是关于《帝国国籍法》的第 11 号令自始无效。其司法推理的核心如下:

联邦宪法法院由此确认剥夺纳粹"法"令之法律效力的可能性,盖因其明显违背诸正义之基本原则,以至适用其规定或承认其法律后果之法官,将宣示不正义而非法律。(BVerfGE 3,58(119);6,132(198))

第 11 号令违反诸基本原则。其与正义之矛盾已达如此不可忍受之程度,以致其当被视为自始无效。(参见 BGH, RzW 1962,563;BGHZ 9,34(44);10,340(342);16,350(354);26,91(93))[14]

这是经典的反实证主义的论断。一项经过了适当制定程序并在其效力存续期间产生社会实效的规范,其效力或是其作为法律的特性——判决中对后者并未明言——遭到否认,因为它违反了超实证的法。在此案中拉德布鲁赫并没有被明确提到,但在联邦宪法法院较早的判决中却可以发现他的名字,而此案的判决恰恰是依赖于这些裁判的。[15] 无论如何,更有意义的方面在于,拉德布鲁赫关于与"不正义"相联系的"(对正义之)违背"所达"不可忍受程度"的表述

---

[13] RGBl. I p. 722.
[14] BVerfGE 23,98(106).
[15] 在 BVerfGE 3,225(232)的判决中,拉德布鲁赫公式被完整地、一字不漏地加以引用,而在 BVerfGE 22,98(106)中,紧挨着上文所引文字的前面就提到了这个判决。

得到了应用。国籍案的裁判因而成为应用拉德布鲁赫公式的典型案例。

侨民通常并不要求重新获得他们的旧国籍,但与财产相关的情形则另当别论。这就是联邦最高法院民事评议庭所作的一项可以与国籍案相提并论的裁判的情形。诉讼结果再次取决于关于《帝国国籍法》第11号令的效力,这次是第3条第1款第1项的规定:

> 根据本法令丧失德国国籍的犹太人,其财产将自其丧失国籍时起为帝国所有。

一位犹太妇女,于1939年移居瑞士,而在一家德国银行留有一笔存款。在整个纳粹统治期间及其后,这笔存款皆以其本人的名义被银行记录在案。战争结束后,她重返德意志联邦共和国定居。于是她提出返还这笔存款的要求。问题在于,她是否因第11号令第3条第1款第1项的没收规定而丧失了该财产权。联邦最高法院的回答是"不",并支持了她归还财产的要求。该判决的推理极为复杂但核心意思如下:

> 从属于《帝国国籍法》第11号令第3条应当视为自始无效,因为其极端不公正的内容与任何基于法治之秩序的基本要求相悖。[16]

根据这个反实证主义的解决方案,该移民可以要求返还其财产,这仅仅是因为她从未失去过这些财产。而从法律实证主义的立场来看,倘若她要有主张归还财产的某种权利,则必须制定具有追溯力的或是矫正性的法规,于是她是否可以要求返还财产将取决于立法的决断。所以,司法裁判是支持还是反对法律实证主义,对于专制政权*的受害者来说,有着重大的实践意义。

说明拉德布鲁赫公式的实践意义的第二个例子,来自于对曾发生在德国内部边境的逃亡者死亡事件的司法裁判。1992年11月,在德国统一两年之后,联邦最高法院在柏林墙枪击案的第一次判决中确认边界士兵个人有罪。[17] 两年之后的1994年,法院判决更高与最高级别的德意志民主共和国官员,包括民主德国末任国防部长凯斯勒将军(Armeegeneral Keßler)在内,应当对边界的枪杀事件负刑事责任。法院认为,他们因间接造成过失杀人而获罪。[18] 又过了两

---

[16] BGHZ 16, 350 (354).

* 此处德文原稿的表达是 Unrechtsregime,可译为不正义政权,英译文本译为 tyrannical regime,应为意译。——译者注

[17] BGHSt 39, 1.

[18] BGHSt 40, 218.

年,1996 年 10 月,联邦宪法法院宣布该司法裁判的思路符合宪法规定。[19] 这里我们只考察一下最先作出的裁判——联邦最高法院对柏林墙枪击案的第一次判决。

此判决是针对一个 20 岁的逃亡者作出的,此人于 1984 年 12 月 1 日凌晨 3 时 15 分许试图利用长 4 米的梯子翻越边境设施。德意志民主共和国边境巡逻队的两名士兵——其中一人约 20 岁,另一人约 23 岁——在大约 100 米外发现了此人,而这一逃亡者正试图穿越宽 29 米的边境地带。在此地带正中立有一排高 2.5 米的警示栅,边境尽头则是 3.5 米高的柏林墙。此时喊话或是鸣枪示警都无法阻止逃亡者。当他将他的梯子靠上边境墙并快速爬上的时候,两名士兵清楚只有直接射击才有机会阻止其逃亡,他们便向逃亡者开了几枪。尽管他们瞄准的是逃亡者的腿,但他们也知道逃亡者有可能被打死,因为他们的火力十分密集。然而他们仍然不顾一切要阻止其逃亡。逃亡者在他们开火几秒钟后中枪——其时他的手刚刚触及墙头——并于几小时后死亡。

1992 年,柏林州法院确认两名士兵成立过失杀人罪的共犯,并判处其中年轻者 1 年 6 个月青少年犯罪矫正所监禁及年长者 1 年 9 个月徒刑。[20] 两刑罚都被缓期执行。联邦最高法院在对枪击案所作第一次裁判中,驳回了对此判决的上诉并维持了原审的定罪,但否决了初审的推理。

根据两德统一之保留事项条约的规定,对两名士兵的处罚必须遵循一个基本原则,即他们的行为仅在该行为发生时间和地点下的有效法律中被规定为可处罚时方可受到处罚。关键的问题是他们究竟能否从德意志民主共和国当时实行的法律中得到许可和正当理由。他们的正当理由体现在 1982 年《德意志民主共和国边境法》第 27 条中。[21] 在本案中,第 27 条第 2 款第 1 项十分重要:

> 为阻止即将或正在持续发生的犯罪行为发展成一项重罪,应当动用武力。

逃亡者对边境的穿越正是即将发生的而士兵们开枪阻止了他的行为。根据德意志民主共和国的刑法解释——无论是在主流学说上还是实践中——逃

---

[19] BVerfGE 95, 96.
[20] LG Berlin, NStZ 1992, 492 (493). 凯斯勒将军受到了至今最严厉的处罚,被判处 7 年 6 个月的监禁;见 BVerfGE 95, 96 (97).
[21] DDR-GBl. I p.197.

亡者所作的穿越边境的尝试都构成重罪。[22] 因此第 27 条第 2 款第 1 项的前提已成立。即便是第 27 条的保留前提也得到了满足。开火之行为只是在和平手段无法实现时才发生的(第 27 条第 1 款第 2 项)。在本案的情形下,对逃亡者只能以开火的方式来阻止。士兵们已对他呼叫要求其返回并且也经过了鸣枪示警(第 27 条第 3 款)。最终,第 27 条第 5 款当被考量:

> 使用武力时应尽可能避免伤亡。

即便是此条规范也得到了遵行,因为它并未要求不以任何形式危及生命。它只是说应"尽可能"避免伤及生命。对逃亡行为只有靠向逃亡者开火方可阻止,并且由于他即将完成此行为,零星的射击将不足以保证成功的阻止。倘若按照第 27 条第 2 款的法意,阻止逃亡是正当的,则其也未违背第 27 条第 5 款。

判定边境士兵有罪的尝试是通过将《德意志民主共和国边境法》第 27 条解释为根据当前的法治原则所应有之含义来进行的。柏林州法院判定两名士兵有罪的一审判决就是这样的实例。它认为,两名士兵应当遵从比例原则的基本准则,而不应当持续开火。此外,"阻止不威胁他人生命的犯罪行为发生"这一目的不可能为杀人提供正当理由,因为生命是最重要的法律价值。[23]

值得庆幸的是,联邦最高法院并没有适用此推理,至少在我们感兴趣的判决第一部分是这样。将德意志民主共和国的前法解释为根据当前的法治原则应有之含义的人,实际上是在追求一种隐蔽的溯及既往,这比公开的溯及既往更糟。这样就会回避一个问题,即今天对两名士兵的处罚是否违背"法无明文规定不为罪"(Nullem crimen sine lege)或是"法无明文规定不处罚"(Nulla poena sine lege)的准则。因此,柏林州法院错误理解了实证法。须知,其时生效的实证法不仅是由其条文的用语组成的,当时司法解释的实践也起着作用。如果要适用此标准,则正如联邦最高法院有力且详尽指出的[24],根据《德意志民主共和国边境法》第 27 条第 2 款第 1 项,两名士兵的行为将被认为是合理的。该行为因而是由当时有效的实证法规定的合法行为。由于现在并不存在一个规定该行为可受处罚的具有溯及力的法律,两名士兵仅当第 27 条第 2 款第 1 项正当基础不被应用时才可受到处罚。联邦最高法院正是在这点上引入了拉德布鲁赫公式:

---

[22] See R. Alexy, *Mauerschützen. Zum Verhältnis von Recht, Moral und Strafbarkeit*, Hamburg: Vandenhoeck & Ruprecht, 1993, p. 11 ff.
[23] LG Berlin, NStZ 1992, 492 (494).
[24] BGHSt 39, 1 (10 ff.).

这更是这样一个案件:行为时的正当性基础仅当其违背了更高层次的法秩序,即当该基础明显严重地违背了正义和人道的基本原则时,方被认为无效;该犯罪必须如此严重,以致违反了所有国家基于人的价值和尊严所具有的法律信仰(BGHSt 2,234,239)。该实证法与正义的抵触也必须如此不可忍受以致该法要让位于正义而成为错误的法(Radbruch, SJZ 1946,105,107)。[25]

最后一句几乎是逐词逐句对拉德布鲁赫的不可忍受性公式的重述。法院接着认为,拉德布鲁赫公式的应用并不局限在对纳粹不正义作审判的范围:

这些表述(同见 BVerfGE 3,225,232;6,132f.,198.)试图在纳粹的暴力政权倒台后对最严重违反法律的行为作界定。将其转而应用到今天的案件中并不容易,因为毕竟在德国内部边界上的枪杀事件与纳粹大规模的谋杀不可等量齐观。但是,当时所获得的洞见还是有效的,即在判断某个根据国家命令所作行为的性质时,必须考察其是否已经超越了一切国家中的普遍信念的底线。[26]

于是一切就取决于德国内部边界的死亡事件是否已经达到了拉德布鲁赫(公式)意义上的极端不正义的程度。这引起了极大的争议。[27] 联邦最高法院对此作了肯定回答,其详细的证明引入了1966年12月19日签署的作为"指导原则"的《公民权利与政治权利国际公约》对生命权(第6条)和自由迁徙权(第12条)的保障。该推理就不在此予以赘述,盖因这项议题乃是拉德布鲁赫公式在实践中的表现。而这清晰表现在联邦最高法院取消德意志民主共和国的实证法给与两名边境士兵行为的正当基础的表述中:

在《边境法》第27条中表述的、由德意志民主共和国法律赋予的正当基础,因此自始没有根据边境现实关系所界定的解释上的效力。[28]

---

[25] BGHSt 39, 1 (15ff.).
[26] BGHSt 39, 1 (16).
[27] See R. Alexy, *Mauerschützen. Zum Verhältnis von Recht, Moral und Strafbarkeit*, Hamburg: Vandenhoeck & Ruprecht, 1993, p. 23ff.
[28] BGHSt 39, 1 (22).

三、法的愿望与局限

拉德布鲁赫公式将某些内容排除在法律的内容之外,即极端不正义。它以此方式保留了法律与道德之间的必要的联系,即"法律是什么"和"法律应当是什么"之间的关系。正当制定并具有社会实效的法律之所以成为法,确实并非必定因为其是公正或正确的,但它一定不能超越极端不正义这个限度。如果极端不正义发生,那么其作为法律的性质或有效性就自然丧失。这是对法律实证主义者将法律与道德完全区分的命题的否定,也是反实证主义的联系命题的专门论述。

1. 概念框架

关于法律实证主义的争论似乎是无止境的,这意味着这是哲学上的辩论。在这些无休止而又重要和艰难的争议中,可以推测所有的参与者在各自的方面或是在不同的假设下是正确的。我们接下来就对这些方面或假设作一考察,这里有四个值得一提的区别。[29]

(1) 规范与程序

第一个区别在"作为规范体系的法律体系"与"作为程序体系的法律体系"之间。作为程序体系的法律体系是一个依靠规则的互动体系,并且由规则通过制定、援引、解释、适用和执行规范的方式加以引导。作为规范体系的法律体系则是由一个为产生规范而提供的程序造成的后果或产物组成的体系。这个区别近似于富勒所说的,从一个"有目的的造法努力和事实上通过此努力产生的法"(purposive effort that goes into the making of law and the law that in fact emerges from that effort)[30]的角度而言,作为"活动"(activity)的法[31]与作为"产物"

---

[29] 出于讨论的简便,我这里将避免引入早先的文章中对包含有效性概念的法律概念与不包含有效性的法律概念之间的区别所作的探讨。See R. Alexy, "On Necessary Relations between Law and Morality", (1989) 2 *Ratio Juris*, 167 at 170. 在此列出的类别清单除刚提到的这一区别之外,还可以由更多区别加以补充。比如,以某些目的而言,探讨单个规范与作为整体的法律体系之间的区别,也是很有成效的;R. Alexy, *Begriff und Geltung des Rechts*, 2nd edn., Freiburg and Munich: Alber, 1994, pp.57ff, 108ff。

[30] L. L. Fuller, *The Morality of Law*, 2nd edn., New Haven and London: Yale University Press, 1969, p.193.

[31] Ibid., pp.106, 119.

(products)[32]或"结果"(results)[33]的法之间的差别。显然把法律理解为程序或活动的体系要比仅仅关注由此程序所产生的规范结果更加适合于反实证主义者的立场。

(2) 观察者与参与者

第二个区别在观察者和参与者的不同视角之间。此二分法与哈特对"外部"(external)观点和"内部"(internal)观点的区分相关联。[34] 哈特的区分显然需要解释。[35] 在此我们将借助论证(Argumentation)概念和正确性概念对其作解释:参与者视角吸引处于一个法律体系内部的人参与到论证中,以解决什么是其要求、禁止和允许的,此外其还可能引发什么。法官处在参与者视角的中心。当其他的参与者,包括法律学者、律师及关心法律体系的公民,对一个特定法律的含义提出赞成或反对的论点时,那么他们最终要提到法官若想作正确的判决会如何举措。为观察者视角所吸引的人则从不问在一个特定法律体系中的正确判决是什么,而只关心事实上将会得到怎样的判决。我们又可以发现,观察者视角比较适合实证主义者而参与者视角更适合反实证主义者。

(3) 类别性与限定性

第三个区别是关于法律和道德的两种不同联系。第一种称为"类别性的(klassifizierend)",第二种可称为"限定性的"(qualifizierend)。与"类别性联系"相关者强调规范或规范体系在不能符合一定道德标准时就不再是法律规范或法律体系。拉德布鲁赫公式建立了这样一种联系,因它从法律规范(或有效的法律规范)的类别中排除了那些包含极端不正义的规范。与"限定性联系"相关者则强调规范或规范体系在不能达到某一具体的道德标准时可以成为法律规范或法律体系,但却是具有法律瑕疵的法律规范或法律体系。至关重要的是,这里所说的瑕疵是指法律上的而不只是道德上的。

限定性联系的概念与正确性诉求紧密相关,因为如果法律必然提出正确性诉求,那么法律与道德之间就必然有一种限定性的联系。[36] 富勒的法律的"内在"(道德)或"法律内部的道德"(internal or inner morality of law)作为"愿望的

---

[32] Ibid., p.106.
[33] Ibid., p.119.
[34] H. L. A. Hart, *The Concept of Law*, 2nd edn., Oxford: Clarendon Press, 1994, p.89.
[35] See N. MacCormick, *Legal Reasoning and Legal Theory*, Oxford: Clarendon Press, 1978, p.275ff.
[36] See R. Alexy, "Law and Correctness" in M. Freeman (ed.), *Legal Theory at the End of the Millennium*, Oxford: Oxford University Press, 1998, p.214ff.

道德(morality of aspiration)"[37]看上去是正确性诉求命题的一个重要方面。就富勒用以定义"法律内部的道德"的八条"合法性原则(principles of legality)"*而言,对其不能完全实现并不一般地导致法律特性或有效性的丧失。[38] 因此它就没有任何类别性的含义,而结果是将这样的法律或法律体系限定为"坏的(bad)"[39]。因而,富勒的理论是本质上建立在限定性联系之上的理论的一个范例。

限定性联系并不包含类别性联系。[40] 然而,对后者的合理性证明在前一联系存在时会比前一联系不存在时更容易。因而,对拉德布鲁赫公式的证明也将从对限定性联系的证明开始。

(4) 分析性论点与规范性论点

第四个区别在支持与反对法律实证主义的分析性论点和规范性论点(analytischen und normativen Argumenten)之间。分析性论点被提出在这样的时候,即某人证明法律的概念对道德因素的包含在概念上或语义上是必需的、不可能的,或者仅仅是可能的。与此相对,分离命题或联系命题则在这样的时候得到规范性论点的支持,即有人提议包含或是排除道德因素对实现一定规范(如对溯及既往的禁止)或实现某种价值(如人权)来说是有必要的。[41]

正如我们已见,拉德布鲁赫公式与类别性联系有关。这一问题不能仅依分

---

[37] L. L. Fuller, *The Morality of Law*, 2nd edn., New Haven and London: Yale University Press, 1969, p. 43.

* 关于 legality 的译法,学界尚有争议,此处参照近年学界翻译富勒著作时通常采用的译法,暂译为"合法性"。参见〔美〕富勒著:《法律的道德性》,郑戈译,商务印书馆 2005 年版。——译者注

[38] Ibid., pp. 39, 41ff.

[39] Ibid., p. 39. 与此相对,当富勒所说的他的八条合法性原则的任何一条的实现都"完全失败"之时,就必须采取类别性联系,这时这种失败"产生的不仅仅是一个坏的法律体系;它产生的结果将根本上不适于再被称作法律体系"。

[40] See N. MacCormick, "Natural Law and the Separation of Law and Morals", in R. P. George (ed.), *Natural Law Theory*, Oxford: Clarendon Press, 1992, pp. 112ff, 130.

[41] 有人会提出,以道德及规范性论点来证立实证主义的法律与道德分离命题的人其实并不是实证主义者。根据这种解释,任何在法律理论的框架下对道德论点的使用都会使得该理论成为一种反实证主义的理论。反对这种对法律实证主义作极端严格定义的原因之一在于,这样几乎就不会再有实证主义者了。更重要的考量是,这样一来,下述两类学者之间的关键差异就不再存在了:其中一类学者认为,当违背一个道德准则时一项规范就会失去法律性质或有效性,而另一类学者认为法律性质或有效性跟道德准则毫无关系。于是,拉德布鲁赫公式的支持者和反对者在为证立自己的观点而提出任何非实证主义的、规范性的论点以及在此意义上的道德论点,比如法律确定性的论点时,他们就都可以被形容为反实证主义者了。这种概念性的论断模式会带来困惑。

析性的理由决定,这可以从下面两句话皆不包含矛盾这个事实来说明[42]:

① 规范 N 是适当制定并具有社会实效的,因而就是法律,即便其包含极端不正义。

② 规范 N 是适当制定并具有社会实效的,但不是法律,因为其包含极端不正义。

由于"法律"(法,Recht)这个措词模糊不清、模棱两可,对拉德布鲁赫公式的正确性之评断最终只能建立在规范性论点上。而采用观察者还是参与者的视角则会导致完全不同的结果。

2. 观察者

为了回答从观察者的立场出发拉德布鲁赫公式是否可被接受的问题,我们要回到关于《帝国国籍法》的第 11 号令(1941 年 11 月 25 日),此令剥夺了犹太移民的国籍与财产权。设想一个当时关注纳粹法律体系的观察者,一个在自己国家为一家法学杂志提供针对纳粹法律体系的年度报告的外国法学家。他在 1941 年末会如何描述以上所述的,移民存款按法令第 3 条第 1 款第 1 项被宣称成为德意志帝国财产的情况?在其国家的人可能不需更多解释便能理解下述观点:

(1) A 根据德国法律失去存款所有权。

但另一观点则不一样:

(2) A 根据德国法律并不丧失存款所有权。

当没有更多信息对第二种观点加以说明时,就会产生错误信息或困惑。原因在于"法律"这个措词可以这样使用,即仅用于对经过适当制定程序并具有社会实效的规范及其后果作价值中立的鉴别。也只有这种用法才适合观察者视角。它有助于言论的清晰性和真实性。而一个在 1941 年底的时候为犹太人提供法律咨询的律师倘若忽视了第 11 号令则是严重的失职。诉诸拉德布鲁赫公式对他毫无帮助。自然,他会得出如下结论:

(3) 依德国现行法规,她确已失去了财产,但这一法规因极端不正义

---

[42] 哈特提出,"实证主义者可能指向英语用法的重要性"以至如(1)这样的句子不包含什么矛盾;H. L. A. Hart, *The Concept of Law*, 2nd edn., Oxford: Clarendon Press, 1994, p. 209. 于是论点将被扩展到如(2)这样的句子。哈特随后的论断是令人信服的:"很明显,如果我们把它看做是关于语言运用规则的问题,就不可能充分解决这个问题。"

而不成其为法律。在纳粹政权垮台后,我们可以保证这一财产的丧失将被宣布为无效。

这样,仅仅作为观察者的角度就被放弃了,可以预料,在关于独裁体制垮台后如何对该没收作出法律上的分类的论辩中,将采用参与者的角度,在这种视角转换之下,"法律"这个概念有了不同的含义。

3. 正确性论题(Das Richtigkeitsargument)

正确理解关于拉德布鲁赫公式的争论中的真正问题,在于站在某一法律体系中的参与者的立场上看是否可以接受它。这里有必要区分在一个不正义政权的法律程序中的参与者和要对过去的不正义加以阐明的程序中的参与者。法律是否必须对正确性有所诉求这个问题对于分析成为一个法律体系中的参与者意味着什么,起着决定性的作用。这一关于法律是否有如此诉求的命题可被称为"正确性论题"。正确性论题是证明拉德布鲁赫公式的基础。

正确性论题强调,作为有效的个别法律规范、个别法律裁判以及整个法律体系必须对正确性提出诉求。[43] 这可以为那些明显否认正确性诉求的实例所证明。这里仅举一例。[44] 它涉及 X 国新宪法的第 1 项规定。在这个国家少数派压迫着大多数人。少数派希望从这种压迫中谋取利益并对此毫不掩饰。因而他们的立宪会议决定将下面的表述作为宪法的第 1 项规定:

X 是一个主权的、联邦制的和不公正的共和国。

这个宪法条款是有缺陷的,但问题是缺陷在哪里。有人可能立刻想到习惯性缺陷。这一条款无疑违背了宪法文本之构成的惯例。然而这并不能解释缺陷本身。譬如,一个长达百页的基本权利目录也多半是不常见和非惯例的,但是,其尽管不寻常,却完全不会造成对不正义条款的无意识。同样的问题也存在于将之理解为有道德缺陷时。从道德的立场上看,假如不正义条款所针对的大多数人的权利,在第二个条款中被明确取消,情形也并无不同。然而以缺陷本身角度而言,却存在真正的问题。不正义条款不仅仅是非道德的,甚至从某种程度而言是疯狂

---

[43] 这一命题与拉德布鲁赫的有点晦涩的命题有相似之处:"法律是那种服务于法律价值和法律理念的实在。" See G. Radbruch, *Rechtsphilosophie*, as published in G. Radbruch, *Gesamtausgabe*, in A. Kaufmann (ed.), Heiderberg: C. F. Müller, 1993, vol. 2, p. 255.

[44] For further examples, see N. MacCormick, "Law, Morality and Postivism", in N. MacCormick and O. Weinberger, *An Institutional Theory of Law*, Dordrecht, Boston, Lancaster, and Tokyo: Reidel, 1986, p. 141; R. Alexy, *Begriff und Geltung des Rechts*, 2nd edn., Freiburg and Munich: Alber, 1994, p. 68ff.

的。有人可能认为不正义条款只存在政治上的错误。[45] 这种错误是存在的,但这尚不能完全解释其错误之本质。[46] 一部宪法可以包含一些政治上的不当因素并因此存在技术上的缺陷,但不能像我们这里的"第1条"这样怪异。习惯的、道德的和技术的缺陷都不能解释不正义条款的荒谬。这种通常是荒谬的情形,是由一种矛盾产生的。这一矛盾之所以产生,是因为宪法的制定必须跟正确性诉求相联系,从而成为一种对正义的要求。这一隐含在立宪过程中的要求,与不正义条款清楚表达的内容产生了矛盾。法案的内容和其实现前提之间的这种矛盾可被称为"行为矛盾"(performative Widersprüche)。[47]

对正确性的诉求决定了法律的性质。它排除了将法律理解为强者的命令。寓于法律之中的乃是一种理想的维度,按富勒的话说是一种"愿望(aspiration)"。这仍然不能告诉我们什么是对拉德布鲁赫公式有决定意义的。但很明显的是,法律内容之于法律并非无关紧要。

正确性诉求包含了八项形式上的原则,富勒将其定义为法律内部的道德或法律的内在道德。但它包含更广,还包括实质正义[48],即富勒所称的法律的外在道德。[49] 形式和程序的方面与内容和实质的方面之间的这种联系保证了同时考虑法律的制度性质和理想性质的可能性。[50]

4. 不正义论题(Das Unrechtsargument)

正确性论题本身并不足以支持拉德布鲁赫公式。虽然仅仅不满足正确性诉求确会导致法律缺陷产生,但这并不能除却一个规范或法律行为的法律性质和法律效力。因此,需要更多的论题以支持拉德布鲁赫公式作为法律的一个界

---

[45] E. Bulygin, "Alexy und das Richtigkeitsargument" in A. Aarnio, S. L. Paulson, O. Weinberger, G. H. v. Wright and D. Wyduckel (eds.), *Rechtsnorm und Rechtswirklichkeit. Festschrift für W. Krawietz*, Berlin: Duncker & Humblot, 1993, p.23ff.

[46] R. Alexy, "Bulygins Kritik des Richtigkeitsarguments", in E. Garzón Valdés, W. Krawietz, G. H. v. Wright and R. Zimmerling (eds.), *Normative Systems in Legal and Moral Theory. Festschrift for Carlos E Alchourrón and Eugenio Bulygin*, Berlin: Duncker & Humblot, 1997, p.243ff.

[47] 这方面,参见 R. Alexy, "Law and Correctness" in M. Freeman (ed.), *Legal Theory at the End of the Millennium*, Oxford: Oxford University Press, 1998, p.209ff.

[48] Ibid., p.214ff. 对此,有人可能这样来证明,因为正义无非是关于分配和补偿的正确性问题,而法律肯定关注分配与补偿。

[49] L. L. Fuller, *The Morality of Law*, 2nd edn., New Haven and London: Yale University Press, 1969, pp.44,96,132,224.

[50] 关于此,参见 N. MacCormick, "Natural Law and the Separation of Law and Morals", in R. P. George (ed.), *Natural Law Theory*, Oxford: Clarendon Press, 1992, p.114ff.

限。所有这些论题可以被称为"不正义论题",共包含七个方面[51],这些论题本质上是规范性的,并且有时各自也由多方面构成。

(1) 清晰性论题(Das Klarheitsargument)

第一个需要应对的是清晰性论题。哈特对其作了经典的表述:

> 因为假如我们接受拉德布鲁赫的观点,并同他及德国法院一道反对邪恶的法律而主张说,某些规则因为道德上的不公正而不成其为法律,那么我们就会混淆一种最简单因而也最有力的道德批评形式。如果我们与功利主义者一样坦率,那么我们就可以说法律是法律,但它过于邪恶以至于不能遵守……;当我们对制度进行道德批评时,如果有足够明白易懂的语言,一定不要用有争议的哲学命题。[52]

这一反驳具有一定说服力,但不是决定性的。一个排除道德因素的实证主义法概念在假设其他条件相等时(ceteris paribus)的确要比包含道德因素的法概念简单,而简单性首先(prima facie)就能表明清晰性。然而这并不是说复杂性的增加就必然带来相应的不清晰性的增加。不需要多担心法学家和公民会因为将"极端不正义是不法"的公式植入法概念而产生困惑。当法院和法哲学家告诉他们最极端的不正义也可以是法律时,困惑同样会产生。诚然,不清晰性在"柏林墙枪击案"之类的难以划清极端不正义和非极端不正义的界线的案件中会产生,但这只是一个法的安定性论题所要讨论的问题,而非针对清晰性论题的问题。清晰性论题唯一关心的是,当特别的道德因素包含在法概念中时是否会产生困惑。

固然可以同意哈特所说,清晰性是"法理学的至上美德"(sovereign virtue in jurisprudence)[53],但他将"足够明白易懂的语言"归于实证主义而将"有争议的哲学命题"归于反实证主义的做法则无法得到认同。[54] 反实证主义也可用直白的言语阐述,而实证主义同样可以被视为一种有争议的哲学。在实证主义与

---

[51] 这个数目并不是一成不变的。这七方面论题中,有些可以被进一步划分,从而会使数量增加。相反,如果有人将其中一些论题合并,它们也可减少。此外,还可以直接省略或者增加论题的数目。后者的一个例子可以是"语义论题",即认为,为某种特定目的,法律的概念必须脱离道德;见 R. Alexy, *Begriff und Geltung des Rechts*, 2nd edn., Freiburg and Munich: Alber, 1994, p. 72ff。但这点早已在从观察者视角讨论拉德布鲁赫公式的充分性时得到了解决。

[52] H. L. A. Hart, "Positivism and the Separation of Law and Morals", in H. L. A. Hart, *Essays in Jurisprudence and Philosophy*, Oxford: Clarendon Press, 1983, p. 77ff.

[53] Ibid., p. 49.

[54] Ibid., p. 78.

反实证主义的争辩中,双方是在基本平等的条件下展开论战的。而实证主义甚至不能为自己主张正确性的假设,这是由法律必须对正确性提出诉求的事实所表明的。这更多的是支持而不是反对,说法概念中包含了某种正确性标准。因此,清晰性论题尚不能成为此方面的决定性因素。

(2) 功效论题(Das Effektivitätsargument)

拉德布鲁赫提出,法律实证主义使得"法学家和人民在面对这样任意、残暴和罪恶的制定法时都只能束手无策"[55],它"使得人们没有任何能力去对抗纳粹主义的立法"[56]。他的新[57]公式试图给法学家提供一种"武器以防止这样一个不公正国家的再次出现"[58]。在这些引文中,未来的状况被给与了与过去的历史同样的关注。在过去的方面,拉德布鲁赫有两个命题:疏忽论和免责论。[59] 疏忽论强调实证主义使得纳粹党人在1933年轻易获取了政权。免责论认为,第三帝国的法官基于不公正的法律所作的不公正判决"丝毫未能使他们承受个人责任……这正是因为他们受到了实证主义精神的熏陶"[60]。这两个命题都受到了认真的反驳[61],在此不予展开。拉德布鲁赫公式作为一个法哲学命题,其可接受性不是依赖于拉德布鲁赫对法律历史的揣测——无论正确与否——而是依赖于,在一个总体一般的层面上,是否有助于防止最恶劣的不正义情形的出现,即其是否有实效。这是一个面向未来的方面,即防止"这样一个不公正国家的再次出现"。[62]

---

[55] G. Radbruch, "Fünf Minuten Rechtsphilosophie" in G. Radbruch, *Gesamtausgabe*, A. Kaufmann (ed.), Heidelberg: C.F. Müller, 1990, vol.3, p.108.

[56] G. Radbruch, "Gesetzliches Unrecht und übergesetzliches Recht", in G Radbruch, *Gesamtausgabe*, in A. Kaufmann (ed.), Heidelberg, C F Müller, 1990, vol.3, p.90.

[57] 关于1945年后拉德布鲁赫的法哲学思想和1933年前他的(实际上)实证主义立场之间的关系,见 S. L. Paulson, "Radbruch on Unjust Laws: Competing Earlier and Later Views?" (1995) 15 *Oxford Journal of Legal Studies*, p.489ff.

[58] G. Radbruch, "Gesetzliches Unrecht und übergesetzliches Recht", in G Radbruch, *Gesamtausgabe*, in A. Kaufmann (ed.), Heidelberg, C F Müller, 1990, vol.3, p.90.

[59] S. L. Paulson, "Lon L. Fuller, Gustav Radbruch, and the 'Positivist' Theses" (1994) 13 *Law and Philosophy* 313 at 314.

[60] G. Radbruch, "Die Erneuerung des Rechts" in G. Radbruch, A. Kaufmann, *Gesamtausgabe*, Heidelberg: C. F. Müller, 1990, vol.3, p.108.

[61] See in this regard, S. L. Paulson, "Lon L. Fuller, Gustav Radbruch, and the 'Positivist' Theses", (1994) 13 *Law and Philosophy*, p.314ff. and H. Dreier, "Die Radbruchsche Formel—Erkenntnis oder Bekenntnis?" in H. Mayer (ed.), *Staatsrecht in Theorie und Praxis. Festschrift Robert Walter*, Vienna: Manz, 1991, p.120ff.

[62] G. Radbruch, "Gesetzliches Unrecht und übergesetzliches Recht", in G Radbruch, *Gesamtausgabe*, in A. Kaufmann (ed.), Heidelberg, C F Müller, 1990, vol.3, p.90.

哈特批评拉德布鲁赫"极度的天真"(extraordinary naivety)。[63] 没有人会真的认为反实证主义的法概念"可能带来对邪恶的坚决抵制"。[64] 有关无功效的反驳确实可以得到充分的证明。对不公正国家里的一个法官而言,不论是赞同哈特的观点从而基于"道德"的理由拒绝适用极端不公正的法律,还是按照拉德布鲁赫的思路援用"法律"的理由做同样的事情,都没有什么实质上的区别。在这两种情形下,他都需要根据法概念外的因素来考虑采纳这些具体建议的个人代价并做好准备。

然而,从功效的角度来看,它们又存在差异。当我们更多地关注法律实践,而不是针对以良心衡量法定不正义的个别法官时,第一点就变得明晰起来。[65] 倘若法律实践中有这样一个共识,即实现某些最低程度的正义要求对于一个国家的规则而言是其具有法律性质或有效性的必要条件,那么通过法律以及道德的论证来抵制不公正的国家行为的能力就在法律实践中扎下了根。在此方面,确实不应对实现此种抵制的前景抱有任何幻想。一个比较成功的不公正政权有能力通过个别的恐吓、人事的变更以及对服从的奖赏来迅速地摧毁法律实践的共识。但毕竟可以想象,一个相对较弱的不公正政权至少在其开始阶段不能做到这一点。这是一种相对有限的效应,但该效应仍然是实在的,我们可称之为"实践效应"(Praxiseffekt)。[66]

当一个不公正的国家成功建立起来后,法律的概念就不再起多大作用了。正如1945年和1989年后的德国司法裁判所显示,它们只有在这样一个国家崩溃之后,才会起到实质性的影响。但在某种程度上,反实证主义的法概念即便是在一个成功建立起来的不公正国家里,也能在反对法定的错误方面产生某种微妙但并非不重要的效应。我们可以称之为"风险效应"。

对于处在不公正国家中的法官或官员而言,他自己的处境将会因为他是否有理由按照实证主义的或反实证主义的法律概念给出解释而有所不同。以一

---

[63] H. L. A. Hart, "Positivism and the Separation of Law and Morals", in H. L. A. Hart, *Essays in Jurisprudence and Philosophy*, Oxford: Clarendon Press, 1983, p.74ff.

[64] H. L. A. Hart, *The Concept of Law*, 2nd edn., Oxford: Clarendon Press, 1994, p.210.

[65] See W. Ott, "Die Radbruchsche Formel. Pro und Contra" (1988) 107 *Zeitschrift für Schweizerisches Recht* 335 at 347.

[66] 这点也受到反对,反对意见认为在法律中包含道德因素会带来法律的"非批判性合法化"("unkritischen Legitimation")的危险;见 H. Kelsen, *Reine Rechtslehre*, 2nd edn., Vienna: Deuticke, 1960, p.71。拉德布鲁赫公式通过仅仅设定法律的最低限度来限制这种危险;见 R. Alexy, *Begriff und Geltung des Rechts*, 2nd edn., Freiburg and Munich: Alber, 1994, p.82ff。这种危险的实际原因是法律必然产生的对正确性的诉求。但这一诉求在被加以认真对待时,同时也会提供抵御这种危险的最有效手段。

个面对着是否该作出属于法定不正义的恐怖徒刑判决这一问题的法官为例,他不会是圣人,也不会是英雄,而肯定更多关注自己的命运而非嫌疑人的命运。基于历史的经验,他不能排除这一不公正国家崩溃的可能性,并开始疑虑以后在他身上会发生什么。假设他得承认,反实证主义的法概念将会盛行或得到普遍接受,据此他作出恐怖判决所依据的规范不是法律,那么,他承担了相对较高的风险,以致以后可能无法证明自己正当,并因而受到起诉。倘若他确信该行为将来会以实证主义的法概念加以评判,那么这种风险就降低了。该风险总体上不会消失,因为一部溯及既往的法律可能被制定,据此他可能被认为有责任,但这仍不相同。问题在于,在法治状态之下,有追溯力的惩罚性法律可能根本不能得到通过,即便得到通过,他也还可以为自己作出辩护,因为他是根据当时的实在法而行为的。这清楚地表明,流行的或被普遍接受的反实证主义法概念增加了在不公正国家中赞成或参与制定法规定的不公正行为的人的风险。结果,甚至对那些认为没理由避免参与不正义或认为那样的参与有价值的人,也会产生或加强一种使他们拒绝参与不正义或至少对之作出修正的刺激。这样,反实证主义的法概念的盛行或普遍接受,即使在不公正的国家里也能产生积极影响。[67] 总之可以说,从防止立法不正义的情形恶化的角度而言,反实证主义的法概念至少在某些方面要优于实证主义。

(3) 法的安定性论题(Das Rechtssicherheitsargument)

第三个反对反实证主义法概念的论题认为,反实证主义会危及法的安定性。事实上,这一论题影响了这样一些反实证主义,它们主张法律和道德是完全一致的,因而说任何不正义都导致法律性质的丧失。而且,倘若授权任何人可以决定不遵从法律,只要这是他关于正义的判断所要求的,那么法的安定性论题就变为更加强劲的无政府主义论题。我们无须对此深入探讨,因为在值得认真对待的反实证主义者中并没有提出这样的观点。[68] 对拉德布鲁赫而言,法的安定性是一个最高位阶的价值。他曾提及"法的安定性"所面临的"重

---

[67] 当然,这些积极影响也可能伴随着消极影响。不公正政权的政治精英对于自己被推上法庭的前景估计,会加强他们的统治力度,以避免失去政权。这里显然很大程度上取决于主流的社会环境。进而,一般地说,独裁者和暴君只有在没有其他选择的时候才会交出权力,而他们的帮凶和那些从事肮脏工作的人,越是接近他们倒台的时刻,对风险效应就越为敏感。

[68] 这可能是哈特谈到"无政府的危险"的原因,在这个问题上,过去的学者,如边沁和奥斯丁,"可能高估了"这种危险;H. L. A. Hart, *The Concept of Law*, 2nd edn., Oxford: Clarendon Press, 1994, p.211。

大"[69]而"骇人的危险"[70],这表明他知道什么是有风险的。拉德布鲁赫公式既不是自然法的直觉结果,也不是针对纳粹主义的情感反应。它毋宁是谨慎平衡在拉德布鲁赫看来构成法理念的三个要素的结果,而法理念就如对正确性的诉求一样在法概念中得到体现。[71] 这三个要素是正义、合目的性和法的安定性。[72] 1932年,虽然只是对法官们来说的而不是对广大公民来说的,这种平衡还是通过给与法的安定性以"无条件优先"于正义和合目的性的地位而获得的。[73] 1945年后,为了得到其著名的公式,拉德布鲁赫仅须在此系统中作一小小的调整。因而一个"层级体系"被建立起来,它符合拉德布鲁赫过去那种认为合目的性处于"最底层"而法的安定性一般优先于正义的实证主义理解。只有在不可忍受的不正义的极端情况下,这种关系才会发生扭转。[74] 倘若确有诸如极端不正义的情形,那么对法的安定性和正义的关系的这种构想就不仅是可接受的而且是必需的。在极端不正义情形下仍赋予法的安定性以优先效力,将不能满足正确性诉求,而这种诉求正同时包含了正义与法的安定性。

(4) 相对主义论题(Das Relativismusargument)

到这里,一切都转向了究竟是否存在可称为极端不正义的情形这一问题。哈特评论说,道德原则"在理性上是站得住脚的"或"可发现的"[75]这一事实并不能给法律概念带来什么。对此,我们不应在此妄下结论。[76] 无论如何,相反的评论也是正确的。如果所有关于正义的判断只不过是情感的、决断的、偏好的、利益的或观念的表达,简言之,如果极端的相对主义和主观主义命题是正确的,那么反实

---

[69] G. Radbruch, "Gesetzliches Unrecht und übergesetzliches Recht", in G Radbruch, *Gesamtausgabe*, in A. Kaufmann (ed.), Heidelberg, C F Müller, 1990, vol.3, p.90.

[70] G. Radbruch, "Die Erneuerung des Rechts" in G. Radbruch, A. Kaufmann, *Gesamtausgabe*, Heidelberg: C.F. Müller, 1990, vol.3, p.108.

[71] G. 拉德布鲁赫:《法哲学》,前注43书,第255页;G. 拉德布鲁赫:《法律的不法与超越法律的法》,前注5书,第89页。关于此参见 F. Salinger, *Radbruchsche Formel und Rechtsstaat*, Heidelberg: C.F. Müller, 1995, p.7ff。

[72] G. Radbruch, *Rechtsphilosophie*, as published in G. Radbruch, *Gesamtausgabe*, in A. Kaufmann (ed.), Heiderberg: C.F. Müller, 1993, vol.2, p.302.

[73] Ibid., p.315ff.

[74] G. Radbruch, "Gesetzliches Unrecht und übergesetzliches Recht", in G Radbruch, *Gesamtausgabe*, in A. Kaufmann (ed.), Heidelberg, C F Müller, 1990, vol.3, p.88ff.

[75] H. L. A. Hart, "Positivism and the Separation of Law and Morals", in H. L. A. Hart, *Essays in Jurisprudence and Philosophy*, Oxford: Clarendon Press, 1983, p.84.

[76] 拉德布鲁赫另有所想,见 G. Radbruch, *Rechtsphilosophie*, as published in G. Radbruch, *Gesamtausgabe*, in A. Kaufmann (ed.), Heiderberg: C.F. Müller, 1993, vol.2, p.312:"无疑,假如法律的目的和实现它的手段可以被科学且清楚地确定,那么结论必然是,实证法的效力在其背离科学曾认识到的自然法时就不再存在,正如显露的错误必须让位于隐藏的真实。没有理由可以证明明显错误之法律具有有效性。"

证主义的法概念就很难得到支持。因而拉德布鲁赫公式就只不过是对法官的一种授权,使其能在主观信念受到强烈影响的案件中作出与法律相悖的裁判。[77] 因此,反实证主义至少要预设存在一种最基本的非相对主义的道德准则。

这里我们不可能讨论道德判断的证成或道德知识的客观性问题。在此,只要通过一个命题以及说明它的两个例子就可以反对极端的相对主义。这一命题声称,对极端不正义的判断是真正的判断,能得到理性的证成并且在这个范围内具有认知与客观的性质。[78] 两个例子正是我们已经列出的——对纳粹国家不正义行为的裁判和对德国国内边境枪杀案件的裁判。

联邦宪法法院在国籍案的判决中适用拉德布鲁赫公式说明理由时表示:

> 按照"种族"标准,试图在肉体和物质上摧毁一国的部分人口,包括妇女和儿童。

对正义的违背是"不可容忍"的[79],因而也达到了极端不正义的限度。这个例子是绝对的。自然,可以继续追问,为何对一国的部分人口的种族迫害就是极端不正义。但这种疑问就似乎有拉德布鲁赫所说的"固执的怀疑主义(gewollte Skepsis)"[80]的意味了。这里我们应当承认,人权中确有一个核心领域,一旦侵害就会达到极端不正义。[81]

如果这是对的,那么相对主义的反对就在原则上受到了驳斥。当然,到目前为止,这一驳斥的程度和范围尚未被谈及。这个问题在柏林墙枪击案中就比较明显了。与第三帝国残害犹太人相比,在德国国内边境上的枪杀事件是否属于极端不正义就产生了极大的争论。[82] 单单争论这个事实就表明,在本案中,究竟是否涉及极端不正义的问题是不能通过案件证据去决定的,而只能求助于论证。就此而论,问题并不限于对边境上的人的枪杀。此外还有这样的事实:枪杀的发生是因为逃亡者要逃出一个国家,而在这个国家里,他不得不按照政治掌权者的意愿度过一生,对这种处境,他并不喜欢且明显表示憎恶。即便是这样,

---

[77] 这点参见 N. Hoerster, "Zur Verteidigung des Rechtspositivismus" (1986) 39 *Neue Juristische Wochenschrift* 2480 at 2482。

[78] See R. Alexy, *A Theory of Legal Argumentation*, Oxford: Clarendon Press, 1989, p.177ff.

[79] BVerfGE 23, 98 (106).

[80] G. Radbruch, "Fünf Minuten Rechtsphilosophie" in G. Radbruch, *Gesamtausgabe*, A. Kaufmann (ed.), Heidelberg: C.F. Müller, 1990, vol.3, p.79.

[81] 支持这种接受的证明尝试,参见 R. Alexy, "Discourse Theory and Human Rights" (1996) 9 *Ratio Juris* 209。

[82] 关于此参见 R. Alexy, *Mauerschützen. Zum Verhältnis von Recht, Moral und Strafbarkeit*, Hamburg: Vandenhoeck & Ruprecht, 1993, p.23ff。

也并不必然就发生极端不正义。但若是考虑到第三种因素,即在一个出现逃亡者的政治体系中,没有通过自由的公开讨论和政治上的反对派来改变关系的可能,那么总会有一些理由支持把发生在将德国分割开来直到1989年的柏林墙和边境带上发生的那些枪杀——受害者多为年轻人——列为极端不正义。

富勒反对说,拉德布鲁赫从某种"更高的法(higher law)"中寻找依据是多余的。[83] 他的反对目标则是拉德布鲁赫定义为"超实证的法"并主要详述为人权的东西。[84] 富勒建议用他的法律内部的或内在道德,即合法性原则(principles of legality),来替代那些实质性标准:

> 对我来说,不难作出这样的评论,即无论独裁制度用多么光鲜的法律形式将自己包装起来,它都会在相当大程度上违背秩序的道德标准和法律的内在道德本身,以至于不再是一个法律体系。[85]

富勒明确将此应用于"制定法……的无效性"[86],并且与拉德布鲁赫一样,他也设定了一个必须被超越的界限——"在相当大程度上违背"。因此,可以称之为拉德布鲁赫公式的"富勒版本"。这个版本的优点在于,富勒的合法性原则,诸如公开性要求、禁止溯及既往和遵从法律的要求[87],相对于拉德布鲁赫直指正义的实质性标准而言,使得相对主义的反对目标更加缩小。此外,极端不正义也确实会对法治的原则造成极大损害。然而,实质正义和富勒所说法治的形式要求的"交叠(overlapping)"并不足够强烈,以至于可以说拉德布鲁赫公式是多余的。导致上述两起纳粹不正义案件的1941年11月25日的关于《帝国国籍法》的第11号令,是根据1935年9月15日的《帝国国籍法》[88]第3条包

---

[83] L. L. Fuller, "Positivism and Fidelity to Law" (1957/58) 71 *Harvard Law Review* 630 at 659.

[84] G. Radbruch, "Gesetzliches Unrecht und übergesetzliches Recht", in G Radbruch, *Gesamtausgabe*, in A. Kaufmann (ed.), Heidelberg, C F Müller, 1990, vol. 3, p. 90; G. Radbruch, "Fünf Minuten Rechtsphilosophie" in G. Radbruch, *Gesamtausgabe*, A. Kaufmann (ed.), Heidelberg: C. F. Müller, 1990, vol. 3, p. 79.

[85] L. L. Fuller, "Positivism and Fidelity to Law" (1957/58) 71 *Harvard Law Review* p. 660.

[86] Ibid.

[87] L. L. Fuller, *The Morality of Law*, 2nd edn., New Haven and London: Yale University Press, 1969, p. 39.

[88] 人们还可以追问,第11号令第3条第1款宣示的财产权丧失是不是属于国籍领域的问题,因而对于第三帝国而言,授权条款究竟是否允许规定第11号令中的那部分内容。在这一点上,既有支持意见也有反对意见,这可能是联邦最高法院对该问题作开放性处理的原因(BGHZ 16, 350 (353))。相对而言,第11号令第2条则清楚地包含于授权条款的范围内。

含的授权条款[89]制定的,并且也符合适当的公布形式。[90] 而明确表示只将国籍保留给那些"日耳曼或实质上相关的血统"者从而为第11号令创造条件的《帝国国籍法》,则是得到国会一致通过的。第11号令是清晰和确定的,并得到了第三帝国官方机关的执行。它确实含有一些溯及既往的成分,因为一旦施行起来,就会剥夺在其施行前移民的犹太人的国籍和财产权。但这只是相对较弱的溯及既往形式。它完全是因为与其相关的一套特定时间中的和由过去获得并持续的特定法律后果的背景。就其本身而言,并不会无效。

最后,无效的结果不是因为法规的形式而是因为其实质,因为其极端不正义性。所以,富勒的标准可以完善但不能替代拉德布鲁赫公式。此理亦可用于柏林墙枪击案的焦点,即《德意志民主共和国边境法》第27条第2款。

(5) 民主论题(Das Demokratieargument)

民主论题紧密地同法的安定性和相对主义论题相关联。它声称,反实证主义法概念中潜伏着一种危险,即回应正义要求的法官会反对立法的决定,而立法已通过民主获得其正当性。[91] 此外,由于这还会导致司法机关对立法的侵犯,因而反对意见还可以从分权的角度加以阐述。这种异议在我们这里所讨论的情形中十分空洞,因为独裁者的法律通常是没有民主和分权可言的。但在比较一般的层面上,该异议同样缺乏力量。拉德布鲁赫公式只在极端不正义时方可适用,也只在核心领域才起作用。在民主宪政国家中,由宪法法院运作的对基本权利受到损害的控制,其内容要更为丰富。如果想提出一个民主或分权的论题以反对拉德布鲁赫公式,那么就必须首先放弃任何针对基本权利的立法的司法监控责任。

(6) 无必要性论题(Das Unnötigkeitsargument)

拉德布鲁赫[92]、富勒[93]和哈特[94]一致认为,相对于适用拉德布鲁赫公式,引入溯及既往的法律更为可取。有人可能会更进一步说,拉德布鲁赫公式至少在不公正政权垮台后的时期内是不必要的,因为新的立法机关有权力通过制定溯及既往的法律来推翻法定的不正义。然而,倘若考虑到这样一种可能性,即

---

[89] RGBl. I p. 1146.

[90] RGBl. I p. 722.

[91] See I. Maus, "Die Trennung von Recht und Moral als Begrenzung des Rechts" (1989) 20 *Rechtstheorie* 191 at 193. "道德论述因而就可以轻易被滥用为民主的替代物。"

[92] G. Radbruch, "Die Erneuerung des Rechts" in G. Radbruch, A. Kaufmann, *Gesamtausgabe*, Heidelberg: C. F. Müller, 1990, vol. 3, p. 108.

[93] L. L. Fuller, "Positivism and Fidelity to Law" (1957/58) 71 *Harvard Law Review* p. 661.

[94] H. L. A. Hart, "Positivism and the Separation of Law and Morals", in H. L. A. Hart, *Essays in Jurisprudence and Philosophy*, Oxford: Clarendon Press, 1983, p. 76.

新的立法机关——无论由于什么原因——完全不主动或不够主动,那么人们将一筹莫展。上面讨论的犹太移民存款案就清楚地表明了这一点。如果一切都要留待立法机关来决定该移民是否可以得回其财产,而立法机关又不主动,那么她就必须继续承受极端不正义对其权利造成的侵害。因此有这样一些情形,出于正确性之诉求的要求,必须由拉德布鲁赫公式来保护基本权利。实际的情况是,关于归还的制定法已被制定。它提供了一段有限制的时间以确认归还财产的要求,而有些返回德国的移民则没能在时效内提出诉求。联邦最高法院以拉德布鲁赫公式清除了这一限制,避免了根据归还法而拒绝归还移民财产的情形。[95] 这一例子证明,出于对公民权利的尊重,我们需要拉德布鲁赫公式。

(7) 坦诚论题(Das Redlichkeitsargument)

坦诚论题声称,拉德布鲁赫公式会导致在刑事案件中对"法无明文规定不处罚"(Nulla poena sine lege)的基本原则加以规避。哈特通过一个案例阐述了这一论点:1949年,巴伐利亚州高等法院(班贝格)对一名妇女作出判决。该女子为摆脱其丈夫,于1944年向当局告发他曾经发表诋毁希特勒的言论,结果她丈夫被判死刑,但并没执行,而是被送到前线服役。州高等法院认为,该女子的行为虽然并不违反第三帝国的法律,但其仍可被界定为违法,因为它"违背了所有正常思考的人对于正义和合理性的观念"[96]。法院因此判决对其处以徒刑。哈特反对道:

> 当然,还有另外两种选择。一是对该女子作出免于处罚的决定;有人可能会理解和赞同这样做是很糟糕的事情这个看法。另一种则要面对这样的事实,倘若要使该女子受到处罚,必须不加掩饰地引入一部溯及既往的法律,并且应充分意识到以这种方式确保她受到处罚会牺牲掉一些什么。溯及既往的刑事法律和惩罚可能是令人厌恶的,但在本案中公开的运用则至少体现了坦诚的美德。[97]

坦诚论题是对拉德布鲁赫公式最有力的批判,但也不足以推翻它。

维护公式最简单的途径是限缩其适用范围。有人可能会说这一公式实际上通向这样一个结论,即确认极端不正义的制定法从来不可能是法或不具有法的有效性,但这并不意味着就可以毫不保护行为者对实证法的信赖。"法无明文规定不处罚"的原则一定专门与此信赖目的相关,并且这种关联也一定只是

---

[95] BGHZ 16, 350 (355ff.).
[96] OLG Bamberg, *Süddeutschen Juristen-Zeitung* 1950, column 207.
[97] H. L. A. Hart, "Positivism and the Separation of Law and Morals", in H. L. A. Hart, *Essays in Jurisprudence and Philosophy*, Oxford: Clarendon Press, 1983, p.76.

从经过制定程序和有实效的规范中体现出来,而无论其内容有何不正义。因而,出于保护行为者的目的,拉德布鲁赫公式的实践意义受到了"法无明文规定不处罚"这一原则的限制。

然而,采用相反的途径会更好一些,即根据拉德布鲁赫公式对"法无明文规定不处罚"原则作限缩解释。这一限缩因两方面原因对限制十分敏感。第一个原因在于拉德布鲁赫公式具有完全消极的性质。它并不创设新的定罪基础,而仅仅摧毁极不公正的政权下特定的正当性之证成依据。第二个原因源于(现行)成文法(*lex scripta*)和旧法(*ius praevium*)二者之规定的区别。拉德布鲁赫公式不可能通过定义来违反旧法的规定——这种违反意味着要求行为在作出之前便具有可惩罚性。根据公式,自始无效的是不公正政权进行正当性证成的依据。因此,适用拉德布鲁赫公式并不会溯及既往地改变法律的状态,它只是决定行为发生时刻的法律状态。当然,从这一问题的纯粹事实角度来看,确实又存在改变,而拉德布鲁赫公式的要害(der Witz)正在这里。这一改变意味着成文法的规定没有得到坚持,而成文法的规定确保了以前存在过的经过适当制定程序和有社会实效的法律所产生的信赖。哈特指责缺乏坦诚的核心因此也就是,拉德布鲁赫把"法无明文规定不处罚"的原则缩减到了旧法的规定范围而将对(现行)成文法规定的危害隐藏了起来。如此,"两恶取轻"的选择问题也就被隐藏了起来。于是便有了这样的印象:

> 所有为我们所珍视的价值最终将在单一的体系中融洽共处,其中任何一种价值都不必为了调和其他价值而作出牺牲或让步。[98]

确实可能这样滥用拉德布鲁赫公式。[99] 但滥用的可能性并不意味着必然性。在拉德布鲁赫本人身上,并不能发现伪装的和谐。相反,他恰恰在谈论悖论(Antinomien)[100]、冲突(Konflikten)[101] 和"骇人的危险(furchtbaren Gefahr-

---

[98] Ibid., p.77.

[99] 此点参见 R. Alexy, *Mauerschützen. Zum Verhültnis von Recht, Moral und Strafbarkeit*, Hamburg: Vandenhoeck & Ruprecht, 1993, p.30. 并见 R. Alexy, *Der Beschluß des Bundesverfassungsgerichts zu den Tötungen an der innerdeutschen Grenze vom 24. Oktober 1996*, HamburgÖ Vandenhoeck & Ruprecht, 1997, p.19ff.

[100] G. Radbruch, *Rechtsphilosophie*, as published in G. Radbruch, *Gesamtausgabe*, in A. Kaufmann (ed.), Heiderberg: C. F. Müller, 1993, vol.2, p.302.

[101] G. Radbruch, "Gesetzliches Unrecht und übergesetzliches Recht", in G Radbruch, *Gesamtausgabe*, in A. Kaufmann (ed.), Heidelberg, C F Müller, 1990, vol.3, p.89.

en)"[102]。拉德布鲁赫很清楚,他的公式是在两恶之间作一种选择,并且他一点都没有试图对此予以隐瞒。而司法决断可能接受这条思路,这特别表现在联邦宪法法院对柏林墙枪击案的判决中。尽管裁判有一些错误的论证步骤[103],但对最终的问题还是明了的,即,牺牲法的安定性抑或牺牲实质正义,何者更为可取。[104] 倘若不为一些不必要的外在因素所削弱,那么对拉德布鲁赫公式的应用不可能被指责为缺乏坦诚。

就此,我们对这七个论题的评论接近了尾声。它们表明,在关于拉德布鲁赫公式的争论中有多个视角在发挥作用。大多数反对意见不具有说服力。在这个背景下,对下述两方面进行权衡,一方面是一个不公正国家中积极的行为者对法律的信赖,其行为得到了持久的基于法定不正义的正当性理由的支持,另一方面是受害者的权利,并且由于风险效应,事实上还包括未来的受害者。结果,倘若极端不正义的界限已被超越,那么一切都会支持不要再为行为者的信赖提供任何保护。因此,拉德布鲁赫公式在刑法领域中也可以被接受。[105]

---

[102] Ibid., p. 90. 另参见 L. L. Fuller, "Positivism and Fidelity to Law" (1957/58) 71 *Harvard Law Review* p. 655ff。

[103] R. Alexy, *Der Beschluß des Bundesverfassungsgerichts zu den Tötungen an der innerdeutschen Grenze vom 24. Oktober 1996*, HamburgÖ Vandenhoeck & Ruprecht, 1997, p. 19ff。

[104] BVerfGE 95, 96 (130, 133)。

[105] 拉德布鲁赫公式导致违背法律的行为。个人责任的问题还没有得到回答,而没有个人责任,处罚事宜也就无从提起。在柏林墙枪击事件的第一次判决中,联邦最高法院将这个紧迫的问题形容为"非常困难",但接着又简单地基于"极端"的性质判决那种不正义对于年轻的边境士兵来说具有明显性;见 BGHSt 39, 1 (34)。这个结论疑点重重;见 R. Alexy, *Mauerschützen. Zum Verhültnis von Recht, Moral und Strafbarkeit*, Hamburg: Vandenhoeck & Ruprecht, 1993, p. 36ff。联邦宪法法院明确挑战了这一结论。其理由是,不正义的"极端"性质并不一定总是意味着它对于任何人而言都有明显性;见 BVerfGE 95, 96 (142)。但接着宪法法院采取了观望态度,因为它赞同联邦最高法院的结论支持这个观点,即,就在客观的极端不正义基础上也存在主观上的证据;见 R. Alexy, *Der Beschluß des Bundesverfassungsgerichts zu den Tötungen an der innerdeutschen Grenze vom 24. Oktober 1996*, HamburgÖ Vandenhoeck & Ruprecht, 1997, p. 35ff。必须指出,很多年轻的边境士兵由于他们受到的教育和所处的环境,难以形成足够的辨别力,以清晰地理解他们的行为的极端不正义并因此属于犯罪。其结果就是,尽管拉德布鲁赫公式会带来对法律的违背,他们也不会被处以哪怕是最轻的刑罚,而是被宣告无罪;见 R. Alexy, *Mauerschützen. Zum Verhültnis von Recht, Moral und Strafbarkeit*, Hamburg: Vandenhoeck & Ruprecht, 1993, pp. 24ff, 36ff。而就他们的上级而言,要求有所不同。同时,联邦最高法院也以同样方式判决了在柏林边境射杀武装的逃亡者的案件;见 BGHSt 42, 356 (362)。

法效力的问题[*]

[德]乌尔弗里德·诺伊曼 著 张青波[**] 译

一、问题的提出

今天法效力主要在如下角度讨论：应该在何种前提下，承认一条实定的规范，具有有效的法规范地位。像已往一样，讨论的中心存在着传统的对立，一方面是法实证主义的视角，另一方面是法道德主义的视角。追问法效力的前提，对法哲学，同时也对实务具有根本意义。这一问题对法哲学的意义，并不小于对法概念的界定和任何法学研究的基础。而对实务来说，因为法院和行政机关的任何取向于制定法的决定，其基础都是隐含的确信：所引用的制定法是有效的法规范。所以，当法官和行政官员将制定法作为有效的法来适用时，他们必然隐含地假设了一定的法哲学立场。当一条实定规范的效力问题位于公认没问题的领域之外时，那么，实务的这种法哲学前提就会显而易见。这里，人们只

---

[*] 本文是作者在2006年10月在波兰克拉考(Krakau)所做的同名学术报告。
[**] 张青波，德国美因河畔法兰克福大学法学院博士生。

要回想一下,在当代德国大量的刑事诉讼中,承认或否弃拉德布鲁赫公式[1]就决定了,是否被告应被判无罪还是判处略高的监禁刑。[2]

在法的效力这一基本问题的后面,还存在着另一个更基本的问题,也就是,人们到底在何种意义上可以"有意义"地谈论法规范的效力。[3] 而在这个下面我将集中探讨的问题上,一直还存在着激烈的争论。普遍得到承认的仅仅是,法的效力可以在经验的意义上理解,一个法效力的社会学概念是可能的,在认知理论上也不是问题。在这个最低的共识之外,开始有了分歧。特别有争议的是,是否人们能有意义地谈论区别于法的社会学效力的规范效力。众所周知,这一点被那些人所否认,其立场被归纳到"法现实主义"的概念之下。[4] 其中有卡尔·奥利维克罗纳,阿尔夫·罗斯,特奥多尔·盖格尔和奥利弗·温德尔·霍姆斯。但不仅从一种社会学—现实的,而且从对法效力问题的一定理想主义视角出发,独立的规范性法效力的观念,受到了批评。特别是依据康德,有这样一种观点,法的约束力只能视为实践哲学问题,而非对法规范的一定存在方式的认知问题。[5] 从这个视角来看,法规范的效力仅仅意味着其道德上正当化的可能性——或者是根据绝对命令的检验程序,或者是通过理想条件下发生的商谈。[6] 下面,为了简略,我把将法效力问题化约为其道德效力问题的观点,称为道德哲学—化约的立场。

社会学—现实和道德哲学—化约这两种立场的共同之处是,它们都拒绝了法规范独立的法效力观念。下面我将尝试,为这一观念的必要性和可能性辩护。这里的重点放在这一效力模式的可能性的问题之上,也就是这一问题,如

---

[1] Gustav Radbruch, "Gesetzliches Unrecht und übergesetzliches Recht" (1946), in: Gustav Rabruch, *Gesamtausgabe*(GRGA), Heidelberg 1987ff., Bd. 3, S. 83ff., 89. Vgl. 参见 Hidehiko Adachi, *die Radbruchsche Formel*, Baden-Baden 2006; Ralf Dreier, "Recht und Moral(1980)", in: der., *Recht-Moral-Ideologie*, 1981, S. 188ff.; Stanley L. Paulson, "on the Bachground and Significance of Gustav Radbruch' Post-War Papers", *Oxford Journal of Legal Studies* 26(2006), S. 17ff., 26ff.; Frank Saliger, *Radbruchsche Formel und Rechtsstaat*, Heidelberg 1995。

[2] 关于拉德布鲁赫公式在处理民族社会主义"制定法的不法"时的意义,参见德国联邦最高法院裁判 BGHSt 2, 173(177) 和 BGHSt 3, 357(362ff.)以及联邦宪法法院裁判 BverGE 23, 98。就其对追究在前德意志民主共和国所作行为时的作用,参见 Seidel 的证明,*Rechtsphilosophische Aspekte der "Mauerschützen"-Prozesse*, 1999。

[3] 对此好的概括是 Robert Alexy, *Begriff und Geltung des Rechts*, 2. Aufl. Freiberg/München 1994。

[4] 概况见 M. Martin, *Legal Realism—American and Scandinavian*, 1997. 和 H. H. Vogel, *Der skandinavische Rechtsrealismus*, 1972。

[5] 典范式的是 Enderlein, *Abwägung in Recht und Moral*, Freiburg/München 1992。

[6] 基础文献:Jürgen Habermas, *Faktizität und Geltung*. Frankfurt/Main 1992; Klaus Günther, "Der Sinn für Angemessenheit", *Anwendungsdiskurs in Moral und Recht*, Frankfurt/Main 1988。

果人们接受独立的法效力的假设,是否不会必然落入形而上学的深渊。我将论证,无论如何有一条可以避免这一深渊的路。但在此之前,还要简短谈谈法规范的独立法效力模式的必要性。它相应地源于社会学—现实和道德哲学—化约效力概念的不能令人满意。

二、社会学—现实和道德哲学—化约效力模式的不足

1. 关于社会学的出发点,这里[7]提示一下自赫尔曼.坎托罗维奇的论文——"对现实主义的理性主义评论"[8]——之后,对这一视角的批评就够了。批评的核心是,把法简化为事实的法概念,恰恰以荒诞的方式错过了法系统的自我理解,特别是法官的视角,他并不能仅仅局限于,经验地预测自己的判决。对于其裁判时取向于法的法官而言,法不可避免是一个有约束力的规则体系,而不是一个事实行为方式的总和。

2. 道德—化约立场也不能合理应对那些应该根据法规范作出裁判的人的视角。区别于对法效力的社会学解释,这种观点虽能把规范性因素整合到效力概念中;它因此也能证立,法官有义务适用有效的法(而公民也有义务,让自己的行为受制于有效的制定法)。它甚至能够比法的特殊法效力模式证立一个更强的义务:因为服从据实定而有效的法的基本义务,可能与抵抗严重不公正制定法的道德义务相互竞合和抵牾;相比之下,从一开始就取向于制定法合法性的道德义务,就不会受到道德上已证立的堕落的伤害。

3. 尽管如此,如果说道德—化约立场并不能合理应对法官和实务的视角,恰恰是因为,它并不能担保对法充分同等地遵守与适用。把法效力化约到道德约束力显示了这样的缺点:承认一个法规范有约束力还是把它视为无约束力而加以摒弃,这种立场就必须听凭个人的道德判断来决定了。即使当人们假设,在公民和法官对规范约束力的道德判断中,法安定性、权力分立和民主原则也发挥着作用[9],仍然存在着这样的风险:在一方面是这些视点,另一方面是制定法不够公正之间的权衡,在不同的人有完全不同的结果。这是一个对鲁道夫

---

[7] 对此的进一步论述见下文。

[8] Hermann Kantorowicz, "Some Rationalism about Realism", *Yale Law Journal* 43 (1934), S. 1240ff. deutsch: "Rationalistische Bemerkungen über Realismus", in: ders., *Rechtswissenschaft und Soziologie. Ausgewählte Schriften zur Wissenschaftslehre* (ed. Thomas Würtenberger), Karlsruhe 1962, S. 101ff.

[9] 对此参见 Enderlein, *Abwägung* (Anm. 5.), S. 326ff.

·劳恩已经提出的异议,当他想要把法的约束力和个人各自良心的决定相联系时。[10] 事实上,法的约束力问题不能这样来解决。通过道德效力来代替法律制度化的法效力,妨碍了法的特殊能力,也就是让一定规则的约束力,独立于对其内容正确性普遍认可的能力。这就又部分地取消了法从道德中的分化,没有这种分化,现代社会几乎不能运转。

三、规范的"法"效力的认知理论问题

法学(法教义学)必然接受实务的认识,后者奠基于假定法规范独立的法效力。作为规范—教义的学科,法学必须原则上假定其所涉及的法秩序的约束力。对于一门法学,其视己任是为了准备法院裁判而具体化制定法规定,一个规范性的、独立于道德标准的法"效力"理念是决定性的。但这一来就提出了问题,认知理论上如何能证成对法效力的这种假定。随这一证立了约束力的规范性法效力理念而来的,难道必然不是法的超验性格和形而上学的因素吗?当奥利维克罗纳、罗斯和其他人在这一效力概念中,看到法学发生形而上学混乱的征兆时,他们说的难道不对吗?

(一)作为形而上学事实的法效力

不应怀疑,在这个意义上,法效力部分地被理解为形而上学的事实。根据尼古拉·哈特曼的哲学,亨克尔享有盛誉的法哲学教科书就这样把法规范的效力解释为,规范——作为客观精神组成部分——所特有的存在形式。[11] "随着实定化,规范进入了特别为它构思的生命,进入了一种特殊的精神存在,后者位于作为法规范的存在效力之中。"[12] 作为"应然生效"的规范效力立基于这一存在效力之上,并与它"不可分离地相联"[13]。很明显,这种客观精神的形而上学反对下面的模式:就像已提到的鲁道夫·劳恩那样[14],仅仅以自治的自我承担义务的形式,才愿意认可一个义务,或者像格奥尔格·耶利内克那样[15],把法效力归结为对法有效性的确信。按照这种形而上学的观念,伴随着它的实定化,

---

[10] Rudolf Laun, *Recht und Sittlichkeit*, 3. Aufl. 1935, S. 14 (1. Aufl. 1925).
[11] Henkel, *Einführung in die Rechtsphilosophie*. 2. Aufl. 1977, S. 543ff.
[12] A. a. O. S. 552.
[13] A. a. O. S. 554.
[14] 参见 Enderlein, *Abwägung* (Anm. 5.), S. 326ff.
[15] Georg Jellinek, *Allgemeine Staatslehre*, 3. Aufl. 1914, S. 333f.

法规范得到了一个依据客观效力的"超越主体的精神存在"。随之勾画了一个立法的创造模式,据此,立法者通过颁布制定法不仅创立了规则,而且创造了实体,对这些实体也以本体论上理解的"效力"形态赋予了一个自有的存在。在其他法哲学作者那里也有把实证法视为"理想存在"的相似模式。[16]

(二) 作为事实的法效力

为避免这种形而上前提的危险,人们可能尝试,放弃规范效力的概念而代之以事实效力的概念。这是由法现实主义[17]的代表所宣传的解决方案,例如在今日德国由批判理性主义的代表所支持。[18] 这个解决方案有双重优点。一方面它考虑了这一个事实:一门规范—教义式的法学所关涉的法,必然至少由这个方案也理解为社会事实;片面地把法归入应然领域,正如在纯粹法理论的代表者那里一样,是不大令人信服的。[19] 作为规范—教义学科的法学恰恰也涉及的是在一定时间和一定地点有实效的法。[20] 另一方面,这个方案确保了,效力概念没有受形而上学成分的牵累。因为,如果视法的事实效力为社会学事实,那么它无论如何就是一个社会事实,无论界定它是仅仅通过对行为规范遵从的程度(行为效力),还是也通过对违反行为规范进行制裁的频率(制裁效力)。[21]

但正如已经说明的,在这个意义上可以缩减为社会事实的效力概念,作为一个规范—教义式法学的基础是不充分的。[22] 让他的裁判以有效制定法为依据的法官,不能再诉诸这个事实:这个制定法事实上被普遍遵从(或者对它的违反普遍被制裁)。对他所涉及的问题是,这个制定法是否应该被遵从或者是否应该被司法机关适用。对法学家来说也一样,只要他的表态是给法官裁判做准

---

〔16〕 参见 Neumann, "Theorie der Rechtsgeltung", in: Gessner/Hassemer (Hrsg.), *Gegenkultur und Recht*, 1985, S. 21, 28ff。

〔17〕 Ibid.

〔18〕 Albert, "Rechtswissenschaft als Realwissenschaft". *Das Recht als soziale Tatsache und die Aufgabe der Jurisprudenz*, 1993, S. 15, 19ff.

〔19〕 对此的进一步论述见 Neumann, "Wissenschaftstheorie der Rechtswissenschaft bei Hans Kelsen und Gustav Radbruch. Zwei 'neukantianische' Perspektiven", in: Paulson/Stolleis (Hrsg.), *Hans Kelsen. Staatsrechtslehrer und Rechtstheoretiker des 20. Jahrhunderts*, 2005, S. 35ff., 54f.

〔20〕 Albert, *Rechtswissenschaft* (Anm. 18.), S. 15.

〔21〕 关于行为效力和制裁效力之间区别的基本文献,Theodor Geiger, *Vorstudien zu einer Soziologie des Rechts* (1947), Neuwied am Rhein/Berlin 1964, S. 68ff。

〔22〕 Albert, *Rechtswissenschaft* (Anm. 18.), S. 20 unter Hinweis auf Baurmann 也反对这样理解的事实效力概念。

备。二者都要以法制度的规范性纲要,而非对这个制度的规则事实上的对待,作为准据。

(三) 基本规范理论

这个事实就迫使把法效力就解释成为形而上的特征吗? 不仅仅尼古拉·哈特曼本体论的法哲学拥趸倾向于给出肯定的回答,而且纯粹法理论的代表者也明确主张,法学不能没有形而上的假定;没有形而上学不能证成"应然"因素。[23] 这个立场特别重要。因为纯粹法理论给自己设的目标是,让法律思维免于所有认知理论上有疑问的因素。如果连抱有这样的目标出场的法理论,都必须求助于形而上前提,那么,这样的论证是显而易见的——这个前提必然完全不能放弃。因此,我将更进一步地探讨纯粹法理论对法学形而上前提问题的立场。

不仅在纯粹法理论今天的拥戴者那里,而且在其创立者著述的很多地方,都可以找到对形而上学的信奉。在他1928年的论文"自然法与法实证主义的哲学基础"中,凯尔森称基本规范为"最低限度的形而上学",没有它,"对法的认知是不可能的"。[24] 在同一篇文章中,他前后一贯地对基本规范的效力方式说到,基本规范"像一条自然法规范一样"[25]有效。随着承认一个有意义的,也就是无矛盾的秩序,正如这个秩序通过基本规范所设置一样,法学就已经超越了纯粹实证主义的界限。[26] 在其他地方,凯尔森写道,承认法的应然性,最终根源在"仿佛是直觉体验"之中。[27]

事实上,这些引文给凯尔森支持者的立场提供了强论据,这些人选择了纯粹法理论的形而上基础。当然,从凯尔森的其他文章中能得出不同的观点——诸如把基本规范说成实证法秩序客观效力的超验逻辑前提。[28] 这里,我不把凯尔森的原话对立起来,而是试图进一步确定,"形而上"前提在凯尔森作品中的地位。之后就能更清楚地判断,是否并在什么意义上,这里事实上能谈到"形

---

[23] Thienel, "Rechtswissenschaft ohne Sollen?", in: *Wissenschaft, Religion und Recht. Hans Albert zum 85. Geburtstag*, 2006, S.415ff.

[24] Kelsen, *Die philosophischen Grundlagen des Naturrechts und des Rechtspositivismus*, 1928, S.66.

[25] A.a.O. S.20.

[26] A.a.O.

[27] Kelsen, "Die Rechtswissenschaft als Norm-oder Kulturwissenschaft", in *Schmollers Jahrbuch für Gesetzgebung, Verwaltung und Volkswirtschaft im Deutschen Reich*, (40/1916), S.95ff. 重印在(并在这里引用) *Die Wiener rechtstheoretische Schule*, 1968, Bd.1, S.37ff. ,79.

[28] Kelsen, *Reine Rechtslehre*, 2. Aufl. 1960, S.204ff.

而上"假定。

据我所知,凯尔森从未诉诸前实证的假设,以便能在实践哲学的意义上证立法的约束力。没有提到一个普遍道德或特定法律上的义务,去服从有效的法秩序。[29] 在他文章的很多地方,凯尔森明确排除了对基本规范作这样的解说。基本规范没有伦理—政治的,而只有认知理论上的功能。[30] 它使得可以把实定规范的总和,解释成为客观上有效的法规范无矛盾的体系。基本规范是能够把法理解成有效的规范体系的条件,也是一门把法秩序作为客观有效规范体系来研究的法学的前提。

为了在这个意义上证立法效力,人们必须要诉诸"形而上"的前提吗?当然答案取决于如何理解"形而上学"的概念。如果把一方面超出经验上可感知的范围,另一方面逾越纯粹分析的关联的所有东西都归到形而上领域内,那么,在法体系中引入基本规范,事实上就暗含了一个形而上学的假设。但把形而上学概念理解得这么宽,既没有理由,也是让人有些困惑的。这样宽的形而上学概念让人困惑,因为它把有意认可一定的认知条件和假设给定的理想认知对象混到了一起,简单来说,没有区别超验(Transzendenz)和超验性(Transzendentalität)。* 因此,我建议,在这个语境中,至少把形而上学的概念局限到假设存在理想的实体,它是认知的对象,而非构建的产物。在这种区别的意义上,基本规范肯定有了构建的特征。人们不能相信它的存在,就像能相信神的造物秩序那样,人们只能假设它的存在。假定通过基本规范所规定的法的客观效力,有一个解说的作用,而不是主张它存在。[31] 在纯粹法理论的体系中,基本规范是一个超验逻辑而非形而上学的假定。

这样一来,法效力问题通过认知理论上没问题的方式解决了吗?恐怕没

---

[29] 对企图把凯尔森那里的规范效力(在约束力的意义上)解释成为服从它的道德义务(例如Joseph Raz)的批判,参见 Stanley Paulson, "Der Normativismus Hans Kelsens", *Juristenzeitung*(*JZ*) 2006, S. 529ff. 以及 Eugenio Bulygin, "Das Problem der Geltung bei Kelsen", in: Paulson/Stolleis(Hrsg.), *Hans Kelsen. Staatsrechtslehrer und Rechtstheoretiker des 20. Jahrhunderts*, Tübingen 2005, S. 80ff. 以及当凯尔森确信:"涉及人的行为的规范'有效',意味着,它是有约束力的,人应该按照规范所确立的方式行为"(Reine Rechtslehre, 2. Aufl. S. 196.),这个应然应该在解释效力概念的意义上,而不是实践哲学上的规范约束力的意义上,来理解。简单来说,遵守有效规范的人,在凯尔森看来,并非在任何意义上比不遵守它的人,做得"更好"。

[30] 参见 Kelsen, *Reine Rechslehre*, 2. Aufl. 1960, S. 225:基本规范"没有伦理—政治,而只有认知理论的功能"。

* 前者相当于形而上学的领域,后者意指为了理解某个概念而先行假设的思维形式,例如为了理解物体运动,就要假设时间和空间存在,为了解释法的效力,也就要假设基本规范有效。——译者注

[31] 对此只要参见 Kelsen, *Reine Rechtslehre*, 2. Aufl., 1960 S. 218(Anmerkung)。

有。因为通过假定超验逻辑的基本规范所证立的"应然",是一个逻辑范畴,而不是实践哲学范畴。这个意义上的应然,在凯尔森那里,没有(道德)呼吁的意义。在与存在思维形式相对立的道义逻辑思维形式的意义上,基本规范构成了法的规范性;但它既没有让公民,也没有让法官,在一种道德或特定法律的意义上,负有义务为一定行为。[32] 一个想要证立法的实践约束性的法哲学,必须超越纯粹法理论的超验逻辑进路。

四、解决尝试:作为制度事实的法效力

那么现在就只剩用形而上假定来支持有约束力的法观念,或者把法效力化简为纯粹事实这样的可能性了吗?我认为还没有。一边是法效力的规范理想主义解释,另一边是对它的社会学现实解释,这样的选择范围太小了。因为法是社会事实,而它的意义是应然。因此,它既不能作为纯粹的规范,也不能作为纯粹的事实来充分把握。[33] 这一点在法哲学的传统中也总是被强调。[34] 但只是现代语言哲学才以制度事实理论[35]提供了一个模式,可以不需要认知理论上有问题的假定,就令人信服地确定事实与规范的关系,并且在放弃形而上的假定后,也能跨越实然与应然的隔阂。就这一理论认可了存在一个独立于认知的自然事实(facta bruta)世界而言[36],它立基于现实主义立场,但也考虑这个事实:在人类生活世界,存在的不仅有树木、房屋和河流,而且还有议会、游戏和勋章。

区别于给定的自然事实,制度事实是通过规则来构成的,根据这些规则,一定的自然事实被解释为制度事实———一群人举手被看做是议会表决,呈递一块

---

[32] 在同样意义上 Stanley Paulson, "Der Normativismus Hans Kelsens", *Juristenzeitung*(*JZ*) 2006, S. 529ff.;凯尔森的超验论证仅仅证立了"情态的",而非"内容上"的规范性。

[33] 对此和下面参见 Neumann, "Rechtswissenschaft als säkulare Theologie. Anmerkung zu einem wissenschaftstheoretischen Topos des Kritischen Rationalismus", in: *Wissenschaft, Religion und Recht. Hans Albert zum 85. Geburtstag*, 2006。

[34] 例如拉德布鲁赫,他一方面把法学(就其对象)归入文化科学,另一方面(就其方法)归到规范科学中。(对此进一步论述见 Neumann, *Wissenschaftstheorie*[Anm. 19], S. 42ff.。)

[35] 基本文献 Searle, *Sprechakte. Ein sprachphilosophischer Essay*, 1977 (Engl. 1969), S. 78ff.; ders., Die Konstruktion der gesellschaftlichen Wirklichkeit。Zur Ontologie sozialer Tatsache, 1997 (engl. 1995), passim. 关于法律理论中的制度进路,MacCormick/Weinberger, *Grundlagen des institutionalistischen Rechtspositivismus*, 1985。

[36] 坚持在这个意义上 Searle, *Konstruktion*(Anm. 36), Kap. 7 (S. 159ff.)。

黄铜成了授勋。就涉及这些构成性规则[37]的"效力"而言,可以简单地解决效力问题。[38] 它们的效力来自于制度事实的结构。这一点在观察游戏规则的效力时特别清楚。不接受这样的规则也就不能玩象棋了:谁不再能让他的王逃脱对方棋子的急迫威胁,谁就输这局。这条规则的效力既不必化简为相同行为的事实,也没有通过假定形而上学的前提来证成。它有效,因为象棋游戏通过这条规则(和其他规则)来界定。如果两个棋手遵循这样的规则:一局棋只有在一方失去了最后一个子儿时才算结束,那么这是一个用棋子进行的游戏,但不是象棋。更普遍地说:规则的效力在制度事实的框架内是不成问题的,因为并且只要这些规则构成了制度事实。

与此相关的是,在一种特定的意义上就提出了对这些规则可能的违反问题。决定性的不是,人们不允许违背它们。决定性的是,人们不能违背它们,同时又不离开相应社会制度的领域。再次用象棋的例子:谁要是用马的走法走后,玩的就不是象棋了。当然人们可以用这种方式表达这件事,可以说:象棋不允许按马的走法来走后。但这里可能有一种不同于与下述确信——人不允许损害他人——相关联的意义。人能够损害他人(只是人不允许这样做),但不遵守棋子的走法,人们就不能够玩象棋了。

我引用了象棋的例子,为了指出,借用制度事实理论,而不用求助形而上的解释模式,能够证成一定规则的约束力。因为可能不会有人有这样的念头:让象棋规则的效力主张受制于形而上的顾虑。这里隐藏的命题当然就是,法规则就类似于象棋规则。[39] 实际上,法秩序也可以理解成规则的复合体,这些规则界定了有效的法制度,而就此而言从其定义本身就是有约束力的。可以说,法的效力来自于它的概念,来自于它作为社会事实的特点,就像象棋规则的约束力来自于,这些规则界定了象棋一样。

然而,还有一个重要的差别。当两个"棋手"不顾象棋规则,把棋下到直至

---

[37] 关于构成性(konstitutiven)和规整性(regulativen)规则的区别,参见 Searle, *Sprechakte*(Anm. 26), S. 54 ff.; 也见 Rawls, "Zwei Regelbegriffe", in: Höffe(Hrsg.), *Einführung in die utilitaristische Ethik*, 2. Aufl. 1992, S. 125 ff. (engl. 1955).

[38] Giszbert-Studnicki 博士教授先生在讨论中适切地使我注意到,效力问题对于规整性规则是以特殊方式提出的。然而,就法律规则的效力而言,可以这样论证,随着把一条规则称为法律规则(也就是称为此时此地存在的法律制度的组成部分),无论如何已经决定赞同了这条规范的表面效力,因为法同样也是通过它的约束力来界定的。

[39] 对法规则和游戏规则间的相似性富有教益的是 Gregorio Rables, *Las Regals del Derecho y las Reglas de los Juegos, Ansayo de Teoía analítica del Derecho*, Palma de Mallorca 1984(deutsch: *Rechtsregeln und Spielregeln*, 1987).

失去最后一个子,当得知了他们的错误时,那么他们可能答道,"我们玩的不是象棋,而是另一种棋,我们称之为'强盗棋'"。当一个有限公司的两个经理——我们称其为 A 和 B——被告知,他们持续地违反了有限责任公司法的规定时,他们不能回答:"我们不是有限公司,而是 AB 公司。"显然,法规则的效力必须比游戏规则的效力在更强的意义上证立。公民是否愿意"玩"法,不可能取决于公民——更合适地说:法官——的喜好。可以说,法是"强制游戏";没人能自由地把自己置于它的规则之外。

而且这种规则效力的较强形式,也可以在制度事实理论框架之内证立。为此提供的一个著名例子是对给出的承诺的规范性后果的讨论。属于承诺的逻辑的是,承诺是有效的,也就是有约束力的,如果没有特别的情况证成对它的无视。从"A 已经承诺,代替他的同事 B 讲课"的论断中,可以在假定情况不发生重要改变的条件下(clausula rebus sic stantibus),推导出这个论断:A 有义务代替 B 讲课。

我不想隐瞒,这个主要由约翰·R.塞尔所提出的推导[40],遭到了批判。[41] 激进的方法论二元主义代表在这里看到这个原则陷入危险:从实然中从来不能推导出应然。根据这个原则,承诺的事实并不能证立一个遵守承诺的义务。但是,这里必须在一边是表达了一定语句的自然事实,另一边是承诺的制度事实之间,做出区分。实际上,从 A 对 B 的陈述——"明天我代替你讲课",不附加规范性前提是推导不出义务的。这可能是一个意图开玩笑的表达或也许是一个威胁。但如果这个表达被解释为承诺,那么从中肯定推导出对相应行为的表面义务。原因在于,承诺制度(和其他制度)是通过对承诺人的规范性约束所界定的。

这个论证隐含了这样的主张:禁止从实然中推导出应然,并非是普遍,而只是受限制地有效。它对自然事实有效,但对制度事实则无效。谁如果援引据说是必然的逻辑法则,而对此争辩,就误会了制度事实的结构或者逻辑在控制论

---

[40] 基本文献 Searle, *Sprechakte* (Anm. 36), S. 88 ff.。制度事实理论被进一步完善在 Searle, *The Construction of Social Reality*, New York 1995 (deutsch: *Die Konstruktion der gesellschaftlichen Wirklichkeit. Zur Ontologie sozialer Tatsachen*, Reinbek bei Hamburg, 1997.)就塞尔和语言行为理论整体上对法律理论,特别是对法律论证理论的意义,参见 Andrzej Grabowski, *Judicial Argumentation and Pragmatics*, Karaków 1999。

[41] 清晰而明了的说明见 Eike von Savigny, "Die Philosophie der normalen Sprache"。*Eine kritische Einführung in die "ordinary language philosophy"*, Frankfurt/Main 1969, S. 208 ff.

证时的作用[42],或者同时误会了这二者。这里,我只能简短地证立。

逻辑的任务是,重构和表达这样的论证规则,根据它们可以决定,何种主张能从一定主张中推导出来,何种主张和它们一致,何种和它们不一致。因此,没有自然给定的逻辑系统。毋宁说,逻辑应该取向于在一定领域可能完全不同的论证规则。[43] 这些规则只是在自然事实,但并非制度事实的领域禁止从实然推导出应然。"我必须代替我的同事讲课,因为我已经向他承诺了"的论证,在逻辑上是完全正确的。原因在于,在承诺的社会制度中,总是已经有了约束力的规范因素。

同样的东西也适于"法"这个制度事实。[44] 与把一个行为解说为立法行为必然相连的是,假设了所立之法的根本约束力,它的规范效力。这个效力对应了这样的社会事实:一个对众多规范进行了表决的集会,被视为议会,特定的一个人对文件的签字,被看成是国家总统对法律的签署。所有这些立法制度只有在那个时候才有意义,更准确地说——因为它们本身也是由法律规范来构成的——才能够存在,就是当人们假设了根据权威规则所设置的法原则上有效时。所以,法的效力"法"这个制度事实的因素,作为制度事实,它也并不比下述规则的效力更成问题:一个承诺原则上使提供所承诺的东西成为义务。

与此相关联,我想再强调一个视角。作为具有规范性后果的制度事实,法只是一个社会的存在。假定法的理想存在不仅在认知理论上站不住脚,为证立法的约束力,它也是多余的。为证立法的约束力,我们并不依赖于形而上学。

把法效力解说成制度事实当然不能提供法效力的"最终证立"。还有一个双重的相对性。一方面,在一个社会中有效的法得以成立的那些规则,当然经受时代的变迁和文化的限制。在一个神权政制中,"承认规则"(H. L. A. 哈特)所涉及的效力标准不同于一个议会民主国家。另一方面,制度事实立基于集体的解释方式,个人并不能被强迫去接受它。拒绝承认民主制定的法为有效的法,是听任那些坚信君主制的人来决定的。但这将对他很少有益。因为制度是根据集体的解释方式界定的;谁如果拒绝这种解释方式,只要他不能让他人相信他的观点,就会处于不利地位。

---

[42] 关于逻辑对法律论证的意义,一个知识论上反思过的说明在 Jerzy Stelmach/Bartosz Brozek, *Methods of Legal Reasoning*, 2006, S. 17ff。

[43] 对此的进一步论述见 Ulfrid Neumann, *Juristische Argumentationslehre*, 1986, S. 30ff。

[44] 对制度法理论的全面论述见 MacCormick/Weinberger, *Grundlagen des Institutionalistischen Rechtspositivismus*, Berlin 1985. 也见 Dirk W. Ruiter, *Institutionelle Rechtstatsachen. Rechtliche Ermächtigung und ihre Wirkung*, 1995(engl. 1993)。

五、法效力标准的结论

如果把法效力理解为"法"这一社会制度的组成部分,那么对法效力标准的问题,也就是对据以承认一个实证制定法具有法效力的前提问题,就得出了两个结论,在我的发言结束之际,我想要简短提到它们。

第一个结论:如果把法理解为制度事实,那么追问法效力的标准,就首先是一个经验问题。我相信,哈特已经非常清楚和合适地分析过了。[45] 人们只需要查看一下,在一定社会中,法是被实证地抑或自然法式地解释和执行了。然而,法官的任务,以及法哲学家的任务,尚未因此就结束了。法社会学家可以满足于去确定,在一定社会中占优势的法理解是实证的或者是自然法式的。相反,法官必须至少在一定疑难案件中决定,他应该从实证的还是法道德主义式的法理解出发。当他决心遵从社会占优势的法理解——实证的或者是法道德主义的,他也不能让自己免于做出决定。因为决定遵从优势观点,也是一个他自己要作出的决定。以这样的决定,他并非对法制度做出了陈述,而是提出了以一定方式解释法制度的建议。这同样适于法哲学家的情况,当他选择实证的或者是法道德主义的法理解时。而且他也没有做出对法制度的陈述,而是给出了建议,法院应该如何对待一个形式上正确制定,但严重不公正的制定法。

如果这个认识是正确的,那么就从中产生了第二个结论,它涉及了法律上解决往昔非公正法秩序的实践问题。如果作为制度事实的法是社会事实,而法道德主义只是以一定方式适用法秩序的建议,那么就不能采用对往昔法秩序的法道德主义立场。[46] 因为想要给往昔法秩序中过去的执行行为一个建议,是没有意义的。这意味着,对过去的法秩序中承认为有效的法规范,不能从法道德主义的认识出发,事后地剥夺其效力。不能说,当初承认为有效的制定法,因为违背了自然法,那时候就已经"事实上"不是有效的法。因为作为制度事实的法,只有一个社会的,而非理想的存在。当然可以对往昔的法——包括现在有效的法——从道德立场来批评。但这个批评对当初有效的法的存在没有溯及

---

[45] 承认规则(Rule of recognition)"只是作为复杂的但通常是法院、官员和私人的协调实践而存在的,当他们借助某种标准识别了什么是法,承认规则的存在就这样依靠事实"(Hart, *Der Begriff des Rechts*, Frankfurt/Main 1973(engl. *The Concept of Law*, Oxford 1961), S. 155。

[46] 对此和下面的进一步论述见, Ulfrid Neumann, "Rechtspositivismus, Rechtsrealismus und Rechtsmoralismus in der Diskussion um die strafrechtliche Bewältigung politischer Systemwechsel", in: *Festschrift für Klaus Lüderssen zum 70. Geburtstag*, Baden-Baden 2002, S. 109ff。

力。具体而言：如果那些在过去法秩序中实施的，根据这个过去的法秩序所设定和执行的法是合法行为，在今天被施以刑罚，那么这只能发生在限制了禁止制定溯及既往的刑法规范这一禁令的条件下。可以不考虑论证这个行为那时就已经"事实上"可罚。这样部分地取消溯及既往禁令，当涉及追惩不堪忍受地侵犯人权时，能够证成。它能够在道德—政治上证立，却不能在法哲学上回避。

中国行政法学研究立场分析*
——兼论法教义学立场之确立

王 旭

导 论

近年学术界以"研究范式"为对象,对中国行政法学的知识生产过程进行了诸多分析。[1] 一个代表性的主张是:支配当代中国行政法学研究的三个基本范式是政法法学、立法法学与社科法学。[2] 本文欲进一步指出,行政法学这样三个研究范式之间并不存在根本差异与"不可通约性",因为它们背后可能受着同一种更为根本、反映研究者主观态度与意向性活动的"研究立场"支配。而

---

* 郑永流教授、季卫东教授、舒国滢教授从法理学角度,张树义教授、宋华琳博士从行政法学角度对本文初稿提出了完善建议,笔者表示感谢。当然,文责自负。

[1] 参见何海波:《中国行政法学研究范式的变迁》,张树义:《转型期的中国行政法学》,王万华:《略论建构植根于中国实践的自治行政法学理论体系》,载应松年教授贺寿文集编辑委员会编:《行政法的中国之路——应松年教授七秩华诞贺寿文集》,中国政法大学出版社2005年版。

[2] 何海波:《中国行政法学研究范式的变迁》,载应松年教授贺寿文集编辑委员会编:《行政法的中国之路——应松年教授七秩华诞贺寿文集》,中国政法大学出版社2005年版。

"以法为研究客体"的法学,其研究立场之确立,则在根本上取决于"从不同的角度来观察法规范"[3]。

诚如阿列克西的理解,一个理想的法规范概念当包含内容正当(价值要素)、有效权威颁布(规范要素)与具有社会实效(事实要素)三个层面。[4] 因此,以规范为中心,如何处理价值与规范、事实与规范这样两组关系也就决定了研究法学的一般立场。[5]

笔者认为,围绕行政法学研究中价值与规范、事实与规范这样两组关系的主观处理之不同,中国行政法学研究形成了不同的研究立场:在这里,究竟是围绕规范的适用,在适用中来动态处理规范与价值、规范与事实的关系;还是脱离规范的适用,以静态的立场来处理规范与价值、规范与事实的关系,可以将中国行政法学的研究立场区分为法律教义学的立场与法律政治学的立场。笔者将指出,中国行政法学的教义学立场还不分明、完整与成熟,而法律政治学立场则是我国行政法学研究之主流。文章正欲通过分析这两大立场的内涵与特征来探求中国行政法学知识生产过程的状况与问题,并为确立一种圆融了事实与规范、调适了规范与价值、徜徉在科学与政治之间的行政法学之教义学立场而鼓呼,并认为这是一种可以作为我国行政法学主流立场之辅助与补充的重要立场。

一、中国行政法学的主导研究立场:法律政治学立场

(一)此一立场的基本内涵

笔者以法律政治学立场对称法律教义学立场,作为对中国行政法学的主导立场的概括。其核心含义在于:在研究者一定的政治价值观念支配下,追求行政法社会改良、社会进步与社会控制的工具理性与政治属性,其内涵包括:

第一,在处理价值与规范的关系层面,法律政治学关注价值观念的直接奠基或价值在立法中的预先设定,而不关注规范本身或不关注价值在规范适用与具体个案中的动态实现。也因此可区分为两种更具体的立场:政治—价值奠基

---

[3] [德]拉伦茨:《法学方法论》,陈爱娥译,商务印书馆2003年版,第72页。拉伦茨指出不同的角度来观察法规范,可以形成法哲学、法理学、法社会学、法史学、法教义学等不同角度与立场。

[4] Robert. Alexy, *The Concept and Validity of Law*, Clarendon Press, 2002, pp.126—128.

[5] 此处涉及复杂的法认识论问题及其在此问题下展开的法律哲学思想史之梳理,更具体与深入的可参见王旭:《法的有效性及其认识论问题研究》,中国政法大学法学院2006年硕士论文。

定向的立场与立法—规范预设定向的立场。学者概括的"政法法学"与"立法法学"两种范式正是这种价值思维的表现。所不同的是,"政法法学"的首要特征是离开规范而谈价值,首要目的是价值奠基,首要途径是语词的正当化。最典型的例子如20世纪80年代行政法学者投身参与的"法治与人治"语词的大辩论,以及2004年以来学者们对国务院颁布的《全面推进依法行政实施纲要》的解读。其背后的逻辑正是要通过语词的正当性确立来肯定语词背后的价值[6],这样一个奠基本质上就是行政法学者通过观察当时的政治现实与历史教训,在近代中国流行的种种政治价值中,代替政治主权者进行价值奠基与决断。

"立法法学"的首要特征是通过立法而预设价值,首要目的是价值执行,首要途径则是大规模立法与制度建设。与"政法法学"不同,"立法法学"看到了价值奠基不是终点,关键是要不失时机地将这种确立的价值通过制度建设而兑现为具体的法律规则,至少在形式意义上实现"依法行政"这一整体价值目标,因此价值执行与落实变得更为重要,而手段当然只能是提供立法方案,并抓住机会来落实。因此,从预先设定价值这一立场而言,这样两种主流范式其实是如出一辙,并无根本区别。法律政治学配合中国之社会转型将一直成为主流。

第二,在处理事实与规范关系的层面,法律政治学关注外部抽象的社会事实,而不关注与规范适用相关的具体案件事实。它强调对政治观念、立法需求、立法实效的这些宏观社会事实的观察并参与立法与法律完善,而不强调对规范与具体案件事实在裁判过程中的动态联系与彼此作用的关注。阿列克西在概括当代法律研究者的姿态时以司法的立场为标准提出"参与者"类型,并指出"参与者"姿态的典型是法官。[7] "法学研究者、律师和其他利益相关公民,他们最终关心的是如果要得到一个正当的裁判,法官应该如何适用法律。"[8] 可见,按照阿列克西的理论模型,研究者的参与者立场实际上是一种"司法参与":即要把关注之重心放在法律规范适用之正当性之上,也就是要放在一个法官的位置与角色情景中,要将自己放置于法律适用的前线。中国行政法学研究的法律政治学立场采取的则恰好是一种政治—立法参与立场:先是对事实与规范进

---

[6] 何海波编著:《法治的脚步声——中国行政法大事记》,中国政法大学出版社2005年版,第6页。这里的一些代表作如黎国智的《加强行政法制建设是当务之急》、张尚鹭的《国家行政管理需要制度化法制化》、陶希晋的《在改革中尽快完成行政法》、姜明安的《健全行政法 完善社会主义法制》、陈天杰的《更新观念 加强政府法制工作》等等,均载吉林省政法管理干部学院编:《行政法论文选》,1988年。

[7] Robert. Alexy, *The Concept and Validity of Law*, Clarendon Press, 2002, p.25.

[8] Ibid.

行观察,然后再参与规范的制定与完善。此种参与是在更广阔的社会空间中,运用法学知识、社会资源与政治智慧来进行的社会参与、政治参与和立法参与,而不是类似于法官角色思维的"司法参与"。

政治参与表现在,"政法法学"对社会政治现实观察,敏锐捕捉时代信息与历史潮流,以及国家行政法制建设的总体状况,并以写作带有较强政治色彩文章的方式来直接参与到为法治与依法行政鼓与呼的行列中。如:

> 受三中全会精神的鼓舞,法学界开始研究行政法,呼吁加强行政立法、严格行政执法,并探讨在中国建立行政诉讼制度。截至1982年的这一时期,夏书章、张尚鹭、刘海年、常兆儒、陈春龙、周鲲、姜明安等在报刊上发表文章,为健全行政法制和建立行政法学鼓与呼。〔9〕

正如学者的精确概括:在研究目的上主旋律是"为健全行政法制、加强行政法鼓与呼",在研究策略上是"运用的话语与政治密切结合,论证问题以政治正确为标准",在研究对象上则是"紧扣时政,紧跟权威,不断与时俱进"〔10〕。对规范的观察则主要由"立法法学"而完成,他们不但敏锐地发现了中国行政法制于形式面的重大空缺与无法可依的事实,而且通过最为重要的学术研究手段"比较法观察"而直接观察与学习到国外行政法律制度的内容、结构、体例等等,并迅速通过翻译、写作等手段引入学术界并影响立法,其中主要表现就是将学术观察转化为立法参与。

同时,立法—规范预设定向的立场之下还衍生出法社会学和法政策学的研究方法:包括对现行法律规范的实际效力问题的观察,如社会接受程度,在现实生活中有何问题;如何提出更有效的制度手段以规范行政权力,如何针对社会与行政问题而提出更有效的公共政策等。前者的典型成果如龚祥瑞主编的《法治的理想与现实:〈中华人民共和国行政诉讼法实施现状与发展方向调查研究报告〉》(中国政法大学出版社1993年版)、应松年、袁曙宏主编的《走向法治政府:依法行政理论研究与实证调查》(法律出版社2001年版);后者的典型则是近年来兴起的对政府管制理论的研究、对各种专门行政领域技术标准的研究与对一般公共政策学与行政管理学的研究,同时还包括对一些社会与行政重大问

---

〔9〕 何海波编著:《法治的脚步声——中国行政法大事记》,中国政法大学出版社2005年版,第6页。

〔10〕 何海波:《中国行政法学研究范式的变迁》,载应松年教授贺寿文集编辑委员会编:《行政法的中国之路——应松年教授七轶华诞贺寿文集》,中国政法大学出版社2005年版。

题的对策性研究。[11] 此种法政策学研究在研究方法上迥异于传统的政法法学与立法法学，而更多运用了社会科学的方法，强调行政法作为一种社会工具的预测功能与控制功能，此种研究实质上是以确保更高的立法质量与更有效的公共政策为目的，追求社会改良与社会控制的政治使命，从而是"立法法学"的延伸与进步，其背后体现的社会外部观察、宏观立法、政策制定参与的姿态仍然在法政治学立场之内。

第三，在对待规范本身的层面，法律政治学立场或者主张悬置对规范的讨论或者静态描摹规范的基本含义与实际效果。

早期的政法法学实际上取消了对法律规范的讨论，而直接从事实中解读出价值需求，当前的立法法学，尤其是此范式支配下的所谓诠释法学虽然有对规范性陈述（Norm proposition）的描述与对规范内容（Norm content）的文本解释，但也并不在意法律规范之适用中来解释其具体含义。而立足于对策研究与实证研究的立法法学之支脉则更多是对法律实效的关注，对行为模式预测与指引的关注，从而在脱离规范的适用层面上走得更远。也因此，按照佩策尼克的理论，中国行政法学讨论的法律规范更多是一种预先设定的法律规范之"初步性材料"（prima-facie），即在没有经过适用之前，由立法者（包括参与立法的学者）在内容与效力上所预先设定的法律规范，而不是经过个案的裁判与适用，通过具体化价值并对事实进行处理之后的"经过完全道德考虑"的具有个案约束力与说服力的规范。[12]

（二）"服从眼下的要求"：该立场何以生成？

卡尔·施密特对于认识人文社会科学中的各种精神立场需要一种时间的尺度有深刻的论说：

> 人们如果不意识到自己的文化和历史环境，就不能就文化和历史说出值得称道的话。一切历史的认识都是当今的认识。历史的认识从当今获得其锋芒和强度，确确实实是只服务于当今的，因为一切精神只是当今的精神，自黑格尔以来许多人都作如是说，而克罗齐讲得最为精辟……精神领域的一切概念，只应从具体的政治生存中去理解，每一种文化和每一

---

[11] 如朱新力、宋华琳：《现代行政法学的建构与政府规制研究的兴起》，载《法律科学》2005年第5期；又如2006年开始的针对药品监管部门改革的研究，城管执法制度的研究，社会紧急情况下的行政应急机制的研究等等。

[12] Peczenik, *Law and Reason*, Kluwer Academic Publisheres, 1989, p.323.

种文化时期都有其自己的文化概念。[13]

事实上,中国行政法学采取法律政治学立场,并非完全是每一个研究者的知识兴趣所决定,转型中国的"具体的政治生存"与"特定的文化和历史环境"构成了对每一个在此之下的研究者的精神背景。

严格说来,中国行政法学者并非致力于欧陆意义上的"法学家之法"传统的开启,而是扮演着"为万世开太平"的传统策士与谋臣的角色。这实质上延续了自1840年以来,面对社会政治生活的紊乱与转型的政治事实,中国知识分子"救亡压倒启蒙"(李泽厚语)的心态与"基于功利之冲动(求治平),而非人文(求知)冲动开展学术研究"(林毓生语)的思路。"政法范式"虽然意识到了"行政法是一个长期以来被人们遗忘和误解了的法律部门和法律学科"[14],但实际上意不在以行政法学的规范性思维来条分缕析处理法律疑难与搭建科学之概念体系,形成具有独特与专门语言的学科。相反,从政治—价值奠基定向立场到立法—预设规范定向立场,其内在逻辑一以贯之:首先以语词为工具,确定学科地位与优先价值,继而发挥知识的意识形态功能与政治功能,寻找政治气候,不失时机地推动理想的政治生活秩序之形成(立法建制与完善)。虽然在具体策略上已不同于自五四运动以来以革命为主导工具的"救亡"之路,但在文化心理结构上仍然如出一辙:那就是要将知识分子心目中的那些普世价值与中国政治秩序的正当基础,如民主、法治、自由与人权等,通过学术产出与制度设计的双轨并行而产生改变社会的力量。此种精神状况与1815年欧洲各国从对法战争中挣脱出来后,面对"内政和外交中的病态"而急急追问"现状之正当性"的价值焦虑状况还真有几分神似呢![15]而德国理性主义法学家蒂堡呼唤通过立法来完成政治统一的大作不正是在这样一种精神状况下应运而生的吗?!

正是由于这种客观政治生存状态对研究者立场的规定,也就决定了行政法学的法律政治学立场成为其时有责任感与使命感的学者选择之必然,是中国知识分子自古"铁肩担道义"之人文情怀的生动体现,从而应对之抱有充分的肯定。更重要的是,正是这种以语词论辩与立法建制为途径的努力,才让整个中国社会的思想与观念又一次得到启蒙,并让社会得到切实的进步。[16] 可以说,

---

[13] [德]卡尔·施密特:《论断与概念》,朱雁冰译,世纪集团出版社2006年版,第117、121页。
[14] 何海波编著:《法治的脚步声——中国行政法大事记(1978—2004)》,中国政法大学出版社2005年版,第6页。
[15] [德]卡尔·施密特:《论断与概念》,朱雁冰译,世纪集团出版社2006年版,第118页。
[16] 正如我们对《行政诉讼法》实施的评价,它首先是一种观念的革新,其次是一种切实的保障,没有这种立法定向的研究与实践,就无法产生直接改变社会的伟力。

我们的时代要求规范与价值、规范与事实适当的剥离：只有直面价值，才能为社会奠定正当性基础，只有直接观察与参与社会政治事实，才能不失时机地推动社会的发展与改良，快速实现有法可依的局面。

二、法律政治学立场下知识之科学性追问

（一）法学知识的科学性分析

对于法学是否为一门科学，在思想史上存有一定的争议。[17] 此中问题的关键在于我们如何定义"科学"及如何面对充满了价值判断的法律活动，尤其是法律裁判的活动。正是在这一关键问题上，当代德国评价法学作出了有力的回答，卡尔·拉伦茨指出：

> 如果一个人将科学的概念限定得如此狭窄，以至于它只包括独立于经验性前提的逻辑和数学，以及仅仅致力于量的研究并且其结果可以表示为数量关系的自然科学，那么他尽可以不把法学或者任何一门人文科学当作真正的科学。对科学的概念做如此限定，是科学发展的某个特定阶段的结果，我认为这种限定是没有道理的；我更倾向于认为，科学是任何可以用理性加以检验的过程，这种过程借助于特定的、为其对象而发展出的思考方法，以求获得系统的知识。在这种意义上——请允许我做这样的设定，法学也是一门科学。[18]

可见，虽然法规范与法律判断都负载着价值判断，而"价值往往具有内在侵略性"（卡尔·施密特），但法学仍可在一定程序下，通过特定思考方法的运用，使得关于法规范与法律判断的知识获得合理性，并得到制度内实践（实用）的反复检验与确证，而不仅仅是"一堆专断的价值观"，无法以实践理性之发挥来运用。对于行政法学来说，科学性则意味着它必须证明自身不仅仅是"一套复杂的政治话语形式"以及刺破"公法问题就是政治争议的延续"这样一种表相，它必须提供一套有效的法律知识在法律思维与法律方法的运用下来客观地、妥当地来处理充满价值争议的政治话语与政治问题。具体说来，此种知识的科学性有三个基本特征：

第一，知识的融贯性。正因为科学是对世界的有秩序的认识与整理，所以

---

[17]〔德〕魏德士：《法理学》，丁小春、吴越译，法律出版社2003年版，第134页及以下。

[18]〔德〕拉伦茨：《作为科学的法学之不可或缺性》，赵阳译，载《比较法研究》2005年第1期。

无矛盾、体系化与前后一致成为一个必然的要求。法学知识的融贯性则体现在"**法律陈述（描述）的融贯与法律评价的融贯两个方面**"[19]。前者要求法学知识要将法律描述为一个按照抽象程度之不同,而由法律原则、法律规则、法律规则的初步材料、例外情况联系而成的统一整体,并且要求它们的内容彼此不冲突与矛盾。德国行政法学大师沃尔夫等人主编的《行政法学》中特别强调了此种追求知识融贯性的体系方法的重要:"从行政法规范对社会的重要作用来看,实践和学理都应当以一个牢固的框架为基础。大量的行政法规范需要整理、评价,需要纳入一定的秩序之中。""应当建立观点明确、统一和协调的理论大厦,它是行政概念、行政制度、行政规则、行政原则和行政原理的共同点,是使形态多样的行政法规范一目了然的基点。"[20]后者则要求在法律裁判中,法律方法的采用应该建立在特定法律秩序统一与和谐的政治哲学与道德哲学立场之上,也就是建立在一贯与确定的价值序列之上。[21] 为此,前述《行政法学》指出:"行政法方法应当避免经常提出新的重大实质问题或价值问题。"[22]

第二,知识的稳定性。此种稳定乃是指论证某一个法律知识之时,应该能够寻找到得到制度支撑并有成熟法律原理与原则证明的基础,具有稳定的概念、内容与内在逻辑,从而操作此一知识的法律人群体对于该知识内涵有基本的共识与效果预期。

第三,知识的可检验性。知识的可检验性意味着知识的可证明性与可发展性。（1）在制度约束下,法律知识可以在法学研究与法律适用之间得到不断的理性证明和检验,并可以通过反复的法律活动得到确认。（2）可以通过理性的研究与实践不断修正、改变甚至淘汰原来的各种原理和学说,并获得更符合个案正义与社会价值认可的法律学说、规范内容与法律方法。

（二）法律政治学立场下知识的科学性追问

那么,以融贯性、稳定性与可检验性作为标准,法律政治学作为主流立场的中国行政法学是否具备良好的科学性呢？应该说,我们的行政法学尚未为实践和理论本身贡献出足够科学的知识体系,这正是法律政治学的局限之处。

---

[19] A. Peczenik, "A Theory of Legal Doctrine", *Ratio Juris*. Vol. 14. No. 1 March (2001).
[20] 〔德〕沃尔夫、巴霍夫、斯托贝尔:《行政法》（第一卷）,高家伟译,商务印书馆2002年版,第12、13页。
[21] A. Peczenik, "A Theory of Legal Doctrine", *Ratio Juris*. Vol. 14. No. 1 March (2001).
[22] 〔德〕沃尔夫、巴霍夫、斯托贝尔:《行政法》（第一卷）,高家伟译,商务印书馆2002年版,第13页。

第一,法律政治学之立场无法为中国行政法学提供融贯的法律规范的知识体系。政治—价值奠基定向的立场出现在尚无行政法律规范的年代,自然无从提供体系化的法律规范知识;立法—预设规范定向的立场则由于总是在预设理想的法律制度,不是围绕规范的适用而展开,因此无法发现法律规范与法律概念在适用过程中才能真正暴露的矛盾、疏漏与不足。同时,法律规范只有在具体事实的裁判与运用之中,才能将价值具体化,而此一具体化的过程也是帮助法律评价取得融贯性的过程,但脱离司法裁判而研究静态的法律制度与抽象地谈法律原则,我们无从了解各种价值之间在具体事实中可能存在的矛盾及平衡之道。融贯性还要求有成熟的法律渊源理论与法律冲突解决理论,然而,行政法学在这两个问题上仍然停留在静态的立法定向立场,即停留在静态梳理《立法法》那些只能适用于简单案件的刚性规则的层次,而对于行政法律原则的适用、通过法律解释化解法律规范的冲突、法律原则与法律规则的区分等重要问题几乎没有研究。

第二,法律政治学之立场也无法为中国行政法学提供稳定的知识论证基础。直到今天,我们的理论还在很大程度上依赖于比较法的工具与抽象、静态地描述各种制度与概念。如信赖保护原则、正当程序原则、比例原则,这些作为价值进入到规范体系重要载体的行政法律原则,我们仍然停留在抽象描述的层次,对于如何适用,其如何通过司法裁判而获得客观性,如何用中国的经验与技术来表达和运用,则几乎没有研究。我们剥离规范与具体案件事实的研究造成的后果就是行政法学研究无法为司法提供更多稳定的、有说服力与指导性的中国学说与原理。比如我们至今没有稳定的关于行政法律规范中一般条款与不确定法律概念具体化的成熟理论,如《行政诉讼法》中"显失公平"概念的具体化理论;抽象行政行为与具体行政行为界分的解释方法;违背法律程序的法律后果的类型化处理方法;判定原告资格的一般方法与理论;判定《行政处罚法》上"一事不二罚"的学说、《行政许可法》上信赖保护的构成要件与适用条件的学说等,理论研究均不能提供稳定和成熟的成果。甚至对于什么是"行政主体"、"行政争议"、"行政行为",我们也没有如德国行政法一般发展出成熟的理论解释并达成基本共识。而这都与法律政治学脱离规范的适用立场、静态描摹与生硬借鉴外国制度有莫大关系。

第三,法律政治学无法为中国行政法学提供可检验的知识体系。此种检验关键要在职业的司法活动与理论研究之间得以检验。法律政治学的立法定向立场提供的知识并不能在法律实践之中得到很好的检验,而学者们往往归结为"法律不完善,需要修改"。然而,问题在于我们根本无法一劳永逸地制定完美的法律,大面积地修改法律只能损害人们对法律的信任与预期,而赋予法律在适用过程中通过不断调适规范与价值、规范与事实而自我发展才是解决之道。法律政治学的立场造成法学家对法律实践者的疏离:立法定向的法学家对于法律适用的具体情况并不熟悉,也就无法从中萃取与总结出具有理论意义的信息,也不能敏锐地发现与整理司法者提出的富有智慧的理论,以完善某一个具体的法学知识。这样的结果是,由于规范本身的精确含义与适用方法无法得到有效的阐明,也就无法就某一个知识在学者之间以及学者和司法者之间达成基本共识,当实务经验早已突破立法定向立场所预设的那些规范,并形成自己的理由与原理时,理论界反应还颇为迟缓。比如《行政诉讼法》规定的违反法定程序的行政行为必须撤销,但在司法审判中早有若干判决在区分与类型化不同的违法情况,而适用维持或撤销之判[23],理论界并没有为此种裁判提供成熟之理论,反而有损其立法研究成果的可接受性与可检验性。

可以说,中国行政法学的知识主要是由西方概念与本土立法产物所提供,虽然此是时代的必然要求,也快速推动了中国社会的观念更新与社会改良,但科学性不强导致这些知识无法进一步为立法与司法提供智力支持,知识本身也陷入种种分歧、矛盾、解释的随意性与缺乏权威观点之中,更难将美好的价值真正通过法律的途径而落到实处。法律教义学有助于提升行政法学的科学性,并最终可以帮助行政法学实现其政治抱负。

三、确立实践的法律教义学之立场

(一)法律教义学的内涵

按照当代法律理论来看,法律教义学是法学具有科学性的最重要表现,也就是法律科学的基础研究进路。[24] 从名称来看,英文世界里以 legal dogmatics、doctrine of law,德文世界里以 Rechtswissenschaft、Rechtsdogmatik 来指称[25]。

拉伦茨认为,狭义的法学就是法律教义学,乃指"以处理规范性角度下的法规范为主要任务的法学,其主要想探讨规范的'意义'。它关切的是实证法的规

---

[23] 典型如"郑松菊诉乐清民政局瑕疵婚姻登记案","吉某诉高沟镇政府违法为吉爱新进行婚姻登记侵犯其继承权案",参见张树义主编:《行政法与行政诉讼案件教程》,知识产权出版社 2005 年版,案例 11。
[24] A. Aarnio, *Reason and Authority*, Cambridge Press, 1997, p.75.
[25] A. Peczenik, "A Theory of Legal Doctrine", *Ratio Juris*. Vol.14. No.1 March (2001).

范效力、规范的意义内容,以及法院判决中包含的裁判准则"[26]。魏德士教授则认为,法律教义学则是一切可以在法律中找到的理论规则、基本规则与原则,也包括法学与法律实践为法律增加的理论规则、基本规则与原则。[27]

在知识范围上,阿列克西认为其包括:(1)对现行有效法律的描述;(2)对这种法律之概念—体系的研究;(3)提出解决疑难的法律案件的建议。[28] 拉伦茨将法律教义学的工作概括为三项:解释法律;按照内在的法律制度的价值标准和思想尽可能发展法律;不断寻求用统一的视角诠释大量的法律资料。前两项是法学和法律实践尤其是司法——立法的共同任务,只有第三项是法学自己的任务。[29] 阿尔尼奥则认为,法律教义学有实践功能和理论功能两个层次,前者是对有效法规范内涵之阐述与澄清,后者则是将澄清的法概念与法规范整饬为一个系统。[30] 佩策尼克则更进一步指出,当代法律教义学的重要特征是在法律适用中负载价值,因此包括一系列活动,如论证、解释甚至发展法律,体现为一系列的原理与理论,如侵权法上的过错理论、充分注意理论,法律渊源理论等。[31]

由以上理论,笔者提出以下理解法律教义学的角度:

第一,法律教义学的基本对象是现行有效之法规范。拉德布鲁赫指出"它是正在适用的法律的科学,而不是正当法的科学;是实然法律的科学,而不是应然法律的科学。与作为法律目的的法哲学,以及与作为实现目的的手段的法政策学分离了"[32]。

第二,法律教义学的基本工作是对法概念、法规范的含义与内容的解释与澄清,并以此为基础提出可供法律适用的稳定的法律原理与原则。因此,法律教义学的基本表现形式是各种关于规范的语句和学说。如日本关于行政诉讼原告资格的裁判标准在学说和实务上发展出三种成熟的标准:(1)受法律保护的利益说;(2)裁判上值得保护的利益说;(3)合法性保障说。[33]

第三,当代法律教义学的基本特征是围绕规范适用而展开,其本质是为司法裁判提供标准以客观化法律概念、法律规范中的价值。因此,法律教义学也

---

[26] 〔德〕拉伦茨:《法学方法论》,陈爱娥译,商务印书馆2003年版,第77页。
[27] 〔德〕魏德士:《法理学》,丁小春、吴越译,法律出版社2003年版,第141页。
[28] 〔德〕阿列克西:《法律论证理论》,舒国滢译,中国法制出版社2003年版,第311页。
[29] 〔德〕拉伦茨:《作为科学的法学之不可或缺性》,赵阳译,载《比较法研究》2005年第1期。
[30] A. Aarnio, *Reason and Authority*, Cambridge Press, 1997, p.25.
[31] A. Peczenik, "A Theory of Legal Doctrine", *Ratio Juris*. Vol. 14. No. 1 March (2001).
[32] 〔德〕拉德布鲁赫:《法哲学》,王朴译,法律出版社2004年版,第114页。
[33] 〔日〕盐野宏:《行政法》,杨建顺译,中国法制出版社1999年版,第333—347页。

被称为"法律人法学"(juristc jurisprudence)[34]。法律教义学的语句涉及在裁判的过程中来理解规范与概念的内容,并同时为裁判提供规范的理由与原理。因此与它的古典形态概念法学有本质上的不同。[35] 阿尔尼奥因此将当代法律教义学的法律解释区分为两种类型:一种是"文本定向"(text-oriented)的法律解释,其关键点在于对存在于法律文本中的法律概念与规范的基本含义进行说明;一种是"问题定向"(problem-oriented)的解释,其必须与特定案件事实联系,指出在特定案件中法律概念与法律规范的含义究竟为何。[36] 当代法律教义学与司法中的推理、解释、论证等职业活动紧密联系。

第四,法律教义学的基本目标是提出一个不断实证化各种法律价值与法律思想的开放体系,使得法学知识具备体系性、稳定性与检验性,并受到现行法律制度的约束。法学具有一种"价值导向思维",而法学的科学性则体现在可以妥善地实证化这些价值,将外在于法律制度的价值通过对一般生活事实与特殊案件事实的类型化处理(立法与司法)使得价值不再是纯然主观的,而具有了制度效力,获得了职业法律人的稳定共识与预期,并可以被反复检验与发展,从而呈现出开放的体系。

第五,法律教义学与司法的基本关系是彼此支援与配合的。一方面,法律教义学提供司法的裁判基准与法概念,司法裁判则为教义学提供大量的材料,并通过司法裁判的智慧来修正与发展法律教义学。拉伦茨指出,一系列现行法坚实部分的法概念与裁判基准都以司法裁判与教义学的合作为基础,才发展出来。[37] 另一方面,教义学发现一些现行法尚未解决的问题,从而促成司法裁判或立法的改变。

我们或可得出这样的结论,法律教义学就是以现行有效的法律规范为对象,以其适用(实践)为考察中心,来解释法律规范之中的概念与规范的意义,并形成融贯而无矛盾的体系[38],同时在这个过程中为具体案件的解决提供理论、理由与原理之学问,它由法学家或司法者来提供。

---

[34] A. Peczenik, "A Theory of Legal Doctrine", *Ratio Juris*. Vol. 14. No. 1 March (2001).
[35] 〔德〕拉伦茨:《法学方法论》,陈爱娥译,商务印书馆2003年版,第107页。
[36] A. Aarnio, R. Alexy, A. Peczenik, "The Foundation of Legal Reasoning", *Rechtstheorei* 12 (1981).
[37] 〔德〕拉伦茨:《法学方法论》,陈爱娥译,商务印书馆2003年版,第113页。
[38] A. Aarnio, *Reason and Authority*, Cambridge Press, 1997, p.75.

(二）法律教义学与法律政治学在研究立场上的区别

简要说来,二者立场区别在于:

第一,规范思维 VS 价值思维。

在对待价值与规范的关系上,法律教义学采取规范思维,即强调价值必须透过规范才能发现与确定,通过对规范意义的解释与证明来具体化价值;法律政治学采取价值思维,往往绕过对规范的解释而直接预设与明定价值。

第二,司法参与者姿态 VS 政治—立法参与者姿态。

在对待规范与事实的关系上,法律教义学采取司法参与者的姿态,关注具体案件事实之中的规范意义,法律政治学则采取政治—立法参与者的姿态,关注抽象的社会事实与规范之间的联系工作(即立法)以及规范在一般社会事实中的效果。

第三,科学使命 VS 政治使命。

在对待法学家的使命上,法律教义学强调法学家要积极为法律适用提供学说与原理,并要敏锐记录与保存来自实务的智慧成果与技艺,追求行政法学的科学性;法律政治学则强调法学家的使命首先在于影响政治、革新制度与直接推动社会进步。

第四,自主的法律 VS 工具的法律。

在对待现行法律规范的态度上,法律教义学强调它的大体合理,强调它的自主性,结合其适用对其批判与完善;法律政治学永远对现行法律规范保持必要的怀疑,强调它对于社会发展的工具性,结合其社会实效与理想价值对其批判与完善。

(三）法律教义学对中国行政法学科学性之提升

法律教义学之于中国行政法学研究的最大意义正在对中国行政法学科学性的提升。法律教义学要求行政法学研究者必须转换思维与角色,从宏大的价值思维主宰下的立法研究与对策观察,从传统策士与谋臣的政治人角色真正转变为具有精密与细致的法律(规范)思维的科学研究者角色。法律教义学正可从融贯性、稳定性与可检验性三个方面提升行政法学知识生产的科学性,甚至可以说使其成为真正的"知识",而不仅仅是"意见"、"建言"与"政策"。

第一,法律教义学对行政法学知识融贯性之提升。此种提升一方面通过"文本定向"的基础性解释与客观描述来获得行政法律概念、法律规范的可以获得基本共识的客观含义,消除模糊与冲突;同时通过"问题定向"的实践操作来不断铺展法律概念与法律规范,并且通过对真实社会生活的观察而不断类型化行政法律规范,最终体系化。正是这种从"规范"文义阐释(一般)到事实裁判(个别),再从事实裁判(个别)中提炼与发展法律规则(一般),这样往复的过程,不断消除法律体系的矛盾与冲突,并努力寻找漏洞、填补漏洞以及通过法官对法律的发展而创造出全新的法律制度——并最终形成稳定的法律价值秩序。正如萨维尼对罗马法的赞美:

> 如果他们每裁判一个案件,就会对其进行最为认真而精审的审查,我们看到,全部的关系在我们的眼前渐次形成、休戚和完善。似乎正是以此案件作为出发点,整个制度得到铺展、网络开来。因此,公允地说,他们的理论和实践乃是同一的,他们的理论构建是即可加以适用的,而他们的实践则因为秉承科学的洗礼而全然升华。[39]

第二,法律教义学对行政法学知识稳定性之提升。法学知识的稳定并不要求百分之百的客观与绝对正确,而应该要求有成熟的理论加以支撑。我们衡量一个国家某一个部门法律的科学性之程度,很多时候可以看看法学者对概念与规范的解释是否形成了稳定与成熟的若干学说、原理与标准,及对裁判特定类型的案件是否形成了稳定与成熟的理论与方法,它们可以提供给立法者和司法者参考与使用,甚至很多时候法律实务者自行萃取出重要的理论原则,作为稳定的知识发展与实务操作的指南。比如德国行政法上对"行政行为/行政决定"这一深刻影响立法与司法的概念就给出了成熟与稳定的学说支持[40],又如对于特别权力关系的审查,德国学术界和实务界先后发展出"基础关系理论"、"重要性理论";对于行政主体利用私人手段直接达成国家任务的公行政行为,又先后发展出"行政私法理论",对于国库行政的规制,则发展出著名的"双阶段理论"[41],而对于行政法律规范中广泛存在的不确定法律概念的认定与审查,裁量论的经典作家们更是提出了"判断余地"理论、"规范授权理论",并发展出衡量正确行政裁量的若干重要标准。[42] 同样在美国行政法中,如围绕原告资格理论,先后发展出"法定标准"、"利益标准"、"事实标准"等重要判断原则,围绕司法权对行政权之监督与尊重,则发展出"斯基德尊重"、"谢佛林尊重"等重要

---

[39] 〔德〕萨维尼:《论立法与法学的当代使命》,许章润译,中国法制出版社2001年版,第24页。
[40] 〔德〕毛雷尔:《行政法学总论》,高家伟译,法律出版社2002年版,第176页及以下。
[41] 陈新民:《中国行政法学原理》,中国政法大学出版社2003年版,第75、38页。
[42] 翁岳生主编:《行政法》,中国法制出版社2000年版,第149—151页。

技术标准。[43] 这里,法学家的使命在于自主贡献各种原理或敏锐整理来自实务的智慧与精华。

第三,法律教义学对于行政法学知识可检验性之提升。此种可检验性体现在:首先,这些原理、概念与规范的意义可以在相关案件裁判中反复被使用,从而证明其实践合理性与成熟性;其次,这些原理和知识也可以由于自身在**逻辑与理据上合理**,并与整体理论体系相融,从而证明其理论合理性;最后,这些原理和知识还可以被合理地突破、反对、发展与更新。前述多种行政法上的原理和学说本身都是在不断的司法裁判与学者研究的互动之中得以发展的。更重要的是,由于获得检验而获得法律实践者与研究者之最低程度的合意,从而成为真正可以教授、可以交流、可以运用、可以预测的知识,科学性也就随之确立。

(四) 中国行政法学研究中的法律教义学立场

严格说来,当代中国学术界尚没有真正意义上的法律教义学立场。在法律政治学立场之主导下,围绕规范中实践理性展开的研究还非常之少。倒是来自实务界的研究者结合司法裁判与法律解释,进行了比较细致的行政法教义学分析。比如,江必新主编的《中国行政诉讼制度的完善》,作者均为最高人民法院的法官,就致力于厘清行政诉讼法中的一些基本概念,并提出若干裁判基准。比如围绕"原告资格"问题,笔者以为两个重要的裁判基准需要确立:一是确立"什么是原告的合法利益"的标准,一是确立"什么是对原告利益产生实际影响的行为"标准。该书通过解释现行法律,提出了两个判断标准:(1) 主张的权益明确受到法律保护;(2) 主张的损害与具体行政行为之间存在明确的内在联系[44],并对行政诉讼法规定的"法律上的利益关系"这一不确定法律概念提出"可争议性判断标准",对内在于司法解释第 2 条中的"行为对公民利益产生实际影响"这一不确定法律概念提出了"明确的内在联系"与"可能的内在联系"两种裁判基准。[45] 从而,作者提出了更完善的确立原告资格的标准,作为对将来法律发展的支持。

这里还要提及的是三种流行于我国行政法学研究中的诠释法学研究[46]、以教科书为代表的基础理论研究、案例分析研究,它们都在某一方面或某种程

---

[43] E. Gellhorn, R. Levin, *Administrative Law and Process*, West Group 1997, pp.89—93.
[44] 江必新主编:《中国行政诉讼制度的完善》,法律出版社 2005 年版,第 115 页。
[45] 同上书,第 108—115 页。
[46] 何海波:《中国行政法学研究范式的变迁》,载应松年教授贺寿文集编辑委员会编:《行政法的中国之路——应松年教授七秩华诞贺寿文集》,中国政法大学出版社 2005 年版。

度上属于法律教义学研究,但又都不是成熟与完整的法律教义学。

1. 诠释法学研究

立法法学兴盛催生的一个景观就是行政法学中对现行法律规范含义的诠释以及使用的指南这样一种"法条释义"研究的兴起。虽然此系一种基础性工作,但对于疑难与新型案件的处理,此种工作则无甚作用,从而降低了法律教义学对于疑难案件解决的启发功能。更重要的是,"法条释义"研究容易降低法律研究者与法律实务者的难题意识,以为法律解释脱离了具体问题情景也可以得到一劳永逸的完成,从而极易陷入概念法学的泥淖。

2. 基础理论研究

行政法学以教科书为代表的基础理论研究,对于初步搭建概念与学说体系,整理学术观点这些教义学工作来说,具有一定的贡献,而最大的问题同样在于可能落入概念法学的思维,而忽视了实践理性对于行政法学的重要性。以行政法学总论为例,其理论的结构安排、内容介绍与论说风格基本上是比较法(德国、法国法)的产物,缺乏对中国行政法实践中提炼与总结的原理与理论的描述与总结,并将之体系化,而这正是法律教义学以现行有效法律规范为对象的重要描述工作。对作为核心的行政行为理论更是作纯粹逻辑关系的推演,从概念到概念,从要件到要件,而缺乏判例与原理的彼此支撑(此一点恰是德国行政法学教科书的优长),让人无从知晓这些理论的中国意蕴与中国实践究竟是什么。

3. 案例分析研究

与教科书之理论研究相映成趣的案件研究,在形式上围绕规范的适用进行研究,同样已经具备法律教义学的雏形,但同样有其不成熟之处。行政法学的案件分析研究存在两个问题:一是以案件事实迁就理论论述,无论是章节编排还是具体内容,基本上是以理论为中心,不是从案件中自然地得出与总结理论成果,而是用通过立法或比较法形成的理论前见来裁剪事实,这样的案件分析往往不具有独立生命和价值,而仅仅是理论研究的另一个角度与手段,从而真正以实践理性为核心,强调法律人的职业思维与专门方法的法律教义学反而不振;二是在具体分析上重结论而轻过程,无法发现规范与事实彼此说明与确定的过程。而当代法律教义学早已和细致的法律推理、法律论证密不可分[47],既是它们的基础,又为它们所证明与检验,因此这样的案件分析研究与真正之法律教义学还有一定距离。

---

[47] A. Aarnio, R. Alexy, A. Peczenik, "The Foundation of Legal Reasoning", *Rechtstheorei* 12 (1981).

结语:不是主流、但是基础的法律教义学

法律教义学虽然重要,但却在当代中国行政法学研究中不会占据主流地位,这是由于它所要求的正常与稳定的法治环境、法学家对策、立法研究任务的适当减轻、司法的实践理性与法官伦理高度发达等条件在转型中国都无法完全达到,而价值奠基与继续全面的制度确立工作仍然在相当长时间内应该成为我们的主要任务,而恰好是此种任务的完成之时,行政法学的教义学立场才能全面确立。

行政法学固然从一个方面看是一套复杂的政治话语,然而,法学的首要特征并非如伦理学、政治学与道德哲学一般,是直接在各种价值与政治的立场间进行决战,也并非如社会学与历史学一样,从事实本身提炼出规律与因果联系,而必须将价值与事实透过规范才能予以表达和理解,法律政治学立场虽然高悬了美妙的价值与预设了理想的法律制度,但如果没有科学性要素,则行政法学无法以其独立的思维、方法与立场来对抗强权与任性,以理性的精神克服人的主观情绪、偏好与利益抉择。

黑格尔在《法哲学原理》中以命定论的口吻谈到:哲学,总是在太晚的时候才行使它的功能。在精神世界里,直到现实性完全走完它的历程并达致它的完整状态,一个文明的哲学思考才刚刚开始,而此时这个文明已经趋向衰落。[48] 理性总是狡黠地藏起它的真相,而捉弄追逐它的人们。

中国行政法学的思考亦伴随着整个文明的转型与重塑而参与到这个精神世界中,只要这个历史过程不完成,法律政治学立场始终将是我们的宿命,这绝非个人的反思与呐喊所能改变。只是,当我们的文明达致成熟(maturity),法治落实为常态,法学家的政治参与责任变得轻巧,现实性预示着法律教义学的到来,又会有怎样的"反题"在等待着它呢?

但愿那时还为时不晚。

---

[48] Hegel, *Eelements of the Philosophy of Right*, ed by A. Wood. Cambridge, 1991, p.23.

Section 3

蓟门学园

"蓟门学园"第五辑引言

"花开花落又一春"。自 2003 年 1 月 12 日至今,"蓟门学园"已开园 4 年有余,共举行讨论 29 次。学园坚持以半封闭的 Seminar 为主要讨论方式,已基本形成了"以批评性讨论促进多学科对话"的风格。

蓟门学园由在京高校和科研机构的中青年学人组成,现有成员 13 人(按姓氏汉语拼音为序):

陈景辉(法理学,博士,中国政法大学讲师)
陈新宇(法史学,博士,清华大学讲师)
柯华庆(法理学,博士,中国政法大学副教授)
黄金荣(法理学,博士,中国社会科学院法学所副研究员)
李洪雷(行政法学,博士,中国社会科学院法学所副研究员)
李居迁(国际法学,博士,中国政法大学副教授)
聂　鑫(法史学,元照智胜出版集团副总编辑,中国人民大学博士研究生)
罗晓军(宪法学,中国政法大学讲师、博士研究生)
田士永(民法学,博士,中国政法大学副教授)
吴宏耀(刑事诉讼法学,博士,中国政法大学副教授)
易延友(刑事诉讼法学,博士,清华大学副教授)
郑永流(法理学,博士,中国政法大学教授)

朱庆育（民法学，博士，中国政法大学副教授）

学园的活动以学期为单位，每学期举行三四次。2006年共举行七次，主题依次是：

- 2006年3月25日，李居迁，《GATT/WTO环境争端分析——GATT第XX条(b)、(g)款适用中的法规则与法律解释》
- 2006年04月21日，郑永流，《建构法律判断的前提之方法总论》
- 2006年05月27日，陈景辉，《原则、自由裁量与依法裁判》
- 2006年09月22日，陈新宇，《民国初期的罪刑法定主义》
- 2006年11月10日，聂鑫，《宪法基本权利的法律限制问题——以中国近代制宪史为中心》
- 2006年11月24日，柯华庆，《科斯命题的价值与法律实效主义》
- 2006年12月30日，田士永、朱庆育等，"对泸州遗赠案的再评论"

法学的生命在于应用。学园决定自2006年起增加对典型案例的理论反思与研讨，以期通过对一些典型案例的深度挖掘，阐释具体案例所蕴含的深层法理，促进法学理论贴近丰富多彩的法律实践。

本辑刊载的是"对泸州遗赠案的再评论"的讨论纪要。

法律行为违背善良风俗中意思要素的分析

——从泸州遗赠案开始

田士永

一、概　说

（一）泸州遗赠案

"张学英依与其同居人所立遗嘱诉遗嘱人之妻蒋伦芳给付受遗赠的财产案"[1]发生在四川省泸州市,因此,以下简称为"泸州遗赠案"。对于该案,一审法院认为:黄永彬所立的将财产赠与原告的遗嘱,虽有真实意思表示且形式合法,但其对财产的处分违反了继承法和婚姻法的有关规定,根据《民法通则》第7条,民事行为不得违反公共秩序和社会公德,违反者,其行为无效。根据《婚

---

[1] 参见最高人民法院中国应用法学研究所编:《人民法院案例选》2002年第2辑,总第40辑,人民法院出版社2002年版,第77—87页。

姻法》第3条禁止有配偶者与他人同居,第4条夫妻应当互相忠实、互相尊重的法律规定,遗赠人黄永彬基于与原告张学英的非法同居关系而立下有悖公共秩序、社会公德和违反法律的遗嘱,损害了被告蒋伦芳依法享有的财产继承权。因此,该遗嘱属于无效民事行为,原告张学英要求被告蒋伦芳给付受遗赠财产的主张不予支持。被告蒋伦芳要求确认该遗嘱无效的理由成立,予以支持。根据《民法通则》第7条,法院判决驳回张学英的诉讼请求。二审法院认为,遗赠人黄永彬的遗赠行为虽系真实意思表示,但其内容和目的违反了法律规定和公序良俗,损害了社会公德,破坏了公共秩序,应属无效民事行为。上诉人张学英要求被上诉人蒋伦芳给付受遗赠财产的主张,不予支持,被上诉人蒋伦芳要求确认该遗嘱无效的理由成立,予以支持。原审判决认定事实清楚,适用法律正确,依法应予维持。2001年12月28日该院判决:驳回上诉,维持原判。

本案涉及诸多民法问题,包括共有人私自处分共有物、死因赠与、法律行为违背善良风俗等。本文集中讨论法律行为违背善良风俗的问题。法律行为违背善良风俗的问题,涉及诸多具体问题,例如善良风俗的含义、内容以及违背善良风俗的判断对象等问题。[2] 本文集中分析违背善良风俗的判断对象,因为该问题涉及对法律行为意思表示构成的理解以及对违背善良风俗法律行为制度功能的理解。

(二)既有立法例

《德国民法典》第138条第1款规定:"违背善良风俗的法律行为无效。"该条第2款规定的暴利行为,属于违反善良风俗在实践中一个特别重要的适用事例。[3] 类似的立法例包括《法国民法典》第1133条规定[4]、《日本民法典》第

---

[2] 善良风俗包含两个构成部分,其一是风俗,其二是善良。相关分析,参见〔德〕迪特尔·梅迪库斯:《德国民法总论》,邵建东译,法律出版社2000年版,第511页以下;〔德〕迪特尔·施瓦布:《民法导论》,郑冲译,法律出版社2006年版,第474页以下。

[3] 〔德〕迪特尔·梅迪库斯:《德国民法总论》,邵建东译,法律出版社2000年版,第538页。

[4] 《法国民法典》第1133条规定:"原因为法律行为所禁止、违反善良风俗或者公共秩序时,此种原因为不法原因。"该法第1131条同时规定:"无原因之债,或者给与错误原因或不法原因之债,不发生任何效力。"

90条〔5〕、《荷兰民法典》第40条第1款〔6〕、《意大利民法典》第1418条第2款〔7〕、《瑞士债法》第20条第1款〔8〕。关于司法实践中的具体案例，至少在法国、日本也已找到相当多的案例。〔9〕

中国自清末变法，民法典的第一草案使用了"公共秩序"却未使用善良风俗的表达。民国后的第二草案以"风化"取代公共秩序的概念。国民政府1929年至1930年正式颁布的《中国民国民法》第72条则明确使用了"公共秩序或善良风俗"的表述〔10〕，学说认为系参考法、日立法例。〔11〕 新中国民法中一直未使用"善良风俗"的概念，到《民法通则》第7条则规定"民事活动应当尊重社会公德，不得损害社会公共利益，破坏国家经济计划，扰乱社会公共秩序"。泸州遗赠案所适用的《民法通则》正是第7条，法院从违反了法律规定和公序良俗，损害了社会公德，破坏了公共秩序的角度，认定该行为无效。通说认为，《民法通

---

〔5〕《日本民法典》第90条规定："以违背公共秩序或善良风俗事项为目的的法律行为，无效。"

〔6〕《荷兰民法典》第40条第1款规定："内容或者应有含义违反善良风俗或者公共秩序的法律行为无效。"

〔7〕《意大利民法典》第1418条第2款规定："缺乏第1325条规定的要件之一的、原因不法的(1343)、第1345条规定情况中的动机不法的和欠缺第1346条规定的有关标的要件的，契约均为无效。"《意大利民法典》第1325条规定："契约的要件包括：(1) 当事人的合意(1326)；(2) 原因(1343)；(3) 标的(1346)；(4) 法律规定的必须采取的不可缺少的形式。"第1343条规定："与强制性规范、公序良俗相抵触的(5、23、25、634、1344、1354、2031、2035)，即是不法原因。"第1345条规定："各方当事人仅为共同的不法动机而缔结的契约为不法契约(626、647、788、794、1418、1972、2035)。"

〔8〕《瑞士债法》第20条第1款规定："含有不能履行、违反法律规定或者违反公序良俗之条款的合同无效。"

〔9〕 法国相关案例包括：(1) 不道德原因："由于受害人不肯原谅遗嘱人的乱伦行为，遗嘱人就将财产赠与他人，旨在从财产方面惩罚受害人，这种赠与违公共秩序与善良风俗，因此无效(拉罗什大审法院，1995年5月3日)。为了购买(取得)一处妓院而订立借贷合同，这种借贷合同无效(最高法院社会事务庭，1964年1月8日)。女仆与经营妓院的女经营人之间订立的劳动合同无效(最高法院社会事务庭，1964年1月8日)；与一家周刊订立合同，将某人纯属隐私性质的连续三次变性的事实透露给该周刊，此合同无效(巴黎法院，1972年1月21日)。""文身随后通过切除术切除文身的协议，因其非法、不道德与违公共秩序而无效(巴黎大审院，1969年6月3日)。""赠与人为了与受赠人保持通奸关系而进行的赠与，其原因并不违反善良风俗(最高法院第一民事庭，1999年2月3日)。""赠与人为了与财产处分受益人(受赠人)保持非法关系，甚至为了保持通奸关系，仅凭此事实并不足以认定其进行的赠与无效。只有当这种赠与是以建立、保持或恢复不道德的关系为原因时，或者是作为此种不道德关系的报酬时，才会被处以无效(最高法院诉状审理，1926年6月8日)。"参见《法国民法典》下册，罗结珍译，法律出版社2005年版，第831页。日本的相关判例，参见〔日〕山本敬三：《民法讲义1：总则》，解亘译，北京大学出版社2004年版，第180页，注释24至34。

〔10〕《中国民国民法》第72条规定："法律行为，有悖于公共秩序或善良风俗者，无效。"

〔11〕 参见胡长清：《中国民法总论》，中国政法大学出版社1997年版，第200页。

则》第7条所规定的"社会公共利益"相当于公序良俗的概念。[12]

(三) 既有学说

中国大陆地区学者,有的认为违背善良风俗属于法律行为标的不妥当[13],有的认为是法律行为内容不得违反法律或者社会公共利益[14],有的作品在分析《民法通则》第7条时笼统表述为"民事主体所从事的民事活动及其效果,必须符合我国社会公认的道德规范和公共利益"[15],但在具体分析法律行为时又认为是法律行为的内容不得违反社会公德。[16] 此外,还有作品认为,对于法律行为是否违反社会公共利益,应当从目的、标的、条件和社会效果的角度考察[17],或者认为应当从目的、标的、条件和方式四个方面考察。[18] 中国大陆学者的见解与民国时期以及我国台湾地区学者的相关见解基本一致。民国时期以及我国台湾地区的作者中,有的认为系指法律行为内容违法者[19],也有的认为系指法律行为标的违背善良风俗[20],还有的认为应就法律行为的内容、附随情况以及当事人的动机、目的及其他相关因素综合判断[21];但也有学者明确指出,法律行为的内容与标的,并无实质区别。法律行为的标的就是法律行为的内容,即行为人于行为时所发生的法律效果。[22] 如果考察一下德国学说和判例,就会发现,中国学者的这些见解与德国的学说与司法基本一致。德国学者一般明确违背善良风俗的判断对象是法律行为,而不是其行为本身[23],司法判

---

[12] 参见佟柔主编:《中国民法学·民法总则》,中国人民公安大学出版社1990年版,第21页;王家福主编:《中国民法学·民法债权》,法律出版社1991年版,第356页;梁慧星:《市场经济与公序良俗原则》,载梁慧星主编:《民商法论丛》,法律出版社1994年版,第49页。
[13] 参见张俊浩主编:《民法学原理》,中国政法大学出版社2000年版,第254页。
[14] 参见江平主编:《民法学》,中国政法大学出版社2000年版,第213—214页。
[15] 参见佟柔主编:《中国民法学·民法总则》,中国人民公安大学出版社1990年版,第21页。
[16] 同上书,第232页。
[17] 参见佟柔主编:《中国民法》,法律出版社1990年版,第172—174页。
[18] 参见马骏驹、余延满:《民法原论》,法律出版社2005年10月第2版,第189页。
[19] 参见史尚宽:《民法总论》,中国政法大学出版社2000年版,第335页;梅仲协:《民法要义》,中国政法大学出版社1998年版,第118页以下。
[20] 参见胡长清:《中国民法总论》,中国政法大学出版社1997年版,第200页。
[21] 参见王泽鉴:《民法总则》,中国政法大学出版社2001年版,第291页。
[22] 参见郑玉波:《民法总则》,中国政法大学出版社2003年版,第307页。
[23] [德]维尔纳·弗卢梅(Werner Flume):《民法总则2:法律行为》(Allgemeiner Teil des bügerlichen Rechts, 2. Bd. Das Rechtsgeschäft),1992年第4版,第367页以下。同时参见[德]迪特尔·梅迪库斯:《德国民法总论》,邵建东译,法律出版社2000年版,第514页。

决也采这种立场[24],认为违背善良风俗,可以是因为法律行为的内容[25]、具体法律行为中表意人目的或者所追求的法律效果[26]、法律行为的动机或者法律行为的方式造成的,司法判例也以从内容、动机和目的中分析研究得出具体法律行为的总体性质为基准。[27]

(四)本文的体系

法律行为由意思表示以及其他要素组成,但对于违背善良风俗的判断对象到底是意思表示要素还是其他要素以及是意思表示的哪一部分违背善良风俗,现有研究上不甚充分。意思表示之外的要素,主要是要物行为所涉及的交付、登记等因素。交付虽为事实行为,但也存在违背善良风俗的问题。[28]登记在不同法律体系中性质不同,有的属于行政行为,有的属于司法行为,但同样存在违背善良风俗的可能。作为要物行为的组成部分,交付、登记违背善良风俗的,表明包含该要素的法律行为违背法律行为,从而影响该法律行为的效力。

法律行为的基本要素是意思表示,本文将集中分析意思表示的违背善良风俗问题。意思表示由表示与意思组成。作为其客观要件的表示行为有可能违反善良风俗。但对于法律行为而言,更为复杂且容易发生争议的却是其意思因素。因此,本人以下集中分析意思因素。意思属于当事人的主观方面,其中有些属于意思表示的构成因素,有些虽然可能影响法律行为但却不属于意思表示构成要件。本文将结合违背善良风俗的制度功能对这两类意思因素进行分析。

---

[24] 德国《联邦最高法院民事裁判集》(BGHZ),第53卷,第369页,明确表示:"在民法典的138条的框架下,关键的问题并不在于对一个人的行为进行评价,并对某种不道德的行为进行裁判,而仅在于判断某项法律行为是否违反了善良风俗。"参见〔德〕迪特尔·梅迪库斯:《德国民法总论》,邵建东译,法律出版社2000年版,第514—515页。

[25] 《德国民法典第一草案》第106条明确了是法律行为的内容违背善良风俗才无效,但第二委员会则概括规定法律行为违背善良风俗者无效。

[26] 参见〔德〕安德雷亚斯·冯·图尔(Andreas von Tuhr):《民法总则》(Das Allgemeine Teil des Deutschen bürgerlichen Rechts),第2卷第2册,1957年,柏林,第25页。

[27] 参见〔德〕迪特尔·施瓦布:《民法导论》,郑冲译,法律出版社2006年版,第476页。

[28] 对于违背善良风俗的非法律行为的一般规定,参见《德国民法典》第826条、《中华民国民法》第184条第1款第2句等。

二、作为意思表示构成要素的意思

（一）概说

通说将意思表示构成要件中的意思要素分为三部分[29]：其一是行为意思（der Handlungswille），其二是表示意思（der Erklärungswille），其三是效果意思（der Geschäftswille）。前两者是对其行为本身的意思，最后一项涉及的是其行为发生的效力。

（二）作为意思表示构成要素的各项意思要素

行为意思，是指表意人有意为表示动作时的意思。[30] 行为意思指向的似乎是表意人的表示动作本身。表示意思，也称为表示意识（Erklärungsbewußtsein），是指行为人知道或者至少了解其行为系具有法律意义的行为的意思。它所指向的行为本身的行为具有法律意义。可以看出，行为意思和表示意思均指向表示本身，前者为表示动作，后者是该行为系有法律意义的行为。因为这两项意思涉及行为人本身动作，因此存在自由与否问题，需要考虑是否受不正当干预问题。但是，这两项意思并不涉及具体权利义务关系，不涉及表意人之外的第三人，因此也就不存在是否违背善良风俗的问题。

效果意思，是指行为人通过其表示期待发生的特定的法律效果的意思。可以看出，意思表示指向权利关系的设立、变更、终止，其中权利关系变动的意思，就是所谓的效果意思。意思表示按照其所指向的效果发生相应法律效果，也就是按照表意人的效果意思发生法律效果。意思表示中这种指向权利关系变动的意思因素，就是所谓的效果意思。欠缺效果意思，表意人并无其所欲的权利关系变动，此种情形显然不存在按照表意人的意思发生效果的问题。至于相对人的信赖，当然需要保护，但这也许可以通过损害赔偿等制度解决，而不能为了保护相对人的信赖就使意思表示发生表意人所不欲的效果。

---

[29] 对意思表示的复合式概念，一直有不同意见。参见〔德〕维尔纳·弗卢梅：《民法总则2：法律行为》（Allgemeiner Teil des bügerlichen Rechts, 2. Bd. Das Rechtsgeschäft），1992年第4版，第47页以下；同时参见朱庆育：《意思表示与法律行为》，载《比较法研究》2001年第1期，第27—28页。如果对于意思要素不再进行区分，就可以概括认为，意思要素违背善良风俗即可构成法律行为违背善良风俗，或者稍微具体一些，法律行为的内容违背善良风俗即可构成法律行为违背善良风俗。

[30] 参见黄立：《民法总则》，中国政法大学出版社2002年版，第230页。

效果意思指向的权利关系变动,存在违背善良风俗的可能。例如,丈夫允诺承担在今后不单独进行业务旅行或者娱乐旅行的义务,德国的帝国法院认为限制丈夫行动自由与婚姻关系的道德本质不合而违背善良风俗[31],同样,指向性交义务的意思表示因为对性自由的限制而被认为违反善良风俗,以展示性行为为业的意思表示也被认为违背善良风俗,尤其是以上义务如果是有偿负担的,所构成的卖淫行为也是违背善良风俗的。卖淫行为虽然违法,但将房屋出租给妓女、向妓院供应啤酒,并不违背善良风俗[32],究其原因,恐怕在于将房屋出租给妓女的意思表示中的效果意思仅在于向承租人交付租赁物、向买受人提供买卖标的物本身与涉及性的善良风俗并无关系。

(三)遗赠中意思表示的意思要素

泸州遗赠案涉及的是遗赠是否违背善良风俗,同样可以分别以上三项意思要素进行分析。该遗嘱的行为意思、表示意思显然都不存在问题。至于其效果意思,显然仅仅是遗产管理人有义务将特定遗产转移给受遗赠人。这种应当转移遗产所有权的义务,并不存在违背善良风俗的问题。任何遗赠中遗赠人的效果意思都是遗产管理人有义务将特定遗产转移给受遗赠人,如果遗产管理人将特定遗产转移给受遗赠人违背善良风俗,恐怕所有的遗赠都将会因此而无效。至于泸州遗赠案所涉及的受遗赠人是遗赠人的情人问题,并不属于遗赠意思表示本身的问题,它至多只能涉及法律行为的动机问题,这也就是意思表示之外其他意思要素的问题了。

三、意思表示之外的意思要素

(一)原因与动机

原因的概念,不是因果关系意义上的原因,而是与给与的概念联系在一起的。法律行为可能包含给与行为。所谓给与,即某人以其财产使另一人获得利益[33],给与可以通过非法律行为实现,也可以通过法律行为实现,使行为相对

---

[31] 参见〔德〕迪特尔·梅迪库斯:《德国民法总论》,邵建东译,法律出版社2000年版,第515页。
[32] 同上书,第526—527页。
[33] 《德国民法典》第516条第1款关于赠与概念的规定:"通过给与,某人以其财产使另一人获得利益,如果双方对以无偿方式进行给与达成合意,该给与(Zuwendung)为赠与。"

人增加财产的法律行为即给与行为(Zuwendungsgeschäfte)。[34] 给与行为既然是法律行为,当然需要法律行为本身应有的意思表示,如果该意思表示中的效果意思包含给与效果,该效果意思即可谓之给与意思。给与行为乃是有目的的行为,给与人之所以为给与行为减少自己财产利益增加受领人财产利益,也是由其目的决定。给与人可以有多重目的,但有些目的直接存在于给与之中并且决定给与的法律性质,有些则并不决定给与的法律性质。决定给与法律性质的目的是法律目的,可以用来自于罗马法的"原因(causa)"一词表示,而不能决定给与法律性质的目的,就是动机。[35] 例如,甲将某物所有权转移于乙,既可能是赠与的原因,也可能是清偿的原因,还可能是消费借贷的原因,因为原因不同,所有权转移行为分别发生赠与的效果、债务消灭的效果以及成立消费借贷的效果。同样是赠与,当事人的动机,既可能是行善,也可能是报恩,还可能是行贿。作为当事人的目的,原因属于一种意思因素,它可以说明给与正当性,即之所以发生给与效果,乃是当事人意思即如此。以原因说明给的正当性,这也正是私人自治原则承认行为人目的决定法律效果的表现:当事人之所以减少自己财产利益而使他人财产利益增加,目的在于使该给与实现某法律目的。既然当事人旨在实现的是法律目的,只要该法律目的合法,法律当然应予承认。

(二)原因违背善良风俗是否需要考虑

法律行为是否考虑原因,乃是区分要因行为和不要因行为的关键。法律行为需要原因存在者,乃是要因行为,反之就是不要因行为。法律行为的一般规定中大多未规定原因,这就意味着法律对原因没有原则性要求。因此,除非性质上必然要因地行为之外,法律行为不以原因存在为其要件。所谓性质上必然要因地行为,例如双务行为中,当事人负担债务,其目的均在于取得对于对方当事人给付的请求权,因此必然包含原因。但对于诸如抵押权设定等行为,究竟是清偿债务还是赠与,法律一般并无具体要求,因此,当事人是否存在原因以及原因如何,对于该行为的效果并无影响。

法律行为所涉及的意思要素的功能并不相同。表示意思、行为意思以及效果意思决定行为的法律效果是什么,而给与意思旨在确定该行为是否为给与行为进而分析是否存在足以说明其中财产变动正当性的给与原因。违背善良风

---

[34]《姚尔尼希(Jauernig)民法评论》,1997年第8版,慕尼黑,第40页。
[35] 参见〔德〕安德雷亚斯·冯·图尔:《民法总则》(Das Allgemeine Teil des Deutschen bürgerlichen Rechts),第2卷第2册,1957年,柏林,第63页。

俗的法律行为,涉及效果意思,同样也涉及给与意思,至于是否涉及给与原因中的意思要素,则应区别要因行为和不要因行为,分别进行考察。

不要因行为之中,给与原因不在该法律行为考虑之列,原因违背善良风俗与否,并不属于该行为,因此应当不在考虑之列,即使原因违背善良风俗,不要因行为本身的效力不受影响,履行中涉及的所有权变动作为不要因行为,也不受其原因行为违背善良风俗的影响。[36] 要因行为中,原因乃是该行为的构成要件之一,因此当然需要考虑原因是否违背善良风俗。

应当注意的是,法国法中所谓"赠与行为的原因在于'决定赠与人进行赠与的原因'(本案涉及的是姘居男女之间赠与的有效性问题)"[37],其所谓原因,实际上是一种动机而不是原因。

(三)动机违背善良风俗是否需要考虑

通说将动机作为法律行为违背善良风俗与否的判断标准[38],该见解颇值检讨。现代社会,思想自由,不存在"诛心问题"。基于同样理由,法律并不考虑动机对于法律行为的影响。例如,买卖合同中,买受人之所以要买和出卖人之所以要卖,即动机,不属于买卖这一法律行为需要协商一致的范围之内,出卖人与买受人成立买卖合同,在对待给付义务之外的其他所谓的"基础",并不属于买卖合同这种法律行为性质的规则的标的。[39]

动机既不属法律行为影响因素,故仅动机违背善良风俗者,并不当然影响法律行为,因为法律所要评价的,只是当事人所实施的法律行为而不是当事人的所有意思要素。因此,如果动机没有通过某种途径进入到法律行为之中,例如成为法律行为的内容[40],就不应该成为法律行为需要考虑的要素。当事人的意思要素违背善良风俗,也许应当受到道德谴责,但却与法律行为无关。法律行为的功能也许仅在于通过意思表示为当事人设立、变更、终止权利关系,实现私人自治的基本要求。保障善良风俗,惩罚或者制裁违背善良风俗的行为,

---

[36] 参见〔德〕恩内克鲁斯-尼佩代(Enneccerus-Nipperdey):《民法总则》(Allgemeiner Teil des bügerlichen Rechts)第2卷,1955年第14版,第825—826页。

[37] 最高法院第一民事庭,1959年10月6日,参见《法国民法典》下册,罗结珍译,法律出版社2005年版,第825页。

[38] 参见王泽鉴:《民法总则》,中国政法大学出版社2001年版,第290页。

[39] 参见〔德〕维尔纳·弗卢梅:《民法总则2:法律行为》(Allgemeiner Teil des bügerlichen Rechts, 2. Bd. Das Rechtsgeschäft),1992年第4版,第158页。

[40] 参见〔德〕恩内克鲁斯-尼佩代:《民法总则》(Allgemeiner Teil des bügerlichen Rechts)第2卷,1955年第14版,第822—823页。

恐怕不是法律行为应有的功能,而且这种功能恐怕也不是通过法律行为违反善良风俗无效就能够实现的。

至于动机已经表现于外,是否影响法律行为,有不同见解。客观说认为,若以动机为条件,则动机已成为法律行为的内容,应视其内容违背善良风俗与否进行判断;主观说认为,已表示的动机以及未表示而相对人已知的动机,均属于判断内容违背善良风俗与否的标准;折中说则认为,只有已表示的动机才是判断内容违背善良风俗与否的标准。[41] 如果考虑到思想自由的基本要求,这种学说显然较为合适。弗卢梅在分析中指出,对于合同行为,如果是缔约双方基于违背善良风俗的共同目的而成立,该项合同就会构成违背善良风俗而根据《德国民法典》第138条无效。这种情形之下当事人的共同目的大多也就是其动机,但之所以认为合同无效,并不是因为作为引起该合同的动机本身违法,而是因为违背善良风俗而约定确立的法律行为性质的规则本身违背善良风俗。[42] 对于合同的这种分析似乎接近于折中说,但弗卢梅同时认为,动机违背善良风俗的意义只对单方行为具有意义,尤其是在使他人遭受不利的情形中。[43] 如果坚持折中说,似乎应当认为,未表示出来的违背善良风俗的动机对于单方行为不产生影响。

如果动机影响法律行为的效力,如何兼顾交易安全保护与阻止违法目的实现就会成为另外一个问题,学者为此也进行了相当的努力。[44] 由此也可以看出,将动机排除在影响法律行为的因素之外,具有的一个有利后果是可以避免法律行为因为动机而受影响,从而达到对交易安全进行保障的效果。

泸州遗赠案中的法律行为系遗赠,其效果意思是赠与人的遗产管理人有义务将特定遗产于遗赠人死亡后转移给受遗赠人,显然应当属于给与意思,其原因显然是赠与原因,而不属于取得原因或者清偿原因。至于遗赠人和受遗赠人之间的同居关系,并不属于遗赠行为本身,至多属于遗赠人为遗赠的行为动机。如果法律行为不考虑动机,本案似乎不能因为同居关系存在认定遗赠违背善良风俗。

---

[41] 参见胡长清:《中国民法总论》,中国政法大学出版社1997年版,第202—203页,同时参见史尚宽:《民法总论》,中国政法大学出版社2000年版,第340—343页。

[42] 参见〔德〕维尔纳·弗卢梅:《民法总则2:法律行为》(Allgemeiner Teil des bügerlichen Rechts, 2. Bd. Das Rechtsgeschäft),1992年第4版,第374页。

[43] 同上书,第375页。

[44] 参见陈洸岳:《动机与违背善良风俗之约定》,载杨与龄主编:《民法总则实例问题分析》,清华大学出版社2004年版,第123页以下。

四、法律行为违背善良风俗无效制度功能的实现

法律行为动机违背善良风俗,不影响法律行为的效力,固然可以保障表意人的私人自治,但法律行为违背善良风俗无效规则的制度功能,是否会因此而受影响?

法律之所以规定法律行为违背善良风俗无效,有不同功能。学者将其概括为三项:其一是继受功能,即将不属于法的其他规范赋予法律规范的意义;其二是转换功能,即公序良俗在个案的认定必须斟酌社会价值观念的变迁;其三是正当化功能,即法律对新的问题可以根据既存的社会价值观念将公序良俗具体化,从而使法院造法活动正当化。[45] 综合上述三项功能,其核心恐怕是在法律行为制度中加入对于善良风俗的要求。

必须注意的是,在《德国民法典》等立法例中,法律并没有从正面规定法律行为只有符合善良风俗才发生效力,而是从反面规定法律行为违反善良风俗无效。[46] 这种否定性表达方式,使得在考虑法律行为效力时,如果无人提出并证明法律行为违背善良风俗,是否符合善良风俗就不会影响法律行为的效力。由此可以看出,法律虽然在法律行为制度中为善良风俗发挥作用预留了空间,但并不是要让善良风俗发挥积极的作用。法律行为制度在弘扬善良风俗方面虽然具有一定功能,但其主要功能恐怕还在于实现表意人的私人自治。[47] 为实现私人自治的要求,适当限制善良风俗对法律行为效力的影响,似乎无甚不妥。至于法律行为中对违背善良风俗的行为不加评价,并不影响通过其他手段对其进行相应评价,例如通过道德谴责等方式使其受不利影响,甚至可以通过行政处罚或者刑罚而使其受不利影响。通过法律行为之外的其他途径同样可以实现弘扬善良风俗的效果,但要发挥法律行为所具有的实现私人自治的工具这种功能,其他手段恐怕难以奏效。

---

[45] 参见王泽鉴:《民法总则》,中国政法大学出版社 2001 年版,第 289—290 页,黄立:《论公序良俗与暴利行为》,载《政大法学评论》1990 年,第 162—163 页。

[46] 参见[德]维尔纳·弗卢梅:《民法总则 2:法律行为》(Allgemeiner Teil des bügerlichen Rechts, 2. Bd. Das Rechtsgeschäft),1992 年第 4 版,第 365 页。

[47] 一般认为法律行为是实现私人自治的工具。

五、结　论

法律行为违背善良风俗而无效，作为其判断对象的意思要素，主要是效果意思，包括给与意思。法律行为的行为意思、表示意思不存在违背善良风俗的问题。要因行为中给与原因违背善良风俗的，影响法律行为的效力，不要因行为中给与原因是否违背善良风俗不影响法律行为的效力。给与行为的动机是否违背善良风俗，不影响法律行为的效力。泸州遗赠案中，因为当事人之间存在同居关系认定遗赠违背善良风俗而无效，在遗赠的意思要素的分析上不尽妥当。

法律适用中的概念使用与法律论证
——以泸州遗赠案为分析对象

朱庆育

> 我可以不讳地说,我们现阶段的执法者,不论其为司法官或行政官,不患其不能自由,唯恐其不知科学,不患其拘泥逻辑,唯恐其没有概念。[1]
>
> ——王伯琦

一、引 言

发生在四川省泸州市的"张学英诉蒋伦芳遗赠纠纷案"(以下简称"泸州遗赠案")一度引起广泛关注而成为公共事件,如今,有关该案的讨论已渐趋平息。重拾旧话,不是为了再次强调遗嘱自由或公序良俗的重大意义,或者继续试图开出解决二者冲突的良方妙药——这些话题在数年前已经得到反复表述。与

---

[1] 王伯琦:《论概念法学》,载王伯琦:《近代法律思潮与中国固有文化》,清华大学出版社2005年版,第168页。

此前讨论集中于理念阐发相比,本文更愿意关注法律技术问题。

除非我们主张,法院裁判乃纯粹权力运用之独断产物,否则,其正当性就不能简单建立在强制力的基础之上,而必须具备足以令人信服的理由。在此意义上说,裁判结论的理性可接受程度取决于裁判理由的充分程度。有鉴于此,本文感兴趣的是,在得出判决结论时,泸州遗赠案承审法官如何通过裁判理由展开法律论证,他们对于论证目标之实现是否足够缜密充分。直接以法律适用为目的的法律论证构成案件裁判理由,而法律论证又必须借助法律概念展开,为此,本文检讨以判决书的概念使用脉络为基本线索。

至于为何选择泸州遗赠案作为分析对象,则系基于以下几点考虑:第一,该案具有全国性的社会影响,裁判理由无论质量如何,皆具有高度的说明价值。第二,该案于审理之初,即已引起社会广泛关注,这使得案件在裁判结论作出之前就被置于众目睽睽之下。所以,有理由相信,为免遭责难,承审法官会竭尽所能对判决结论予以论证,从而充分展示其法律论证能力。第三,该案所涉诸多概念——尤其是"遗赠"与"继承权"——均属继承法的基本概念,几乎所有继承案件皆与之相关。此间概念梳理,于其他类似案件之裁判亦具示范意义。第四,该案判决书中的概念用法非承审法官独创,毋宁说,它近乎忠实地反映了我国法学研究的成果。因而,概念用法之检讨,于我国民法学尤其是继承法学的研究状况或可略收窥斑知豹之效。

另须说明者,泸州遗赠案因一审原告上诉而经历了二审程序,存在两份判决,但二审终审结论是维持一审原判,并且,除了沿用一审理由之外,二审判决基本未形成新的论证,因此,本文分析以一审判决书为样本,对判决内容的援引亦出自该一审判决书(判决书全文见文后附件)。[2]

二、遗赠的概念

泸州遗赠案所要处理的核心问题,乃遗赠的法律效力,而法律效力之确定,又以准确理解遗赠概念为前提。有关遗赠的法律概念,该案大体涉及遗赠和赠与的关系以及遗赠属于负担行为抑或处分行为两个问题,前者关乎遗赠规范之构成要件,后者则指向法律效果。法律适用无非是依规范之构成要

---

[2] 一审判决书获取地址:http://nxfy.chinacourt.org/public/detail.php? id = 33,最后访问时间:2007年3月13日。

件检视法律事实,从而得出法律效果,因此,这两个问题对于判决结论之得出,至为关键。

(一) 遗赠与赠与

泸州遗赠案判决书在表达遗赠概念时,多次使用"赠与"一词进行描述,如,"遗赠人黄永彬患肝癌病晚期临终前于 2001 年 4 月 18 日立下书面遗嘱将其财产赠与原告张学英","该遗嘱虽是遗赠人黄永彬的真实意思表示且形式上合法,但在实质赠与财产的内容上存在以下违法之处","遗赠人黄永彬基于与原告张学英有非法同居关系而立下遗嘱,将其遗产和属被告所有的财产赠与原告张学英",等等。这似乎表示,在承审法官看来,遗赠属于赠与之列。

单就语词构造观之,"赠与"和"遗赠"均由"赠"字构成,依日常理解,二者除了生效时间——前者为"生前赠",后者为"死后赠"——之外,似乎再无其他区别。[3] 然而,这不过是"日常理解"。法律术语的特点之一在于,它虽然不得不借助日常语词表达法律概念,却往往因用法独特而发生意义改变。此处所涉即其适例。作为法律专业概念,"赠与"与"遗赠"的法律性质具有根本差别。显而易见的是,赠与乃典型的双方法律行为(契约),为《中华人民共和国合同法》(以下简称《合同法》)第 11 章所规定,其立法定义见诸该章第 185 条:"赠与合同是赠与人将自己的财产无偿给与受赠人,受赠人表示接受赠与的合同。"遗赠则通过遗嘱而实现,属单方法律行为,此虽于《中华人民共和国继承法》(以下简称《继承法》)或《最高人民法院关于贯彻执行〈中华人民共和国继承法〉若干问题的意见》(以下简称《继承法意见》)中法无明文,[4] 却为司法部颁行的《遗嘱公证细则》(该细则亦为一审判决所援引)第 2 条明确界定:"遗嘱是遗嘱人生前在法律允许的范围内,按照法律规定的方式处分其个人财产或者处理其他事务,并在其死亡时发生效力的单方法律行为。"并且,学界就该问题亦未见他说。可见,赠与和遗赠之别泾渭分明。

---

[3] 与汉语不同,德文表述不存在此类理解联想关系:"赠与"的德文对应词是 Schenkung,"遗赠"则为 Vermächtnis,二者在构词上毫无关系。

[4] 唯一可能为遗赠法律性质提供观察线索的法律规范是《继承法》第 25 条第 2 款:"受遗赠人应当在知道受遗赠后两个月内,作出接受或者放弃受遗赠的表示。到期没有表示的,视为放弃受遗赠。"对于该款的分析,详见下文有关负担行为与处分行为之论述。

不过,若直接据此得出结论,称承审法官概念不清[5],又难免过于仓促,因为判决书所称"赠与"也许另有其他用法。

《合同法》上的赠与乃典型生前行为,除此之外,尚存在所谓的"死因赠与"概念。因此,判决书上的"赠与",也许是特定语境之下"死因赠与"的简化说法。为此,我们需要对"死因赠与"略作观察。

死因赠与(Schenkung von Todes wegen, Schenkungsversprechen von Todes wegen)概念来自于德国,指的是以受赠人晚于赠与人死亡为生效条件的赠与(《德国民法典》第 2301 条)。对于这一概念,须注意者有二:第一,死因赠与有如一般所称赠与,亦为双方法律行为(契约);第二,死因赠与虽谓"死因",实则生前行为,其更为准确的称谓是"以死亡为前提的生前行为"(Rechtsgeschäfte unter Lebenden auf den Todesfall)。[6] 根据《德国民法典》第 2301 条之规定,它可分为两类:未履行死因赠与(nicht vollzogene Schenkung auf den Todesfall)和已履行死因赠与(vollzogene Schenkung auf den Todesfall)。前者准用关于死因处分之规定,目的在于防止利用此类赠与而规避死因处分的形式强制与类型强制规定;后者则准用生前赠与之规定。[7] 民国与新中国立法皆未就死因赠与作出明确规定,但学说皆认为不宜否认其正当性,并且就其契约行为性质普遍接

---

[5] "赠与"与"遗赠"的性质差异乃法律常识,任何一部相关教科书均有论述,因此,似乎没有必要因其误用而推测承审法官缺乏区分二概念之知识储备。毋宁说,讹误之产生,更多的来自于概念使用的无意识,而立法用语与学者表述则也许是造就此类无意识之根源。有关遗赠的法律规范见《继承法》第 16 条第 3 款:"公民可以立遗嘱将个人财产赠给国家、集体或者法定继承人以外的人。""赠"字被用以表达"遗赠"概念;学者又由此更进一步,将"赠"字构词为"赠与",典型表述如:"遗赠是遗赠人采用遗嘱的形式将其财产的一部分或全部赠与国家、集体组织或者法定继承人以外的其他公民而于其死后发生法律效力的单方法律行为。"(刘春茂主编:《中国民法学·财产继承》,中国人民公安大学出版社 1990 年版,第 464 页。)"遗赠,是指自然人以遗嘱的方式将其个人财产赠与国家、集体或法定继承人以外的自然人,而于其死亡后才发生法律效力的民事法律行为。"(郭明瑞、房绍坤:《继承法(第 2 版)》,法律出版社 2004 年版,第 172 页。)

民国与我国台湾地区亦使用汉语,却未见以"赠与"定义遗赠者。举其要者如,史尚宽:"遗赠(Legs, Vermächtnis),谓依遗嘱,对于他人无偿的与以财产的利益之行为。"(史尚宽:《继承法论》,中国政法大学出版社 2000 年版,第 498 页。)戴炎辉、戴东雄:"遗赠者,系有人(遗嘱人),以遗嘱对他人(受遗嘱人),无偿让与财产上之利益也。"(戴炎辉、戴东雄:《台湾继承法》,第 16 版,2001 年,第 304 页。)林秀雄:"遗赠,乃遗赠人依遗嘱无偿给与他人财产上利益之行为。"(林秀雄:《继承法讲义》,元照出版有限公司 2005 年版,第 286 页。)此等表述与《德国民法典》第 1939 条相似:"继承人得以遗嘱给与(zuwenden)他人财产利益,而不将其指定为继承人(遗赠)。"(本文引用的《德国民法典》条文内容系作者自译,所据版本:Bürgerliches Gesetzbuch, 57. Auflage, Beck-Texte im dtv, 2006。)

[6] Hans Brox, Erbrecht, 17. Aufl., Carl Heymanns Verlag, 1999, S.453.

[7] Vgl. Hans Brox, Erbrecht, 17. Aufl., Carl Heymanns Verlag, 1999, S. 453ff.; Klaus Weber (Hrsg.), Creifelds Rechtswörterbuch, 18. Aufl., Verlag C. H. Beck oHG, 2004, S.1146.

受了德国立场。[8] 可见,遗赠与死因赠与相去甚远,所指非一。

任一法律概念之形成,必伴随着相关使用规则之确立,因此,界定概念以求准确之举,当非无聊的文字游戏,相反,它指示了法律适用的基本脉络。具体而言,遗赠若为(死因)赠与,对其法律效力之探究即应依循有相对人意思表示及契约行为规则,于是,遗赠表示是否曾对受遗赠人作出、受遗赠人是否因之有过相应意思表示等等,便成为判定泸州遗赠案遗赠效力的考虑因素;而遗赠若为无相对人的单方法律行为,此等因素就不会对其效力构成影响。承审法官将《遗嘱公证细则》第2条援引为裁判依据,且未在一审判决书中考虑过有相对人意思表示及契约规则之适用,当视遗赠为无相对人的单方法律行为。[9] 由此足见,无论从何种意义上说,判决书混用"遗赠"与"赠与"概念之举均属讹误,殆无可疑。

(二)负担行为抑或处分行为

1. 概说

作为单方法律行为的遗赠发生何种法律效果?这一问题关乎负担行为与处分行为之划分。泛泛而言,负担行为与处分行为的基本区别是:前者设定义务,后者则直接发生权利移转、变更等法律效果。对于遗赠属负担行为抑或处

---

[8] 参见史尚宽:《债法各论》,中国政法大学出版社2000年版,第142—143页;林秀雄:《继承法讲义》,元照出版有限公司2005年版,第288页以下;刘春茂主编:《中国民法学·财产继承》,中国人民公安大学出版社1990年版,第471页;郭明瑞、房绍坤:《继承法(第2版)》,法律出版社2004年版,第174、176页。

至于死因赠与为生前行为抑或死因行为,大陆学者语焉不详,台湾地区则似多持死因行为说。如史尚宽:"死因赠与为一种契约,唯于赠与人死亡时发生效力,与为生前行为之其他契约,大异其趣,从而准用关于遗赠之规定。"(史尚宽:《民法总论》,中国政法大学出版社2000年版,第312页。)林秀雄:"遗赠与死因赠与均系于遗赠人或赠与人死亡时发生效力之法律行为,同属死因行为之一种。"(林秀雄:《继承法讲义》,元照出版有限公司2005年版,第288页。)不过,史林二氏似对法定条件(遗赠生效)与意定条件(死因赠与生效)的法律意义有所混淆。持生前行为说者,参见戴炎辉、戴东雄:《台湾继承法》第16版,2001年,第247页。

[9] 关于遗赠的法律性质,一审判决书的认识是:"遗赠属一种民事法律行为,民事行为是当事人实现自己权利,处分自己的权益的意思自治行为。当事人的意思表示一旦作出就成立,但遗赠人行使遗赠权不得违背法律的规定。"这一近乎官样文章的表述隐晦地传达了"遗赠为单方法律行为"的信息,这一点尤其体现在后句当中。不过,该表述在概念使用上至少存在以下问题:第一,依《民法通则》,"民事行为"非"民事法律行为"概念之简称,因此,称"民事行为是……意思自治行为",显属不当。第二,若以法律关系论,遗赠关系之当事人理当包括遗赠人与受遗赠人双方,而遗赠行为之成立无关乎受遗赠人意思,是以,称"当事人的意思表示一旦作出就成立",含混误导。第三,遗赠人将其财产利益给与受遗赠人,乃遗赠自由之表现,非"遗赠权"行使结果。生造"遗赠权"概念,不仅于事无益,反生滋扰(如,该"遗赠权"是否得让与?是否得继承?是否得抛弃?等等)。

分行为之认识,将直接影响泸州遗赠案之法律适用。这首先表现在:第一,若遗赠为负担行为,受遗赠人于其生效后不能直接获得遗赠物之所有权,而只取得针对遗赠义务人之债权;若为处分行为,遗赠一经生效所有权即移转,受遗赠人在遗赠物上得主张所有权。第二,处分行为可服务于不同权利移转目的,因此,"处分行为原则上不能仅因为它的内容而认定它违反善良风俗。处分行为的内容更多的是'道德上中立的'",除非该处分行为损害了第三人利益[10];而负担行为之效力必定受制于公序良俗。

2. 遗赠的法律效果

法律行为有所谓"死因处分"(Verfügung von Todes wegen)之类型,它是遗嘱(Testament)与继承契约(Erbvertrag)的上位概念。[11] 遗赠以遗嘱为之,自属"死因处分"。照此推断,遗赠当为处分行为。然而,德国通说认为,死因处分之"处分"(Verfügung)不过是误导性语词。通常所理解的"处分",是与负担行为相对应、直接发生权利变动的处分行为,此处则有不同。简言之,所谓死因处分,仅仅意味着,此类行为须待被继承人死亡始得生效;而遗赠所生效力,亦非使得受遗赠人直接取得遗赠物所有权,毋宁只是要求遗赠义务人移转所给与的财产利益之债法请求权。[12] 就此问题,民国以来直到台湾地区,通说皆从德国,持遗赠生债权效力(负担行为)说。[13]

在我国关于遗嘱的规范中,《继承法》及《继承法意见》多次使用"处分"一词进行表述,如《继承法》第16条第1款:"公民可以依照本法规定立遗嘱处分个人财产,并可以指定遗嘱执行人。"《继承法意见》第38条:"遗嘱人以遗嘱处分了属于国家、集体或他人所有的财产,遗嘱的这部分,应认定无效。"等等。但这并不意味着,我国法律视遗嘱为处分行为,因为没有证据表明,上述法律规范

---

[10] 〔德〕卡尔·拉伦茨:《德国民法通论》(下册),王晓晔等译,谢怀栻校,法律出版社2003年版,第621页。处分行为是否"道德中立",该问题在德国仍有争议,Flume 即持不同见解。不过,Flume虽主张处分行为须受善良风俗评价,但他同时认为,"实施处分行为时,若只有处分人行为违反善良风俗或双方当事人行为均违反善良风俗,但第三人利益或公共利益未受影响,则处分行为引起的权利变动与善良风俗无涉,所以,尽管行为人违反善良风俗,处分行为亦属有效。唯有涉及处分人、第三人或公共利益的权利变动有悖善良风俗,因此不能获得法律认可时,处分行为始因违反善良风俗而无效。"Werner Flume, *Allgemeiner Teil des bürgerlichen Rechts II*, Das Rechtsgeschäft, 4. Aufl., Springer-Verlag, 1992, S.388.

[11] Vgl. Hans Brox, *Erbrecht*, 17. Aufl., Carl Heymanns Verlag, 1999, S. 66; Klaus Weber (Hrsg.), *Creifelds Rechtswörterbuch*, 18. Aufl., Verlag C. H. Beck oHG, 2004, S.1412.

[12] Vgl. Hans Brox, *Erbrecht*, 17. Aufl., Carl Heymanns Verlag, 1999, S. 66, 264; Klaus Weber (Hrsg.), *Creifelds Rechtswörterbuch*, 18. Aufl., Verlag C. H. Beck oHG, 2004, S.1412f.

[13] 史尚宽:《继承法论》,中国政法大学出版社2000年版,第516页;戴炎辉、戴东雄:《台湾继承法》第16版,2001年,第308页;林秀雄:《继承法讲义》,元照出版有限公司2005年版,第291页。

中的"处分"一词是在与负担行为相对应的概念下使用,毋宁说,它不过是"处理"、"处置"之类日常语词的同义表达。[14] 遗赠行为在我国法律中属于负担行为抑或处分行为,端视实证法律规范为之设定的法律效果而定。

《继承法》第 25 条第 2 款规定:"受遗赠人应当在知道受遗赠后两个月内,作出接受或者放弃受遗赠的表示。到期没有表示的,视为放弃受遗赠。"该款所涉及者,首先是遗赠之单方行为抑或双方行为性质。由于该性质之认定将对遗赠的法律效果构成影响,故此处分析接续上文,仍自单方行为与双方行为的区分入手。

受遗赠人需要积极作出"接受"的意思表示,方可主张受遗赠之权利,自文义观之,此规范立场与"台湾民法典"第 1207 条正好相反:"继承人或其他利害关系人,得定相当期限,请求受遗赠人于期限内为承认遗赠与否之表示;期限届满,尚无表示者,视为承认遗赠。""台湾民法典"所遵循者,乃典型的单方法律行为之规范结构:单方法律行为一经作出,即已生效,无需因单方行为而受有利益之人作出肯认意思表示以为迎合;若受益人不欲接受,得以意思表示否定之。由此反观,《继承法》之"接受"似颇接近于契约订立之"承诺",而遗赠意思表示则相应成为"遗赠契约"之"要约"。不过,作此解释虽与第 25 条第 2 款文义不冲突,却存在体系障碍:第一,遗赠表示若为要约,即属需受领之意思表示,以向相对人作出为必要,但《继承法》未要求遗赠表示须向受遗赠人作出;第二,遗赠表示若为要约,受遗赠人惟于遗赠表示到达之后始得承诺(《合同法》第 16 条第 1 款:"要约到达受要约人时生效。"),但依《继承法》第 25 条第 2 款规定,受遗赠人须自"知道受遗赠"时起作出接受或放弃之表示,而"知道受遗赠"未要求以遗赠表示到达为前提;第三,遗赠以遗嘱的方式作出,而遗嘱乃单方法律行为无疑。因此,《继承法》第 25 条第 2 款之"接受"不宜作"承诺"理解,毋宁是受遗赠人行使权利之表示。于是,受遗赠人所行使权利的性质,便成为判断遗赠行为属于负担行为抑或处分行为的关键,因为该权利若为遗赠物之所有权,即意味着,遗赠直接导致遗赠物所有权变更,属于处分行为。

---

[14] 当然,这不是说,"处分"若不指向"处分行为",即属错误用法。王泽鉴指出,"处分"意义有广狭之别:"(1)最广义之处分,包括事实上及法律上之处分。……(2)广义之处分,仅指法律上之处分而言,事实上之处分不包括在内。……(3)狭义之处分,系指'处分行为'而言。"王泽鉴:《出卖他人之物与无权处分》,载王泽鉴:《民法学说与判例研究》(第四册),中国政法大学出版社 1998 年版,第 136—137 页。据此,《继承法》与《继承法意见》中的"处分"概念,似相当于包括负担行为与处分行为在内的"广义之处分"("法律上之处分")。

进一步的解释需要求诸《继承法意见》第 53 条,该条规定:"继承开始后,受遗赠人表示接受遗赠,并于遗产分割前死亡的,其接受遗赠的权利转移给他的继承人。"受遗赠人于遗产分割前死亡,向其继承人移转的是"接受遗赠的权利",而非遗赠物之所有权,这表示,遗赠并不直接导致所有权移转。所以,我国继承法上的遗赠表示属于单方设定义务之负担行为。

3. "无权处分"概念与遗赠的法律适用

泸州遗赠案一审判决书未对遗赠法律性质作出分析,而直接引入公序良俗评价,这尽管在法律论证上缺乏融贯,却因为遗赠之负担行为性质而得到遮蔽。不过,即便如此,一审判决书在"处分"概念使用与法律适用方面依然存在问题。

关于"处分",有如《继承法》及《继承法意见》,判决书同样出现过将其等同于日常语词的用法,如"民事行为是当事人实现自己权利,处分自己的权益的意思自治行为"。倘若此等用法不直接指向法律效果,不过是单纯的概念使用随意问题,尚可容忍,但如果该随意使用进而影响了法律适用,就值得认真对待了。判决书认为,

> 遗赠人黄永彬的住房补助金、公积金属黄永彬与蒋伦芳夫妻关系存续期间所得的夫妻共同财产,按照《中华人民共和国继承法》第 16 条和司法部《遗嘱公证细则》第 2 条之规定,遗嘱人生前在法律允许的范围内,只能按照法律规定的方式处分其个人财产。遗赠人黄永彬在立遗嘱时未经共有人蒋伦芳同意,单独对夫妻共同财产进行处理,侵犯了蒋伦芳的合法权益,其无权处分部分应属无效。

事项认定的推理颇为简单:住房补助金与公积金属于夫妻共同财产(法律事实),依《继承法》第 16 条与《遗嘱公证细则》第 2 条之规定(法律规范),无权处分部分无效(法律效果)。不幸的是,如此简单的法律适用过程却因概念误用而漏洞百出。

《继承法》第 16 条与《遗嘱公证细则》第 2 条均属描述性法条,乃是针对遗嘱构成要件所作的规定,其中,遗嘱标的物必须是遗嘱人的"个人财产"为要件之一。判决书正是据此将其作为法律适用的规范基础:既然遗嘱"处分"了非属个人的共同财产,依该二法条之反面解释,超出部分自是"无权处分"。然而,描述性法条为典型的不完全法条,它只涉及构成要件而无法律效果之

规定。[15] 换言之，即便能够根据《继承法》第16条与《遗嘱公证细则》第2条得出"无权处分"之结论，亦无从知悉其法律效果。这意味着，该二法条至少不能单独成为法律适用之规范基础。判决书既然认为遗嘱"处分"了夫妻共同财产，而此类共有又属共同共有[16]，其规范基础即在《民通意见》第89条第2句："在共同共有关系存续期间，部分共有人擅自处分共有财产的，一般认定无效。"但此规范的适用结果，是导致整个"处分"行为无效，而非如判决书所称的"无权处分部分"无效，因为共同共有关系并不区分份额，也就不存在所谓的"超出份额部分"。

遗嘱所"处分"的究竟是否属于共同财产，值得怀疑。遗赠须自遗赠人死亡后就其遗产生效，而共有人之一的死亡将导致共有关系的破灭，这意味着，遗赠的生效与共有关系的解散几乎同步发生。另外，《继承法》第26条第1款亦规定："夫妻在婚姻关系存续期间所得的共同所有的财产，除有约定的以外，如果分割遗产，应当先将共同所有的财产的一半分出为配偶所有，其余的为被继承人的遗产。"这同样说明，被继承人（遗赠人）的遗产皆为"个人财产"，并不包括与其配偶的"共同财产"。于是，该案遗赠人通过遗嘱所处置的住房补助金与公积金，其实应当区分为两部分：对属于自己的住房补助金与公积金的处置与对属于其配偶的住房补助金与公积金的处置，其间并无"共同财产"供遗赠"处分"。所以，即便以《民通意见》第89条为规范基础，亦不过是判决书因法律关系定性错误而相应存在于法律适用中的"体系化错误"，正确的规范基础实为《继承法意见》第38条："遗嘱人以遗嘱处分了属于国家、集体或他人所有的财产，遗嘱的这部分，应认定无效。"

问题尚不止此。判决书所称"无权处分"，根本不是法律概念上的无权处分，因为如前文所述，遗赠非属处分行为，而是负担行为。这表示，遗赠无需遵循处分行为所要求的对象特定原则（Spezialitätsgrundsatz），无论处置了多少遗产，它皆得由一项行为完成。所以，当遗赠涉及他人财产时，不是处置他人财产之行为无效，而是该涉及他人财产之行为部分无效——此乃法律行为部分无效问题，规范基础在《民法通则》第60条："民事行为部分无效，不影响其他部分的效力的，其他部分仍然有效。"而《继承法意见》第38条所称"遗嘱的这部分，应

---

[15] [德]卡尔·拉伦茨：《法学方法论》，陈爱娥译，台湾五南图书出版公司1996年版，第156页。

[16] 夫妻共同财产乃共同共有，这可由《婚姻法》第17、39条，最高人民法院《关于适用〈中华人民共和国婚姻法〉若干问题的解释（一）》第15条、17条解释得知。

认定无效",表达的正是"遗嘱部分无效"之概念,与之恰相吻合。

三、"继承权"的概念

泸州遗赠案一审判决书判定"无权处分"之外的遗赠行为亦属无效,除援引公序良俗原则外,裁判理由尚有"实质上损害了被告蒋伦芳依法享有的合法的财产继承权"之表述。"(财产)继承权"概念虽只在判决书出现过一次,但在某种程度上说,该概念其实对于泸州遗赠案整体法律适用具有基础意义,因为如果不能表明,被告将因遗赠而遭受损害,公序良俗之评价即无从介入,而论证遗赠对被告造成损害之最佳途径,又似乎莫过于宣称被告的权利受到侵害。显然,在承审法官看来,"继承权"堪当其任。为此,判决书有如下论证:

> 本案被告蒋伦芳忠实于夫妻感情,且在遗赠人黄永彬患肝癌病晚期住院直至去世期间,一直对其护理照顾,履行了夫妻扶助的义务,遗赠人黄永彬却无视法律规定,违反社会公德,漠视其结发夫妻的忠实与扶助,侵犯了蒋伦芳的合法权益,对蒋伦芳造成精神上的损害,在分割处理夫妻共同财产时,本应对蒋伦芳进行损害赔偿,但将财产赠与其非法同居的原告张学英,实质上损害了被告蒋伦芳依法享有的合法的财产继承权,违反了公序良俗,破坏了社会风气。

就该论证,需要检讨的问题主要是:遗赠人如何损害被告的"继承权"?以及,何谓"继承权"?

(一)遗赠人如何损害被告的"继承权"?

判决书显示,承审法官之所以认定遗赠损害了被告的"继承权",是因为遗赠人对被告"造成精神上的损害",本应对被告"进行损害赔偿",但遗赠人却将财产移转于他人。此论证逻辑令人费解之处有二:

第一,被告何以对遗赠人享有损害赔偿请求权?判决书认为,是因为遗赠人"漠视其结发夫妻的忠实与扶助,侵犯了蒋伦芳的合法权益,对蒋伦芳造成精神上的损害"。仅仅是"漠视"配偶的忠实与扶助行为,不会构成法律上损害赔偿的理由,因此,与其说是遗赠人的"漠视"行为"侵犯了蒋伦芳的合法权益,对蒋伦芳造成精神上的损害",不如将原因归结为遗赠人与原告婚外同居而违反忠实义务的行为。[17] 于是,需要讨论的问题就在于:违反夫妻忠实义务是否足以产生损害赔偿?

在以实证法为依据的纠纷解决模式中,当事人欲使主张得到实现,需要有相应的规范支持,该规范被称为"请求权基础"(Anspruchsgrundlage)。请求权与请求权基础之间的关系可简单描述为"无请求权基础即无请求权"[18]。这意味着,泸州遗赠案被告是否因遗赠人违反忠实义务而对其享有损害赔偿请求权,须依《婚姻法》或其他相应实证法而定。与此有关的规范基础是《婚姻法》第46条:"有下列情形之一,导致离婚的,无过错方有权请求损害赔偿:(一)重婚的;(二)有配偶者与他人同居的;(三)实施家庭暴力的;(四)虐待、遗弃家庭成员的。"该案遗赠人与他人婚外同居,符合本条第(二)项规定,但本条同时

---

[17] 判决书亦有此项认定:"本案中遗赠人自1996年认识原告张学英以后,长期与其非法同居,其行为违反了《中华人民共和国婚姻法》第2条规定的一夫一妻的婚姻制度和第3条禁止有配偶者与他人同居以及第4条夫妻应当互相忠实、互相尊重的法律规定,是一种违法行为。"称遗赠人违反《婚姻法》第3条与第4条之规定尚可理解,唯其指斥遗赠人违反"第2条规定的一夫一妻的婚姻制度",似值商榷。要违反"一夫一妻"制,遗赠人与原告之间就必须存在婚姻关系,唯一的可能是"事实婚姻"。但该案并不存在"事实婚姻"。首先,我国对于"事实婚姻"的态度经历了几个阶段:第一,依1989年最高法院《关于人民法院审理未办结婚登记而以夫妻名义同居生活案件的若干意见》第1条、第2条之规定,1986年《婚姻登记办法》施行之前的"事实婚姻",若其起诉离婚前"双方均符合结婚的法定条件",效力予得认可,施行之后,"如同居时双方均符合结婚的法定条件",效力亦得予认可;第二,依最高法院1994年《关于适用新的〈婚姻登记管理条例〉的通知》及2001年《关于适用〈中华人民共和国婚姻法〉若干问题的解释(一)》第5条之规定,1994年《婚姻登记管理条例》施行之前,"男女双方已经符合结婚实质要件"的"事实婚姻",效力仍得认可,施行之后,除非办理结婚登记,否则不再认可"事实婚姻"之婚姻效力。判决书显示,遗赠人与原告自1996年开始婚外同居,不再可能形成"事实婚姻"关系。其次,要构成"事实婚姻",依前述最高法院司法解释,必须符合"未办理结婚登记而以夫妻名义共同生活"之要件。判决书未显示,遗赠人与原告的婚外同居是"以夫妻名义"。

另外,判决书还数次使用"非法同居"概念。该概念确曾出现于我国规范性法律文件,但如同"事实婚姻",它已成为历史,似不宜再用。这从法律文件用语的变迁中可以看到。我国不同时期的《婚姻法》与婚姻登记法规(《婚姻登记办法》、《婚姻登记管理条例》及《婚姻登记条例》)皆未使用过"非法同居"概念,它大量出现于最高法院司法解释当中。通过"中国法律法规信息系统"检索可以发现,司法解释最早于1957年4月15日颁布的《关于在刑事判决书中可否将与本案有关联但未经人民检察院起诉的人的事实写出和有关逮捕人犯等问题的复函》中使用该概念,被用以指称"未办理结婚手续而同居"之情形。此后,"非法同居"的这一用语得以延续,直至1989年11月21日最高法院的《关于人民法院审理未办结婚登记而以夫妻名义同居生活案件的若干意见》。在该意见中,"非法同居"表达的是未登记结婚而以夫妻名义同居、却又不构成"事实婚姻"之状态,概念所指较之以往得到极大限缩。2000年10月30日,最高人民法院颁布《民事案件案由规定(试行)》,"解除非法同居关系纠纷"被规定为案由之一,其所针对者,当为上述意见意义上的"非法同居"关系,这也是所能检索到的最高人民法院迄今最后一次通过司法解释使用"非法同居"概念。2001年新《婚姻法》颁行,最高人民法院同年出台的《关于适用〈中华人民共和国婚姻法〉若干问题的解释(一)》第5条不再称"非法同居关系",而采用了中性的"同居关系"之表述。"非法同居"概念就此从规范性法律文件退出。

[18] Hans Brox, *Allgemeiner Teil des BGB*, 23. Aufl., Carl Heymanns Verlag, 1999, S. 284.

要求,所列因素唯有"导致离婚"始得请求损害赔偿,此亦为最高法院《婚姻法解释(一)》第29条第3款所明确:"在婚姻关系存续期间,当事人不起诉离婚而单独依据该条规定提起损害赔偿请求的,人民法院不予受理。"判决书未显示,被告曾提起离婚,至于伴随着离婚诉请而提出的损害赔偿请求,更是无从谈起。可见,所谓"损害赔偿",不过是承审法官一厢情愿制造的虚假问题。

第二,即便被告对遗赠人享有损害赔偿请求权,为何其"继承权"会因遗赠而受到侵害?判决书的理由似乎是,遗赠人将所有财产遗赠与原告,使得被告无法实现损害赔偿请求权,从而侵害其"继承权"。这一推论显然忽略了遗赠适用的规范基础,并且混淆了损害赔偿请求权与"继承权"的概念。

损害赔偿请求权如果存在,当属该案被告对于遗赠人的债权,依《继承法》,它不可能因遗赠而遭受损害。对于遗赠的适用,《继承法》第34条明确规定:"执行遗赠不得妨碍清偿遗赠人依法应当缴纳的税款和债务。"这表示,普通债权的效力优先于受遗赠人移转遗产请求权之效力。不仅如此,为了避免债权因遗产分配而遭落空,《继承法意见》第62条又进一步规定:"遗产已被分割而未清偿债务时,……如果只有遗嘱继承和遗赠的,由遗嘱继承人和受遗赠人按比例用所得遗产偿还。"可见,无论在何种意义上说,遗赠均不可能在法律上对损害赔偿请求权构成侵害。况且,该案遗产掌握在被告而非原告(受遗赠人)手中,遗赠亦不可能在事实上对损害赔偿请求权构成侵害。

承审法官在想当然地得出遗赠将侵害被告损害赔偿请求权的结论后,又进一步宣称:遗赠侵害了被告的"继承权"。这一完全视概念同一性于不顾的手法真可谓是"乾坤大挪移",因为,即便损害赔偿请求权因遗赠而无法得到实现,其所侵害者,亦不过是债权,而绝非"继承权"。

为了得出被告"继承权"遭到侵害之结论,判决书采取了颇具特色的论证:先是为被告制造一个损害赔偿请求权,尔后断言损害赔偿请求权将因遗赠而无法实现,最后以假想的损害赔偿请求权之落空替代"继承权"之侵害。前文分析表明,其间推论无一能够成立。显而易见的是,若遗赠有效,被告将因此而丧失她原本可依法定继承获得的遗产。为何承审法官不直接据此认定被告"继承权"遭到侵害,却选择了如此不堪推敲之论证?泸州遗赠案中,被告乃是以法定继承人的身份要求获得遗产,根据《继承法》第5条,如果存在有效遗嘱,效力即优先于法定继承。这意味着,上述"显而易见"之事实并不足以表明被告"继承权"受到不当侵害。为了达到论证目标,自然需要另觅他途。这或许可以解释,为何承审法官会节外生枝地引入被告的"损害赔偿"问题。

然而,如果不得不借助拙劣的手段来实现目的,需要进一步检讨的问题也许就应该是,该目的是否值得追求?更明确地说,在该案中,判决书想要证明的"被告继承权遭到侵害"之命题是否虚假?这关乎对"继承权"概念本身的理解。

(二)何谓"继承权"?

1. 概说

"继承权"一向被视为继承法的核心概念之一。关于其含义,我国学者给出的界定极具一致性,普遍认为,"继承权"是一种无偿取得死亡近亲属遗产的权利,它包括"继承期待权"与"继承既得权"两个阶段,其中,被继承人死亡之前为期待权阶段,一旦死亡,"继承权"即由期待转为既得,此之谓"继承权"效力的"二阶性"。[19] 当中的关键是,无论在继承的哪个阶段,"继承权"皆以"权利"的面目出现[20],这既是我国几乎所有学者的共识[21],亦是泸州遗赠案法律适用的预设前提。[22]

在法律适用过程中,除非法官有意阐述自己的见解,否则没有义务对学界通说提出质疑。因此,在裁判理由中检讨"继承权"的概念,不是泸州遗赠案承审法官的义务,其依循既定脉络使用概念的做法亦不必受到责难。就此而言,本文假借该案展开"继承权"概念的反思,更多的只是借题发挥,而该案之所以成为可供发挥之"题",则是因为如上文所表明的,法官在面对"被告继承权遭到侵害"之判断时,遭遇了论证尴尬,恰是这一尴尬,暴露了"继承权"概念的困境。

---

[19] 参见张俊浩主编:《民法学原理(修订第三版)》下册,中国政法大学出版社2000年版,第953—954页;刘春茂主编:《中国民法学·财产继承》,中国人民公安大学出版社1990年版,第123—125页;郭明瑞、房绍坤:《继承法(第2版)》,法律出版社2004年版,第56页以下;江平主编:《民法学》,中国政法大学出版社2000年版,第796页。

[20] 顺便指出,我国亦有学者称"继承期待权"属于继承人的权利能力。此一见解似对"权利能力"与"权利"两概念有所混淆。参见郭明瑞、房绍坤:《继承法(第2版)》,法律出版社2004年版,第56页;江平主编:《民法学》,中国政法大学出版社2000年版,第796页。

[21] 大陆最早对"继承权"概念提出疑问的,似当属谢怀栻。他在发表于1996年的一篇论文中指出:"继承权的性质值得研究。在实行当然继承的国家,继承开始后,继承人立即取得遗产上的各种权利,此时继承人所有的权利即为许多物权、债权等权利的集合,并无所谓另外的继承权。继承未开始时,所谓继承权只是一种期待权。当然,在一定情况下,这种期待权也受保护。可以依继承人与被继承人之间的关系,分别称继承权为配偶间的相互继承权、父母子女间的继承权而将之划入各种亲属权之下。这样,就没有位于亲属权之外的与亲属权并列的继承权。"参见谢怀栻:《论民事权利体系》,载《法学研究》1996年第2期。

[22] 须说明者,泸州遗赠案只涉及作为"期待权"的"继承权"概念,为使本文不至于失去最低限度的针对性,下文检讨亦仅限于此。

2. "继承权"的非权利性

所谓权利，表达的无非是某种正当性，该正当性对于义务人具有拘束力，一旦它受到妨碍或者否认，法律就必须为之提供救济。照此推论，"继承"而为"权利"，即意味着，继承人无偿获得被继承人遗产事属正当，其他人——尤其是义务人——若对之有所妨碍，继承人即得要求获得公权力救济，以保证实现自己的"继承权"。这正是"继承权"概念以及泸州遗赠案所遵循的逻辑。然而，这一逻辑的直接结果，是禁止被继承人把遗产遗赠给法定继承之外的人，因为任何遗赠行为均无可避免地要"妨碍""继承权"之实现；逻辑延展的进一步结果，则是禁止被继承人以遗嘱改变法定继承顺序——因为继承顺序在先之人的"继承权"优于在后"继承权"；甚至，既然被继承人的财产终将成为遗产，其生前移转财产的行为就可能导致遗产总量减少而"妨碍""继承权"之实现，因此若非得到继承人同意，此类行为不得实施。由此推论，"继承权"概念的逻辑若是得到完全贯彻，其所产生的最后结果将是，除非没有继承人，否则任何人皆不得自由处置自己的财产。

毫无疑问，没有人会对上述荒诞局面表示认可。然而，仅仅表明不予认可的态度，于法律论证的意义微乎其微。如果要坚持"继承权"概念的既有理解，就必须能够合理解释：为何被继承人得自由处置其遗产，"继承权"却不会因此受到侵害？在我看来，可供选用的理由大致有二：一是"继承权"当中的"期待权"属性，二是遗嘱自由原则。

先论"继承期待权"。依照通说，"继承权"的效力具有"二阶性"，于继承事件发生之前，它表现为"期待权"。许多学者认为，正是这一性质，使得被继承人得以遗嘱处置遗产而不致侵害"继承权"，因为作为期待权的"继承权""不能使权利人取得遗产，权利人也不能以其对抗第三人"[23]，甚至，"这种权利在被继承人死亡之前，不得提出任何请求"[24]，自然不存在受到侵害的问题。表面上看起来，这一解释颇具说服力。不过，它其实是以误用"期待权"概念为代价。

期待权（Anwartschaftsrecht）概念来自于德国，指的是完整权利的"前期阶段"，典型者如所有权保留买卖中买受人的期待权。"期待权"之为权利，虽然有一定的不确定性，但它既称"权利"，自然存在受侵害之可能，并且能够因此主张

---

[23] 张俊浩主编：《民法学原理（修订第三版）》下册，中国政法大学出版社2000年版，第953—954页。

[24] 刘春茂主编：《中国民法学·财产继承》，中国人民公安大学出版社1990年版，第124页。

法律保护。[25] 当今德国通说据此认为,被继承人死亡之前不存在"继承期待权",继承人所拥有的,只是取得遗产的机会(Chance)或曰可能性(Möglichkeit),它可以被称为"继承期望"(Erbaussicht),但尚不足以构成期待权,原因在于,被继承人直至临近死亡,仍然可能通过遗嘱令法定继承人丧失取得遗产的机会,即便是遗嘱所指定的继承人,亦因被继承人随时可以撤回遗嘱而无法享有"继承权",如此不确定的法律地位,不可能定型化为权利。况且,"继承期望"根本不具备期待权本应有之可让与性与可继承性。[26] 就《继承法》之规定而观,德国通说所持理由同样适用于我国。这表明,对于遗嘱不至侵害"继承权"之问题,诉诸"期待权"的解释,不仅未能解决问题,反而由此显露了"继承权"的非权利性质。

当然,我国亦有学者意识到"继承期待权"用法的非常规,只不过该意识未促使其检讨"继承权"概念的合理性,反而认为它是一种"不同于民法中一般意义上的期待权"[27]。我不太理解的是,如果该"不同于民法中一般意义上的期待权"特殊到不具备权利的基本要求地步,为何还非要称其为"权利"?

另一可供选用的理由是遗嘱自由原则。所谓遗嘱自由,简而言之,是指被继承人有权依自己意志处置遗产,它构成了遗嘱效力优于法定继承规则(《继承法》第5条)之基础。据此,被继承人得以遗嘱将遗产移转于任何人,"甚至还可以取消法定继承人的继承权"[28],而无需担心侵害"继承权"。这一有循环论证之嫌的理由同样似是而非。遗嘱自由之成立,以其所处置的遗产不存在对他人的义务为前提。如果继承人享有被称为"继承权"的权利,被继承人必为其义务人,义务内容则是不得妨碍继承人"继承权"之实现。此时,若再承认被继承人的遗嘱自由,允许他通过遗嘱将遗产移转于法定继承之外的人,无异于宣称:义务人有权单方卸载自己的义务。这意味着,遗嘱自由与"继承权"不能两立,更明确地说,遗嘱自由原则无法为"继承权"概念的正当性提供支持,相反,它恰恰以继承人不享有"继承权"为前提。

可见,想要维护继承法中的遗嘱自由,就必须否认被继承人死亡前"继承

---

[25] Hans Brox, *Allgemeiner Teil des BGB*, 23. Aufl., Carl Heymanns Verlag, 1999, S. 284;〔德〕卡尔·拉伦茨:《德国民法通论(下册)》,王晓晔等译,谢怀栻校,法律出版社2003年版,第294页以下;〔德〕迪特尔·梅迪库斯:《德国民法总论》,邵建东译,法律出版社2000年版,第60页。

[26] Hans Brox, *Erbrecht*, 17. Aufl., Carl Heymanns Verlag, 1999, S. 2f. 亦见〔德〕卡尔·拉伦茨:《德国民法通论(下册)》,王晓晔等译,谢怀栻校,法律出版社2003年版,第295页。

[27] 郭明瑞、房绍坤:《继承法(第2版)》,法律出版社2004年版,第57页。

[28] 刘春茂主编:《中国民法学·财产继承》,中国人民公安大学出版社1990年版,第335页。

权"的权利属性。由此亦可理解,为何泸州遗赠案中,论证"被告继承权遭到侵害"会是一个不可能完成的任务——"继承"非"权",又谈何"遭到侵害"?

3. 遗产移转的依据

"继承权"概念问题尚未就此得到解决。任何人取得他人财产,都需要有相应的正当化理由。所以,问题还在于,在没有遗嘱的情况下,继承人取得被继承人遗产的正当性何在?这一追问似乎使得"继承权"概念又获得了生存空间:既然权利代表正当性,继承人之"继承权"也就理所当然足以成为取得遗产之正当化理由。换言之,"继承权"是继承人取得遗产的法律依据,不可或缺。

此处所涉问题,关乎遗产移转依据。如何合理解释遗产移转的法律依据,乃继承法之基本问题。若承认"继承权"之权利性质,该基本问题自可迎刃而解,但它为遗产移转提供法律依据的同时,又无可避免地制造了正当化说明遗嘱自由的障碍。既然"继承权"概念将令继承法规范的设置陷入困境,摆脱困境的唯一办法,就是另外寻找遗产移转依据的正当化理由。

在我看来,权利固然代表正当性,但这并不意味着,正当性论证除了仰赖"权利"思维之外,别无他途。财产移转涉及双方,若取得人有取得财产之权利,移转人自然负有移转义务,使取得人取得财产;但即便取得人无此类权利,移转人亦无相应义务,财产仍不妨发生合法移转,只要移转人自由作出给与之行为。两种财产移转模式的关注视角不同:前一模式着眼于取得人之取得行为,通过"权利—义务"的架构来强调财产移转的法律拘束性;后一模式则突出移转人角色,将财产移转系于移转人的自由意志。"继承权"思维对应前者,其解释力之缺陷已如上文所述。后者可称"自由意志"模式,在继承法中表达的即是"遗嘱自由"思维。于是,需要检验的是:"遗嘱自由"能否为遗产提供合理的移转依据?

继承法上遗产移转的方式大概有二:遗嘱移转与无遗嘱法定移转。遗嘱移转主要有遗嘱继承与遗赠两种,它们的共同点在于:遗产依遗嘱人明确的自由意志而移转。[29] 这一遗产移转方式难以为"继承权"思维合理解释,却是典型的"遗嘱自由"之例证。不过,据此得出结论还为时尚早。

---

[29] 完整地看,除了作为单方行为的遗嘱构成遗产移转的原因之外,德国法上尚有继承契约,我国法上则有遗赠扶养协议。《德国民法典》第1941条第1款规定:"被继承人得以契约指定继承人,亦得以之设置遗赠及负担(继承契约)。"依继承契约移转遗产显然是被继承人自由意志之结果。我国《继承法》第31条规定:"公民可以与扶养人签订遗赠扶养协议。按照协议,扶养人承担该公民生养死葬的义务,享有受遗赠的权利。公民可以与集体所有制组织签订遗赠扶养协议。按照协议,集体所有制组织承担该公民生养死葬的义务,享有受遗赠的权利。"遗产依遗赠人自由意志移转亦无可疑。

"继承权"思维的解释力主要在法定继承领域,因此,欲以"自由意志"模式取而代之,就必须能够表明,"遗嘱自由"思维于此领域亦具解释力。法定继承属于无遗嘱法定移转[30],此时,遗产将依法定继承顺序移转,看起来,这似乎与被继承人的自由意志无关。但继承法界定法定继承人范围及其顺序,绝非凭空杜撰,它必须以亲属关系的亲疏远近及共同生活的密切程度等因素作为基本依据,而一般理性之人若无法定继承人序列,在通常情形下确定继承人时所考虑者,大致亦是此等因素,因此,所谓"法定"继承人,所表达的绝非简单的"由法律指定"之含义,它毋宁是法律推测死者意思的产物。[31] 于是,"自由意志"得以体现。在我看来,将法定继承情形下的遗产移转依据亦系于被继承人——可推测的——意思,除了可以避免"继承权"思维带来的困境之外,它还能够在"遗嘱自由"的名义下为所有遗产移转构建统一的解释模式(有遗嘱者,遗产依表达于遗嘱中的意思移转;无遗嘱者,依被继承人可推测的意思移转),从而最大限度地尊重财产拥有者的自由意志。

概言之,"继承权"思维固然能够在一定程度上为遗产移转提供法律依据,但该解释进路既非唯一,亦非必要,"遗嘱自由"即当其任。既然如此,"继承权"概念可以放弃。

四、结　　语

本文讨论几乎没有涉及对泸州遗赠案判决结论本身的评价,因为在我看来,法律适用的最终裁判结论如何,也许不是最重要的,根据不同的立场,几乎所有法律问题都不会只有一种答案,而单纯的立场选择又往往处于理性讨论范畴之外。就该案而言,支持原告抑或被告,皆不具有先验的正确性,双方都可以找到支持己方的理由,如果仅以判决结果立论,最终势必异化为简单的立场之争。我以为,比结论本身更重要的是,其间是否经过令人信服的论证,它至少包括,论证起点是否可靠、概念使用是否准确以及推理过程是否严密。这些都是理性讨论的基本要求,唯有如此,法律适用才不至于动辄诉诸威权以令服从。而真正的法律之治,恰恰是以法律适用中的理性论证而非暴力压制为表征。

---

[30] 完整地看,无遗嘱法定移转还包括无人继承、无人受遗赠遗产的法定归属(《继承法》第32条)。这种法定归属的合理性不在"遗产移转的法律依据"框架之下展开。

[31] 参见史尚宽:《继承法论》,中国政法大学出版社2000年版,第4页;戴炎辉、戴东雄:《台湾继承法》第16版,2001年,第3页;林秀雄:《继承法讲义》,元照出版有限公司2005年版,第6页。

任何理性讨论均寓于概念的使用。维特根斯坦曾经指出:"只有已经知道名称是干什么的人,才能有意义地问到一个名称。"[32] 从某种意义上说,泸州遗赠案从反面验证了此命题的正确性。该案一审判决书涉及众多法律概念,它们围绕着"遗赠"与"继承权"展开,遗憾的是,本文分析表明,不仅这两个基本概念被承审法官频频误用,甚至可以说,几乎没有任何一个概念得到了恰当使用。如果我们承认,对法律的准确理解以及由此决定的纠纷合理解决,绝不可能建立在概念混乱的基础之上,泸州遗赠案所暴露的问题,就没有理由不引起我们的严肃对待。法律论证质量之高下,取决于法律职业者的专业素养。因此,如果法律适用者无法通过法律概念的准确使用来展开论证,无论裁判结论如何,皆不值得理性尊重;而若是法律研究者缺乏提供得到准确界定的法律概念之能力,需要质疑的,就不再仅仅是个案裁判的合理性。

从泸州遗赠案中可以看到,欲实现法律之治,抛开意识形态因素,我们依然还有很长的路要走。

附录:

四川省泸州市纳溪区人民法院

民事判决书

(2001)纳溪民初字第561号

原告张学英,女,生于1963年11月3日,汉族,农民,住泸州市纳溪区大渡口镇民强村四社。

委托代理人张永红,泸州市纳溪区法律事务中心律师。

委托代理人韩凤喜,泸州市纳溪区法律事务中心法律工作者。

被告蒋伦芳,女,生于1941年12月11日,汉族,退休工人,住泸州市纳溪区泸天化集团公司打渔村10-1-5-13号。

委托代理人李俊超,四川泸州酒城律师事务所律师。

委托代理人张吉华,四川泸州酒城律师事务所法律工作者。

原告张学英诉被告蒋伦芳遗赠纠纷一案,本院于2001年4月25日受理后,依法组成合议庭,于2001年5月17日、2001年5月22日两次公开开庭进行了

---

[32] 〔英〕维特根斯坦:《哲学研究》,陈嘉映译,上海人民出版社2001年版,第25页。

审理。审理中发现本案涉及个人隐私,于2001年9月6日再次开庭不公开进行了审理。原告张学英及其全权代理人张永红、韩凤喜,被告蒋伦芳及其全权代理人李俊超、张吉华均到庭参加了诉讼。本案现已审理终结。

原告诉称,原告与被告蒋伦芳之夫黄永彬是朋友关系,黄永彬于2001年4月18日立下遗嘱,将自己价值约60000元的财产在其死亡后遗赠给原告。该遗嘱于2001年4月20日经公证机关公证。2001年4月22日遗赠人黄永彬因病死亡,遗嘱生效,但被告控制了全部财产,拒不给付原告受赠的财产。现请求法院判令被告给付原告接受遗赠约60000元的财产,并承担本案诉讼费用。

被告辩称,黄永彬所立遗嘱的内容侵犯了被告的合法权益,遗赠的抚恤金不属遗产范围,公积金和住房补贴金属夫妻共同财产,遗赠人黄永彬无权单独处理;遗赠涉及的售房款是不确定的财产,所涉及的条款应属无效。此外,遗赠人黄永彬生前与原告张学英长期非法同居,黄永彬所立遗赠属违反社会公德的无效遗赠行为。请求判决驳回原告的诉讼请求。

原告对其诉讼主张向本院提交的证据材料有:1. 2001年4月18日遗赠人黄永彬所立的书面遗嘱,证明黄永彬自愿在去世后将价值约60000元的财产遗赠给原告继承;2. 2001年4月20日泸州市纳溪区公证处作出的泸纳证字第148号公证书,证明遗嘱人黄永彬所立遗嘱是黄永彬的真实意思表示,该公证遗嘱合法有效;3. 2001年5月17日泸州市纳溪区公证处作出的(2001)泸纳撤证字第02号《关于部分撤销公证书的决定》,证明对原黄永彬公证遗嘱中不合法部分已予以撤销;4. 证人陈蓉的证言,证明位于泸州市江阳区新马路6-2-8-2号房屋是蒋伦芳以80000元的价格卖给自己的,当时黄永彬未在场。

被告对其诉讼主张向本院提交的证据材料有:1. 遗赠人黄永彬与被告蒋伦芳的儿子黄勇、儿媳周兰西的证言,证明黄永彬与蒋伦芳结婚多年,夫妻关系一直很好,自从1996年原告张学英以"第三者"介入其家庭生活以来,父母关系发生矛盾,黄永彬一直与原告张学英在外租房居住;位于泸州市江阳区新马路6-2-8-2号房屋是黄永彬与蒋伦芳共同商量卖的,卖房款80000元扣缴国家的税费后,实际只有70000多元,黄永彬和蒋伦芳还将售房款中的30000元赠与自己购买商品房。2. 证人陈蓉、黄天玉、罗太平、林永芳的证言,证实黄永彬知道泸州市江阳区新马路6-2-8-2号房屋出售给了陈蓉;售房款80000元应扣缴国家的税费,实际只有70000多元,从中资助了30000元给黄勇购买商品房,林永芳还证实,黄永彬患病住院期间系蒋伦芳及其亲属护理照料。3. 泸州市中区公证处(90)泸证字第0607号公证书,证明位于泸州市江阳区新马路6-2-8-2号房屋是被告蒋伦芳于1990年继承遗产所得。4. 证人刘明书、段明会的证言,证实黄永彬与蒋伦芳原夫妻感情很好,1996年黄永彬认识张学英以后,黄永彬与张学英即在段明会等处租房非法同居生活,直至黄患病住院后去世。5.泸州天然气化学工业股份有限公司天星一厂、泸州天然气化学工业股份有限公司四〇四厂保卫科的证明材料,证实遗赠人黄永彬与蒋伦芳原夫妻关系一直很好,1996年结识原告张学英后,黄永彬与张学英长期在外租房居住,为此蒋伦芳与张学英发生纠纷,被张学英打伤,单位还出面给黄永彬和蒋伦芳调解过。6.证人潘丽英、郑毅平、张成忠的证言,证实黄永彬患肝癌病住院期间直至去世,都是由蒋伦芳及其家人护理照顾。

根据被告的申请,本院依职权调取的证据有:证人王文玉、白景贵的证言,证明黄永彬、张学英从1996年起开始在泸州市纳溪区安富先农五社租房同居生活,周围的群众一直都认为他们是夫妻;2001年初黄永彬与张学英才搬走离开该处租房。

经庭审质证,被告及其代理人对原告所举证据本身无异议,但对证据所证明的内容,事实的客观性、真实性、合法性提出异议,认为遗赠人黄永彬所立遗嘱的内容侵犯了其合法权益,黄永彬无权处理其死后的抚恤金、公积金和住房补贴金,所赠与原告张学英位于泸州市江阳区新马路6-2-8-2号卖房款并不存在,原告所举的公证遗嘱不能作为本案的定案依据。原告及其代理人对被告所举证据提出异议,认为被告所举证据只能证明证人认为原告与黄永彬是夫妻,但黄永彬与张学英即使有非法同居关系,《继承法》没有规定当遗赠人和受赠人有非法同居关系时,遗赠就不成立,所以不影响本案遗赠成立。黄永彬与张学英即使有"不正当男女关系",都应当另案处理。被告所举证据不能作为否定遗赠成立的定案依据。

经审查,本院对原、被告所举证据作如下认定:原告所举黄永彬于2001年4月18日所立的遗嘱虽经过公证,但因该遗嘱的内容不符合客观事实,违背了有关政策、法律规定,侵犯了被告的合法权益,本院依法不予采信。公证机关关于2001年5月17日作出的(2001)泸纳撤证字第02号《关于部分撤销公证书的决定》公证书,在遗赠人死亡后变更遗赠人的真实意思表示,无法律依据,侵犯了遗赠权利,本院不予采信。原告所举证人陈蓉证言证明合法、客观,与本案其他证据相关联,本院予以采信。被告所举证据的1、2、3、4、5、6等证据具备客观真实性、合法性、关联性,证据之间能相互印证,并无矛盾,可以作为本案定案的依据,本院依法予以采信。

本院依职权调取的证人王文玉、白景贵的证言具备客观真实性、合法性、关联性,应作为定案的依据。

本院根据上述庭审举证、质证和认证的证据,查明以下事实:蒋伦芳与黄永彬于1963年5月登记结婚,婚后夫妻关系较好。因双方未生育,收养一子(黄勇,现年31岁)。1990年7月,被告蒋伦芳因继承父母遗产取得原泸州市市中区顺城街67号房屋,面积为51平方米。1995年,因城市建设该房被拆迁,由拆迁单位将位于泸州市江阳区新马路6-2-8-2号的77.2平方米的住房一套作还房安置给了被告蒋伦芳,并以蒋伦芳个人名义办理了房屋产权登记手续。1996年,遗赠人黄永彬与原告张学英相识后,二人便一直在外租房非法同居生活。2000年9月,黄永彬与蒋伦芳将蒋伦芳继承所得的位于泸州市江阳区新马路6-2-8-2号的房产以80000元的价格出售给陈蓉,但约定在房屋交易中产生的税费由蒋伦芳承担。2001年春节,黄永彬、蒋伦芳夫妇将售房款中的30000元赠与其子黄勇在外购买商品房。

2001年初,黄永彬因患肝癌病晚期住院治疗,于2001年4月18日立下书面遗嘱,将其所得的住房补贴金、公积金、抚恤金和卖泸州市江阳区新马路6-2-8-2号住房所获款的一半40000元及自己所用的手机一部,赠与原告张学英所有。2001年4月20日,泸州市纳溪区公证处对该遗嘱出具了(2000)泸纳证字第148号公证书。2001年4月22日,遗赠人黄永彬去世,原、被告双方即发生讼争。

本院受理该案后,因原告申请,泸州市纳溪区公证处于2001年5月17日作出(2001)泸纳撤证字第02号《关于部分撤销公证书的决定书》,撤销了(2001)泸纳证字第148号公证书中的抚恤金和住房补贴金、公积金中属于蒋伦芳的部分,维持其余部分内容。

另查明,遗赠人黄永彬在患肝癌病晚期住院期间,一直是由被告蒋伦芳及其亲属护理、照顾直至去世。

本院认为,遗赠人黄永彬患肝癌病晚期临终前于2001年4月18日立下书面遗嘱将其财产赠与原告张学英,并经泸州市纳溪区公证处公证。该遗嘱虽是遗赠人黄永彬的真实意思表示且形式上合法,但在实质赠与财产的内容上存在以下违法之处:1.按照国家有关政策规定,抚恤金是死者单位对死者直系亲戚的抚慰。黄永彬死后的抚恤金不是黄永彬个人财产,不属遗赠财产的范围。2.遗赠人黄永彬的住房补助金、公积金属黄永彬与蒋伦芳夫妻关系存续期间所得的夫妻共同财产,按照《中华人民共和国继承法》第16条和司法部《遗嘱公证细则》第2条之规定,遗嘱人生前在法律允许的范围内,只能按照法律规定的方式处分其个人财产。遗赠人黄永彬在立遗嘱时未经共有人蒋伦芳同意,单独对夫妻共同财产进行处理,侵犯了蒋伦芳的合法权益,其无权处分部分应属无效。3. 泸州市江阳区新马路6-2-8-2号住房一套,系遗赠人黄永彬与蒋伦芳婚姻关系存续期间蒋伦芳继承父母遗产所得,根据《中华人民共和国婚姻法》第17条第4项之规定,为夫妻共同财产。但该房以80000元的价格卖给陈蓉,遗赠人黄永彬生前是明知的,且该80000元售房款还缴纳了有关税费,并在2001年春节,黄永彬与蒋伦芳共同又将该售房款中的30000元赠与其子黄勇用于购买商品房,对部分售房款已作处理,实际并没有80000元。遗赠人黄永彬在立遗嘱时对该售房款的处理显然违背了客观事实。

公证是对法律事实的真实性和合法性给与认可。泸州市纳溪区公证处在未查明事实的情况下,仅凭遗赠人的陈述,便对其遗嘱进行了公证,违背了《四川省公证条例》第22条"公证机构对不真实、不合法的行为、事实和文书,应作出拒绝公证的决定"的规定,显属不当。2001年5月17日泸州市纳溪区公证处作出的(2001)泸纳撤证字第02号《关于部分撤销公证书的决定》,撤销了(2001)泸纳证字第148号公证书中的抚恤金、住房补贴金、公积金中属于蒋伦芳的部分,该决定实质上变更了遗赠人黄永彬的真实意思,根据2000年3月1日司法部颁发的《遗嘱公证细则》第23条的规定,公证机关对公证遗嘱中的违法部分只能撤销其公证证明。作为公证机关直接变更遗赠人的真实意思没有法律依据。

遗赠属一种民事法律行为,民事行为是当事人实现自己权利,处分自己的权益的意思自治行为。当事人的意思表示一旦作出就成立,但遗赠人行使遗赠权不得违背法律的规定。且根据《中华人民共和国民法通则》第7条的规定,民事行为不得违反公共秩序和社会公德,违反者其行为无效。本案中遗赠人黄永彬与被告蒋伦芳系结婚多年的夫妻,无论从社会道德角度,还是从《中华人民共和国婚姻法》的规定来讲,均应相互扶助、互相忠实、互相尊重。但在本案中遗赠人自1996年认识原告张学英以后,长期与其非法同居,其行为违反了《中华人民共和国婚姻法》第2条规定的一夫一妻的婚姻制度和第3条禁止有配偶者与他人同居以及第4条夫妻应当互相忠实、互相尊重的法律规定,是一种违法行为。遗赠人黄永彬基于与原告张学英有非法同居关系而立下遗嘱,将其遗产和属被告所有的财产赠与原告张学英,是一种违反公共秩序、社会公德和违反法律的行为。而本案被告蒋伦芳忠实于夫妻感情,且在遗赠人黄永彬患肝癌病晚期住院直至去世期间,一直对其护理照顾,履行了夫妻扶助的义务,遗赠人黄永彬却无视法律规定,违反社会公德,漠视其结发夫妻的忠实与扶助,侵犯了蒋伦芳的合法权益,对蒋伦芳造成精神上的损害,在分割处理夫妻共同财产时,本应对蒋伦芳进行损害赔偿,但将财产赠与其非法同居的原告张学英,实质上损害了被告蒋伦芳依法享有的合法的财产继承权,违反了公序良俗,破坏了社会风气。原告张学英明知黄永彬有配偶而与其长期同居生活,其行为是法律禁止、社会公德和伦理道德所不允许的,侵犯了蒋伦芳的合法权益,于法于理不符,本院不予支持。

综上所述,遗赠人黄永彬的遗赠行为违反了法律规定和公序良俗,损害了社会公德,破坏了公共秩序,应属无效行为,原告张学英要求被告蒋伦芳给付受遗赠财产的主张本院不予支持。被告蒋伦芳要求确认该遗嘱无效的理由成立,本院予以支持。据此,依照《中华人民共和国民法通则》第7条的规定,判决如下:

驳回原告张学英的诉讼请求。

案件受理费2300元由原告张学英负担。

如不服本判决,可在判决书送达之日起十五日内,向本院递交上诉状,并按对方当事人的人数提出副本,上诉于四川省泸州市中级人民法院。

审判长　肖大鸣
审判员　刘卫平
审判员　雷亚平
二〇〇一年十月十一日
书记员　兰　平

泸州遗赠案讨论记录

时　　间：2006 年 12 月 30 日
主报告人：朱庆育
参　加　者：郑永流、陈景辉、黄金荣、李居迁、田士永、吴宏耀、朱庆育、萧瀚、
　　　　　罗小军、李洪雷
主　持　人：郑永流
记　录　人：姚静、郭雯
讨论内容：泸州遗赠案

郑永流：
　　这次讨论是本年度最后一次，我们的计划是集中各学科的力量来讨论这样一个旧案。不知道旧案重提有没有什么特别的意义，但是这是我们蓟门学园酝酿很久的一个计划，当然计划并不是说要讨论情妇遗嘱案，主要是想讨论一个案子，利用我们多学科的这样一种优势，从不同的角度、不同的学科来共同分析一个案子，所以选来选去大家认为还是旧案有点嚼头，新案并不是说在理论上有那么大的意义。基于这样的考虑，我们安排了泸州遗赠案作为我们 2006 年最后一次讨论的主题。这个讨论我们还特别邀请了萧瀚，是我们法学院的，原来搞民法，现在搞行政法，将来也可能搞宪法和法理吧。（笑）开玩笑的。他本

人也具有多学科的这样一个色彩吧,现在又特别钟情于传统文化,《左传》,倒是符合我们学园的这样一个宗旨,一个色彩。而且讨论之前我也看到萧瀚写的一些东西,但是我觉得跟现在的风格有些不一样,那时候有点愤青,现在老成多了,但是我想还是不要失去那种激情吧。

好,今天由我来主持一下吧,但我有一个报告的任务,这个任务比较轻。我有个希望,我们的讨论要有点新意。初步看,可能跟以往的讨论有些不一样。比如说我们加了德国的情妇遗嘱案来比较一下。原来说选一个中国古代的,但是刚才听陈新宇说与这个案子关系不大,尽管也是继承案,但是此继承非彼继承,所以没什么太大的意义,原来是想有一个类似的案子,因为一种情妇关系把财产都给了她,看来中国古代是不是没这么多财产或是没这么多情妇。(笑)(陈景辉插言:情妇都娶家里了。)对呀,中国有妾,所以这方面案子就发生得比较少了。也不是完全没有,只能说没有发现。中国一夫一妻多妾的制度使这样的案子很少发生,选了半天也没有选着。

这样,我就程序做一个安排吧。由我先来介绍德国情妇遗嘱案,完了以后就由朱庆育做一个比较全面的尤其是关于泸州情妇遗嘱案争论点的介绍。然后萧瀚要做一个介绍,陈景辉也做一个,田士永还有一个。

我们今天发言人比较多,判例已经发给大家了,德国情妇遗嘱案选自邵建东编的《德国民法总则》第 17 个案例,分三部分,一部分是事实,一部分是判决及理由,再一部分就是评价,应该是写得比较清楚的。当然德国的判例尤其是判决及理由它说的比较强一些,和中国人的说法不一样,所以你们看起来也可能有一些晦涩。如果认真看,当然没问题,马马虎虎得看,可能一下还抓不住,所以我就想做一个简单的介绍。我也是根据三部分,在事实基础上稍微做了一点整理。

这个事实比较简单,在 20 世纪 60 年代中期,有一个没有子女的男子,在他的遗嘱当中把他所有的财产指定给他的情妇,也就是说他指定他的情妇作为他的唯一的继承人,也意味着排除了他的妻子的继承权,当然也排除了其他所有的亲戚的继承权。这个男的死了以后,他的情妇、他的妻子以及他的两个妹妹为继承遗产发生了纠纷。

首先是他的情妇向法院提出申请,要求作为唯一的继承人,柏林的州法院和州高等法院驳回了她的请求,紧接着他的妻子向法院提出请求要求得 3/4 的遗产,同时他的情妇又提出请求得 1/4,柏林的初级法院的遗产法庭就颁发了继承证书,也就是说他的妻子得 3/4,情妇得 1/4。这个时候被继承人也就是这个男子的两个妹妹也向初级法院(我们叫基层法院,一样的)提出了申请,她们有两个诉求,第一个诉求就是要求继承她哥哥的遗产,这个跟案子有直接的相关性;第二个是要求在诉讼中获得诉讼费用救助。第一个诉求没有直接关系,我们就不分析它了。她们提了这两项请求,法院裁定了两项诉求都不成立。这就是基本事实和基本判决。

这里我还要补充一点的就是,不是他的两个妹妹的请求没有获得支持吗?她们就提起了上诉,官司打到了联邦最高法院,最高法院最后支持了柏林的三级法院(基层法院、州法院和高等法院)的判决。德国的法院和中国一样,有四级,基层法院、州法院、州高等法院和联邦最高法院,驳回了其两个妹妹的请求,这个判决是联邦最高法院作出来的,第一个是关于诉讼费救助的,它说这个是不合法的,它说对裁定的上诉或抗诉是不合法的,当然原文用的是抗告,根据是法律。

下面我想介绍一下第二个理由,就是他妹妹提出的要继承哥哥的遗产,联邦最高法院认为形式上这是可以的,是合法的,但是在实体上是不合理的,是不应该予以支持的,理由有这么几个:第一个理由,被继承人将他的情妇指定为继承人,因此就排斥了他的妹妹的继承权,并不违反《德国民法典》第138条第1款所规定的善良风俗,即不因违反善良风俗而无效。第二个理由是继承主要受遗嘱自由原则的支配,如果没有排斥享有特留份权利的继承人的权利,比如他的妻子具有的特留份的继承权,遗嘱自由应该有优先的地位。第三个理由就是法院把这两个行为做了一个区分。法院认为被继承人和情妇之间的情人关系,法院用的是一个生活方式,应该在道德上受到谴责,但是它不决定遗赠的法律行为的不合法性或违法性,这之间没有必然的联系,也就是说行为是行为,法律行为是法律行为,不能因为行为的不合道德性就推出来遗嘱的法律行为也是不合法的。它的基本理由就是这样的。

这个案件在德国的意义就是,联邦最高法院的价值观在这个案子当中发生了变化,在这个案子以前,德国的司法机关认为有这样一种情妇关系或性关系而发生的遗嘱是违背善良风俗的,因而是无效的。在这个案子中,德国联邦最高法院的基本立场发生了很大的也可以说是根本性的转变,不考虑被继承人立遗嘱的动机是什么,即使说是为了给与性关系以补偿,或者通过立遗嘱的形式维持这种关系,有可能为了讨好你,我先立下遗嘱,为了继续保持这样一种性关系,也不会因此使遗嘱无效。

我刚才介绍的是书上最基本的观点,我个人提一个问题,这个疑问在哪里呢?也就是说,为什么联邦最高法院会发生立场的转变,我觉得这个倒是值得我们思考的一个问题,是什么东西促使它发生了转变?现在我们国内对这个案子的分析也基本上跟德国联邦最高法院的立场是一致的,而且很多是引用了这个案子。但是现在我主要是针对德国的这个案子,作一个追问,为什么会发生这样一种转变?是在社会越来越走向自由开放的条件下发生这样的转变,还是说民意发生了改变?如果大家都认为这个东西是违反善良风俗的,法院也遵从了这样的民意,就认为遗嘱是无效的。如果民意发生了改变,最高法院也顺从了这样一种变化,也认为在这样的情况下立的遗嘱是不违反善良风俗的。

如果能作出这样一种推论的话,我们对泸州的案子可能就要重新思考。我原来持和联邦最高法院一样的立场,但是当我现在仔细地分析了这个案子以后,在思考,社会对某些事情的理解及立场改变,也可能直接影响到我们法院对什么法律行为违不违背善良风俗的判断。与一般案件不同,当涉及道德时,法院应当顺从民意还是引导民意?或者骑墙?还有如何获取民意,如何知道立场的改变,等等。当然这些问题我考虑得不是特别成熟,因为我也没有看到更多的关于分析德国联邦最高法院立场转变到底是为什么的原因。梅蒂库斯也没有讲到原因,现在认为20世纪60年代以后情妇遗嘱是合法的,不违法的,不违背善良风俗的,但他没有分析转变的原因。我只是把这个问题提出来,如果田士永知道一些,可以跟大家介绍一下。我认为这个可能影响到我们的判断,影响到这样一个行为有没有效的判断。

因为时间的关系,我就简单地说这么一点吧,好吧,那么下面就由朱庆育来报告吧。

朱庆育:

我再简单说一下缘起。本来郑老师安排说本学期要讨论一次案例,让陈景辉和我来找素材。陈景辉比较谦虚,让我来找。在这期间,陈景辉写了一篇题目是《原则、自由裁量与依法裁判》的文章,在这篇文章中,他用一个新的视角分析了泸州遗赠案——不过发表在《法学研究》2006年第5期的时候这部分内容删掉了。正好我也一直在关注这个案例,想找个合适的机会讨论讨论。再有,这个案例本身成了一个公共事件,大家对这个案例都会有很多话要说。大体上基于这些考虑,我们决定选择泸州遗赠案作为讨论对象。

(朱庆育的发言报告已形成文章,见前,此处从略。)

郑永流:

好,下面是田老师吧。田士永的时间,一刻钟,好吗?

田士永：

好的。

（田士永的发言报告已形成文章，见前，此处从略。）

郑永流：

好，他自己也谈到这是很难用理性去分析的一个东西，尤其他后面举的法国的案例。我初步听出，就是说很难找出一个一般性标准，所以也很难说法律规定是在动机层面上、还是在效果层面上无效，我想法律很难作出这样一个规定。当然我们希望法律有这样的规定，我们一下就能判断了。根据司法实践，无论是德国还是法国的司法实践，类似这样的一种条款，很难从法律上作出一个界定的。但是不从法律上作出界定，我们怎么去说它是无效的，这是我们要解决的问题。他初步的意见是说可能从动机上来判断，也可能从效果上来判断，但他也拿不准到底应该从哪个方面来判断。从德国前后的几个案例来看，是从动机上来考虑的。原来说无效是从动机上来考虑的，尤其当遗赠是为了性关系，那么它是无效的。但后来发生了一个转折，也就是说不看动机了，不管你是维持什么东西，或者是对你的酬谢也好，或者是和你保持这种关系也好，不看动机了，认为不违背善良风俗。我刚才介绍德国案子的时候提出了一个问题，也就是说，是什么东西促使了这样一个转变的发生，我觉得这个可能是我们要追问的。当然田士永提出的问题也很重要，就是说你怎么去判断它，说它违背公序良俗，或者公共利益、公共秩序，到底是什么样的标准。根据他介绍的材料，法国作了标准的分类，德国也作了类型的分类，但是这种类型事实上是一种总结，把它分成七类、八类。

下面请陈景辉谈一谈。时间一刻钟吧，跟田士永一样。

陈景辉：

终于轮到我说话了。首先我要表明的态度是，现在对于泸州遗赠案的讨论说它是炒冷饭我是不支持的，为什么呢？因为对于任何一个重要的案件或是引起广泛讨论的案件，在案件发生时参与的讨论基本都是情绪化的，经过很长一段时间慢慢的冷静，人们反而能够以一个比较清晰的、理性的方式来深入讨论。所以从这个角度来说，我觉得不是炒冷饭，反而时间上的距离是我们能够以一个比较平和的态度来分析这样一个问题的条件。这是我要说的第一个问题。

我说的第二个问题就是为什么这个案件到了现在我们还在讨论？主要原

因是,大部分的人还是认为法院判得不对,并且到今天为止我们仍然没有找到一个充分的理由来推翻或者全面否定法院的判决,所以要不断地找理由,这就是泸州遗赠案始终保有理论吸引力的原因。之所以难以找到一个合适的理由,恐怕是因为在这个案件的背后涉及了多重的矛盾。在我看来,如果你纠缠到所有的矛盾当中,你就不可能得到一个明确的判断,所以你只能集中在一个核心的问题上才能解决这个问题。这个多重的矛盾性我由大到小来说。我先讲第一个大的矛盾性。第一个大的矛盾性是什么呢?我们要注意这个案件产生的时间,1999年。还有一个很特定的情况,1999年我们要依法治国,法治的热情已经高到了一定程度。所以在专业人士的心目当中,依据法律来作出裁判这是一个天然的道理。而在普通民众当中,它还没有形成这样一种状态,民众仍然追求结果的恰当性。所以就造成了一个非常严重的冲突,就是民众的压力和法律专业之间的压力,这是非常严重的一个冲突,但它是一个外在的冲突。第二个冲突也是一个外在的冲突,就是把它作为一个公共事件来讨论还是把它作为一个法律事件来讨论?公共事件需要情节的戏剧化,这才是最吸引人的部分;而法律事件却可能不关注戏剧化的部分,反而关注细节的论证与法律的推衍。这是第二个问题。第三个问题就是学理性和立场性的问题。先问应该保护谁的利益,这就是立场先行。而谁的利益更有法律上的理由进行保护就是学理性的问题。

以上的矛盾都是外在的,现在我讲两个法律内在的矛盾。第一个问题是——这个问题也使得我们难以对泸州遗赠案给出一个公平的评价——在法律推理或法律适用的过程中我们都知道概念法学的机械式的司法过程是不对的。我们知道要把司法过程变得具有一定的灵活性,但如果这个灵活性超出了一定的范围也是不对的。这样的话我们就面临一个难题:反对概念法学然后又不让裁判的自由的空间过于庞大或过于扩张,在这样一个狭小的夹缝当中来找泸州遗赠案判决的位置,是一个非常麻烦的问题。因为对任何一个人来说,他都会说,我不坚持概念法学,我觉得法官在审判的时候应该有一定的灵活度,但是灵活到什么程度?在这个案件里,这个法官在审判的时候显然不是机械式的,他灵活了。那么这个灵活的程度到底超没超过一定的范围或者它本来应该有的范围呢?到目前为止的讨论仍然并不充分的。第二个矛盾从理论的角度来讲也是很麻烦,这是一种认识上的矛盾:这个案件的裁判到底是存在法律漏洞还是有法律不适用?很多人认为这个案件里面有法律漏洞,为什么说有法律漏洞呢?因为为情妇订立的遗嘱这块法律没有规定,所有它是法律漏洞。这种认识我觉得存在问题,为什么呢?因为这个地方可能的解释有两个,一个是法律漏洞,一个是法律在这里面不干涉。它的解释是双重的。另外一拨人认为有法律但不适用,这里面有法律了,这个法律是这样规定的:你的遗嘱除了国家禁止的都可以自行处理,它有这样的一个规定。可是虽然有法律法官却不适用。在这两个立场之间,也存在着一定的争议,所以它是一个非常复杂的情况。

对于这个案件,如果从比较抽象的理论角度来思考,我觉得核心的一个问题就是继承法里相关规定的规则的性质和公序良俗的原则的性质。这个问题可能比庆育和老田的问题要大得多,它可能更抽象一些,但是我觉得这样一个抽象的问题,实际上可以从整体上来对这个案件作一个说明。原来的那篇文章我主要是从原则的角度来说的,后来我想从规则的角度来说。从原则的角度说只能是防守性的,进攻性的一方就取决于规则的属性。所以规则这块的研究我做了一段时间的努力,但是到目前为止我仍然不敢说我掌握到了一个什么样的程度,这可能也是我和老田一样的情况。到目前为止,对规则性质的熟悉程度仍然是不够的。那我只能从规则的角度来提出规则有什么样的性质、这一性质会怎么样、什么时候能够突破这个规则的性质等等一系列的问题。那么我首先说的一个问题就是规则的性质是什么?我来讲两个最关键的性质。

规则第一个关键的性质就是,它有稳固的普遍化。什么叫稳固的普遍化?就是说规则一旦出现之后,它不会出现过度包含和潜在包含两种情况。什么叫过度包含,什么叫潜在包含?就是说,当我们进入道德判断的时候,我们的道德判断经常把那些不适当的东西包含在里面,也经常把该包含的东西没包含在里面。有一个人曾经举过这样的例子,餐厅门口贴了个条,说不得带狗进入餐厅。假设我们把它说成一个规则,它后面的道德理由可能是这样的,因为当你把狗携带到餐厅里的时候,狗可能影响到就餐。但这里面出现了一个问题,如果你按照这个标准,它就出现了过度包含的情况。什么叫过度包含的情况呢?比如说一个盲人的导盲犬,盲人要进到餐馆吃饭的时候,导盲犬的理由并不包含在内,是应该被排除掉的,但是它们的字面意义是包含在里面的(当然按照实际的意义来平衡的时候,它应该被排除出去,也就是说不禁止导盲犬进入到餐馆),这叫做过度包含。潜在包含是什么意思呢?潜在包含指的是如果宠物狗你都不让带进去,比如说像鹦鹉、猴这样的东西你也不能带进去。显然,虽然有"不得带狗进入餐厅"的规则,但是如果容纳道德判断的话,将会出现过度包含和潜在包含的情况,无论哪种情况都会引发在特定情形下的道德争论。一旦出现这种情况,那么规则的约束性实际上已经比较小了,因为我们实际上进行的是道德判断。所以规则的存在必须阻止这两种情况的出现,保持一种对于规则约束对象的普遍化。这是规则的第一个属性,也就是说规则能引发稳固的普遍化。

那么规则背后的道德理由或规则背后的原则就不具备引发稳固普遍化的能力。所以在这个地方,它存在着一个障碍,就是说你要想突破规则来运用原则的话,那么稳固普遍化是一个非常重要的难题,这是第一个特点。

规则的第二个特点是排他性或独断性。规则的独断性的色彩也一直是我准备讨论的一个问题。一旦说起这个就会走得很远,从霍布斯到边沁,到拉兹等等。具体一点,其中一个关键就是规则作为一个行动的理由。因为我们的行动总是要有理由的,没有理由,我们的行动在面对反对意见的时候就会丧失正当化的基础。所以任何行动都要以一定的东西作为理由。我们可以以规则作为我们的行动理由,也可以以原则作为我们的行动理由。那么规则和原则作为行动理由的差别在什么地方呢?当你以一个道德准则作为一个行动的理由的时候,它不具备断然性或优先性的色彩。什么叫做不具备断然性或优先性的色彩?当你以道德准则作为理由的时候,你需要进入道德领域来进行讨论,它不具备断然性,它不阻断讨论,它反而是引发了更多的讨论。如果以规则作为行动的理由的话,一个规则触发了我的行动,这个时候这个规则所引发的行动的理由,我们把它叫做断然性的理由。什么叫做断然性的理由?这个规则存在本身就引起我做这样的行动,而不问规则的内容,不问规则内容的道德上的正当性,这就是独断性或优先性的一个色彩。

现在可以看到,规则和原则在特征上、性质上是有两个区别的。一个是规则能够提供稳固的普遍化,原则提供不了。第二个是规则能够产生断然性的行动理由,而原则提供不了。为什么会这样?理由很简单,因为如果在道德领域任由人们参与的话,就会引发很多道德上的成本。每种情况都要讨论什么样的道德是最佳的,那么我们浪费的成本是非常多的,而且我们引发的道德错误也会很多。所以在这种情况之下,为了降低道德上的争议,规则是必然要出现的,以便减少这个成本。在这样的一个过程里面,我们会发现,规则和原则之间存在一个难以跨越的界限。所以在有规则的时候,规则背后也有原则,因为道德原则、道德准则是为规则提供正当化说明的。当这个规则有问题的时候,它给规则提供正当化说明。所以在这种情况之下,就出现了一个问题。这个规则的适用由于稳固的普遍化和它的断然性的理由使得你想透过这个规则进入到道德准则之内是很困难的。因为它的两个性质模糊了或者说很难直接渗透到背后的道德理由。这意味着这两个性质使得摆脱这个规则的约束直接进入到道德领域之内,它面临着难以实现的论证任务。回到另外一个问题,在有规则、有原则并且规则和原则之间有正当化说明的时候,进入到原则所在的道德领域来进行讨论,这样的难度也是非常大的,因为你要举出足够的理由来突破稳固的普遍化和断然性理由。所以在这个案件里面,虽然可以通过对民事法律的一些具体问题的讨论,发现在应用的具体技术上,泸州遗赠案的法官可能存在什么样的问题。但是我想这些问题如果被他克服了,他仍然选择现有的立场是可能的。也就是说老田和庆育你们两个所采取的民法解决的这样一条道路在我看来意义可能是有限的。因为即使把这一判决理由按照你们的标准重新作出之后,它仍然也可以采用目前所采用的这样一个判决结果。你们所做的讨论我觉得有意义的地方就在于看到现行的判决书里所出现的问题,能给法官的判决过程提供一个比较标准的范本,但是我觉得它的意义也仅此而已。它对于结果来说并不具备有效影响这样一个作用。因为在这些知识的笼罩之下,一样的结果同样是可以产生出来的,只不过就是看这个判决的人的水平是高还是低了。好,发言完了。

郑永流:

我们事先准备的几个人的发言就到这里,下面进入讨论阶段。就我个人看来,朱庆育作了一个很全面的发言,我们还是围绕一些核心的问题来谈。如果仅仅针对这个案子来发言,每个人都会讲很多很多的,除非我们有了超出现有讨论的视角的观点。应根据我们几个报告人提出的问题来讨论。就个人而言,我先表明立场,最困难的问题并不在于朱庆育说的和陈景辉讲的,而在于田士永提出来的,你怎么样去界定一个法律行为是因违背了善良风俗而无效的,你的辩护点到底是什么?

我初步看,觉得你们有一个倾向,特别是朱庆育的倾向是比较明显的,就是说从理论上去界定它,要找到一个东西。但是我觉得这个东西可能找不到,因为你说它违反了善良风俗,违反了道德,这事实上跟每个人的立场相关。比如说田士永刚刚举的德国的例子,我也看到类似的例子,说我们签了一个出租房子的合同,让两个人去媾和、卖淫,这样就违背善良风俗,是无效的。好,当然我们一般人能接受这个,因为他们两个人卖淫是违背善良风俗的,是违背道德的。但假如说有很多人同意这个东西又怎么办呢?你说它违不违背呢?单从这个案子来讲的话,我们很多人认为你把钱都给你的情妇,这本身就是不道德的,但也有一部分人认为是道德的。

事实上,我们是在有道德立场的前提下来找我们理论上的根据的,很多人都是这样的,并没有一个人敢说首先没有道德立场,我是纯粹从学理上进行分析的。我想从事法律的人中很难说有这样一个纯中性的人,仅仅是从理论上去分析包含着道德立场的判决,这是做不到的,因为你分析的不是一个纯理论的问题,对象本身就包含一个道德的判断,这是一个判断的问题,一个立场选择的问题,你怎么能用一个纯中性的立场去看一个纯道德的问题呢?那是作不出来判断的。作出判断的技术是讲,应该哪样做更能支持某一种立场,或者反对某一种立场。所以我觉得核心的是田士永提出的问题,当然他没有给出答案,他尤其提出了是从动机上去考虑它还是从效果上去考虑它,你到底是从哪一个方面去考虑它的,他介绍的案子多半是从动机上去考虑的。因为你的动机不纯而无效,为什么说不纯呢?就是说,是和我的道德观念是相抵触的,比如说为了维持性关系,你把钱都给她了,我自己就反对这一点。如果我赞成这一点,就认为它不违背善良风俗,因为什么叫做善良风俗呢?善良风俗的观念本身存在于我们每一个人的头脑里,它是不一样的,很难说有一个完全统一的善良风俗,在某些方面可能是统一的,比如说想盗窃、杀人,这个可能是统一的。但在性关系这样一些问题上,很难有一个统一的善良风俗。

所以很多时候是靠一种权威、权力来作出判断,比如说德国的立场的前后改变,它可能会影响后面的判决。是不是德国所有人都赞成这种观点,也不见得。但由于德国是一个法治国家,它的联邦最高法院在公信力上是最大的,联邦最高法院或法院排德国的公信力第一。所以人们就认为既然我这么信任你,你作出的一定就是对的。即使我有什么不服的话,我也不会特别去反抗你,它有公信力这样一个东西在起作用。但是在中国,法院或法律的公信力有问题,争议就发生了。德国联邦最高法院的转变好像是很自然的,是符合这个社会的变化的,这个判决开启了一个先例。但是事实上,理论问题并没有解决,它并没有给出一个你们所要追求的理论,陈景辉是想从规则上去解决,这是解释不了这个问题的。

我原来也是反对泸州法院的判决的,找了很多理由,事实上我是一种立场先行。为什么呢?我认为他给她财产是不违背道德的,至少是不违背我的道德的,如果是违背我的道德,我可能会找另外的理由去反对。我们是从道德立场出发来找很多理论的根据。你们两个的这种努力都是想从理论上去说服法院,我觉得这是比较困难的,用理论的东西解决一个道德问题,可能对象与方法有错位。理论只能解释中立的东西,道德的东西从理论中是解释不了的。假如这次来反思这个案子,是反思原来的立场的话,我就想先说这么一点。

下面进入自由讨论阶段。我点一下名,先请萧瀚讲一下吧。

萧瀚:

庆育说了以后,我很开眼界。我关于本案的文章写于2002年5月18号,到现在已经整整 4 年半了,将近 5 年。我对大量的公共问题的直觉反应并不是简单地把它作为一个公共事件来考虑,对这个案子也不例外,我是觉得作为一个学法的人,首先还是应该把它看作是一个法律事件,是比较合理的。

刚才听了各位的发言以后,我就发现了一个问题,也就是说在许多情况下,虽然希望自己在公共问题上的发言不要开黄腔,但会发生一个力所不能及的问题,这是因为学养的缘故。你想把它作为一个极其专业的问题,但你的学养达不到,所以你所能谈的还是一个浅层的问题。比如说庆育提到的赠与和遗赠,我写的时候就没有多想。

这个案子现在已经过去很多年了,越是有一些年头的沉淀以后,回过头来反思,就会发现自己原来对这些案件的许多看法,可能会随着时间的推移有更加冷静的对待。

我刚才又看了一下我自己写的文章的最后,发现当时就像郑老师说的一样,在一种比较偏执的道德感的牵引之下,然后用自己所学过的一些理论去武装它。而现在我的观点跟刚才景辉说的还有郑老师说的实际上是类似的。关键不在于理论是什么,关键在于你倾向什么。如果我现在来做法官,我想我可以在任何意义上判出任何你们想要的结果,而且我可以尽量做得把话说圆。

如果用一个社会学的概念来判断,当时包括现在也一样中国处在一个断裂社会。所谓的断裂社会,孙立平教授他自己的解释是说在一个转型的时代背景下,各个不同年代出生的人全部都集在一起,它所导致的结果是各种各样的伦理观念共存共争。在这种时代背景下,我们确确实实很难说到底是应该判给张学英还是应该判给蒋伦芳。以我现在的观点和当时的观点进行比较,至少在 2002 年的时候我的思想是比较西化的,我可能就像我的文章所写的一样倾向于张学英,而如果我现在再来重写这篇文章的话,我看到的一个问题是一个家庭法和社会法的冲突问题。刚才田老师说的,他认为继承权是一个没有意义的概念,至少在当代中国的法律体系里面确确实实继承权所反映出来的就是一个没有意义的概念,但是我反而认为继承权恰恰应该是一个很有意义的概念。我们现在并没有建立一个全面的一整套的家庭法,几十年来这个国家在统治那么庞大的人口的过程中,两条最重要的脚,一条是土地,另一条就是家庭。以破坏感情的方式进行统治是现代中国的一大发明,所以我们没有能够建立起来一个各个方面都比较中正的,既对古典有继承又对西方有吸收的一个比较好的家庭法体系,没有这样一个体系。我们因此发现继承权在这个地方是空的。如果讨论道德,一般都说,婚姻以爱情为基础,但我觉得如果纯粹从一个家庭法的角度来理解,这句话是一个谎言。婚姻如果以爱情为基础的话,那么我如果跟我的妻子没有感情了,我就可以立刻得出一个结论,这个婚姻是不道德的,对不对? 然后我在外面有一个情人,我把我所有的钱都给她,这就是最道德的,对不对? 相反,如果婚姻的基础是责任的话,那就刚好是反过来,我的遗产就是应该给我的妻子,如果不给我的妻子,我就是不负责任。所以在这种情况下,我们要怎么论证它,最关键的是看我们选择什么样的立场。在此情况下,我认为任何意义上司法都离不开意识形态,没有办法的。这里面还涉及一个问题,就是刚才所说的伦理观多元化所产生的冲突中,还涉及城市的善良风俗和农村的善良风俗的问题,实际上这里面是有城乡差别的。何海波先生专门写过一篇文章,他的文章对我的文章也进行了尖锐的批评,他就提到了这个问题,即城乡善良风俗冲突问题。其他的我觉得像刚才庆育说的技术性的东西,最关键的还是看怎么用,它本身我觉得确实是中立的。我就讲这么多吧,比较乱,抱歉。

李居迁:

有没有人讲? 没人讲我讲。我觉得这里面有几个问题需要澄清一下。

第一个问题就是权利冲突和没有权利的问题。

庆育和士永都提到了继承权,甚至说继承权这个概念应该被消灭掉,我觉得这个论证方式是有问题的。他论证的方式是说如果通过一个所谓的义务相对人的行为能取消掉这个权利的话,那么这个权利就不能称之为权利了。但实际上并不是这样的,我认为,有的时候权利和义务可能同时具有的,就是说一个人可能在某种情况之下同时具有权利和义务。那么,这个时候,可能一项权利会被另一项权利所抵消或包容,或者是推翻,那只是权利的冲突,而并不能被视为是权利的取消的问题。

继承权是不是一项权利,我觉得应该算是一项权利。假如说被继承人没有遗嘱的话,它会不会发生法定继承呢? 肯定会发生法定继承的。那么既然会发生法定继承,怎么能说它不是一项权利呢? 它不是一项权利它是什么? 继承权是一项义务? 还是一项别的什么? 还是既不是权利也不是义务的一项东西? 恰恰是因为在继承的问题上,它设定了遗嘱继承在某些情况下会超越于法定继承,这样的话就造成了被继承人在这个事项上的这种权利,可以具有对其他权利的排斥、抵消或者是包容的这么一种效果。而这个效果只是一种结果,不能视为是没有权利。换句话来讲,遗嘱是不是一定是百分之百有效的? 也不见得。如果违反了法定的有效要件的话,它就无效了,无效了就会被取消掉。难道因为它被取消掉,就认为被继承人没有遗嘱权吗? 不会的。再者说,一个有效的遗嘱里面,它没有给应当保留权利的人保留权利,是不是他就没有权利了呢？是不是这个遗嘱就一定能百分之百抵消掉其他东西呢？不是的。

所以我觉得在这个问题上可能需要澄清的是：什么情况是权利的冲突，什么情况是没有权利。这样的话我觉得可能把这个问题更深入下去。

那么，我个人的意见是继承权本身还是一项权利，只不过在什么情况下这个权利会受到另外一种权利、一种制度或者一种规则的约束、限制、排斥。

这是我认为应该澄清的第一个问题。

第二个应当澄清的问题，是法律、法庭作不作道德判断的问题。

关于这个问题，我认为是要作的。法庭本身在作出一项判决的时候，它不会说我是基于道德，它会说我是基于法律。但是任何一个法律都没有宣称说自己是不道德的，整个法律体系一定是植根于或者来自于社会上普遍承认的一种道德规则的支持，它不会否定这一点。为什么在法律中有一项公序良俗的规定？实际上是用一种规则的方式来表示对道德体系的认可。虽然有可能公序良俗随着时代发展或者随着人们观念的变化会发生变化，但是并不等于说，法律不作道德判断，法律是要作道德判断的。只不过它是以规则的面目掩盖了道德判断。进一步讲，如果法律作道德判断的话，就意味着法庭也是要作道德评价、道德判断的，只不过法庭的道德评价更加着重于从技术层面上进行分析，它会论证很多说为什么这个东西是违反公序良俗的，为什么这个东西在法律看来是错误的，或者有一项权利在法律上是能够得到支持的。

所以，我认为还是需要澄清以上两个问题的。澄清这两个问题，会更有助于对事件本身的评价。

我再补充一句，针对老田讲的主体问题，即谁来判断的问题。如果是一个判决的话，百分之百是法庭判断的。如果这个判决既包括法律上的评价也包括道德上的评价的话，所有人都可以评价它。

黄金荣：

我的立场跟郑老师比较接近。不管怎么样，对我们法律专业的人来说，我们总是试图在法律适用过程中尽量避免道德问题，因为道德问题经常是多元化的，可以说这是一个共识。在这个案件中，如果你看看"今日说法"里的内容，你就会发现，那个人几乎获得了他妻子之外所有人的同情，大家都觉得他的老婆不好，尽管婚外情可能是不道德的。所以在这里，分歧是非常明显的。我们觉得，法官对这类案件适用法律时，至少应该尽量把它技术化。我觉得，萧瀚的法律分析方法就是尽量把道德问题通过技术手段化为一个法律问题，化为一个法律选择适用的问题。对这类问题，最理想的情况是我们能够完全把道德问题技术化,最后能够完全排除道德判断。这是最理想的,这样就能够避免进行理论上的争论。但是我后来发现,即便你试图通过技术手段排除道德问题,但最后也经常会回到了原来的问题。为什么呢?你想我们是应该适用《民法通则》还是适用《继承法》,你可以从一般法与特殊法的角度,适用《继承法》。但这样还是避免不了另外一个问题,那就是法律原则与规则的问题。如果我们确认,《民法通则》第7条规定了原则,那么是否就不能约束特别法里的规则呢?如果这样的话,还是转化为一个原则和规则的适用问题。那么在这个时候,原则能发挥什么样的作用?如果它发挥作用,那么又涉及怎么来判断公序良俗的问题,这样还是回到原来的问题。最终我还是支持郑老师的观点,无论试图怎样技术化,法律中的道德问题最终还是会不可避免地存在。

李洪雷:

正好跟金荣所关注的问题比较接近,我就接着他重点谈一下法律和道德(或者是价值)的关系,实际上刚才郑老师和萧瀚也涉及了这一点。我看了庆育整理的资料,感觉现在法学界一个整体上的倾向,是特别强调在裁判中区分法律问题与道德问题,隐含的一个前提是认为这二者之间存在着一个明确的界限。但是这种明确界限可能实际上并不存在,我们可能要重新估价道德在法律世界中以及在实现法治的进程中的地位和作用。郑老师刚才的发言,按照我的理解,好像最后将案件的结果就归结到法官个人的价值判断和道德主张。对这个结论我基本上是持一种赞成的态度。也就是说,在许多疑难案件中,在缺乏一个客观明确的外在标准的情况下,个案的正义能否实现,法官个人的价值判断就显得特别重要。在这个时候,对法官缺乏有效的外在约束,这个时候能实际发挥作用的、能够作为正义实现之保障的就只能是法官的自我约束。这种自我约束,实际上是法官对自我在社会体系中所承担的角色的一种认知和定位。按照这种认知和定位,法官的价值判断就不能是一种主观任意的纯粹个人性的判断,他要超越他个人的单纯好恶,他的判断必须能够代表社会的 common sense,社会的主流民意,当然这不一定与通过数人头的办法得出来的当下的多数人的判断一致,法官也有可能引领社会的未来发展方向。从国外来看,法官的很多判决不一定是顺应当时的主流名义的。在判决的当时可能有很多人强烈反对,但是随着社会的发展,后来却被越来越多的人接受,它在很大程度上引领了社会的民情民意的发展。顺便谈一下我们现在对民主的理解,往往以为它就是代表多数的民意,但是按照共和主义的民主观,真正的民主并非单纯地把多数人的偏好结合起来,它还要发挥的一个功能就是通过大家的讨论和协商,能够改变多数人的偏好。政治场域的功能并非单纯是工具性的,大家通过它来实现自己的偏好、把个人的利益最大化,它实际上是一个公共论坛,在理性的辩论中,公民要反思自己的偏好,要留下改变这种偏好的可能性。与此相似,法官在裁判疑难案件时,也有一个对自己的价值判断的反思的问题。法官一开始接触这个案件,看到这个事实以后,他也有一个自己的直觉的判断,但是法官不能仅仅建立在直觉的基础上面,他要不断地听取当事人的意见、双方的意见、辩护律师的意见,自己根据这个案子的情况、事实情况,不断研读以前的判例,包括国外的判例。他要对自己下意识的判断、主观的判断不断地作出修正,有一个循环往复的过程。这是我们在一个社会里对法官的一个期待。那么在外在拘束不存在或者大幅度弱化的情况下,确实可能会出现萧瀚讲的一个问题,就是说法官最后无论选择哪一种判断、哪一种价值主张,他都可以用很好的法律技术、外形把它包装起来。这就涉及我们对对法治及其发展的认识问题。法治是规则之治,这是对的,但法治不仅仅是规则的问题。仅仅靠规则,是实现不了法治的。如果社会的法律人,特别是法官,实际上也包括律师,没有一种公民的美德,没有一种追求公益的精神,没有一种自我约束,将个人利益的最大化作为最高的追求,那么规则愈多,越是增加社会不公义的可能,因为这时所谓的专家们就有了更大的空间,假规则之名谋一己之私。这样一种可能性是完全存在的,就是一个国家尽管法律规则制定的越来越多,但却距离法治的要求越来越远。中国这二十多年来的法治发展进程对此已经提供了足够的例证。法律人必须从对规则的迷信中解放出来,力图实现规则与德性的良性互动。

吴宏耀:

我原本不想说什么。在我看来,这个案子所涉及的法律解释问题是一个专业性很强的民法问题。但是,听了郑老师的发言,我想就解释的基本立场问题谈些自己的看法。

郑老师说,讨论法律解释问题肯定都有一个潜在的基本立场。这无疑是正确的。历史学家曾言:如果没有选择的话,也就没有历史了。你不可能把所有的东西都作为历史。波普尔也认为,如果没有一个预先假定作为出发点,甚至连收集什么资料都无法确定。但是,我认为,不能将这一般论断简单地放在我们关于本案的讨论中来。对于郑老师刚才所说的"立场决定了讨论的方向",我认为,可能需要增加两个限定。

第一,作为法律人,在讨论该案时,可能不应该是道德先行。讨论该案的法解释问题当然需要一个预定的立场。但是,在我看来,这一立场不应该是预先的道德判断。基于法治的观念,我们首先需要考虑法律是怎么规定的。或者说,在法治之下,道德判断只能通过法律自身的运行而发挥作用,而不是借助法律的运行推行某一预先的道德判断。因此,无论你的道德倾向是什么,作为一个法律人,在讨论该案的法解释问题时,你必须首先诉诸相关的法律和专业法学知识。基于此,我的初衷是不参与该案法律解释的讨论。为什么?因为这需要借助太多的专业细节。比方说,刚才庆育提到的,民法学关于处分行为与负担行为的区分。

在我看来,对于该案的问题,作为一个私人,你可以根据自己的好恶表态你的道德情感,但作为一个法律人,在表达你的法律意见时,就需要考虑既有法律规则的实在约束和影响。首先是一个基础规则。我赞成景辉的观点,即,面对一个法律规则,作为法律人,你不能轻易地将它推开:如果法官可以轻易推开法律,如果我们每一个法律人都可以轻易推开法律,那么,就不要谈什么法治了。因此,我的一个基本观点是:立场确实决定了我们讨论的方向;但是,在讨论一个法解释问题时,这一立场应当是:要关注法律规则本身。对于本案的法解释问题,我们的价值观必须是开放的。无论你的预先道德好恶、判断是什么,当你的价值偏好和既有法律规则相抵触时,你应当首先考虑法律规则的优先性。这是我的第一个限制。即,即使承认立场决定讨论的方向,也必须遵从规则的约束。

第二,道德与法律的关系问题。刚才洪雷谈到了价值与法律的关系。但我个人觉得,用价值这一概念来讨论可能不是太好。因为法律规则本身也可能包含着价值。当然,法律与道德也有交叉的部分,但是,我更愿意把它们作为两个不同领域的概念:上升为法律的道德规范,已经是法律;法律规则以外的,才是严格意义上的道德。(李洪雷插言:这个不能绝对化。作为法官裁判标准的很多法律原则,实际上并没有一个成文法的依据,你说它有没有进入法律规范体系中来?)道德规范上升为法律后,我们将其称为"法律化的道德"或"道德的法律化"。此类道德规范显然已经与法律之外纯粹的道德规范有了本质的不同。"公序良俗"是一种道德,但作为一个法律原则,它必须遵循法律规范自身的逻辑,而不能像纯粹的道德规范一样,恣意蔓延。因此,在我看来,法律与[纯粹的]道德还是泾渭分明的。

再来说我的观点:道德在什么时候、以何种方式可以影响法律呢?在我看来,在法律领域,道德必须通过法律规则和法律技术的自身规律对法律规则的实施产生影响。刚才萧瀚说道,无论我持什么样的观点,我都必须用法律把我的观点武装起来。确实是这样,不管你的道德观点是什么,你必须用法律规则和法律技术,将其转化为法律规则自身的逻辑结论;如果你不能通过法律技术把它武装起来,那么,作为一个法律人,就必须放弃这一观点。每个人都有自己的道德标准和判断,但是,作为一个法律人,在谈论法解释问题时,绝对不能无视自己的专业:法律与法理。法律人不是道德评论家,他不能只表态,他还必须证明自己的判断,是法律本身已有的判断,而不是自己的个人私见。

因此,尽管我在一般意义上承认道德立场决定了讨论方向,但在法律解释问题上,我想,可能还应当承认两个必要的限定:第一,必须保持一种开放的态度,即当你的个人观点与法律规则相抵牾时,你应该遵从法律,而不是简单地把法律规则置于一边。第二,无论你的个人结论是什么,你都必须通过法律技术和法律规则把它武装起来。因此,我并不反对道德对法律产生影响,但是,无论如何,道德判断必须通过法律规则和法律技术发挥作用。

在该案中,我们面临的真正问题是什么呢?显而易见,道德规范进入了法律空间并对法律的适用产生了影响。对此,法官也进行了论证,也试图运用法律论证技术对其结论进行法律化、正当化。但是,问题是:对此进行正当化论证的审判机关审级太低。中级法院就能代表公序良俗吗?确实,对于什么是公序良俗,每一个人都可以发表自己的意见。但是,对于本案的法解释问题,这不是一个私人问题,也不是一个地域性问题,而是一个关系到社会价值判断的普遍性问题。具体而言,是一个"将财产遗赠给情人是否违背公序良俗"的问题。对此,不同时代可能会有不同的公共判断,但是,却不应在同一时期,各地法院有不同的公共判断。因此,在本案中,真正的问题在于:一个中级法院的法官就可以代表我们这个时代就什么是违背公序良俗作出终局性判断吗?当然,可以说他代表了当地的公序良俗,但当地的公序良俗并不意味着就是公序良俗啊!

这是我国诉讼制度造成的一个普遍问题:当道德进入法律的时候,它确实也经过了法律的包装,但是,这一法律论证自身的正当性无法得到更高审级的检验。在西方国家,通过第三审,诸如此类的法律解释问题最终会成为最高法院讨论的议题,而不会由某一个地方法院说了算。

从程序角度看,透过本案的法解释问题,我们可以看到我国诉讼制度存在着一个比较大的缺陷:由于不存在第三审制度,对于是否违背公序良俗之类的、涉及公共价值的法律问题,根本不可能转化为一个脱离案件事实细节的一般法律解释问题而进入最高司法机关的视野,因此,事实上,只能任由地方法院作出终局性判断。在我看来,就本案而言,真正的问题不是实体层面上谁对谁错。相反,对于是否违背公序良俗这一问题,不可能预先存在一个绝对正确的答案。因此,重要的不是结论,而是如何保证这一结论的法律论证过程具有合理性,并由此赋予判决结论最大限度的正当性。

由此衍生的一个问题是,由于不存在更高审级的审查,如何书写判决理由也就会变得无关紧要了。在本案中,法院确实提供了判决理由,并试图在判决理由中对该案为何如此判决提供一种正当化论证。但是,判决书中存在诸多问题也是不容争议的事实。显然,如果自己作出的判决就是生效判决,那么,即使判决理由漏洞百出,也不影响其效力。于是,在没有更高审级审查的制度下,判决理由的作用其实已经蜕变为"能否给出一个法律论证"。因此,只要能够给出一个论证过程,无论该论证是否合理、是否存在逻辑漏洞、知识谬误,你都必须接受它。

在这次民事诉讼法修改中,民事诉讼法学界普遍主张应当建立第三审制度。通过第三审,一些具有普遍意义的法律问题可以上诉到最高法院。在我看来,之所以要将这些问题交由最高法院决定,根本原因不在于最高法院的法律解释水平比地方法院高。当然,在我国,最高法院的法官的专业素养可能确实高一点。但其真正原因并不在于此,而是因为:当裁判者远离事发地点的时候,它的判断往往会更多关注法律规则本身,而不是陷入事实的细节和判决实际影响等因素之中。显然,如果裁判者置身当地,他就必然要考虑当地的民情、判决可能会引发的反应;但是,如果由远隔千山万水的最高法院对此作出判断时,诸多社会因素的影响无疑会大大下降,与此相应,对法律规范的考虑也自然会反比上升。因此,达玛什卡在谈到大陆法系科层式司法体系时,曾指出:"……更高级别的官员房门所面对的则是经过其下属们包装或剪裁过的事实:在其中,个体的命运就显得不是那么清晰易辨了。由于这种缓冲机制,上级官员们更容易忽略它们必须作出决策的个案中所包含的'衡平因素'。他们对具体情境不敏感的好处在于:他们可以放手去矫正下层决策中所包含的内在矛盾并且为决策培育更广泛的排序方案。正像天使的排序一样,官员的级别与他们的知识的一般化程度成正比。正是在这个意义上,正像某些研究官僚制的学者所宣称的那样:'上层官员理解普遍性,下层官员理解具体性'"[33]。

总之,我的观点是,对于该案,如果说它确实存在实体法解释方面的问题的话,产生这一问题的原因则在于程序;因为程序的设置,使得这一本来带有普遍意义的法律解释问题,不得不降低到事实和法律混同的层面,不得不任由作为"局内人"的法官作出最终的判断。最后,再次重申,对于本案所涉及的实体法

---

[33]〔美〕达玛什卡:《司法和国家权力的多种面孔》,郑戈译,中国政法大学出版社2004年版,第30页。

问题,我没有能力作出评论,也不想过对其进行评论。

郑永流:

好,第一轮的讨论结束了,我们还有半个小时的时间,我们可以就刚才大家提出的一些争论比较集中的问题来进行第二轮讨论。作为一个主持人,我个人觉得一个关键的问题还是集中在我刚才所讲的问题上,也就是说,你怎么样去判断一个法律行为是不是违反道德、公序良俗的。吴宏耀似乎对法律与道德的关系有些误解,为什么说你存在误解?我们民法或其他的法律,规定了公序良俗原则,本身就把法律和道德的问题转变成为一个法律内部的问题了。现在不是拿继承法或者说拿民法和道德打架,并不是这样一个问题。公序良俗就是对某些行为的一种限定,比如说我们继承法规定了遗嘱继承优先,它是遗嘱自由原则的体现。在这里存在着一个公序良俗与遗嘱自由之间冲突的问题。我们现在是用公序良俗这样一个道德原则去判定遗嘱自由的内容是否正当,所以它本身不构成你所说的法律与道德的外部冲突,它本身是一个法律内部的冲突,前提就是我们有了一般法律原则。如果没有一般法律原则,可以这么讲。由于19世纪前很多一般原则、道德原则没有进入到法律领域,那个时候可以说是一个外在的冲突,但是现在情况不一样了。现在特别强调法治,也考虑到恶法的存在,有可能规则是很恶的,这个时候我们可以通过道德去纠正它,但比较软弱,那么我们把这些原则引到法律内部,那就有一个很坚实的法律基础了,可以用一个原则来纠正规则了,这本身就有一种合法性,符合法治的原则。当然不是所有的问题都是这样,但至少在这个案子当中是这样的。核心是我们用公序良俗的原则来判断意志自由或者说遗嘱自由,符不符合公序良俗,或者符不符合我们的道德标准。这是第一点,就是说它是一个内部的冲突。

那么第二点就是我刚才讲的,我再重复一下,既然这样的话,那你怎样去判断呢?你怎么从法律上作出限定?得要有一个法律的标准,法律没有界定公序良俗,没有把所有的行为列出来,这一类是不道德的,那一类是符合道德的。在什么是公序良俗的问题上,人们存在着分歧,没有一个统一的列表,而且大家都达成了一致。所以要从技术上找到一个谁是谁非的标准,我觉得是很困难的,在别的问题上可能做到,但在这个问题上是做不到的。比如说你们可以用特别法优于一般法来为首先适用继承法找到一个很技术、很专业的借口,可能一般人不知道什么叫特别法、什么叫一般法。但是我也可以反驳你,继承法的遗嘱规定本身背后是有原则来支撑的,对不对?你说遗嘱继承优先于法定继承,它本身就体现了一种自由的原则,自由本身就是一种价值。对自由要不要做限制,说这个合同不能订立,那个合同不能订立,事实上是对意思自由的一种限制。它不是绝对的自由,如果是绝对的自由就比较好办了,那你爱给谁给谁,不管你是什么动机,不管你是什么目的。但是法律现在有很多限制性的条款,这是对意思自由,或者再抽象一点就是自由原则的限定。那么我们的分歧应在哪里呢?就是哪些东西是应该限定的,哪些东西是不应该限定的,它并不是一个法律内外的问题,也并不是一个一般法与特别法的关系问题,这只是为某种立场服务的。如果完全从纯内部的角度做这样的分析,你很难说我这个立场就不是一个法律的立场,不是一个带有技术性的立场,我认为同样也有很强的技术性,对不对?

吴宏耀:

郑老师,我打断一下。我觉得可以把该案中的法律解释问题分成两个层面,其中之一是没有实质内容的形式性分析。在此,我们暂且不考虑这个案子中此类赠与行为是否违背了公序良俗,而是就法律条文之间的关系进行纯粹的法理分析。也就是说,我们首先考虑《民法通则》第7条(关于公序良俗的规定)与继承法那个条文之间的法律逻辑关系。这是一种形式关系,一个纯粹的形式关系,因此,即使不依赖于本案照样可以进行分析和展开。通过这种形式性分析,我们可以首先明确:对于继承法的条文,是否会产生适用《民法通则》第7条规定的问题?如果答案是肯定的,我们才需要进一步考虑:在当代社会,这种行为是否违背了公序良俗?在我看来,前者是一个民法学问题,需要涉及大量的民法学概念和知识,因此,我无法表态。对于后者,也不可能存在确定的答案,因此,无论是赞成还是反对,都需要给出相应的法律论证过程,并通过一个制度化的程序设计接受审查和评判。

因此,在逻辑顺序上,我们不应该先就这个行为是否违背了公序良俗作出判断,而是需要首先进行法条分析,明确《民法通则》第7条与继承法规定之间的法条关系。对此,景辉的分析有很大的启发性。按照景辉的观点,这里涉及的不仅仅是一个原则与规则的问题,而且还涉及与该规则背后的原则的衡平问题。因此,在抽象的法条关系上,我们需要首先确定:二者会不会发生冲突?如果发生冲突,那么,进一步讨论,一个原则和一个规则发生冲突的时候应当怎么来解决?

显然,如果我们把(法条的抽象分析与是否违背公序良俗的实质判断)这两个问题混在一起的话,那么,就会在脑袋里形成一个预定的判断,即预定这一行为是/不是违背了公序良俗。那么,再来讨论《民法通则》第7条与继承法条文的关系时,无疑会按照已有的价值判断扭曲法条之间的真正关系。(李洪雷插言:不是先不考虑,而是到底要不要考虑。法律技术是不是就解决规则的问题,原则问题是不是不是法律技术的问题。)我可能没有表达清楚。我的意思是,不应当将你的道德判断预先包含在法律技术分析中。在法律分析上,首先需要考虑的是,本案是否适用公序良俗原则?然后才是,如果适用,当一个具体法律规则与其发生冲突时,应当如何处理?此时,我们不应当预先设定他们的权重。孰轻孰重是比较的结果,而不应该是比较之前的预设。换句话说,一个原则与一个规则孰轻孰重,这是一个需要进行法律技术分析的问题。如果已经预先假定公序良俗具有绝对的权重,那么,与其冲突的规则当然一碰就碎了嘛。

郑永流:

你这个疑点比较片面,你讲的技术,一个是规则与原则,一个是特别法与一般法。那么人们现在用的技术是什么呢?就是继承法是一个特别法,特别法要优先使用。但是规则与原则同样是一个技术,当规则不违背原则的时候,我们永远适用规则。但是现在我们要对规则的正当性,它是不是道德的作出评判。也就是说,当规则违背了原则的时候,没有优先性,这本身就是一个很技术化的东西。

陈景辉:

我觉得是这样,郑老师现在有意地想把这个问题变成一个有关道德问题的讨论,或者说加上一个限定的话,是在法律范围内的道德问题讨论。所以郑老师可能更关心公序良俗在道德领域内的意义是什么,以及公序良俗和法律行为有效之间是怎样关联在一起的,是关联在动机上,还是关联在效果意思的层面上,然后引发了遗嘱有效无效这样一个问题。我觉得郑老师可能是想通过这种方式来解决这样一个问题。但是今天我觉得最有挑战性地提出这个观念的是萧瀚,为什么最有挑战性?是因为如果我们去考虑在法律范围之内的公序良俗的含义的话,那么我们可能会走向这么一条道路:由于公序良俗本身的争议性是非常大的,即使我们在一个具体的问题上,我们不讲它本身有多大的争议,只是在一个个案中,在一个具体的判例中,也会有非常大的争议,我们今天可以发现我们的争议就很大了。对于这种争议,我觉得萧瀚事先就把一个可以采取的方式拿出来了。这种方式就是,怎么样都行,主要看你这个法官是怎么判的。

在这个背景之后,在这样一种观点之下,我们看到的实际上是裁判的一个非常任性的东西,而这些论证的过程只不过是法官的一个正当化说明而已。至于说这个正当化说明的过程会引发什么样的结果并不重要,主要是看你在立场上选择的一个结果。我觉得这样一个观点比较清楚,它也具备了很强的挑战性。因为它实际上把每一个裁判的过程变成了一个个人判断的过程,而这些法律的技术也好,法律的专业知识也好,变成了一个修饰。我觉得这样一个观念有问题,问题在哪呢?它不是唯一性的,就是说,如果我们在讨论公序良俗的时候,发现它是不明确的,那么我们就只能任由裁判者来随便处理。那么我们还有另外一个方式,即我们可以退回到法律的具体的条文里面,也就是说当公序良俗的争议变得没有办法来明确的时候,我们就会摆脱它,我们不再讨论这个原则问题,而是回到具体的法律里面,回到我们继承法里的规定来解决问题,这也是第二个可行的思路。所以萧瀚虽然提出了一个具有挑战性的观念,但是我觉得它不是唯一性的,从表面上看来,第二种方式跟你这个可能有同样的效果。这个时候就要进行讨论,说为什么你那个好,或为什么这个方式好,我觉得这就可能引发下一步的讨论。我们是由随机性的这种方式来决定好呢,还是说在面对道德争议解决不下的时候我们回过头来摆脱道德争议,回到法律规则的标准当中去讨论好呢?还有一个思路,这个思路要把这两个方面的东西稍微结合起来。那这个思路就是,如果道德争论可以明确,公序良俗在这个案件没有产生争议,即我们对公序良俗这个问题有一致性的看法,我们觉得该案中原告就是违反了公序良俗。

黄金荣:

法官恰恰认为这个符合普遍化原则,为什么呢?因为婚姻法也反映了这种传统观念。

萧瀚:

我之所以有景辉说的第一种方式的观点,那是因为法官已经给了这么一个前提,他已经把公序良俗给拖下水了,所以你回避不了。我 2002 年写的那篇文章就是景辉说的第二种方式,就是要退回到规则,所以我认为应该把遗产就是给张学英,这是我 2002 年的观点,但是我现在的想法确确实实是跟你差不多的,我也许可以把两者有效结合起来,因为司法应该是一种中庸的智慧,关键在于它怎么样能用一种技术手段使得各种伦理观念不同的人都能够基本上接受,这个才是最重要的事情,我就讲这么多。

李洪雷：

实际上我认为这里涉及的是规则和原则的冲突的处理问题,就是一个规则和另外一个原则,也即并非作为该规则自身的正当性理由的原则,发生冲突时,应该怎么办？我觉得这个问题实际上阿列克西已经说得很清楚了,就是说这个时候相冲突的,不仅仅是说两个原则之间的冲突,也即规则背后的原则和另外一个原则的冲突。对于规则来说,它的权重不仅仅要看它背后的作为其正当性理由的原则,还要加上一个法律确定性原则。这是规则相对于原则而言的优势所在。这样就能够推出来你讲的那几种情况。一种情况,如果说它这个背后的正当性的原则跟它相对立的原则之间没有很明显的高下之分,因为规则本身有一个法律确定性在里头。因此一般情况下如果要推翻规则适用与其相对立的原则,那么就必须要求与它相对立的原则的分量大大地超过了作为该规则正当性依据的原则的分量。

我觉得景辉讲的那几种情况实际上是说规则和原则的冲突怎么样解决,实际上这个最后只能在个案里面根据个案的情况来判断。比如说这个案件的裁判,就必须要紧密结合它里面涉及的许多具体事实,例如对于他们的夫妻关系,可能不仅仅是一个感情不和的问题,可能还已经发展到长期虐待的程度了,包括到后来他住院的时候根本不让别人照顾,她自己给他吃的东西根本就没有办法吃,像这种就涉及虐待的问题,这不仅仅是一个夫妻感情的问题了。另外,他和他的情人之间的关系也不仅仅是一种性关系,性关系根本不是主要的,他们在一起共同生活、互相照顾,很有点相濡以沫的味道,而且他们后来也有了小孩,案件的判决还考虑到这个小孩的抚养和成长问题。因此法官在要判断公序良俗和意思自治的冲突时,必须要结合个案中的很多具体因素。原则的分量并非一成不变的,只能是"具体问题具体分析"。

萧瀚：

我觉得这里面有一个很重要的问题就是遗嘱自治,什么是遗嘱自治？刚才郑老师已经提到了所谓的对自由的限制,我想问的是自由本身是什么？遗嘱自由本身是什么？它到底是什么？

郑永流：

前面我们所讲的任何一种自由都说到了限制自由，自由就是为所欲为，这个很好说，就是我想怎么干就怎么干。但是法律当中的自由，是受到限制的。你要问什么是自由，自由就是任意，任意就是自由。

李洪雷：

对自由有不同的理解。郑老师的这个说法，是自由至上主义者多持的传统上的消极自由观，认为自由就是免于干涉，就是你不要管我，我想干什么就干什么。但是在共和主义看来，自由是免于支配，不是所有的干涉都是对自由的限制，要看这种干涉是不是建立在理性化、普遍化的基础上，如果有这样的基础，它就是自由的保障而不是限制。当然也存在一种形式上没有什么外在的干涉，但实际上，你却处在被他人完全支配的情况，例如在传统社会主义体制中的单位成员，这个时候也没有了自由。

萧瀚：

遗嘱自由本身的含义问题，我觉得还是需要讨论的，到底什么是自由？什么是遗嘱自由？然后从这个问题衍生出来的第二个问题，就是黄永彬用遗嘱的方式取消了蒋文芳的法定继承权，他到底有没有侵害蒋文芳的权利？第二，如果侵害了，他侵害的是什么样的权利？第三个问题，这个跟第二个问题相关，但不是同一个问题，就是说他用遗嘱的方式把这个财产遗赠给了张学英，这个行为对蒋文芳是否构成了一种权利的侵害？如果构成了侵害，是什么权利？这几个问题我觉得还是都需要讨论的。

郑永流：

时间到了，我也不发表实质性评论了。我们要安排下一步的工作，你们都准备了那么长的时间，大家还有很多话要说没有说。我初步的建议是这样，我们今天提出的问题可能比解决的问题更多。我想我们几位报告人把你们文字的东西发给我们每个人看一看。再一个就是说这两位记录人把这个东西整理出来。我们集中一些问题看大家有没有必要再安排一次讨论，如果没有必要，我们就把我们现在的东西整理出来。我们讨论的范围是超出了以往的讨论的，而且提出的很多问题也是超出以往的，还是有一些价值的。那么就需要大家做一个决断，是再来一次讨论还是说我们现在没有办法达成一致了，把现有东西整理出来,大家觉得拿出去也可以。或者是还有一种方式,我们可以通过书面的方式也可以来展开一下。

好,本次讨论到此结束,下次由黄金荣作主题报告。

Section 4

著名学者

奥托·冯·吉尔克
(1841年—1921年)
——一位伟大的德国法学家的生平和著作

〔德〕米夏埃尔·马廷内克 著 田士永* 译

一、导 论

奥托·冯·吉尔克(Otto von Gierke)**是19世纪末20世纪初德国"日耳曼法学家"中最有影响的代表人物。作为法学家,他的突出贡献主要是在日耳曼法律史方面。人们将"日耳曼法学家"与主要研究古典罗马法及其继受的"罗马法学家"相对应。[1] 冯·吉尔克的特殊意义,不单单是因为他在不同的兴趣领域和工作领域作出了指导性的研究贡献,而且因为他所出版的大量作品。他的

---

* 田士永,法学博士,中国政法大学民商经济法学院副教授。
** 也有译为"基尔克"、"祁克"者。——译者注
〔1〕 汉斯·施洛瑟(Hans Schlosser):《近代私法史基础》(Grundzüge der neueren Privatrechtsgeschichte),2001年,第6节二。

研究范围既涉及国家法又涉及私法,他研究法律领域,既从历史角度进行,又从哲学角度进行。因此,介绍冯·吉尔克的生平和作品,只能让大家了解到他真正伟大之处的点点滴滴。以下内容,首先是冯·吉尔克的生平,当然也会涉及这些外在于生平信息背后的冯·吉尔克本人。然后介绍他的伟大成就,即有机体理论。除此之外,以下部分还将概括介绍他的其他著作,其中,首先介绍他对德意志法学家大会的参与,接着简要说明他对《德国民法典第一草案》的批评,然后综述他关于16世纪晚期17世纪早期的德国法哲学家约翰内斯·阿尔特胡修斯(*Johannes Althusius*)的著作,恩斯特·兰茨贝格(*Ernst Landsber*)曾经称之为"文献史研究上(……)现有的最独特并且最有意义者之一"。

二、外在生活经历

吉尔克1841年1月11日生于什切青(Stettin),在五个兄弟姐妹中排行老大。[2] 他的父亲尤利乌斯·吉尔克(*Julius Gierke*)曾任什切青市的法律顾问("城市法律顾问"),后曾官至普鲁士农业部长,再后来任布罗姆贝格(Bromberg)上诉法院的院长。吉尔克的母亲特蕾泽(*Therese*)出生于波莫瑞的齐特尔曼(*Zitelmann*)法律世家。吉尔克最初在什切青上学,后来在布罗姆贝格上学。1855年他的父母双双在考雷拉(Cholera)去世,这些孤苦伶仃的孩子搬到了他母亲的兄弟司法顾问奥托·齐特尔曼(*Otto Zitelmann*)那里,而他自己也有很多孩子。1857年吉尔克完成了中学学习,此前在什切青又上了两年玛丽亚教会中学(Marienstiftgymnasium)。

他对法律的学习始自柏林著名的洪堡大学,当时他16岁。一个学期之后,他转到海德堡学习三个学期,在那里他参加了一个学生社团,即阿雷曼尼亚学生社团(der Burschenschaft Alemannia),这个社团无论是在精神上还是在政治上都使他打上了法兰克福保罗教会时代的(der Zeit der Frankfurter Paulskirche)德意志民族理念的烙印。1859年他转回到柏林。在柏林,吉尔克遇到了积极参与

---

〔2〕 奥托·冯·吉尔克的生平和作品引自:乌尔里希·施图茨(*Ulrich Stutz*),《纪念奥托·冯·吉尔克》(Erinnerung an Otto von Gierke),载《萨维尼基金会法律史杂志:日耳曼法部》(Savigny-Zeitschrift, Germ. Abt.),第43卷(1922年),第7页以下;托马斯·哈克(*Thomas Haack*):《吉尔克对民法典第一草案的批评》(Gierkes Kritik am Entwurf eines Bürgerlichen Gesetzbuches),博士学位论文,格廷根(Göttingen),1996年,第13页以下;格尔德·克莱因海尔、扬·施罗德(*Gerd Kleinheyer/ Jan Schröder*):《五百年的法学家》(Juristen aus fünf Jahrhunderten),海德堡,1989年第3版,第96页以下;埃里克·沃尔夫(*Erik Wolf*):《伟大的德意志人》(Die Großen Deutschen),法兰克福(Frankfurt),1966年,第220页以下。

政治的日耳曼法学者格奥尔格·贝泽勒(Georg Beseler),并受到他关于统一德意志法律发展理念的影响。[3] 吉尔克在学生时代就努力在创造性上超越他的老师格奥尔格·贝泽勒。[4] 在贝泽勒的一次研讨课上,吉尔克因为对日耳曼时代流传下来的一些法律机制进行具有远大抱负的研究而大出风头。[5] 在第六个学期,吉尔克向古斯塔夫·霍迈尔(Gustav Homeyer)递交了题为"论采邑义务"(De debitis feudalibus)的博士学位论文。该文涉及了采邑关系法、信托关系法以及私人领主权和种族遗产法,所有这些自始至终都是吉尔克偏爱的论题。[6] 1860年8月21日,19岁的吉尔克获得法学博士学位。

获得博士学位之后就是服义务兵役,然后才是司法见习期服务。1865年6月27日,吉尔克在柏林被任命为法院候补文官。他几乎在同一时间开始准备其教授资格论文。他与格奥尔格·贝泽勒商定了论文题目。论文题目是"德意志合作社"(Die deutsche Genossenschaft),作者除将其作为教授资格论文外,还毕生钟情于它。[7] 1866年普奥战争爆发,这位年轻的法院候补文官也有义务参加国防军,并担任了炮兵预备役少尉。在这个位置上,吉尔克于1866年7月3日参加了对柯尼希格拉茨战役(der Schlacht bei Königgräz),普鲁士军队在莫尔特克(Moltke)领导下取得对萨克森—奥地利军团的胜利,它决定了在德意志问题上德国和奥地利并存的发展方向。此后不到一年,1867年4月初,吉尔克递交了他关于德意志合作社的教授资格论文,该文厚达1100页,它表明了吉尔克非同寻常的创造性。[8] 作为教授资格程序的结束,他于1867年5月27日用拉丁文就手工业行会在早期和现代的区别发表就职演讲。经过试讲,吉尔克在柏林担任私人讲师。他讲授的课程包括德意志帝国史和德意志法律史、德意志私法以及采邑法、票据法和商法,此外还有国家法。[9] 1868年,吉尔克就出版了关于合作社法著作的第一卷,而该书第四部分超过了一千页,直到19年之后,也就是1887年春季才出版。吉尔克计划中该书的第五部分内容涉及19世

[3] 埃里克·沃尔夫:《伟大的德意志人》,法兰克福,1966年,第221页。
[4] 乌尔里希·施图茨:《纪念奥托·冯·吉尔克》,载《萨维尼基金会法律史杂志:日耳曼法部》第43卷(1922年),第14页。
[5] 埃里克·沃尔夫:《伟大的德意志人》,法兰克福,1966年,第224页。
[6] 乌尔里希·施图茨:《纪念奥托·冯·吉尔克》,载《萨维尼基金会法律史杂志:日耳曼法部》第43卷(1922年),第12页。
[7] 参见奥托·冯·吉尔克(Otto von Gierke):《人类团体的本质》(Das Wesen der Menschlichen Verbände),柏林,1902年,第3页以下。
[8] 乌尔里希·施图茨:《纪念奥托·冯·吉尔克》,载《萨维尼基金会法律史杂志:日耳曼法部》第43卷(1922年),第14页。
[9] 同上书,第15页。

纪团体理论史,但最终并未完成。尽管如此,他还是在 1913 年前 3 卷发行时,在扩写后的前言中发表了自己的结论。

1870 年 7 月德法战争爆发时,吉尔克重新服役担任了国防军炮兵军官。在法国的战役中,吉尔克隶属于黑森军团。由于临时代理上尉工作,他在梅济耶尔(Mézières)之前获得了一枚铁十字勋章,这是对于作出特殊军事贡献的人而颁发的一种受人尊敬的奖赏。与此同时,吉尔克收到了苏黎世大学的聘任邀请,但他予以了拒绝。1871 年 3 月 9 日,他被柏林大学任命为编外教授。此后不久,1872 年春季,吉尔克被推荐担任布雷斯劳(Breslau)大学教授,1872 年 12 月 13 日,他获得正式任命。在这里他开始了其多产的创作阶段。[10] 吉尔克加入了社会政治协会并且在不久后担任其主席和副会长。他在其中尽量将维护保守的家长制传统与努力进行法律政治改革二者结合起来。他本人也进行了一些新创造。1873 年 4 月 3 日,吉尔克娶了莉莉·勒宁(Lili Loenin),她毕生对他温柔体贴,忠实不渝。[11] 他们夫妇共育有三男三女。从 1873 年开始,吉尔克讲座课上的听众开始越来越多,他讲的内容涉及古代帝国和近代帝国,主要集中于德意志法,同时还涉及法律的早期发展及其晚期情况。1874 年,吉尔克开始研究国家的基本概念以及新的国家法理论,此外,其作品 1915 年未经改动重新印刷。在该作品中,吉尔克反对法律中形式主义努力,主张务实的方法。在他看来,这种方法无论在内容上还是在历史上都更符合正义。[12] 它所要求的主要是历史导向和社会导向的国家学说。[13] 国家不仅仅是形式上的机构,还是有生命的("有机的")共同体。采用这种观察方式,就不再将国家与没有生命的机器进行比较。[14]

吉尔克于 1875 年作为教会法的唯一代表赴柏林参加了特别宗教会议。这个时代正是所谓文化斗争的时代,在这个时代里,普鲁士的最大特征是国家、政党和天主教会之间极度不和,国家和教会之间极端分离。吉尔克的职位招致很多敌视,因此,当 1878 年西格弗里德·布里(Siegfried Brie)接替该职位时,他非常高兴。这时的吉尔克致力于中世纪宗教法。后来,他于 1911 年获得该领域

---

〔10〕 乌尔里希·施图茨:《纪念奥托·冯·吉尔克》,载《萨维尼基金会法律史杂志:日耳曼法部》第 43 卷(1922 年),第 16 页。
〔11〕 同上。
〔12〕 同上书,第 18 页。
〔13〕 埃里克·沃尔夫:《伟大的德意志人》,法兰克福,1966 年,第 224 页。
〔14〕 奥托·冯·吉尔克:《私法的社会使命》(Die soziale Aufgabe des Privatrechts),柏林,1889 年,第 8 页;汉斯·克鲁帕(Hans Krupa):《公法档案》(Archiv für öffentliches Recht (AöR))第 32 卷(1941 年),第 97 页以下、第 104 页以下。

的一个名誉博士学位,除此之外,同年还获得一个哲学名誉博士。1878 年,吉尔克为德意志法学家大会撰写了一份关于法学学习的专家意见书,他在其中讨论了八个学期制的学习。[15] 然后,他在布雷斯劳开始编辑"德意志国家史和法律史研究汇编"(Sammlung der Untersuchungen zur Deutschen Staats-und Rechtsgeschichte),迄今已包含了不同方向的一百三十多部作品。1880 年,他自己在"研究汇编"中发表了一篇论文,内容涉及约翰内斯·阿尔特胡修斯于 1603 年发展起来的以自然法为理论先导、以卡尔文主义为基础的国家学说,与此同时还强调了自然法对于法学发展的意义。[16] 该书广为众人企盼,以至于不得不在 1902 年和 1913 年两次重印。1882—1883 年,吉尔克担任了大学校长。他在为此而举行的校长任职演说中,讨论了自然法和德意志法。

1884 年,吉尔克接受了海德堡大学的聘任。此间,1884 年 7 月 11 日他被授予枢密顾问(Geheimer Hofrat)头衔。在中世纪总有博学之人为专制的统治者在宫廷中担任顾问,这是对他们授予的荣誉称号。但吉尔克在海德堡大学只停留了三年。在海德堡大学的六个学期间,他还是巴登历史委员会的成员。由此,他完成了一篇关于 15 世纪巴登城市法和改革计划的论文,文章尤其考虑了家庭财产法和继承法,它是吉尔克关于古代德意志法律渊源的两部作品之一。[17] 1884 年开始,吉尔克主要致力于人的团体法。他的研究得以发表,该作品提出,合作社作为真正的整体人的理念并不是历史形而上学的空想,而主要是现实存在的组织性法律。[18] 1887 年,吉尔克被聘任到柏林,他在那里接替了他的良师益友贝泽勒(Beseler)。1887 年 6 月 29 日他同时被授予司法枢密顾问称号。这样,吉尔克又回到了他获得博士学位和教授资格的大学。

1888 年《德国民法典第一草案》一经公布,吉尔克就全身心地投入其中。[19] 一年之后他就发表了一部回应草案。尽管该回应草案对民法草案第二稿产生了重要影响[20],吉尔克本人——不同于他的儿子——仍然从未参与到其委员

---

[15] 关于吉尔克参加德意志法学家大会的情况,参见下文三(一)。

[16] 格奥尔格·古维奇(Georg Gurwitsch):《吉尔克作为法哲学家》(Gierke als Rechtsphilosoph),载《逻各斯》(Logos),第 11 卷(1923 年),第 86 页以下、第 90 页。

[17] 乌尔里希·施图茨:《纪念奥托·冯·吉尔克》,载《萨维尼基金会法律史杂志:日耳曼法部》第 43 卷(1922 年),第 21 页。

[18] 对此,参见下文二(六)。

[19] 乌尔里希·施图茨:《纪念奥托·冯·吉尔克》,载《萨维尼基金会法律史杂志:日耳曼法部》第 43 卷(1922 年),第 34 页。

[20] Schlosser, Hans, *Grundzüge der neueren Privatrechtsgeschichte*, 9. Aufl. (2001), S.170.

会中或者以其他方式参与到该法律的起草中,这正是让他伤心的地方。[21] 他也许担心委员会可能会用他来做宣传。[22] 吉尔克撰写的这部回应草案广受重视,吉尔克本人也通过该回应草案对新法律产生了巨大的影响。吉尔克被邀请参加了制定《商法典》新文本的工作。1895 年,吉尔克出版了他关于德意志私法的作品,该著作直到 1917 年才全部完成。他对德意志法制度所包含的基本思想进行了研究,在这方面取得的第一项成果是 1889 年 4 月 5 日的一次演讲。这次演讲涉及的是"私法的社会使命",后来以此为题得以发表,其中采用了从新民法典的适用者和解释者所需纲要的角度进行概括总结的形式。[23] 明斯特大学长期以来隶属于弗赖堡大学科学院,直到 1902 年才升格为大学,吉尔克因为在设立明斯特大学过程中起了重要作用而于 1903 年取得了政治科学的荣誉博士。[24] 他为 1906 年德意志法学家大会又撰写了一份专家意见,内容涉及国家公职人员在履行职务中致人损害而发生的国家责任。

由于参加国际性会议,吉尔克一生中不仅在国内广有声望,而且还具有杰出的国际声望。他在英格兰、意大利和美国都曾经获得荣誉。例如,1909 年位于波士顿的哈佛大学授予他法学博士学位。他皮肤呈亚麻色,身材高大,易于激动而且引人注目。1903 年在罗马公开出席国际历史学家大会时,意大利人惊慕地认为他就是德意志民族特性的化身。[25] 1911 年 1 月 27 日,吉尔克被授予世袭贵族头衔。1915 年,他被任命成为功勋奖章和平会(Friedensklasse des Ordens Pour le Mérite)中 30 名有表决权的骑士之一,该会是弗里德里希·威廉四世皇帝(Kaiser Friedrich Wilhelm IV)专为功勋科学家设立的联合会。最后 30 年,奥托·冯·吉尔克和他的妻子生活在夏洛滕堡(Charlottenburg)的卡梅尔大街(Carmerstraße)。1921 年 10 月 10 日他死于肺炎,时年 80 岁,已经为柏林大学热情服务了 70 个学期。

---

[21] 汉斯·施洛瑟:《近代私法史基础》,2001 年,第 170 页。
[22] 托马斯·哈克(Thomas Haack):《吉尔克对民法典草案的批评》(Gierkes Kritik am Entwurf eines Bürgerlichen Gesetzbuches),哥廷根大学博士学位论文,1996 年,第 148 页。
[23] 埃里克·沃尔夫:《伟大的德意志人》,法兰克福,1966 年,第 225 页。
[24] 乌尔里希·施图茨:《纪念奥托·冯·吉尔克》,载《萨维尼基金会法律史杂志:日耳曼法部》第 43 卷(1922 年),第 25 页。
[25] 同上。

三、冯·吉尔克的个人形象及其政治观念和法律观念

(一) 冯·吉尔克其人

冯·吉尔克是一个稳健而且值得信赖的人。[26] 他具有独立性,并且率直、坚强和正派,这些都是不容置疑的。[27] 他所思、所言、所行的一切都表现出其认真和自律。[28] 冯·吉尔克曾经批评他的老熟人乌尔里希·施图茨,因为施图茨从大学出去时没有走右侧通向出口的大门而是走了左侧入口小门,虽然周围很远地方都没有人看见,这可能对施图茨的行为产生了某种影响。[29] 他对自己的外表并不在意。为了突出那些难懂的演讲,他经常作出些笨拙的手势,就像雷神一样。[30] 冯·吉尔克的朋友圈子里都是些大名鼎鼎的人物:阿道夫·瓦格纳(Adolph Wagner)、古斯塔夫·施莫勒(Gustav Schmoller)、鲁约·布伦塔诺(Lujo Brentano)、威廉·狄尔泰(Wilhelm Dilthey)、阿尔弗雷德·多弗(Alfred Dove)。[31] 冯·吉尔克在这个知识分子的圈子里形成了很多历史政治的思考。[32]

(二) 冯·吉尔克的政治观点

冯·吉尔克对普鲁士君主和德意志帝制怀有某种忠诚。[33] 他的口号是:

---

〔26〕 乌尔里希·施图茨:《纪念奥托·冯·吉尔克》,载《萨维尼基金会法律史杂志:日耳曼法部》第 43 卷(1922 年),第 7 页(第 29 页)。

〔27〕 托马斯·哈克:《吉尔克对民法典草案的批评》,哥廷根大学博士学位论文,1996 年,第 148 页;乌尔里希·施图茨:《纪念奥托·冯·吉尔克》,载《萨维尼基金会法律史杂志:日耳曼法部》第 43 卷(1922 年),第 7 页(第 26 页)。

〔28〕 乌尔里希·施图茨:《纪念奥托·冯·吉尔克》,载《萨维尼基金会法律史杂志:日耳曼法部》第 43 卷(1922 年),第 7 页(第 29 页)。

〔29〕 同上书,第 7 页(第 30 页及下页)。

〔30〕 同上书,第 7 页(第 27 页)。

〔31〕 同上书,第 7 页(第 28 页及下页);埃里克·沃尔夫:《伟大的德意志人》,法兰克福,1966 年,第 223 页。

〔32〕 埃里克·沃尔夫:《伟大的德意志人》,法兰克福,1966 年,第 223 页。

〔33〕 汉斯·克鲁帕(Hans Krupa):《合作社和社会多元论》(Genossenschaft und soziologischer Pluralismus),载《公法档案》(AöR),第 32 卷(1941 年),第 97 页以下、第 108 页。

"上帝保佑国王和祖国。"[34] 尽管如此,他很明显反对绝对约束。[35] 他是具有民族自由主义特色的普鲁士君主制的拥护者[36],支持立宪君主制。[37] 对此,他从相传而来的保守的国家概念出发,认为国家对各阶级都是友好而且中立的。[38] 因此,他要求强大的国家权力,而国家权力对内促进权利与文化,对外代表国民利益并为国民提供保护。[39] 冯·吉尔克对于充满社会精神的国家同样关心。[40] 这种方面仅局限于冯·吉尔克的自由的宪法概念[41],因此,他的政治目标基本上可以被归入社会保守主义。[42]

(三) 冯·吉尔克的工作方式

冯·吉尔克认为,在不同时代和流派的文献海洋中畅游并且借助于非凡的体察能力而将其根本内容分辨出来,这就是科学。[43] 他的演讲出名之处在于,往往是从很早以前讲起,旁征博引并且非常深入。尽管如此,这些演讲仍然明白易懂,因为冯·吉尔克非常重视演讲的简单和清晰。[44] 他的报告内容以历

---

〔34〕 乌尔里希·施图茨:《纪念奥托·冯·吉尔克》,载《萨维尼基金会法律史杂志:日耳曼法部》第 43 卷(1922 年),第 7 页(第 30 页)。
〔35〕 汉斯·克鲁帕:《合作社和社会多元论》,载《公法档案》第 32 卷(1941 年),第 97 页以下、第 106 页。
〔36〕 托马斯·哈克:《吉尔克对民法典草案的批评》,哥廷根大学博士学位论文,1996 年,第 54 页;埃里克·沃尔夫:《伟大的德意志人》,法兰克福,1966 年,第 223 页。
〔37〕 汉斯·克鲁帕:《合作社和社会多元论》,载《公法档案》第 32 卷(1941 年),第 97 页以下、第 107 页。
〔38〕 托马斯·哈克:《吉尔克对民法典草案的批评》,哥廷根大学博士学位论文,1996 年,第 55 页。
〔39〕 奥托·冯·吉尔克(Otto von Gierke):《民法典草案》(Entwurf eines Bürgerlichen Gesetzbuches),莱比锡(Leipzig),1889 年,第 5 页;汉斯·克鲁帕:《合作社和社会多元论》,载《公法档案》第 32 卷(1941 年),第 97 页以下、第 106 页。
〔40〕 乌尔里希·施图茨:《纪念奥托·冯·吉尔克》,载《萨维尼基金会法律史杂志:日耳曼法部》第 43 卷(1922 年),第 7 页(第 24 页)。
〔41〕 埃里克·沃尔夫:《伟大的德意志人》,法兰克福,1966 年,第 227 页;托马斯·哈克:《吉尔克对民法典草案的批评》,哥廷根大学博士学位论文,1996 年,第 105 页。
〔42〕 托马斯·哈克:《吉尔克对民法典草案的批评》,哥廷根大学博士学位论文,1996 年,第 54 页;埃里克·沃尔夫:《伟大的德意志人》,法兰克福,1966 年,第 223 页。
〔43〕 迪特尔·布利克勒(Dieter Blickle):《奥托·吉尔克作为证明人》(Otto Gierke als Referenz),载《近代法律史杂志》(ZNR)第 17 卷(1995 年),第 245 页以下、第 262 页;乌尔里希·施图茨:《纪念奥托·冯·吉尔克》,载《萨维尼基金会法律史杂志:日耳曼法部》第 43 卷(1922 年),第 7 页(第 19 页)。
〔44〕 乌尔里希·施图茨:《纪念奥托·冯·吉尔克》,载《萨维尼基金会法律史杂志:日耳曼法部》第 43 卷(1922 年),第 7 页(第 18 页)。

史和教义为基础,非常完整。[45] 其中没有一个句子多余。[46] 吉尔克的讲座课也较为随意,演讲的内容可能是他去大学的路上在动物园里事先拟定,被划分成很多段落,他经常会粗略浏览认真记录的笔记本。[47] 他一生之中,这方面很少变化。不过工作时间有所变化。他年轻时主要是在晚上工作,后来他习惯于早起,到晚上比较早就停止了工作。[48]

(四)冯·吉尔克法律学说的基本观点

冯·吉尔克是完完全全的日耳曼法学家。他的日耳曼立场受到格奥尔格·贝泽勒的持续影响,作为其学生和精神继承人,冯·吉尔克以超越老师的方式继续发展其理念。[49] 吉尔克就这样从他的老师贝泽勒的预先规定中发展出著名的有机体理论,该理论从统一性中的多样性出发(von einer Vielheit in der Einheit ausgeht),共同体中唯一的统一性就是在这种统一性中产生的。[50] 冯·吉尔克认为这种当时影响很大的法律统一性有益于社会。[51] 作为萨维尼历史法学派的支持者[52],冯·吉尔克坚信,法并不存在于法律规定之中,而是存在于民众意识之中。[53] 真正的法是长成并且有生命的秩序,他要求社会均衡并且服务于正义的道德基础。[54] 在他看来,在这方面立法者行为是有意识的。因此,他批评历史法学派中的罗马法学派,认为他们高估了习惯法却低估了——不同于日耳曼法学派——立法者的有意识行为。[55]

---

[45] 乌尔里希·施图茨:《纪念奥托·冯·吉尔克》,载《萨维尼基金会法律史杂志:日耳曼法部》第43卷(1922年),第7页(第27页)。

[46] 同上书,第7页(第28页)。

[47] 同上书,第7页(第27页)。

[48] 同上书,第7页(第13页)。

[49] 同上;托马斯·哈克:《吉尔克对民法典草案的批评》,哥廷根大学博士学位论文,1996年,第37页。

[50] 奥托·冯·吉尔克:《私法的社会使命》,柏林,1889年,第34页;格奥尔格·古维奇:《吉尔克作为法哲学家》,载《逻各斯》第11卷(1923年),第86页以下、第99、116页;托马斯·哈克:《吉尔克对民法典草案的批评》,哥廷根大学博士学位论文,1996年,第68页;汉斯·克鲁帕:《合作社和社会多元论》,载《公法档案》第32卷(1941年),第97页以下、99、103页;对此,参见下文二(六)。

[51] 奥托·冯·吉尔克:《民法典草案》,莱比锡,1889年,第6页。

[52] 埃里克·沃尔夫:《伟大的德意志人》,法兰克福,1966年,第220页。

[53] 弗里德里希·卡尔·冯·萨维尼(Friedrich Carl von Savigny):《当代罗马法体系》(System des heutigen römischen Rechts),第1卷,达姆施塔特(Darmstadt),1956年,第15页。

[54] 埃里克·沃尔夫:《伟大的德意志人》,法兰克福,1966年,第228页。

[55] 奥托·冯·吉尔克(Otto von Gierke):《历史法学派》(Die historische Rechtsschule),柏林(Berlin),1908年,第9页及下页。

按照奥托·冯·吉尔克的论述,现代团体完全是构建出来的。[56] 同样,民族统一性在他的论述中也不仅仅是背后隐藏的协议的全部。[57] 超越各具体协议之外还应该有共同根源,它作为一种更高的常设联盟为协议内容提供保障,由此规定了共同体中的个体对其他成员所负的责任。因此,他要求未来的法律制度对已长成的制度的描述,应当是大众化的,同时还应当是社会的和道德的,这样它才能为统一性提供其应有的保障。[58] 他将个人主义与社会解体几乎相提并论。[59] 与此相应,冯·吉尔克反对罗马法学家原子化和个人化的倾向。[60] 尽管外表较为相似,他对社会主义的思维方向仍然表示了批评。[61] 他的思想世界以充满和谐的社会秩序的基督教思想为基础,阶级斗争在这里是格格不入的。[62]

因为有历史法学派的背景,所以冯·吉尔克也认为法学方法总需要有一些法哲学因素。[63] 法哲学也只有植根于历史土壤才有可能。[64] 法虽然主要是但却不仅仅是实定法。实定法之外,还存在着法理念,人们可以并且也必须将它与实定法制度相区别。按照冯·吉尔克的观点,法理念和实定法同时存在,它们可能相互关联,但并不总是相互关联。[65] 这两个领域虽然能够相互区别,但

---

[56] 奥托·冯·吉尔克(Otto von Gierke):《德意志合作社法》(Das Deutsche Genossenschaftsrecht),第1卷,达姆施塔特,1868年版1954年重印,第652页。

[57] 汉斯·克鲁帕:《合作社和社会多元论》,载《公法档案》第32卷(1941年),第97页以下,第105页。

[58] 埃里克·沃尔夫:《伟大的德意志人》,法兰克福,1966年,第227页。

[59] 托马斯·哈克:《吉尔克对民法典草案的批评》,哥廷根大学博士学位论文,1996年,第132页。

[60] 汉斯·施洛瑟:《近代私法史基础》,第六章之二。

[61] 奥托·冯·吉尔克:《民法典草案》,莱比锡,1889年,第25页;克里斯托夫·贝克尔(Christoph Becker):《布伦纳比吉尔克更合适?》(Eher Brunner als Gierke?),载《近代法律史杂志》(ZNR)第17卷(1995年),第264页以下;托马斯·哈克:《吉尔克对民法典草案的批评》,哥廷根大学博士学位论文,1996年,第53页。

[62] 托马斯·哈克:《吉尔克对民法典草案的批评》,哥廷根大学博士学位论文,1996年,第55页;克劳斯-彼得·施罗德(Klaus-Peter Schroeder):《安东·门格》(Anton Menger),载《法学教育》(JuS),1975年,第678、679页。

[63] 奥托·冯·吉尔克(Otto von Gierke):《拉班德的国家法》(Labands Staatsrecht),达姆施塔特,1961年,第22页。

[64] 格奥尔格·古维奇:《吉尔克作为法哲学家》,载《逻各斯》第11卷(1923年),第86页以下;奥托·冯·吉尔克:《拉班德的国家法》,达姆施塔特,1961年,第16页以下。

[65] 奥托·冯·吉尔克(Otto von Gierke):《法和道德》(Recht und Sittlichkeit),载《逻各斯》(Logos),第6卷(1917年),第211、247页。

却不能完全分离开。[66] 它们相互补充并相互增强。[67] 法理念导致所有其他一切,但却与美的理念和善的理念或者宗教理念并不完全相同,同样也不能从这个理念推导出其他理念。[68] 法理念的独立性最初是自然法承认的,冯·吉尔克也承认这一点[69],但反对将其无条件应用,因为将其应用到国家思想上就会产生问题。[70] 法理念只能存在于具体的形制之后,并在其中获得其形式和颜色。在这方面,人们必须首先考察实定法。[71]

(五)冯·吉尔克对劳动法的影响

冯·吉尔克在其研究中曾经深入讨论过的一种素材是劳动法。他之所以积极研究劳动法,其背景是他的一个观点,即劳动法是自由人格的证明和后果。[72] 1868年他关于合作社法的作品中就已经指出了在企业组织中加入雇员的重要意义。[73] 从由合作社理念发展起来的社会法出发,他在1888年出版的民法典回应草案对现行的和计划中的劳动法进行了批评,并试图影响其继续发展。他首先将关于提供劳动成果负担债务的承揽合同与指向提供工作的雇佣合同进行了区分。[74] 不同于承揽合同,雇员的雇佣性工作总是与其人格相联系。[75] 因此雇佣合同的基础是德意志法上的信赖雇佣合同,处于这种具有人法特点合同中心地位的是双方互相信赖而不是雇佣本身。[76] 然而,奥

---

[66] 奥托·冯·吉尔克:《法和道德》,载《逻各斯》第6卷(1917年),第211、220页。
[67] 同上书,第211、232页。
[68] 同上书,第211、244页。
[69] 同上书,第211、245页。
[70] 奥托·冯·吉尔克(Otto von Gierke):《阿尔特胡修斯》(Althusius),梅森海姆(Meisenheim),1958年第5版,第317页。
[71] 奥托·冯·吉尔克:《拉班德的国家法》,达姆施塔特,1961年,第22、94页;相似内容,参见奥托·冯·吉尔克:《法和道德》,载《逻各斯》第6卷(1917年),第211、232、250页。
[72] 奥托·冯·吉尔克(Otto von Gierke):《雇佣合同的根源》(Die Wurzeln des Dienstvertrages),载《海因里希·布伦纳祝贺文集》(Festschrift für Heinrich Brunner),莱比锡,1914年,第37、38页。
[73] 奥托·冯·吉尔克(Otto von Gierke):《德意志合作社法》,第1卷,达姆施塔特,1954年,第1036页以下;又见,同一作者,《德意志私法》(Deutsches Privatrecht),第1卷,慕尼黑(München),1895年,第697页以下。
[74] 奥托·冯·吉尔克:《德意志私法》,第3卷,莱比锡,1917年,第591页。
[75] 奥托·冯·吉尔克:《雇佣合同的根源》,载《海因里希·布伦纳祝贺文集》,莱比锡,1914年,第37、38、49页。
[76] 奥托·冯·吉尔克:《德意志私法》,第3卷,莱比锡,1917年,第593页;奥托·冯·吉尔克:《雇佣合同的根源》,载《海因里希·布伦纳祝贺文集》,莱比锡,1914年,第37、38、55页;弗里德海姆·约布斯(Friedhelm Jobs):《吉尔克与现代劳动法》(Gierke und das moderne Arbeitsrecht),法兰克福大学博士学位论文,1968年,第54页及下页;托马斯·哈克:《吉尔克对民法典草案的批评》,哥廷根大学博士学位论文,1996年,第98页。

托·冯·吉尔克对信赖雇佣合同进行修正的出发点是,劳动合同的合同标的并不是受雇人的人身。[77] 在雇佣合同中交织了很多的人法因素和债法因素[78],因此,所涉及的不仅仅是纯粹的出卖"劳动"这种商品。[79]

奥托·冯·吉尔克从1887年起开始反对《德国民法典第一草案》中对雇佣合同所采用的个人化形式,并且强调《德国民法典》应当面临的社会使命。[80] 它在系列作品中都有类似表达,这些作品有的体现在其《德意志私法》中,有的发表在"研究汇编"系列作品中,有的体现在《海因里希·布伦纳祝贺文集》(1917年)中。日耳曼法中主张的"基于支配权力的共同体"以适当的企业经营管理为背景,它对雇工同样适用。[81] 作为该合同基础的共同体除了有主家权利(Herrenrecht)外,随之而来的还有主家义务(Herrenpflicht)。[82] 按照冯·吉尔克的论述,权力人这种保护和照顾义务与属于劳动合同组成部分的权力服从人的信赖和服从义务同时存在。[83] 它们在当代雇佣合同中也不可能有什么不同。在雇佣关系中,当代确立了一种人法上的约束,这种约束的形式为全面的雇员保护法,表现为劳动合同订立中雇主的不作为义务和使用雇员、支付工资等积极的行为义务等。[84] 内部约束特别会强制雇主对于在实施劳动中雇员所遭受的损害负担补偿义务。[85] 罗马法并不承认这样的义务。尽管在《德国民法典》制定时确立雇主这种照顾义务,既符合当时的司法裁判中的见解[86],又

---

[77] 奥托·冯·吉尔克:《德意志私法》,第3卷,莱比锡,1917年,第609页及下页;奥托·冯·吉尔克:《雇佣合同的根源》,载《海因里希·布伦纳祝贺文集》,莱比锡,1914年,第37页以下、第53页以下。

[78] 奥托·冯·吉尔克:《雇佣合同的根源》,载《海因里希·布伦纳祝贺文集》,莱比锡,1914年,第37页以下、第48、52、56页。

[79] 奥托·冯·吉尔克:《德国民法典草案》,莱比锡,1889年,第104页。

[80] 同上书,第192页;奥托·冯·吉尔克:《私法的社会使命》,柏林,1889年,第10、13页。

[81] 奥托·冯·吉尔克:《德意志私法》,第1卷,慕尼黑,1895年,第698页以下;奥托·冯·吉尔克:《德意志私法》,第3卷,莱比锡,1917年,第593页及下页,第209、679页及下页;奥托·冯·吉尔克:《私法的社会使命》,柏林,1889年,第31页;奥托·冯·吉尔克:《雇佣合同的根源》,载《海因里希·布伦纳祝贺文集》,莱比锡,1914年,第37页以下、第57页。

[82] 奥托·冯·吉尔克:《雇佣合同的根源》,载《海因里希·布伦纳祝贺文集》,莱比锡,1914年,第37页以下、第57页。

[83] 奥托·冯·吉尔克:《德国民法典草案》,莱比锡,1889年,第247页;奥托·冯·吉尔克:《德意志私法》,第1卷,慕尼黑,1895年,第701页;奥托·冯·吉尔克:《德意志私法》,第3卷,莱比锡,1917年,第594页。

[84] 奥托·冯·吉尔克:《雇佣合同的根源》,载《海因里希·布伦纳祝贺文集》,莱比锡,1914年,第37页以下、第63页。

[85] 奥托·冯·吉尔克:《德国民法典草案》,莱比锡,1889年,第193、247页;奥托·冯·吉尔克:《私法的社会使命》,柏林,1889年,第31页。

[86] 《帝国法院民事裁判集》(RGZ),第8卷,第149页(第150页)。

符合文献中的通说[87],但《德国民法典第一草案》对此仍未予考虑。第二委员会的草案中最终采纳这些义务[88],也有冯·吉尔克的一份贡献。[89]

奥托·冯·吉尔克在对1888年《德国民法典草案》进行批评的范围内对终止期间表达了自己的见解。草案规定了劳动关系中为期两周的统一终止期间。冯·吉尔克认为该期间对于较高层次的劳动关系有些太短了。[90]《普鲁士一般邦法》在《德国民法典》之前适用于德国很多地方,该法对诸如教育工作者、秘书、神甫等依靠所掌握的科学和美妙的艺术在家庭中提供服务的人规定了终止期间为四分之一年。[91]对于较高层次的服务所提供的这样的优惠,当代可以在《德国民法典》第620条、第622条中发现。《德国民法典》之所以将其引入,原因是冯·吉尔克的再次批评。[92]这样他就对损害赔偿法的那种合理性权衡的基础进行了令人信服的批评,这种基础在当代劳动法中"企业引起的劳动"和"企业内部损害补偿"的概念中还有所体现。[93]这种法律形制赋予雇员对雇主的损害赔偿请求权或者说雇主对轻过失所致损害不用负担义务,这一点直到20世纪30年代才获得广泛承认,这是以冯·吉尔克的详细解释为基础的。[94]奥托·冯·吉尔克的劳动法观点在很多方面都远远领先于他的时代。他在1916年就已经主张引入最低工资制。[95]他认为,由于雇佣合同参加人之间关系密切,对于当时未能实现(《德国民法典》旧文本第196条第1款第8项)并且到现在也没有实现的债权,持续使用劳动使得雇员和雇主之间该请求权的消灭时效发生中止。[96]

在1868年关于合作社法的文章中,冯·吉尔克已经指出了1848年开始在

---

[87] 托马斯·哈克:《吉尔克对民法典草案的批评》,哥廷根大学博士学位论文,1996年,第102页。

[88] 弗里德海姆·约布斯:《吉尔克与现代劳动法》,法兰克福大学博士学位论文,1968年,第44页。

[89] 托马斯·哈克:《吉尔克对民法典草案的批评》,哥廷根大学博士学位论文,1996年,第103页。

[90] 奥托·冯·吉尔克:《德国民法典草案》,莱比锡,1889年,第193、246页。

[91] 托马斯·哈克:《吉尔克对民法典草案的批评》,哥廷根大学博士学位论文,1996年,第97页、脚注374。

[92] 弗里德海姆·约布斯:《吉尔克与现代劳动法》,法兰克福大学博士学位论文,1968年,第42页及下页。

[93] 同上书,第46页。

[94] 同上书,第105页及下页;帝国劳动法院(RAG):《劳动法判决汇编》(ARS),第30卷,第1页;第37卷,第269页;第41卷,第55页;第46卷,第136页。

[95] 奥托·冯·吉尔克:《德意志私法》,第3卷,莱比锡,第613页末尾,尤其参见脚注95。

[96] 奥托·冯·吉尔克:《德国民法典草案》,莱比锡,1889年,第177页。

德国设立的雇员社团的重要性,它对该社团表示支持。[97] 因为职业团体当时没有国家承认的章程自治[98],他认为由雇员联盟所商定的集体协议在学说上是《德国民法典》没有规制的债法合同。职业团体应当以自己的名义而不是以其成员的名义订立该合同。[99] 正如冯·吉尔克早先的正确认识那样,集体合同的内容欠缺真正的集体效力方面的法定指示,因此完全是任意的。[100] 只有劳动合同订立时没有其他约定,其内容才应作为关于《德国民法典》第612条第2款规定的"通常报酬"。[101] 根据冯·吉尔克的论断,不久就引入了职业团体章程自治并且承认了其谈判确定的集体条款的约束力。[102]

(六) 有机理论

为了从根本上改革人类团体法的学说,冯·吉尔克提出他的"有机理论"或者也可以称为"有机体理论"。[103] 按照该理论,国家和团体在感性上不可觉察,但由于有精神媒介而被"确确实实"作为可以辨认的集体,它表现出超越个体存在的人类种属存在。[104] 在这里,他并没有区分合作社(Genossenschaft)和共同体(Gemeinschaft),而是将协会(Assoziation)、合作社和天然(共同体(Gemeinschaft))与理性(团体(Gesellschaft))的这三者在他的概念中结合起来。[105] 冯·吉尔克意义上的合作社是指个体为实现共同的价值而故意设立出来的一

---

[97] 奥托·冯·吉尔克:《德意志合作社法》,第1卷,达姆施塔特,1954年,第901页;赫尔曼·克劳泽(Hermann Krause):《德意志法成分》(Der deutschrechtliche Anteil),载《法学教育》(JuS),1970年,第313、315页。

[98] 奥托·冯·吉尔克:《德意志私法》,第3卷,莱比锡,1917年,第604页。

[99] 同上书,第603页及下页;奥托·冯·吉尔克:《雇佣合同的根源》,载《海因里希·布伦纳祝贺文集》,莱比锡,1914年,第37页以下、第66页。

[100] 奥托·冯·吉尔克:《德意志私法》,第3卷,莱比锡,1917年,第603页。

[101] 同上书,第623页;奥托·冯·吉尔克:《雇佣合同的根源》,载《海因里希·布伦纳祝贺文集》,莱比锡,1914年,第37页以下、第66页及下页。

[102] 弗里德海姆·约布斯:《吉尔克与现代劳动法》,法兰克福大学博士学位论文,1968年,第69页及下页。

[103] 奥托·冯·吉尔克(Otto von Gierke):《合作社理论和德意志司法》(Die Genossenschaftstheorie und die deutsche Rechtsprechung),柏林,1887年,第4页。

[104] 奥托·冯·吉尔克(Otto von Gierke):《人类团体的本质》(Das Wesen der menschlichen Verbände),柏林,1902年,第13、15页;汉斯·克鲁帕:《合作社和社会多元论》,载《公法档案》第32卷(1941年),第97页以下、第105页。

[105] 迪特尔·布利宾勒:《奥托·吉尔克作为证明人》,载《近代法律史杂志》第17卷(1995年),第245页以下、第263页、脚注115。

种结合。[106] 合作社经过设立人的共同行为而成立。[107] 因此,团体人格的成立根本不需要由国家创设。[108] 这样法人就不仅仅是通过国家主权行为方式而许可的一种拟制[109],因此冯·吉尔克更喜欢用"团体人"(Verbandsperson)的名称。他认为,"法人"的表达方式并不正确,因为个体人的人格也是法律上的。[110] 团体人具有充分现实性,个人处于该现实之下,团体人在个体人之外权利相同。[111] 因此,奥托·冯·吉尔克称人类集体为一种现实。[112] 团体人来自于其成员,统一性和多样性联系在一起并且相互限制。[113] 统一性和多样性相互依存,都有局限性并且互为目的和手段。[114] 因为个体总是作为一个高级整体的成员,因此必然是为大众服务,任何成员都可以充分代理统一性。[115] 冯·吉尔克根据行为的争议倾向(Stoßrichtung des Handelns)区分了个人法和社会法。个人法对外调整团体人之间的关系,而成员之间的内部关系则根据共同体法予以确定。[116] 确立社会法可以使有机理论在这方面与个人主义理论的特殊性表现出来,这样就只需要社会法,因为团体人和单个人之间按照团体理论存在一种相互关系,而该理论的反对者对此则予以否定。[117] 社会法与个人法

〔106〕 汉斯·克鲁帕:《合作社和社会多元论》,载《公法档案》第 32 卷(1941 年),第 97 页以下、第 99 页;迪特尔·布利克勒:《奥托·吉尔克作为证明人》,载《近代法律史杂志》第 17 卷(1995 年),第 245 页以下、第 263 页。
〔107〕 奥托·冯·吉尔克:《人类团体的本质》,柏林,1902 年,第 32 页。
〔108〕 奥托·冯·吉尔克:《民法典草案》,莱比锡,1889 年,第 148 页。
〔109〕 同上书,第 145 页;奥托·冯·吉尔克:《人类团体的本质》,柏林,1902 年,第 5 页。
〔110〕 奥托·冯·吉尔克:《德意志私法》,第 1 卷,第 469 页,注释 3;格奥尔格·古维奇:《吉尔克作为法哲学家》,载《逻各斯》第 11 卷(1923 年),第 86 页以下、第 119 页。
〔111〕 奥托·冯·吉尔克:《人类团体的本质》,柏林,1902 年,第 13 页;奥托·冯·吉尔克:《私法的社会使命》,柏林,1889 年,第 34 页;奥托·冯·吉尔克:《民法典草案》,莱比锡,1889 年,第 145 页。
〔112〕 奥托·冯·吉尔克:《民法典草案》,莱比锡,1889 年,第 145 页。
〔113〕 同上;奥托·冯·吉尔克:《德意志私法》,第 1 卷,慕尼黑,1895 年,第 458 页以下;奥托·冯·吉尔克:《德意志合作社法》,第 2 卷,达姆施塔特,1954 年,第 36、40 页。
〔114〕 奥托·冯·吉尔克:《德意志合作社法》,第 2 卷,达姆施塔特,1954 年,第 906 页。
〔115〕 汉斯·克鲁帕:《合作社和社会多元论》,载《公法档案》第 32 卷(1941 年),第 97 页以下、第 111 页;格奥尔格·古维奇:《吉尔克作为法哲学家》,载《逻各斯》第 11 卷(1923 年),第 86 页以下、第 104 页。
〔116〕 奥托·冯·吉尔克:《人类团体的本质》,柏林,1902 年,第 28 页;格奥尔格·古维奇:《吉尔克作为法哲学家》,载《逻各斯》第 11 卷(1923 年),第 86 页以下、第 121 页;托马斯·哈内:《吉尔克对民法典草案的批评》,哥廷根大学博士学位论文,1996 年,第 69、71 页。
〔117〕 奥托·冯·吉尔克:《德意志私法》,第 1 卷,慕尼黑,1895 年,第 26 页;奥托·冯·吉尔克:《德意志合作社法》第 2 卷,达姆施塔特,1954 年,第 28 页及下页、第 40 页;格奥尔格·古维奇:《吉尔克作为法哲学家》,载《逻各斯》第 11 卷(1923 年),第 86、120 页。

之间的区别不能与公法和私法之间的区别相提并论。[118] 团体可以按照私法组织起来,也可以按照公法组织起来。关于经过划分后的整体的性质,冯·吉尔克的有机理论将其等同于国家、作为最小的共同体的教会和最松散的合作社。[119] 个人法对团体人发生作用,除此之外,在一个团体加入另一个较高团体时,它也是关于团体人的社会法之外的一个较高秩序。[120]

这种结合的最高形式是国家。它区别于其他客观实体之处只在于其自治方面,因为它作为结合的最高阶段并不处于任何其他制度之下。[121] 通过作为最高社团的国家构想,冯·吉尔克的国家学说自然是完完全全地按照等级制——垂直结构建立起来的。这样,典型宪法国家不是纯粹的合作社,不是纯粹统治,也不是专制法的国体,而是以合作社性质为基础(国家公民资格)并且其专制上层(君主)是有机的,即国家并不是作为相互结合的集体的总和,而是作为相互结合的集体产生的新的统一性。[122] 代议制宪政国家是全体人民——统治者和被统治者——为了政治的和法律的统一性而形成的有机体[123],它使得冯·吉尔克的国家概念和以科勒(Cole)和拉斯基(Laski)为代表的结社理论相区别。[124] 因为国家是统治和自由合意的综合,对他而言,普遍的合法性也是如此。因此,个人总是服务于国家。[125] 作为整体的成员,单个人在这种内在联系中总有其特殊的权利和义务。[126]

冯·吉尔克因其社会学说而远远超越了同时代人的观点,他的理解将其局

---

[118] 格奥尔格·古维奇:《吉尔克作为法哲学家》,载《逻各斯》第11卷(1923年),第86页以下、第129页;汉斯·克鲁帕:《合作社和社会多元论》,载《公法档案》第32卷(1941年),第97页以下、第99页;托马斯·哈克:《吉尔克对民法典草案的批评》,哥廷根大学博士学位论文,1996年,第70页。

[119] 奥托·冯·吉尔克:《人类团体的本质》,柏林,1902年,第4页。

[120] 奥托·冯·吉尔克:《私法的社会使命》,柏林,1889年,第34页;奥托·冯·吉尔克:《德意志私法》,第1卷,慕尼黑,1895年,第27、473页;类似内容参见奥托·冯·吉尔克:《人类团体的本质》,柏林,1902年,第22页。

[121] 汉斯·克鲁帕:《合作社和社会多元论》,载《公法档案》第32卷(1941年),第97页以下、第102页;奥托·冯·吉尔克:《德意志合作社法》第2卷,达姆施塔特,1954年,第832页;奥托·冯·吉尔克:《德意志私法》第1卷,慕尼黑,1895年,第475页。

[122] 奥托·冯·吉尔克:《私法的社会使命》,柏林,1889年,第8页;奥托·冯·吉尔克:《德意志合作社法》第2卷,达姆施塔特,1954年,第833页;汉斯·克鲁帕:《合作社和社会多元论》,载《公法档案》第32卷(1941年),第97页以下、第104页。

[123] 奥托·冯·吉尔克:《德意志合作社法》,第2卷,达姆施塔特,1954年,第576页。

[124] 汉斯·克鲁帕:《合作社和社会多元论》,载《公法档案》第32卷(1941年),第97页以下、第111页。

[125] 同上书,第97页以下、第111页及下页;埃里克·沃尔夫:《伟大的德意志人》,法兰克福,1966年,第228页。

[126] 奥托·冯·吉尔克:《私法的社会使命》,柏林,1889年,第11页。

限在结合的外部表现上。[127] 他认为联系之中存在某种社会法,社会法使得单个人有其权利和义务。这种认识使得将社会现象概括到法律概念中成为可能,而这点在某种程度上也是他的最大成就。[128] 借助于他对个人法和社会法的区别,人们可以根据社会法与个人法的联系程度而将各个历史时期与国家概念相分离。[129] 由此导致另一项认识,例如中世纪不是将公法和私法而是将公法和共同体法相提并论。[130]

三、冯·吉尔克的主要作品

冯·吉尔克出版的作品数量难以计数,后人很难从他的作品中单单挑选出某一部作品,认为这部作品特别重要或者是以特殊方式影响了他所处时代的法律生活。当然,对他的主要作品还是可以说一说的。他的主要作品包括他为德意志法学家大会撰写的一系列专家意见,还包括他关于《德国民法典草案》的回应草案,关于合作社法的作品及其《德意志私法》。

(一)冯·吉尔克参与德意志法学家大会

为满足跟踪当前法律政策问题并且认识未来的需要,冯·吉尔克定期参加德意志法学家大会。[131] 德意志法学家大会是德国法学和实务界最重要的论坛,尤其是有很多高级法学家的参与。德意志法学家大会讨论所有法律领域的基本问题,由这些问题开始提出很多立法草案的建议、计划和要求。[132] 诸如弗兰茨·冯·李斯特(*Franz von Liszt*)、鲁道夫·冯·格奈斯特(*Rudolf von Gneist*)和弗里德里希·卡尔(*Friedrich Kahl*)等教授参加法学家大会,使其很早就产生影响并具有重要意义。法学家大会对立法具有深远影响,并且有助于立法超越德意志法律割据主义。由于对立法的影响,德意志法学家大会在一定程度上被作为法律的"预备议会"。冯·吉尔克最初只是作为听众参加,从1888年开始

---

[127] 弗里德海姆·约布斯:《吉尔克与现代劳动法》,法兰克福大学博士学位论文,1968年,第39页。
[128] 同上书,第38页。
[129] 格奥尔格·古维奇:《吉尔克作为法哲学家》,载《逻各斯》第11卷(1923年),第86页以下、第130页。
[130] 同上。
[131] 埃里克·沃尔夫:《伟大的德意志人》,法兰克福,1966年,第224页。
[132] 安德雷亚斯·菲伊尔(*Andreas Fijal*):《柏林法律协会的历史》(*Geschichte der Juristischen Gesellschaft zu Berlin*),柏林,1991年,1859年至1933年,第24页。

他成为了代表团常务成员,1915年他成为了代表团主席。[133] 出席会议时,冯·吉尔克会由妻子陪同,但也经常由孩子陪同。[134]

自从1867年第六次会议开始,法学家大会就开始逐渐重视制定民法典的问题。讨论内容主要是将单个的私法制度及当时各项具体制度纳入到将来的法典之中。这项工作的背景是法学家大会对自己地位的认识。它将参与德国民法领域的法律统一作为了自己的使命。[135] 早在1878年,冯·吉尔克就为法学家大会撰写了一份专家意见,他在其中对德国法官和律师考试推荐了一套帝国统一的规则,其中包括在大学里进行八学期的法学教育。1888年,冯·吉尔克还撰写了另外一份专家意见,但其效果一般[136],内容涉及他关于自由的团体形成的思想。另一份专家意见是十年之后写的,他在其中宣传经由间接占有人的对物权追夺,这份专家意见效果很好。[137]

在第六次和第九次法学家大会(1867年和1871年),人们特别集中地讨论了国家对其公务员的责任。除了根据《登记条例》第12条国家对于土地登记机关的责任外,根据《德国民法典施行法》第77条,该问题交由各州土地登记法决定;这方面欠缺帝国统一的规则。普鲁士绝大部分没有关于国家责任的规则。莱茵州(Rheinland)是个例外,在那里根据《法国民法典》第1384条存在相应责任,此外还有黑森(Hessen)、萨克森-魏玛(Sachsen-Weimar)、施瓦茨布格-宗德斯豪森(Schwarzburg-Sondershausen)和埃尔特里尼的雷斯*(Reiß ältere Linie)都规定了国家责任,而梅克伦堡(Mecklenburg)和安哈尔特(Anhalt)则反对这种责任。1867年慕尼黑第六次法学家大会原则上达成一致,认为国家对于公务员故意或者过失行为所致第三人损害应当承担责任[138],第九次法学家大会主要是研究了该责任的补充性问题。讨论结果认为,国家应当就该问题接受"国家直

---

[133] 乌尔里希·施图茨:《纪念奥托·冯·吉尔克》,载《萨维尼基金会法律史杂志:日耳曼法部》第43卷(1922年),第7页(第24页)。

[134] 同上。

[135] 赫尔曼·康拉德(Hermann Conrad):《德意志法律生活百年》(Hundert Jahre deutsches Rechtsleben),卡尔斯鲁厄(Karlsruhe),1960年,第1卷,第1页(第23页)。

[136] 乌尔里希·施图茨:《纪念奥托·冯·吉尔克》,载《萨维尼基金会法律史杂志:日耳曼法部》第43卷(1922年),第7页(第24页)。

[137] 同上。

* 据作者介绍,埃尔特勒里尼的雷斯(Reiß ältere Linie)系德意志帝国众多诸侯国之一,此处采音译。——译者注

[138] 《第6次德意志法学家大会研讨文集》(Verhandlungen des 6. DJT),第2卷,图宾根(Tübingen),1867年,第56页。

接责任作为基础的原则"这一法定规则。[139] 尽管如此,最后仍未形成帝国统一的规则。这个问题在1906年基尔第二十八次法学家大会再次提出来。讨论基础包含着冯·吉尔克关于公务员在履行职务所致损害的国家责任的专家意见,他在专家意见中的结论是,国家对于公务员在履行主权任务所致损害应当根据《德国民法典》第839条第1款承担责任。[140] 维也纳的赫恩里特(Herrnritt)教授在另一份专家意见中也得出了相同结论。[141] 对此,法学家大会一致确定,确有迫切必要由帝国法律调整对公务员履行主权时所致损害的国家直接责任。[142] 这个结论在三年之后至少在普鲁士在《关于公务员履行公权力中违背公职公务的国家责任和其他团体责任的普鲁士法》(preußische Gesetz über die Haftung des Staates und anderer Verbände für Amtspflichtverletzungen von Beamten bei Ausübung der öffentlichen Gewalt)得以体现。[143] 再晚一年通过的《帝国对其公务员的责任法》(Gesetz über die Haftung des Reichs für seine Beamten)也采用纳了相应规则。在对法律草案进行说明中提到了第二十八次法学家大会的决议。[144]

(二) 冯·吉尔克关于《德国民法典》的作品

《德意志私法》第一卷出版后不久,《德国民法典第一草案》公布。奥托·冯·吉尔克将其全部热情集中在从日耳曼法学者的立场仔细研究已有的草案并研究其德意志法内涵。[145] 通过1889年发表的对此所作的回应草案,冯·吉尔克对于《德国民法典》的形成历史和发展历史产生了实质性影响。

在其回应草案中,冯·吉尔克用一种类似于亚里士多德的方式对现有草案

---

[139]《第9次德意志法学家大会研讨文集》(Verhandlungen des 9. DJT),第3卷,图宾根,1871年,第26页以下。
[140]《第28次德意志法学家大会研讨文集》(Verhandlungen des 28. DJT),第1卷,图宾根,1905年,第102—144页。
[141]《第28次德意志法学家大会研讨文集》(Verhandlungen des 28. DJT),第2卷,图宾根,1906年,第324—351页。
[142]《第28次德意志法学家大会研讨文集》(Verhandlungen des 28. DJT),第3卷,图宾根,1907年,第134页。
[143] 乌尔里希·施图茨:《纪念奥托·冯·吉尔克》,载《萨维尼基金会法律史杂志:日耳曼法部》第43卷(1922年),第7页(第24页)。
[144] 特奥多尔·冯·奥尔斯豪森(Theodor von Olshausen):《德意志法学家大会》(Der deutsche Juristentag),柏林,1910年,第184页。
[145] 乌尔里希·施图茨:《纪念奥托·冯·吉尔克》,载《萨维尼基金会法律史杂志:日耳曼法部》第43卷(1922年),第7页(第28页)。

中认真、艰巨、持久的工作表示赞赏。[146] 他之所以表示同意,更主要是因为该法在德国法律统一方向上迈出了一大步,这也是冯·吉尔克非常渴望的一件事情[147],当然他对该法典也没有其他什么好感。相反,他非常担心的是,草案与德国已经建立的社会结构非常疏远,以至于它不再是实现法律统一的保证反而成为其障碍。法律统一是现实统一不可避免的过渡阶段。而法律统一的前提是德语区现有居民对其表示接受。草案所确立的法律制度则既不合乎道德,又不合乎社会,同样也不合乎民众习惯。[148] 立法者丧失了民族意识,无视民族法律形成的需要并且造成了法律上的不安全性。[149] 计划制定的法律体现的完全是罗马法,丝毫没有体现德意志法。[150] 将罗马法强加给德意志的企图,就像让橡树成为苹果树的努力一样。[151] 奥托·冯·吉尔克的意思是,德意志人民不愿意被强迫接受他人的法律制度。[152] 统一才刚刚开始的德国不能有这种震动。草案对于法律统一是巨大的危险。[153] 在这方面,冯·吉尔克努力使草案接近迄今已经确立的德意志法。草案必须能够向简单的人们揭示一些重要的基本思想。[154]

在这种关系之下,冯·吉尔克特别针对草案所使用的语言,反复批评草案在联邦法和州法之间进行的分配,致力于研究罗马法对传统法的多余的代替以及草案中许多条文规定与一般观点的矛盾,按照他的见解,所有这些使得一般理解更加困难,尤其是它们结合到一起的情形。因此他研究的重点是对其语言的批评。在这里他对缺少判例法和大量参照进行了批评。[155] 草案创造了一种人工语言,这种人工语言基本上以概念为其基础,而这些概念又是从罗马法简单地翻译过来的。[156] 它无视法律和民族性是相互适应的统一体这个事实[157],

---

[146] 奥托·冯·吉尔克:《德国民法典草案》,莱比锡,1889年,第2页。
[147] 托马斯·哈克:《吉尔克对民法典草案的批评》,哥廷根大学博士学位论文,1996年,第15页;这一点在冯·吉尔克的作品中也可以看出来,奥托·冯·吉尔克:《德国民法典草案》,莱比锡,1889年,第367页及下页。
[148] 埃里克·沃尔夫:《伟大的德意志人》,法兰克福,1966年,第227页。
[149] 奥托·冯·吉尔克:《德国民法典草案》,莱比锡,1889年,第218页。
[150] 同上书,第20页。
[151] 同上书,第337页。
[152] 同上书,第72页及下页。
[153] 同上书,第6、4页。
[154] 同上书,第573页及下页。
[155] 同上书,第67、273页;类似见解,参见第198页。
[156] 同上书,第36页。
[157] 同上书,第9页。

这样就剥夺了法律的生命。[158] 因此，草案没有实现制定一部确实方便的法典的目标。[159] 总的来说，奥托·冯·吉尔克认为，不管是古代还是近代，从来没有哪部法典用这种有计划的方式对人民关上了理解法律的大门。[160] 人民和法学家在草案中看起来就像是对手。[161] 只要人们忘记，它涉及的是一部德意志法典，或者当人们遏制住对于健康和正常的感觉时，这种"法学家德语"带给人们的可能只是本地性的东西。[162] 这样它就产生了对未来法的兴趣。[163] 借着对这方面的批评，他引发了一场当时对法律语言最为广泛的讨论。[164] 因此，他在这里取得了成就也就不足为奇了。在《德国民法典第二草案》的起草中更加重视语言，它与冯·吉尔克的希望相符合，事实上更加清楚、更加简单。[165]

除此之外，冯·吉尔克还非常准确地认识到了这次法典化背后的社会使命[166]，并因此在其回应草案中努力阻止社会生活中伦理基本价值的本体丧失。[167] 他批评了草案中由罗马法发展而来的趋势，即将这种法律关系分解成没有联合起来的个人之间的债的总和。[168] 这种批评在很多部分都有成效。例如，冯·吉尔克在赠与法中批评认为，赠与对受赠人对于生活必需品的权利甚至都没有。[169] 当代《德国民法典》第519条就有与此相应的关于窘困情形的规则。冯·吉尔克认为，废除历经考验的《帝国高利贷法》却没有替代性法律，这为利息上的暴利大开便利之门。[170] 暴利后果在当代法中首先是由司法裁判予以调整。冯·吉尔克多次指出，他所处的时代里德意志城市出现了严重的住房紧张，"买卖破除租赁"原则在这种情形是令人难以容忍的。[171] 该原则与法学

---

[158] 奥托·冯·吉尔克:《德国民法典草案》，莱比锡，1889年，第36、297页。
[159] 同上书，第18页。
[160] 同上书，第72页。
[161] 同上书，第11页。
[162] 同上书，第62页。
[163] 同上书，第295页。
[164] 迪特尔·施瓦布(Dieter Schwab):《〈德国民法典〉和它的批评者》(Das BGB und seine Kritiker)，载《近代法律史杂志》(ZNR)第22卷(2000年)，第325页以下、第330页。
[165] 汉斯·施洛瑟:《近代私法史基础》，2001年，第188页。
[166] 奥托·冯·吉尔克:《德国民法典草案》，莱比锡，1889年，第5页。
[167] 埃里克·沃尔夫:《伟大的德意志人》，法兰克福，1966年，第222页。
[168] 奥托·冯·吉尔克:《德国民法典草案》，莱比锡，1889年，第253页。
[169] 同上书，第202页。
[170] 同上书，第201页。
[171] 托马斯·哈克:《吉尔克对民法典草案的批评》，哥廷根大学博士学位论文，1996年，第91页。

中的通说不相符合[172]，又不是德意志的法律传统，因此具有高度的非社会性。[173] 实际上，根据《普鲁士一般邦法》（第1编第21章第253条），承租人在房屋出卖的情形应当在一季度之内腾退房屋，而不是像草案要求的那样在买卖房屋后立即腾退房屋。《德国民法典》第566条规定了"买卖不破租赁"的原则，然而当代的《德国民法典》中只有第573条第2款第2项规定了基于自身需要的正式通知解除。经过一番思考之后，冯·吉尔克认为在草案中可以规定一种宣布非要式保证的可能。[174] 为其仓促行事提供担保就提高了仓促行事的风险。如果我们看一下当代《德国民法典》第766条，就会发现冯·吉尔克的批评在这点上也取得了成就。

奥托·冯·吉尔克的批评鼓舞了文献和立法，这种影响甚至持续到了《德国民法典》生效之后。不同于草案所用文本以及他所处时代主流文献和裁判[175]，他要求创设一种侵害他人利益范围的侵权行为责任，即使所侵犯的并不是诸如生命、身体、健康、自由、所有权或者荣誉等法律中列明的"绝对法益"亦然。[176] 这种责任还涉及人格权，这也说明了冯·吉尔克是如何超越他的时代的。一直到1954年，联邦最高法院才承认了对于一般人格权的侵权法上的保护。[177] 此外，冯·吉尔克还比较喜欢禁止权利行使致他人受损的规定。[178] 这种"权利滥用禁止"在今天的《德国民法典》第226条可以找得到。根据草案的表述，土地所有权应当及于地心，冯·吉尔克认为根据现代所知的地下结构这样做是不恰当的。[179] 土地之上超越大气层也是让人难以容忍的。[180] 这样理解的所有权概念并不是出自德意志法律制度，而是出自学说汇纂教科书。[181] 所有权受到限制并不是草案自己表现出来的，而是从阅读《施行法》发现的，该法

---

[172] 托马斯·哈克：《吉尔克对民法典草案的批评》，哥廷根大学博士学位论文，1996年，第92页。
[173] 奥托·冯·吉尔克：《德国民法典草案》，莱比锡，1889年，第74、238页。
[174] 同上书，第74、258页。
[175] 《帝国法院裁判集》（RGZ），第69卷，第401页（第403页）；托马斯·哈克：《吉尔克对民法典草案的批评》，哥廷根大学博士学位论文，1996年，第110页。
[176] 奥托·冯·吉尔克：《德国民法典草案》，莱比锡，1889年，第263页；奥托·冯·吉尔克：《私法的社会使命》，柏林，1889年，第27页。
[177] 《联邦最高法院民事裁判集》（BGHZ），第13卷，第334页。
[178] 奥托·冯·吉尔克：《私法的社会使命》，柏林，1889年，第14页；奥托·冯·吉尔克：《德国民法典草案》，莱比锡，1889年，第183、263页。
[179] 奥托·冯·吉尔克：《德国民法典草案》，莱比锡，1889年，第101页及下页、第289页。
[180] 同上书，第327页。
[181] 奥托·冯·吉尔克：《私法的社会使命》，柏林，1889年，第16页及下页。

第 38 条规定了一种有利于州法上的开采权人的保留。[182] 对此人们必须考虑到,根据 1850 年《普鲁士宪法》第 9 条第 2 句,所有权可基于公共福利根据法律而予以没收或者予以限制,因此可以说对于立法者来说所有权从来就不是不可侵犯并且绝对的。[183] 当代的所有权的安排(《德国民法典》第 903 条)较之于草案中的表述更接近于冯·吉尔克的表述,因为《德国民法典》第 903 条编辑中删除了所有权人的"专断"方面,取而代之的是"第三人权利"引入对所有权进行的限制。[184]

冯·吉尔克对《德国民法典草案》中关于习惯法的处理也成功地进行了批评。《德国民法典草案》第 1 条这样表述:"对于法律没有规定的法律关系,可以相应适用法律上类似的法律关系适用的规定。"除此之外,第 2 条规定,如果法律对于习惯法的使用有参照,即可适用习惯法。草案远远超越了《普鲁士一般邦法》的规定,因为其导言第 1 章第 1 条到第 3 条规定,只有进入省法典中的习惯法才具有法律意义。奥托·冯·吉尔克超越了这一点,因为他认为根据《德国民法典草案》第 2 条参照习惯对于更好接受相关规范是必要的。[185] 因为法律之中并没有第 2 条要求的这种参照[186],所以冯·吉尔克对《德国民法典草案》提出了批评,他想废除这种改变过的以及补充过的习惯法。[187] 对于《德国民法典草案》第 1 条规定的仅仅通过类推填补漏洞,他同样认为不合适,因为这就排除了法学门外汉对于现行法产生影响的可能。[188] 第 2 条事实上(de facto)不可能使用,因为明确规定法律文句之处也不可能类推,这种情形只能适用法学家法。[189] 民族习俗可以上升为习惯法,但在法律上绝不可能具有重要意义。[190] 奥托·冯·吉尔克甚至走得更远,他主张将习惯法和自治章程作为法律之外的法律渊源。[191] 因为立法者不能跟上法律现实的不断变化,因此这样做也是必需的。[192] 事实上,今天的《德国民法典》有很多一般条款都要参照交

---

[182] 奥托·冯·吉尔克:《德国民法典草案》,莱比锡,1889 年,第 101 页。
[183] 托马斯·哈克:《吉尔克对民法典草案的批评》,哥廷根大学博士学位论文,1996 年,第 120 页。
[184] 同上书,第 127 页。
[185] 奥托·冯·吉尔克:《德国民法典草案》,莱比锡,1889 年,第 326 页。
[186] 同上书,第 122 页。
[187] 同上书,第 127 页。
[188] 同上书,第 119 页。
[189] 同上。
[190] 同上。
[191] 同上书,第 134 页。
[192] 同上书,第 127 页。

易习惯,这已经被证明对于法律发展绝对是大有裨益的。

最后还需要指出的是,在今天的民法典中可以找到最初由日耳曼法学者形成的一项法律制度,这就是意定直接代理(《德国民法典》第164条以下)。各种团体之间的区别,例如社团和诸如合伙等共同共有之间的区别,在《德国民法典》也有所体现(例如,第21条以下和第705条以下),冯·吉尔克的有机理论对此发挥了重要作用。[193] 冯·吉尔克的回应草案表明,他的立场符合流传下来的价值,这是因为他深受对于民族四分五裂极度忧虑的影响。此外,草案还表明他在很多方面都引起了人们的共鸣。与这一点相联系的,可能是他在很多问题上都反对通说。[194] 在其他领域他都领先于其时代。[195] 此外,他还要在对过去的理解和对现时需要的关心之间进行协调,在这方面,冯·吉尔克的批评同样独一无二但卓有成就。

在编辑第二草案时人们更加注意到语言,这也使得语言实际上变得更加清楚和简单。[196] 但是债法却仍然以罗马法为基础,这点直到今天都没有改变。[197] 这部法律虽然整体上比较严格,也表明某些社会进步,这些被冯·吉尔克称为是"日耳曼的"。对此具有决定性的首先是他的严厉批评。[198] 新增加的系列一般条款使得习惯法得以进入到实体制定法之中,这使得该法产生后前16年里《德国民法典》的内容发生了某些变化但却不需要改动文句。[199]

(三) 冯·吉尔克论阿尔特胡修斯

冯·吉尔克认为自然法学说内容博大,在这方面的研究中,他于1913年在由他创办的"研究汇编"系列中出版了一部作品,内容涉及的是约翰内斯·阿尔特胡修斯。阿尔特胡修斯1557年出生于维特根斯坦—贝尔雷布格伯爵领地的迪登豪森(Diedenshausen in der Grafschaft Witgenstein-Berleburg)。冯·吉尔克

---

[193] 赫尔曼·克劳泽:《德意志法成分》,载《法学教育》,1970年,第313、318页。

[194] 托马斯·哈克:《吉尔克对民法典草案的批评》,哥廷根大学博士学位论文,1996年,第102页。

[195] 格奥尔格·古维奇:《吉尔克作为法哲学家》,载《逻各斯》第11卷(1923年),第86页以下、第91页;赫尔曼·克劳泽:《德意志法成分》,载《法学教育》,1970年,第313、315页;埃里克·沃尔夫:《伟大的德意志人》,法兰克福,1966年,第168、227页。

[196] 汉斯·施洛瑟:《近代私法史基础》,2001年,第188页。

[197] 赫尔曼·克劳泽:《德意志法成分》,载《法学教育》,1970年,第313、319页。

[198] 汉斯·施洛瑟:《近代私法史基础》,2001年,第170页;赫尔曼·克劳泽:《德意志法成分》,载《法学教育》,1970年,第313、318页。

[199] 迪特尔·施瓦布:《〈德国民法典〉和它的批评者》,载《近代法律史杂志》第22卷(2000年),第325页以下、第336页。

这部作品因其实现了国家学说、国家法、哲学和历史的跨学科联系而引人注意。[200] 冯·吉尔克在这部作品中清楚地说明了各个理论是如何逐步发展到自然法的。[201] 对此,他成功地说明了它们对于国家契约学说、人民主权学说以及代表原则、联邦主义理念和法治国家理念等方面的意义。[202] 除此之外,对于有些主张重新发现了法律理念的自然法学家的作品,通过威胁要将这些作品无条件地适用于国家学说,冯·吉尔克对其进行了评论和批评。[203]

阿尔特胡修斯最大的功绩是以卡尔文主义为基础建构起来的以自然法先导的国家学说。[204] 按照阿尔特胡修斯的论述,人类就其自然而言是自由的和平等的[205],他们享有一系列不可转让的权利,对于国家而言也是不可侵犯的。[206] 阿尔特胡修斯对此提出了合意契约理论。按照他的论述,共同体(Gemeinschaft)源自于契约。[207] 需求促使人类联合,联合通过默示或者明示契约而实现。[208] 阿尔特胡修斯通过将国家法描述为民法概念的最后结论而对自己的理论予以补充。[209] 因此,国家法就只是共同体法的内在部分。[210] 根据该见解,国家权力的法律基础就是统治契约[211],阿尔特胡修斯将其与社会契约在法律上进行了严格区分。[212] 按照阿尔特胡修斯的学说,社会是自下而上建立起来的,这一点不同于中世纪的论述。[213] 统治者只是人民的代表。[214] 因此就存在着"人民主权"[215],它将人民对违反契约的统治者的抵抗予以正当化。[216] 在这

---

[200] 乌尔里希·施图茨:《纪念奥托·冯·吉尔克》,载《萨维尼基金会法律史杂志:日耳曼法部》第 43 卷(1922 年),第 12 页(第 20 页)。
[201] 奥托·冯·吉尔克:《阿尔特胡修斯》,梅森海姆,1958 年第 5 版,第 80 页。
[202] 格奥尔格·古维奇:《吉尔克作为法哲学家》,载《逻各斯》第 11 卷(1923 年),第 86 页以下、第 90 页;乌尔里希·施图茨:《纪念奥托·冯·吉尔克》,载《萨维尼基金会法律史杂志:日耳曼法部》第 43 卷(1922 年),第 12 页(第 19 页及下页)。
[203] 奥托·冯·吉尔克:《阿尔特胡修斯》,梅森海姆,1958 年第 5 版,第 317 页。
[204] 同上书,第 56 页;乌尔里希·施图茨:《纪念奥托·冯·吉尔克》,载《萨维尼基金会法律史杂志:日耳曼法部》第 43 卷(1922 年),第 12 页(第 19 页及下页)。
[205] 奥托·冯·吉尔克:《阿尔特胡修斯》,梅森海姆,1958 年,第 29 页。
[206] 同上书,第 112 页。
[207] 同上书,第 111 页。
[208] 同上书,第 21 页。
[209] 同上书,第 144 页。
[210] 同上书,第 103 页。
[211] 同上书,第 77 页。
[212] 同上书,第 76 页。
[213] 同上书,第 226 页。
[214] 同上书,第 28 页。
[215] 同上书,第 157 页。
[216] 同上书,第 3、31 页。

种背景下,他认为市民阶层和农民阶层也都有自己的原始权利。[217] 因此,阿尔特胡修斯在自己的作品中反对专制主义运动。[218] 也许正是因为如此,哈尔贝施特德(Halberstedt)和格劳修斯(Grotius)对阿尔特胡修斯的学说进行反驳的尝试都是徒劳的。[219] 阿尔特胡修斯的作品直到18世纪还在被人反对。[220]

阿尔特胡修斯所描述的人类团体的情景,按照冯·吉尔克的观点具有一种有机本性。[221] 人民就是集体统一性的全部[222],国家与权利是相互成长的,彼此决定并且相互联系的。[223] 因此权利并不是由意思而形成的,而是由信念而形成的。[224] 阿尔特胡修斯就这样先于其时代强调指出,国家的合法性及其权限事实上来源于市民授权。[225] 在其文章中,冯·吉尔克反复地讨论阿尔特胡修斯之前已经存在的那些理论。他认为,和前辈学者相比,阿尔特胡修斯采纳民意的宪法思想更加全面、更加系统。[226] 他也将阿尔特胡修斯的学说与法哲学的著名代表人物相比较,例如普芬道夫(Pufendorf)、托马修斯(Thomasius)、格劳修斯(Grotius)、康德(Kant)和霍布斯(Hobbes)。奥托·冯·吉尔克对此非常细致地表明了阿尔克胡修斯的学说和晚于他的卢梭(Rousseau)的学说之间的惊人的相似之处。[227] 他甚至更深入一步,假定卢梭抄袭了阿尔特胡修斯。[228] 冯·吉尔克对于格劳修斯同样主张,他对重新发现阿尔特胡修斯的诸多措词很感兴趣。[229] 他认为,格劳修斯在很多地方都不再说明理由,因此使得这一点尤其明显。[230] 但在阿尔特胡修斯的作品中却可以找到这些说理。[231] 事实上确实是阿尔特胡修斯将契约学说提升为理论。[232] 他作出了具有创造性的精神贡

---

[217] 奥托·冯·吉尔克:《阿尔特胡修斯》,梅森海姆,1958年,第218页。
[218] 同上书,第3、29页。
[219] 同上书,第4页及下页还有其他介绍。
[220] 同上书,第7页及下页。
[221] 同上书,第132页。
[222] 同上书,第167页。
[223] 同上书,第317页。
[224] 同上书,第318页及下页。
[225] 同上书,第100页。
[226] 同上书,第217页。
[227] 同上书,第4页。
[228] 同上书,第9页。
[229] 同上书,第101页。
[230] 同上书,第101页。
[231] 同上书,第144页。
[232] 同上书,第76、99页。

献。[233] 由奥托·冯·吉尔克的作品产生了系列科学作品,它们都在对比阿尔特胡修斯的作品与洛克(*Locke*)、哈林顿(*Harrington*)、孟德斯鸠(*Montesquieu*)和卢梭的文献。[234]

(四)《德意志合作社法》

奥托·冯·吉尔克最重要的巨著是《德意志合作社法》。这本书旨在进行教义概念方面的研究和历史概念方面的研究。[235] 他在1868年至1917年间出版了这部四卷本著作。他的《德意志合作社法》第一卷同时也是他的教授资格论文,该作品使他从合作社法的视角来描述德意志法律史。[236] 这一卷中包含着他对历史的理解和对法律的理解,它预定了社会团体的各项权利的出发点。他在书中解释了合作社的概念,指出了其现实性并且将合作社与国家联系起来。[237] 此外,冯·吉尔克还总是将统一性与统治、自由与合作社结合到一起。[238] 在这种情况下,冯·吉尔克对有机理论或者有机体理论进行了深入研究。他在该作品中称德意志一直生活在团体之中。原始存在的统治性的封建团体和合作社性质的氏族在中世纪发展成为所谓的(统治性的)机构和(合作社性质的)团体。[239] 他将中世纪进行了区分,首先是中世纪早期到大约公元800年,这一期间受原始的人民自由支配,然后是到大约公元1200年,这一期间内存在的是对合作社进行支配的领主的、封建的宪法原则。[240] 1200年至1525年农民战争这段期间,挑选出的合作社在所有领域中都被认为是"最美妙的组

---

[233] 同上书,第76页。

[234] 迪特尔·布利克勒:《奥托·吉尔克作为证明人》,载《近代法律史杂志》第17卷(1995年),第245、253页还指出以下作品:卡尔·约阿希姆·弗里德里希(Carl Joachim Friedrich):《阿尔特胡修斯及其关于政治理论发展的作品》(Althusius und sein Werk im Rahmen der Entwicklung der Theorie von der Politik),柏林,1875年;G.门克(G. Menk):《1958年版〈约翰内斯·阿尔特胡修斯〉和帝国国家学说》(Johannes Althusius 1958 und die Reichsstaatslehre),载卡尔-威廉·达姆/韦尔纳·克拉维茨(Dahm, Karl-Wilhelm/Krawietz, Werner)(编):《约翰内斯·阿尔特胡修斯的政治理论》(Die politische Theorie des Johannes Althusius),柏林,1988年,第255—300页。

[235] 恩斯特·兰德斯贝格(Ernst Landsberg):《奥托·冯·吉尔克的〈合作社法〉》,载《萨维尼基金会法律史杂志:日耳曼法部》第35卷(1914年),第448、449页。

[236] 乌尔里希·施图茨:《纪念奥托·冯·吉尔克》,载《萨维尼基金会法律史杂志:日耳曼法部》第43卷(1922年),第7页(第15页)。

[237] 同上书,第7页(第12页)。

[238] 迪特尔·布利克勒:《奥托·吉尔克作为证明人》,载《近代法律史杂志》第17卷(1995年),第245页以下、第246页。

[239] 同上书,第245页。

[240] 奥托·冯·吉尔克:《德意志合作社法》,第1卷,达姆施塔特,1954年,第8页及下页。

织"[241]。第四个阶段从1525年持续到1806年,国家在此期间内完全超越了人民。[242] 因此有两个阶段具有合作社性质,这两阶段分别被两个具有统治性的阶段所取代。[243] 这种构想引人注目之处在于,任何一个阶段都存在于另一个阶段。[244]

关于合作社法的作品在1873年增加了第二部分,它主要描述了德意志团体概念的历史。奥托·冯·吉尔克在这一卷中揭示了关于土地的中世纪法对于确立抽象的德意志法律人格的意义。[245] 第三部分于1881年出版了。他讨论了古代和中世纪的国家学说和团体学说,同时通过对比教会法学者及其团体学说而讨论了德国对于古代和中世纪国家学说和团体学说的吸收。[246] 奥托·冯·吉尔克证明,坚持认为在法之外存在着独立的法理念的意见是正确的。[247] 对此他发现,意大利法接受日耳曼思想的范围远大于迄今日耳曼思想从意大利法所接受的范围。[248] 他过去和现在在对于详细论述中世纪关于国家和教会的观点都具有极大的兴趣。[249] 从1884年起,冯·吉尔克就计划为其合作社法补加第四卷,其中应当包括国家学说和团体学说。不久之后他就确定,他必须将19世纪的团体学说转移到独立的第五卷中。第四部分有上千页,于1887年出版。这一卷中包含着到17世纪中期的国家学说和团体学说的理论与实践。[250] 这一卷主要研究团体法,为更好地理解它,冯·吉尔克深入分析了共

---

[241] 奥托·冯·吉尔克:《德意志合作社法》,第1卷,达姆施塔特,1954年,第9页。
[242] 同上书,第10页。
[243] 迪特尔·布利克勒:《奥托·吉尔克作为证明人》,载《近代法律史杂志》第17卷(1995年),第245、246页。
[244] 同上书,第245、246、247页。
[245] 奥托·冯·吉尔克:《德意志合作社法》第2卷,达姆施塔特,1954年,第30页及下页;乌尔里希·施图茨:《纪念奥托·冯·吉尔克》,载《萨维尼基金会法律史杂志:日耳曼法部》第43卷(1922年),第7页(第19页)。
[246] 乌尔里希·施图茨:《纪念奥托·冯·吉尔克》,载《萨维尼基金会法律史杂志:日耳曼法部》第43卷(1922年),第7页(第20页);埃里克·沃尔夫:《伟大的德意志人》,法兰克福,1966年,第224页。
[247] 格奥尔格·古维奇:《吉尔克作为法哲学家》,载《逻各斯》第11卷(1923年),第86页以下、第90页。
[248] 乌尔里希·施图茨:《纪念奥托·冯·吉尔克》,载《萨维尼基金会法律史杂志:日耳曼法部》第43卷(1922年),第7页(第21页)。
[249] 同上。
[250] 恩斯特·兰德斯贝格:《奥托·冯·吉尔克的〈合作社法〉》,载《萨维尼基金会法律史杂志:日耳曼法部》第35卷(1914年),第448页。

同体法。[251] 对此他将注意力集中在合作社理论和德意志的司法裁判上。[252] 奥托·冯·吉尔克关于第五部分的努力,最终以他于1913年将关于自然法合伙学说已经完成的部分附加为前三卷的更新版(即对旧版的增加)而结束。[253] 在这一时期,他对自然法学说从其开始一直论述到康德和费希特(Fichte)。[254] 中世纪各种不同传统如何逐渐结合成为自然法的统一潮流,在这里表现得特别清楚。[255] 对此,冯·吉尔克在讨论团体理论与罗马法学家的拟制理论时重新又回到了阿尔特胡修斯。[256]

(五)《德意志私法》

三卷本的《德意志私法》于1885年至1917年间出齐,它是冯·吉尔克的第二部巨著。该书是关系到德意志法学的体系化手册。[257] 冯·吉尔克在该书中努力勾画出一个德意志的,即非罗马的,私法体系。乌尔里希·施图茨曾经指出,阅读这本总共差不多3000页的书就可以得出一个感觉,《德意志民法典》只不过是古代法渊源的一个幻影而已。[258] 埃里克·沃尔夫将该作品称为冯·吉尔克法学才能的最成熟的成就。该作品在法学世界广受关注,1909年由弗雷德里克·威廉·梅特兰(Frederic William Maitland)将其一部分译为英文,甚至在1914年战争爆发前不久,让·迪·庞热(Jean du Pange)将其全部译为法文。他去世之后,《德意志私法》甚至出现了日文本的翻译。

冯·吉尔克于1895年出版《德意志私法》第一卷,他在该书中成功地将日耳曼学者的立场贯穿于德意志法的素材之中。他在第一卷中展现了关于合作社法或者社会法的不同学说。他在概念上将德意志法律传统中留存的思想和

---

[251] 乌尔里希·施图茨:《纪念奥托·冯·吉尔克》,载《萨维尼基金会法律史杂志:日耳曼法部》第43卷(1922年),第7页(第22页)。
[252] 同上。
[253] 同上书,第7页(第23页)。
[254] 恩斯特·兰德斯贝格:《奥托·冯·吉尔克的〈合作社法〉》,载《萨维尼基金会法律史杂志:日耳曼法部》第35卷(1914年),第448、450页。
[255] 同上书,第448、451页。
[256] 同上书,第448、452页。
[257] 乌尔里希·施图茨:《纪念奥托·冯·吉尔克》,载《萨维尼基金会法律史杂志:日耳曼法部》第43卷(1922年),第7页(第26页)。
[258] 同上书,第7页(第40页)。

制度进行了归类和概括。[259] 他希望这样能够为尚待制定的民法典打下基础。[260] 该作品涉及的主题是冯·吉尔克早先作品已经讨论过的主题,例如法与道德的关系[261],还有在合作社法中涉及的主题,冯·吉尔克之所以研究该主题是因为他对于合作社法研究的第四部分尚未完成。[262]

该书第二卷于1905年出版,研究内容是物权法。这一卷于1888年就已经完成了,奥托·冯·吉尔克又对其进行了修订,使之适应经过《德国民法典》根本修改的法律状态。[263] 该书第二卷除包括邦法所涉及的材料外,还包括了《德国民法典》第三编的全部内容及其历史前身。[264] 奥托·冯·吉尔克对此表明其目的在于揭示比所制定的具有罗马法特点的《德国民法典》更长久的德意志法思想,以保持日耳曼法后的生命力。[265]

第三卷涉及的是债法,于1917年出版。冯·吉尔克在该卷中对日耳曼法重新进行了深入研究。[266] 不过,较之于先前几卷,他更加专注于研究现行法。[267] 他将两个法律领域彼此置于同一个关系之中。[268] 他的注意力主要集中于日耳曼法对新法典以启示的领域,同时又不畏惧罗马法。[269] 该卷也受到法律继续发展思想的激励,冯·吉尔克也期望能增加日耳曼思想财富。[270]

《德意志私法》第四卷并未完成也未出版。它只不过是一些片段性质的手稿,内容涉及婚姻财产以及亲权、子女权利等,这些手稿见证了冯·吉尔克细心缜密的工作方式。[271]

---

[259] 埃里克·沃尔夫:《伟大的德意志人》,法兰克福,1966年,第225页。
[260] 奥托·冯·吉尔克:《私法》第1卷,第6页;乌尔里希·施图茨:《纪念奥托·冯·吉尔克》,载《萨维尼基金会法律史杂志:日耳曼法部》第43卷(1922年),第7页(第37页)。
[261] 最初出版在:《逻各斯》,第6卷(1917年),第211页以下。
[262] 乌尔里希·施图茨:《纪念奥托·冯·吉尔克》,载《萨维尼基金会法律史杂志:日耳曼法部》第43卷(1922年),第7页(第28页)。
[263] 奥托·冯·吉尔克:《私法》第2卷,第5页;乌尔里希·施图茨:《纪念奥托·冯·吉尔克》,载《萨维尼基金会法律史杂志:日耳曼法部》第43卷(1922年),第7页(第39页)。
[264] 奥托·冯·吉尔克:《德意志私法》第2卷,第5页;乌尔里希·施图茨:《纪念奥托·冯·吉尔克》,载《萨维尼基金会法律史杂志:日耳曼法部》第43卷(1922年),第7页(第39页)。
[265] 奥托·冯·吉尔克:《德意志私法》第2卷,莱比锡,1905年,第7页。
[266] 奥托·冯·吉尔克:《德意志私法》第3卷,莱比锡,1917年,第5页。
[267] 乌尔里希·施图茨:《纪念奥托·冯·吉尔克》,载《萨维尼基金会法律史杂志:日耳曼法部》第43卷(1922年),第7页(第39页)。
[268] 奥托·冯·吉尔克:《德意志私法》第3卷,莱比锡,1917年,第5页。
[269] 同上书,第6页。
[270] 同上书,第7页。
[271] 乌尔里希·施图茨:《纪念奥托·冯·吉尔克》,载《萨维尼基金会法律史杂志:日耳曼法部》第43卷(1922年),第7页(第39页)。

四、结　论

奥托·冯·吉尔克的作品确实是辉煌雄伟,虽然这些作品今天读起来不再有与它所处时代相同的魅力和相同的需要。但冯·吉尔克作为基本问题的很多思想,在今天仍然和当时一样具有现实意义[272],特别是他在很多论述中都领先于其所处时代。[273] 即使其学说从未普遍而且全面地为立法者或者法学所接受[274],冯·吉尔克迄今仍然是最有影响的日耳曼法学家和国民经济学家。[275] 在塑造社会化的类型中,他在社会历史概念构造上达到了一个此后从未达到过的水平。[276] 其他法学家没有谁像他那样了解法学的社会使命。[277] 尤其是冯·吉尔克当时进行的基本价值争论直到今天仍然有其意义。[278] 他研究的虽然是历史,但他的作品却超越了历史,既是法律史的,又是前瞻性和面向未来的。奥托·冯·吉尔克的所有历史的、哲学的和政治的思想都与法学有关。[279] 他在今天仍能够使读者的眼光更加敏锐,使他们能掌握一种分析工具,从而对当代法学做到以古鉴今。这些事实使得他的作品在当代颇值一读。

---

[272] 托马斯·哈克:《吉尔克对民法典草案的批评》,哥廷根大学博士学位论文,1996 年,第 56 页及下页。

[273] 格奥尔格·古维奇:《吉尔克作为法哲学家》,载《逻各斯》第 11 卷(1923 年),第 86 页以下、第 91 页;赫尔曼·克劳泽:《德意志法成分》,载《法学教育》,1970 年,第 313、315 页;托马斯·哈克:《吉尔克对民法典草案的批评》,哥廷根大学博士学位论文,1996 年,第 57 页及下页。

[274] 乌尔里希·施图茨:《纪念奥托·冯·吉尔克》,载《萨维尼基金会法律史杂志:日耳曼法部》第 43 卷(1922 年),第 7 页(第 41 页)。

[275] 托马斯·哈克:《吉尔克对民法典草案的批评》,哥廷根大学博士学位论文,1996 年,第 148 页。

[276] 迪特尔·布利克勒:《奥托·吉尔克作为证明人》,载《近代法律史杂志》第 17 卷(1995 年),第 245、248 页。

[277] 汉斯·施洛瑟:《近代私法史基础》,2001 年,第 168 页。

[278] 托马斯·哈克:《吉尔克对民法典草案的批评》,哥廷根大学博士学位论文,1996 年,第 59、161 页。

[279] 埃里克·沃尔夫:《伟大的德意志人》,法兰克福,1966 年,第 221 页。

本辑作者名录

List of the Authors

1. 艾佳慧,北京大学法学院 2004 级法理学博士生,100871,北京市海淀区颐和园路 5 号
   Ai Jiahui, Candidate Doctor, School of Law, Beijing University, 5 Summer Palace Road, Haidian District, 100871, Beijing, China
2. 冉井富,博士,中国社会科学院法学所副研究员,100720,北京市东城区沙滩北街 15 号
   Ran Jingfu, Dr., Associate Professor, Institute of Law, Chinese Academy of Social Sciences, 15 Shatan Beijie, Dongcheng District, 100720, Beijing, China
3. 尤陈俊,北京大学法学院 2006 级博士生,100871,北京市海淀区颐和园路 5 号
   You Chenjun, Candidate Doctor, School of Law, Beijing University, 5 Summer Palace Road, Haidian District, 100871, Beijing, China
4. 陈柏峰,博士,中南财经政法大学法学院教师,430073,湖北省武汉市洪山区南湖南路 1 号
   Chen Baifeng, Dr., Lecturer, School of Law, Zhongnan University of Economics and Law, 1 Nanhu South Road, Hongshan District, 430073, Huhan, China
5. 铃木贤,博士,日本北海道大学法学教授,日本国札幌市北区北 9 条西 7 丁目 060—0809
   Suzuki, Ken, Dr., Prof., School of Law, Hokkaido University, North 9 West 7, Kitaku, 060—0809, Sapporo, Japan
6. 彭艳崇,法学博士,北京语言大学助理研究员,100083,北京市海淀区学院路

15 号

Peng Yanchong, Dr. , Assistant Research Fellow, Beijing Language and Culture University, 15 Xueyuan Road, Haidian District, 100083, Beijing, China

7. 阿列克西,罗伯特,德国基尔大学法学院法哲学和公法教授,博士,24118,德国基尔市奥尔斯豪森大街 40 号

Alexy, Robert, Prof. , Dr. , Christian-Albrechts-Universitat zu Kiel, Juristisches Seminar, Olshausenstr. 40, 24118 Kiel

8. 诺伊曼,乌尔弗瑞德,博士,德国约翰·沃尔夫冈,歌德大学,刑法,诉讼法,法哲学和法社会学教授,60054,美因河畔法兰克福市,森肯山公园 31—33 号

Neumann, Ulfrid, Prof. , Dr. , Professor für Strafrecht Strafprozessrecht Rechtsphilosophie und Rechtssoziologie, Johann Wolfgang Goethe—Universität, 60054, Frankfurt am main, Senckenberganlage 31—33, Deutschland

9. 王旭,中国政法大学法学院行政法学 2006 级博士生,100088,北京市海淀区西土城路 25 号

Wang Xu, Candidate Doctor, School of Law, China University of Political Science and Law, 25 Xitucheng Road, Haidian District, 100088, Beijing, China

10. 田士永,博士,中国政法大学民商经济法学院副教授,100088,北京市海淀区西土城路 25 号

Tian Shiyong, Dr. , Associate Professor, Civil Commercial and Economic Law School, China University of Political Science and Law, 25 Xitucheng Road, Haidian District, 100088, Beijing, China

11. 朱庆育,博士,中国政法大学民商经济法学院副教授,100088,北京市海淀区西土城路 25 号

Zhu Qingyu, Dr. , Associate Professor, Civil Commercial and Economic Law School, China University of Political Science and Law, 25 Xitucheng Road, Haidian District, 100088, Beijing, China

12. 马廷内克,米夏埃尔,德国萨尔州大学法律经济学院教授,博士,比较法硕士(纽约),1150 信箱,66041,德国萨尔布吕肯

Martinek, Michael, Prof. , Dr. , Dr. , h. c. , Master of Comparative Jurisprudence(New York), Fachbereich Rechtswissenschaft, Universität des Saarlandes, Post 1150, Ceb. 16, 66041 Saarbrücken, Deutschland

引 证 体 例

Citation Rules

一、引证的基本规则

1. 引证以必要为限。
2. 引证应是已发表之文献。引证未发表文献应征得相关权利人之同意。
3. 引证应保持被引证话语之原貌。
4. 引证应以注释准确地显示被引证作品之相关信息。

二、引证体例示例

1. 著作引文注释
(1) 专著或编辑作品
作者著/编:《书名》(卷或册),出版社出版年,页码。(括注部分可省)
① 郑永流:《法治四章》,中国政法大学出版社2002年版,第369页。
② 梁治平编:《法律的文化解释》,生活·读书·新知三联书店1994年版,第36页。
③ Ronald Dworkin, *Taking Rights Seriously*, Harvard University Press, 1977, pp. 6—7.
④ Ronald L. Cohen (ed.), *Justice: Views from the Social Sciences*, New York:

Plenum Press, 1986, p. 31.

（2）译著

〔国别〕作者:《书名或文章名》(卷或册),译者,出版社出版年,页码。

① 〔法〕孟德斯鸠:《论法的精神》(上册),张雁深译,商务印书馆1961年版,第91页。

2. 文章引文注释

（1）期刊/报纸中的文章

作者:《文章名》,载《书名或杂志名》年代和期数。

① 张千帆:《从管制到自由》,载《北大法律评论》(第6卷第2辑),北京大学出版社2005年版。

② 贺卫方:《"契约"与"合同"的辨析》,载《法学研究》1992年第2期。

③ 黄松有:《宪法司法化及其意义——从最高人民法院今天的一个〈批复〉谈起》,载《人民日报》2001年8月13号。

④ Robert J. Steinfeld, " Property and Suffrage in the Early American Republic", 41 *Stanford Law Review* 335 (1989).

（2）编辑作品中的文章

作者:《文章名》,载编辑作品主编人:《编辑作品名称》,出版社出版年,页码。

① 陈弘毅:《从福柯的〈规训与惩罚〉看后现代思潮》,载朱景文主编:《当代西方后现代法学》,法律出版社2002年版,第223页。

② H. L. A. Hart, "Positivism and the Separation of Law and Morals", in H. L. A. Hart (ed.), *Essays in Jurisprudence and Philosophy*, Clarendon, 1983, pp. 57—58.

3. 网络资源注释

作者:《文章名》,网址,最后访问时间。

① 朱苏力:《司法制度的变迁》,http://law-thinker.com/show.asp?id=2926,最后访问于2005年11月9日。

② The Council of Australia Governments, *Water Reform Framework*, available at http://www.disr.gov.au/science/pmsec/14meet/inwater/app3form.html, last visited 21/07/2003.